UN EXIL COMBATTANT

Les artistes et la France 1939-1945

W0368580

UN EXIL COMBATTANT

Les artistes et la France 1939-1945

Sous la direction
de Vincent Giraudier
et Sylvie Le Ray-Burimi

Gallimard | Musée de l'Armée

UN EXIL COMBATTANT LES ARTISTES ET LA FRANCE 1939-1945

PRÉFACE

Le 30 octobre 1943, à Alger, au moment même où il s'affirme comme seul président du Comité français de la libération nationale, le général de Gaulle déclare que les deux môles qui empêchèrent la France de sombrer définitivement dans l'abîme après le désastre de juin 1940 furent « un tronçon d'épée » et « la pensée française ».

Ce tronçon d'épée, ce furent les rares forces combattantes sous l'emblème du drapeau tricolore à la croix de Lorraine, qui maintinrent la France dans la guerre sur terre, sur mer et dans les airs. Fidèle à sa vocation de contribuer, dans une perspective historique rigoureuse, à notre mémoire nationale, le musée de l'Armée vient de consacrer, de 2021 à 2025, cinq présentations temporaires rappelant à ses visiteurs « les combats oubliés des Forces françaises libres », de la campagne menée en Érythrée par la Brigade française d'Orient du général Monclar aux derniers combats livrés sur l'Authion par la 1re division de marche d'infanterie[1].

1 Dénomination officielle, en 1944, de l'ex-1re division française libre.

Quant à la pensée française, sa mobilisation fut au cœur de la Résistance intérieure, les aspects culturels étant sous-jacents aux premiers actes de refus réalisés, dès l'été 1940, par quelques consciences individuelles, qui puisèrent alors leur raison d'agir dans leurs croyances et leurs parcours intimes. De remarquables expositions, et je pense en particulier à « L'Art en guerre », présentée en 2012-2013 au musée d'Art moderne de Paris, ont mis en exergue l'importance du volet artistique de la Résistance intérieure.

L'exposition « Un exil combattant. Les artistes et la France, 1939-1945 » s'intéresse pour sa part à l'action menée par cette « pensée française », depuis ses différentes formes d'exil, pour faire connaître – et surtout reconnaître – à ses alliés les combats de la France libre. Engagé dès l'été 1940, dans le monde resté libre, par des Français et des francophones souvent réfugiés, ce combat culturel a pour objectif de gagner les cœurs et les esprits des opinions publiques des pays neutres et alliés à la cause de ceux qui refusent la défaite de la France. Utilisant le prisme des arts, de la communication, de l'éducation et des sciences, il mobilise les bonnes volontés, sur tous les continents.

Cette résistance culturelle s'exerce aussi directement dans les territoires ralliés à la France libre, où se maintient, grâce à l'action volontariste d'une poignée d'hommes et de femmes – et en premier lieu René Cassin –, une permanence de la tradition française de liberté d'action et de création, héritage du siècle des Lumières et des valeurs de la République.

Depuis ses territoires ralliés comme depuis ses lieux d'exil, la France libre diffuse donc largement, y compris vers les territoires occupés, toutes les productions culturelles, celles des créateurs français exilés comme les œuvres produites clandestinement. Elle en multiplie l'écho à travers une myriade de publications et le recours à tous les vecteurs disponibles, particulièrement ceux des arts, de la radio et du cinéma. Une diversité de lieux et d'actions rendus visibles au sein de l'exposition par une approche géographique – où les différents continents sont reliés par une évocation des difficultés rencontrées pour s'exiler – et la grande diversité des 330 œuvres présentées : peintures, sculptures, archives, photographies, uniformes, ouvrages littéraires, œuvres musicales...

Je remercie particulièrement les près de cinquante institutions et prêteurs particuliers qui ont permis la réalisation de cette exposition, qui s'inscrit tout à la fois dans le prolongement de l'acquisition du mobile d'Alexander Calder *France Forever* et dans celui des grandes expositions patrimoniales « Vu du front. Représenter la Grande Guerre », « Picasso et la guerre » et « Photographies en guerre », qui reflètent l'approche mondialisée et décloisonnée de l'histoire des conflits armés et des engagements artistiques combattants menée par le musée de l'Armée dans le cadre de son projet scientifique et culturel.

Je remercie aussi mesdames et messieurs les membres du conseil scientifique pluridisciplinaire présidé par le professeur Guillaume Piketty, ainsi que les auteurs du catalogue, dont les recherches et les sensibilités enrichissent l'exposition de facettes souvent inédites et inattendues. Je remercie enfin les mécènes qui l'ont rendue possible.

Ouverte sur la genèse du « monde de demain », sur les leçons tirées de la guerre et de l'exil ainsi que sur les recompositions de l'après-guerre, l'exposition « Un exil combattant. Les artistes et la France, 1939-1945 » constitue aussi un laboratoire des futurs parcours que le musée de l'Armée consacrera, dans le cadre de son projet d'extension et de rénovation, aux engagements militaires contemporains, à l'après-1945 et à la guerre froide, ainsi qu'à la colonisation et à la décolonisation.

Général de corps d'armée Yann Gravêthe
Directeur de l'établissement public du musée de l'Armée

Mécènes de l'exposition

Depuis 2003, le CIC joue un rôle de premier plan en tant que grand mécène du musée de l'Armée, accompagnant activement sa politique culturelle et patrimoniale.
À ce titre, il soutient ses expositions temporaires, la saison musicale des Invalides, et s'engage à ses côtés dans une démarche d'ouverture et d'inclusion, visant à transmettre l'histoire de France au plus grand nombre.
Le CIC contribue également au financement de projets de rénovation ambitieux, participe à l'acquisition d'œuvres d'art et s'implique dans des actions culturelles d'envergure, sur l'ensemble du territoire, par le biais de ses banques régionales.
En 2024, le CIC a particulièrement marqué son engagement en faveur du musée de l'Armée en soutenant les expositions « Victoire ! La fabrique des héros » (11 octobre 2023-28 janvier 2024) et « Duels. L'art du combat » (24 avril-18 août 2024).
Il le poursuit en 2025 avec « Un exil combattant. Les artistes et la France, 1939-1945 » (26 février-22 juin 2025).

CIC

Créé en 1996, Lepape est devenu au fil des années l'un des leaders de la distribution de matériel de running et de fitness, de cyclisme, de triathlon et d'outdoor en ligne et en boutique à Paris et Lyon. Son indépendance lui permet de proposer les meilleures marques aux sportifs confirmés comme aux débutants, selon trois critères essentiels : l'utilité, la qualité et la durabilité.

LEPAPE
Au coeur de votre sport

À travers ses missions, la Société des membres de la Légion d'honneur (SMLH), née en 1921 et qui rassemble aujourd'hui près de 40 000 bénévoles et sociétaires en France et dans 64 pays étrangers, contribue au rayonnement des valeurs et de la culture françaises. Depuis cent ans, fidèle à sa mission originelle, la SMLH s'engage activement sur les terrains de la cohésion sociale, de la transmission, de la solidarité intergénérationnelle et du développement de l'esprit civique et patriotique, notamment par des actions auprès de la jeunesse.

L'honneur en action
Société des membres de la Légion d'honneur
Depuis 1921

Avec le soutien de CXD France

CXD France Conservation by design
MUSEODIRECT

Le musée remercie enfin l'ensemble des particuliers ayant soutenu cette exposition, en particulier Mme Fabienne Greff et M. Hubert Devivaise.

Cet ouvrage est publié à l'occasion
de l'exposition « Un exil combattant.
Les artistes et la France, 1939-1945 »,
présentée au musée de l'Armée
du 26 février au 22 juin 2025.

Ministère des Armées
Christophe Mauriet, *secrétaire général pour l'administration*
Evence Richard, *directeur de la mémoire, de la culture et des archives*

Musée de l'Armée
Général de corps d'armée Loïc Mizon, *président du conseil d'administration*
Général de corps d'armée Yann Gravêthe, *directeur*
Ludovic Abiven, *directeur adjoint*
Sylvie Leluc, *directrice de la conservation*
Franck Moulai, *directeur du développement et des publics*
Nicolas Fiévet, *secrétaire général par intérim*

Commissariat
Vincent Giraudier, *chef du département historial Charles de Gaulle*
Sylvie Le Ray-Burimi, *conservatrice en chef du patrimoine, cheffe du département beaux-arts et patrimoine*
avec le soutien de Carine Lachèvre, *adjointe au chef du département historial Charles de Gaulle*
assistés d'Anne-Sixtine Clevenot, Louise Le Bars, Diane de Vignemont, *département historial Charles de Gaulle*

Conseil scientifique

Sous la présidence de Guillaume Piketty, *full Professor au Centre d'Histoire de Sciences Po (CHSP), Paris*

Cécilie Champy-Vinas, *conservatrice en chef du patrimoine, directrice du musée Zadkine*
Marie-Hélène Contal, *architecte, auteur, commissaire d'exposition, membre de l'Académie d'architecture, directrice de l'École spéciale d'architecture, Paris*
Joël Huthwohl, *directeur du département des Arts du spectacle de la Bibliothèque nationale de France*
Béatrice Joyeux-Prunel, *professeure à l'université de Genève*
Sylvie Lindeperg, *professeure à l'université Paris 1 Panthéon-Sorbonne*
Aurélie Luneau, *historienne spécialiste des médias, professeure associée à Sciences Po Paris et productrice à France Culture*
Marie-Pauline Martin, *directrice du musée de la Musique de la Cité de la musique-Philharmonie de Paris*
Chantal Morelle, *professeur d'histoire honoraire en classes préparatoires aux grandes écoles*
Vladimir Trouplin, *conservateur, musée de l'Ordre de la Libération*

Catalogue

Musée de l'Armée
Département des éditions et des manifestations scientifiques
Boris Bouget, *chef du département*
Camille Cros, *adjointe au chef du département*
Louise Faucheux, *iconographe*
assistée de Lucie Guénantin et Éléa Sehrane

Département médiathèque d'étude et de recherche, pôle photographique (prises de vue)
Agathe Formery, *adjointe à la cheffe du département, responsable du pôle photographique*
Émilie Cambier, *photographe*
Anne-Sylvaine Marre-Noël, *photographe*
Manon Gallois, *photographe*

Auteurs

Auteurs des essais et des notices
Jacques Cantier, *professeur d'histoire contemporaine, université Toulouse-Jean-Jaurès*
Cécilie Champy-Vinas
Anne-Sixtine Clevenot (A.-S. C.)
Olivier Courteaux, *historien*
Diane Dosso, *docteure en histoire des sciences, responsable des archives de l'Institut de biologie physico-chimique (IBPC - Paris V^e^) et du projet ANR FondaScience (2023-2027)*
Tom Dutheil (T. D.), *conservateur adjoint, musée de la Légion d'honneur et des ordres de chevalerie*
Nicolas Engel, *conservateur en chef, en charge des collections Afghanistan-Pakistan, musée Guimet – musée national des arts asiatiques*
Dr. Romain Fathi, *senior lecturer in history, Australian National University*
Jordan Gaspin (J. G.), *chargé d'études documentaires principal, département contemporain, musée de l'Armée*
Vincent Giraudier (V. G.)
Claudine Grammont, *cheffe du cabinet d'art graphique, Musée national d'art moderne*
Laurent Jeanpierre, *professeur de science politique, université Paris-1 Panthéon-Sorbonne*
Éric Jennings, *professeur d'histoire contemporaine, université de Toronto*
Béatrice Joyeux-Prunel
Carine Lachèvre (C. L.)
Christine Laurière, *CNRS (UMR9022 Héritages), codirectrice de* Bérose, encyclopédie internationale des histoires de l'anthropologie
Louise Le Bars (L. L. B.)
Sylvie Le Ray-Burimi (S. L. R.-B.)
Bruno Leroux, *ancien directeur historique de la Fondation de la Résistance*
Élisabeth Magotteaux, *doctorante en histoire de l'art contemporain, Sorbonne Université*
Pierre Manenti, *normalien, historien du gaullisme*
Chantal Morelle (C. M.)
Lucie Moriceau-Chastagner (L. M.-C.), *adjointe à la cheffe du département beaux-arts et patrimoine et responsable des collections photographiques, musée de l'Armée*
Didier Ottinger, *directeur adjoint, MNAM - Centre Pompidou*
Fanny Pascual, *maître de conférences en histoire contemporaine, Université de la Nouvelle-Calédonie*
Guillaume Piketty
Charles Riondet, *docteur en histoire*
Bernard Toulier, *conservateur général honoraire du patrimoine, expert UNESCO*
Vladimir Trouplin
Olivier-René Veillon, *historien du cinéma, producteur, en charge de la mission cinéma du ministère des Armées*

Prêteurs

Institutions françaises

Archives nationales
Bruno Ricard, *directeur*
Bénédicte Fichet, *conservatrice du patrimoine, responsable du pôle des archives des chefs du gouvernement*
Anne Le Foll, *responsable du service des prêts aux expositions*

Assemblée nationale, Paris
Yaël Braun-Pivet, *présidente*
Bruno Fuligni, *conseiller chargé des discours, de l'histoire, de la mémoire et du patrimoine*
Pierre Bosse, *chef de division de la bibliothèque*
Sarah de Bogui, *bibliothécaire, responsable du fonds patrimonial*
Léa Ferrez-Le Guet, *bibliothécaire*

Bibliothèque nationale de France, Paris
Gilles Pécout, *président*
Marie de Laubier, *directrice chargée des collections*
Sylvie Ferreira, *régisseuse des prêts*
Delphine Minotti, *coordinatrice administrative du suivi des prêts*

Centre des archives diplomatiques de Nantes (CADN)
Nicolas Chibaeff, *directeur des archives du ministère de l'Europe et des Affaires étrangères*
Agnès Chablat-Beylot, *conservateur général du patrimoine, chef du CADN*
Bérangère Fourquaux, *conservateur en chef du patrimoine, adjointe au chef du CADN*

Chancellerie des universités de Paris - bibliothèque littéraire Jacques-Doucet, Paris
Bernard Beignier, *recteur de la région académique Île-de-France*
Julien Donadille, *directeur*
Cécile Capot, *directrice adjointe*
Roxane Blanc, *chargée des collections muséales*

Collection Adrien Maeght, Saint-Paul-de-Vence
Adrien Maeght, *président*
Hugo Guillotin, *régisseur*

La Contemporaine, bibliothèque, archives, musée des mondes contemporains, Nanterre
Xavier Sené, *directeur*
Julien Gueslin, *responsable du département du musée*
Joseph Chantier, *adjoint au responsable du département du musée*
Léone Gerber, *régisseuse des œuvres*
Tifaine Doré, *assistante d'expositions et de manifestations*

Galerie 1900-2000, Paris
Marcel Fleiss, *galeriste*
Rodica Sibleyras, *régisseuse*

Galerie Applicat-Prazan, Paris
Franck Prazan, *galeriste*
Céline Jacqueline, *assistante de direction*

Galerie Bucher-Jaeger, Paris-Lisbonne
Véronique Jaeger, *galeriste*
Anitra Delmas, *responsable des expositions*
Jennifer Pearce, *régisseuse*

Galerie Daniel Malingue, Paris
Daniel Malingue, *galeriste*
Perrine Le Blan, *directrice adjointe*
Astrid Baulme-Delisle, *directrice des ventes*
Céline Chapel, *régisseuse des œuvres*

Fondation de la France libre, Paris
Général de brigade (2S) Robert Bresse, *directeur*
Jérôme Maubec, *responsable des recherches historiques*

Fondation Le Corbusier, Paris
Antoine Picon, *président*
Brigitte Bouvier, *directrice*
Isabelle Godineau, *responsable des expositions et des collections*

Institut mémoires de l'édition contemporaine (Imec), Saint-Germain-la-Blanche-Herbe
Nathalie Léger, *directrice générale*
Claire Giraudeau, *assistante de direction*
Pierre Clouet, *chargé des expositions*

Archives de l'Institut de biologie physico-chimique, Paris
Diane Dosso

Institut Pasteur, Paris
Pr. Yasmine Belkaid, *directrice générale*
Denise Desplan, *responsable du pôle archives*
Sandra Legout, *responsable du fonds patrimonial*

Librairie Walden, Orléans
Hervé Valentin, *libraire*

Maison Cartier, Paris
Pierre Rainero, *directeur image, style et patrimoine*
Pascale Lepeu, *directrice de la collection Cartier*
Renée Frank, *directrice des expositions*
Hélène Godard, *responsable senior des expositions*
Marie-Amélie Baudry, *chargée de projets expositions*

Musée de l'Air et de l'Espace, Le Bourget
Anne-Catherine Robert-Hauglustaine, *directrice générale*
Marion Werckerle, *chargée de collection avions*
Valérie Joyaux, *responsable du département recherche et documentation*
Camille Bihan, *gestionnaire de la base de données Collections*

Musée d'art moderne de Paris
Fabrice Hergott, *directeur*
Hélène Leroy, *conservatrice en chef du patrimoine, responsable des collections*
Jacqueline Munck, *conservatrice en chef*
Georges Nicol, *régisseur des œuvres*

Musée des Beaux-Arts de Lyon
Sylvie Ramond, *directrice*
Sophie Leconte, *responsable du service de la régie des œuvres*
Armelle Bonneau-Alix, *régisseur d'œuvres, chargée du suivi des prêts*

Musée Cantini, Marseille
Nicolas Misery, *directeur du pôle des Musées de Marseille*
Louise Madinier, *conservatrice du patrimoine, chargée des collections*
Isabelle Rivoire, *attachée de conservation*
Marion Provansal, *régisseuse d'œuvres*

Musée Curie, Paris
Renaud Hyunh, *directeur*
Aurélie Lemoine, *responsable des fonds patrimoniaux*

Société des amis du musée Jean-Gabin, Mériel
Mathias Moncorgé, *président*
Arnaud Milloux, *responsable du musée-médiathèque Jean-Gabin*

Musée national Fernand-Léger, Biot
Anne Dopffer, *directrice des musées nationaux du XXe siècle des Alpes-Maritimes*
Julie Guttierez, *conservatrice en chef*
Lisa Diop, *chargée des collections et de la documentation*
Marie Nérot, *chargée de la coordination de la régie des collections et des expositions*

Musée de la Légion d'honneur et des Ordres de chevalerie, Paris
Général d'armée François Lecointre, *grand chancelier de la Légion d'honneur*

Peter Keller, *directeur-conservateur*
Tom Dutheil
Patrice Grelet, *régisseur*

Musée de la Libération de Paris - musée du général Leclerc - musée Jean-Moulin, Paris
Sylvie Zaidman, *directrice*
Guilhem Touratier, *responsable des collections*
Lauriane Quesnot, *chargée des archives et de la documentation*

Musée Matisse de Nice
Aymeric Jeudy, *directeur*
Florence Perez, *régisseur des collections*

Musée national des arts asiatiques – Guimet, Paris
Yannick Lintz, *présidente*
Nicolas Engel, *conservateur des collections Afghanistan*
Cristina Cramerotti, *conservatrice de la bibliothèque et des archives*
Laurence Berlandier, *responsable des prêts*
Hourya Gaubert, *régisseuse des collections*

Musée national d'art moderne – Centre Georges-Pompidou, Paris
Laurent Le Bon, *président du Centre national d'art et de culture Georges-Pompidou*
Xavier Rey, *directeur du Musée national d'art moderne/Centre de création industrielle*
Didier Ottinger, *directeur adjoint*
Claudine Grammont, *cheffe du cabinet d'art graphique*
Rania Moussa, *attachée de collection*
Raphaële Bianchi, *responsable des prêts et dépôts*
Noëlle Albert-Loisel, *chargée des prêts*
Mariolina Cilurzo, *régisseuse des œuvres*

Musée Picasso, Antibes-Juan-les-Pins
Jean-Louis Andral, *directeur*
Isabelle Le Druillennec, *conseillère technique collection*

Musée du quai Branly – Jacques-Chirac, Paris
Emmanuel Kasarhérou, *directeur*
Anne-Solène Rolland, *directrice du département du patrimoine et des collections*
Paz Nunez-Regueiro, *responsable de l'unité patrimoniale Amériques*
Héloïse Payrault, *régisseuse des prêts*

Musée Zadkine, Paris
Cécilie Champy-Vinas
Véronique Gautherin, *responsable de la collection*
Anne-Cécile Moheng, *attachée de conservation*

Office universitaire de recherche socialiste – OURS, Paris
Frédéric Cépède, *responsable*

Musée de l'Ordre de la Libération, Paris
Général de division (2S) Christian Baptiste, *délégué national*
Vladimir Trouplin
Margot Durand, *responsable de la régie des collections et des expositions*

Palais Galliera, musée de la Mode de la Ville de Paris
Miren Arzalluz, *directrice*
Marie-Laure Gutton, *responsable du département accessoire*
Sylvie Roy, *responsable du fonds documentaire et des archives* privées
Marie-Ange Bernieri, *chargée de la régie administrative des œuvres*
Lucie Marandas, *restauratrice textile*

Unesco, Paris
Audrey Azoulay, *directrice générale*
Lynda Frenois, *Heritage Officer*
Marie Gilleus, *attachée de conservation*

Prêteurs particuliers
Archives Thierry Billard
Collection Geneviève de Gaulle-Anthonioz-Bernard Anthonioz
Marianne Fouchet
Jordan Gaspin
Pierre Leroy
Famille de Pierre Mendès France
Anne Sinclair

Le musée de l'Armée adresse également ses remerciements aux prêteurs qui ont souhaité conserver l'anonymat. Il remercie aussi tout particulièrement la Calder Foundation pour le don de la broche à croix de Lorraine réalisée par Alexander Calder vers 1942. Ce don a été effectué en l'honneur de Monsieur Alfred Pacquement, à l'occasion des vingt ans de sa présidence de l'Association pour l'animation de l'atelier Calder à Saché en 2023 et en reconnaissance de son soutien à l'acquisition du mobile *France Forever* par le musée de l'Armée en 2020. Nous remercions également les donateurs et les personnes ayant rendu possible l'entrée en collection de plusieurs œuvres exposées : Anne Sinclair, Barbara Duthuit, Didier Vallens. Enfin, tous nos remerciements vont aussi au musée d'art et d'histoire du Judaïsme, dépositaire d'une œuvre du Centre Pompidou, et au DRASS, déposant d'une œuvre au musée de l'Air et de l'Espace.

Organisation de l'exposition

Production
Département des expositions et de la muséographie, musée de l'Armée
Aurélie Brun, *cheffe du département*
Amélie de Dianous, *régisseuse des expositions*
Laure Roset, *responsable de la régie des expositions*
Emmanuelle Sit, *chargée de production des expositions*
Nicolas Ulliac, *régisseur général*

Scénographie
CROS + PATRAS – Violette Cros

Graphisme
C-Album – Jean-Baptiste Taisne

Conception lumière
Studio Gélatic – Gabrielle Trévise

Aménagement
SED – Stand Expo Déco

Éclairage/électricité
Ithaque – Frédéric Audoux

Signalétique
Médicis

Transport et accrochage
Bovis

Soclage et installation
Département régie, conservation préventive et restauration, musée de l'Armée
Michel Fred, *installateur*
Didier Lescarbotte, *socleur*
Maïlys Nouailles, *technicienne de conservation*
Charles-Édouard Mallet, *installateur*

Encadrement
Atelier Julien Fourrey
Cadratem, Marseille

Restauration
Musée de l'Armée
Justine Blin, *atelier cuir*
José de Brito Ferreira, *atelier métal*
Martina Galli, *atelier textile*
Isabelle Grisolia, *atelier textile*
Caroline Rieau, *atelier textile*

Restaurateurs extérieurs
Atelier Coralie Barbe
Atelier Saint Martin
Denis Chalard
Filigrane
Sébastien Gilot
Sylwia Milewska
Margaux Nogues
Alexia Soldano
Ségolène Walle

Production multimédia

Coordination et production
Mission numérique et innovation, musée de l'Armée
Cécile Chassagne, *cheffe de la mission*
Sonia Appiah-Guiraudou, *graphiste multimédia*
Anne Junger-Baquet, *infographiste multimédia, webdesigner*

Parcours audioguidé de l'exposition, guide numérique
Audiovisit, *production des contenus*
SmartApps, *diffusion*

Installation audiovisuelle
Département des expositions et de la muséographie, musée de l'Armée
Christian Puren, *régisseur audiovisuel*
Laurent Crépet, *régisseur audiovisuel*

Traductions
Tradutours

Département finances, achats et juridique, musée de l'Armée
Nicolas Fiévet, *chef du département*
Arnaud Cessac, *chef du bureau achats, marchés et ordonnancement*
Fantine Conan, *juriste marchés publics*
Laura Coudrier, *rédactrice marchés publics*
Pascale Hinault, *responsable ordonnancement opérations spécifiques*
Mahdi Boulila, *acheteur*

Programmation culturelle du musée de l'Armée

Concerts
Christine Dana-Helfrich, *conservatrice en chef du patrimoine, cheffe de la mission musique*
Bleu Dièse Communication, *agence de presse*

Conférences
François Lagrange, *chef du service de la recherche, de la valorisation et de la diffusion*
Boris Bouget

Cycle cinéma
Emmanuel Ranvoisy, *adjoint au chef du département contemporain, responsable des activités cinématographiques*, assisté de Noémie Janisson

Communication

Mission communication, musée de l'Armée
Florence Duhot, *cheffe de la mission*
Cécilie Poulet, *adjointe, responsable de l'image et des éditions*
Siriane Chartier, *responsable des relations médias*
Lucas Lebrun, *responsable de communication numérique*
Naëlly Even, *chargée de communication numérique*

Agence de relations presse
Alambret Communication

Graphisme communication
Wijntje van Rooijen & Pierre Péronnet

Promotion, développement et publics

Direction du développement et des publics
Franck Moulai, *directeur du développement et des publics*

Service du développement et des études
Angélina Infanti, *cheffe du service*

Département des études
Joséphine Dezellus, *cheffe du département*

Département marketing et ventes
Victoria Costes, *cheffe du département*
Anastasia Goryunova, *chargée de développement*
Isabelle Maroquesne, *chargée de développement*

Département billetterie et régie des recettes
Hervé Chézaud, *chef du département*

Service accueil, médiation et événements
Stéphanie Froger, *cheffe du service*

Département de la médiation
Aurore Kalina, *cheffe du département*
Julie Sellier, *ajointe à la cheffe du département*
Valérie Godard, *médiatrice*
Léa Klein, *médiatrice*
Marion Ramé, *médiatrice*
Yan Villar, *médiateur*

Département de l'offre culturelle
Sylvie Picolet, *cheffe du département*
Marie Grémont, *chargée de production et de programmation*
Sixtine Molia, *chargée de production et de programmation*
Juliette Pinson, *chargée de production et de programmation*

Département de l'accueil des visiteurs

Département des locations d'espaces
Stéphanie Merle, *cheffe du département*

Mécénat

Mission mécénat, musée de l'Armée
Guillaume Dinkel, *chef de la mission*
Flavie Arminjon, *chargée de mécénat*
Sarah Jeuffé, *chargée de mécénat*
Constance Peretti, *chargée de mécénat*

Remerciements

Que soient également remerciées toutes les équipes du musée de l'Armée pour leurs différentes contributions à la préparation et à la présentation de l'exposition, ainsi que les membres du comité scientifique pour l'aide et les orientations qu'ils lui ont données. Le musée remercie aussi Daniel Marchesseau, conservateur général honoraire du patrimoine et historien de l'art, grand donateur des musées nationaux, Benoît Sapiro, directeur de la galerie Le Minotaure et vice-président du Comité professionnel des galeries d'art, Denis Doria, directeur de la galerie Doria, ainsi que la famille Assayas, l'association des amis de Max-Pol Fouchet, l'association Jean Hélion, Claire Illouz, Véronique Jaeger, Betsy Jolas, Anne Joliot, Eskil Lam, Franck Prazan, Anne Sinclair et Dominique Torrès pour leur soutien.

Avec le soutien du ministère des Armées et des Anciens combattants et de la Direction de la mémoire, de la culture et des archives

MINISTÈRE DES ARMÉES ET DES ANCIENS COMBATTANTS
Liberté
Égalité
Fraternité

Avec le soutien de KNDS France, mécène de la restauration du tableau *La Marche des Alliés* d'Henry Valensi

KNDS

Avec la participation de

m/imec/

L'Établissement de communication et de production audiovisuelle de la Défense (ECPAD) est le centre d'archives et de production audiovisuelle du ministère des Armées. À ce titre, il conserve des fonds d'archives audiovisuelles et photographiques qui témoignent de plus de cent ans d'histoire depuis la Première Guerre mondiale, soit 15 millions de photographies et 100 000 heures de films. De nombreuses archives sont à découvrir sur le site https://imagesdefense.gouv.fr/.

ecpad
IMAGES DÉFENSE

SOMMAIRE

14 « À la recherche d'une princesse ou d'une madone »
Guillaume Piketty

19 Catalogue

34 LONDRES ET LA GRANDE-BRETAGNE

36 Partir ou être déjà en Grande-Bretagne
Vincent Giraudier

41 René Cassin, commissaire à l'Instruction publique
Vincent Giraudier

46 En exil en Grande-Bretagne. Le cas des savants français
Diane Dosso

48 La musique comme vecteur de création et de lutte
Vincent Giraudier

50 Cartier, une maison de joaillerie au diapason de la France libre
Charles Riondet

52 Catalogue

68 LES TERRITOIRES RALLIÉS

70 Partir ou être déjà dans les territoires ralliés de l'Empire. Sociologie des Français libres en Afrique
Éric Jennings

75 Brazzaville, « capitale de la France libre ». Architecture et mémoire des lieux (1940-1945)
Bernard Toulier

83 Alger, capitale de la renaissance culturelle française au temps du CFLN
Jacques Cantier

88 Les créations artistiques de Nouvelle-Calédonie pendant la guerre
Fanny Pascual

92 Peindre et résister depuis Alger. Henry Valensi et la France libre
Sylvie Le Ray-Burimi

96 Germaine Krull, « Walkyrie de la pellicule » et résistante
Lucie Moriceau-Chastagner

98 Catalogue

108 PORTRAITS

Jean El-Mouhoub Amrouche
Jacques Baïf
Paul Bénichou
André Breton
Roger Caillois
Natacha Carlu
Aimé Césaire
Marc Chagall
Edmond Charlot
Paul Claudel
Marie-Alain Couturier
Ève Curie
Pierre Dac
Marcel Duchamp
Roger Erell
Max-Pol Fouchet
Varian Fry
Jean Gabin
Romain Gary
Jean Gaulmier
Albert Guérin
Henri Hoppenot
Eugène Jolas
Maria Jolas
Joseph Kessel
Wifredo Lam
Pierre Lazareff
Albert Ledoux
Anna Marly
Élisabeth de Miribel
Théodore Monod
Paul Nelson
Jean Oberlé
Jean Perrin
Lily Pons
Louis Rapkine
Jules Romains
Germaine Sablon
Antoine de Saint-Exupéry
Saint-John Perse
Henri Seyrig
Jean Starcky

122 L'AMÉRIQUE DU NORD

124 Une « lointaine Amérique »
Vincent Giraudier

129 Les débuts de la France libre au Canada
Olivier Courteaux

134 « Réouverture de la Capitale de l'Homme ». Réinventer les symboles nationaux en exil
Sylvie Le Ray-Burimi

139 L'École libre des hautes études à New York, creuset oublié de l'essor des sciences humaines après la guerre
Laurent Jeanpierre

144 La France libre et Hollywood. De Gaulle, Roosevelt, Faulkner et Jack Warner
Olivier-René Veillon

149 Édition et écrivains en Amérique du Nord
Laurent Jeanpierre

155 « À quand la France ! » Couleurs et résistance : plongée dans l'engagement de Fernand Léger pendant la Seconde Guerre mondiale
Élisabeth Magotteaux

161 Le mobile *France Forever* et la broche à la croix de Lorraine d'Alexander Calder. Étendards modernes de la France libre
Sylvie Le Ray-Burimi

167 Les savants français libres en exil, ou l'histoire d'une résistance
Diane Dosso

172 L'exil avant-gardiste. Rayonnement ou honte nationale ?
Béatrice Joyeux-Prunel

177 Henri Matisse, symbole de la France libre en Amérique : l'action de la Pierre Matisse Gallery
Claudine Grammont

182 The Charles Boyer French Research Foundation, haut lieu de la France libre à Hollywood
Sylvie Le Ray-Burimi

186 « Straight to the point ». Jean Carlu et Pierre Chareau, designers et scénographes de la France libre
Sylvie Le Ray-Burimi

188 Ossip Zadkine à New York : un sculpteur en exil
Cécilie Champy-Vinas

190 *Liberté* d'André Masson
Didier Ottinger

192 « Une étincelle de foi ardente ». Micheline Nanette Rosenberg au service de la France combattante
Sylvie Le Ray-Burimi

194 John Hasey, un Américain au service de la France libre
Vladimir Trouplin

196 Cimaises en guerre. « Renoir » et « Cézanne » face aux combats de l'exil
Sylvie Le Ray-Burimi

198 Marie Cuttoli, l'art de la transmission
Chantal Morelle

200 « Il existe un front français qui fait le tour de la Terre. » Henri Focillon, historien de l'art et Français libre
Sylvie Le Ray-Burimi

202 La France libre et l'invention d'un nouvel ordre social
Pierre Manenti

204 Catalogue

256 DE L'AMÉRIQUE LATINE À L'ORIENT : UNE AMBITION MONDIALE

258 Le réseau des comités et des délégations de la France libre
Bruno Leroux

263 Propagande politique et action culturelle : l'exemple du comité de Gaulle d'Argentine
Bruno Leroux

269 Paul Rivet et Claude Lévi-Strauss : une certaine idée du génie humain
Christine Laurière

275 La Délégation archéologique française en Afghanistan et la France libre
Nicolas Engel

280 France Libre, Australie et Nouvelle-Zélande
Romain Fathi

282 *France-Orient*. Agir et se faire entendre depuis les Établissements français de l'Inde
Sylvie Le Ray-Burimi

284 Du « dialogue des morts » (1940) au « génie de la Liberté » (1944). Georges Bernanos face aux totalitarismes
Sylvie Le Ray-Burimi

285 Catalogue

312 Orientations bibliographiques
314 Index des noms de personnes

« À LA RECHERCHE D'UNE PRINCESSE OU D'UNE MADONE »

Guillaume Piketty

Chacune, chacun connaît ou a déjà entendu citer les mots par lesquels Charles de Gaulle choisit d'ouvrir ses *Mémoires de guerre* : « Toute ma vie, je me suis fait une certaine idée de la France... Le sentiment me l'inspire aussi bien que la raison. Ce qu'il y a, en moi, d'affectif imagine naturellement la France, telle la princesse des contes ou la madone aux fresques des murs, comme vouée à une destinée éminente et exceptionnelle[1]. »

L'homme du 18 Juin n'eut bien évidemment pas le monopole d'une telle attitude. Durant la Seconde Guerre mondiale notamment, nombre d'artistes, français mais pas seulement, s'efforcèrent de contribuer à la libération d'une patrie qu'ils contemplaient de loin, et parfois rêvaient. Véritable point d'orgue muséal et scientifique, l'exposition « Un exil combattant. Les artistes et la France (1939-1945) » invite ainsi à un passionnant voyage dans le temps et dans l'espace, à la recherche d'une patrie, mi-princesse mi-madone, dont, de par le vaste monde, la libération à venir inspira quelques dizaines de milliers d'irréductibles.

Point d'orgue

Depuis longtemps, le musée de l'Armée a choisi de donner, chaque fois que c'était possible, toute sa place à la France libre dans sa programmation. Songeons ainsi par exemple, parmi les expositions dites « patrimoniales », à « Churchill-De Gaulle » en 2015, ou encore à « Comme en 40... », qui, en 2020, évoqua les débuts de l'aventure française libre comme une réponse parmi d'autres au cataclysme de mai et juin 1940 ainsi qu'aux désastres en tout genre qui suivirent. Pensons également aux éditorialisations annuelles qui, depuis 2021, dans le cadre du cycle « Combats oubliés des Forces françaises libres », régalent les visiteurs de l'historial Charles de Gaulle. De son côté, non content d'apporter son soutien à ces expositions et éditorialisations, l'ordre de la Libération offre naturellement une place de choix dans sa programmation muséale aux hommes et aux femmes qui, à des titres divers et selon des temporalités propres, rallièrent la bannière tricolore floquée d'une croix de Lorraine. Dans les salles des Invalides dévolues à son musée ont ainsi été présentées ces dernières années des expositions intitulées « De l'Asie à la France libre. Joseph et Marie Hackin, archéologues et Compagnons de la Libération » (2018), « 1940 ! Paroles de rebelles » (2020) ou encore, en 2021, « La Guerre des ondes. Londres, Paris, Vichy (1940-1944) », pour ne citer que quelques exemples. De ces réussites, « Un exil combattant... » a pleinement fait son miel avant de les prolonger en développant un discours dense et novateur.

Fort judicieusement, l'exposition a opté pour une définition large de la France libre et poursuivi ses investigations au-delà de la reconnaissance du Gouvernement provisoire de la République française par les grands alliés – bien loin, donc, du 31 juillet 1943, qui marqua officiellement la fin de l'aventure des FFL. Elle s'est ainsi donné les moyens de considérer tour à tour l'impact du conflit mondial et de l'exil sur les artistes, intellectuels et entrepreneurs français ou installés en France, le regard de ces créateurs sur l'entreprise gaullienne, leur rôle dans l'histoire de cette dernière et en lien avec les populations qu'il leur était donné de toucher, leur engagement

1 Charles de Gaulle, *Mémoires de guerre*, t. I : *L'Appel, 1940-1942* [1954], Paris, Pocket, 2010, p. 7.

2 Le présent texte ne peut être le lieu d'une présentation un tant soit peu exhaustive de la vaste bibliographie attachée à l'histoire de la France libre. Nous nous contenterons donc d'évoquer quelques titres particulièrement importants en rapport avec l'exposition « Un exil combattant. Les artistes et la France (1939-1945) » : Jean-Louis Crémieux-Brilhac, *La France libre. De l'appel du 18 juin à la Libération* [1996], Paris, Gallimard, « Folio », 2014 ; Aurélie Luneau, *Radio Londres : les voix de la liberté, 1940-1944*, Paris, Perrin, 2007 ; Jean-François Muracciole, *Les Français libres. L'autre Résistance*, Paris, Tallandier, 2009 ; Sébastien Albertelli, *Atlas de la France libre. De Gaulle et la France libre, une aventure politique*, Paris, Autrement, 2010 ; François Broche et Jean-François Muracciole (dir.), *Dictionnaire de la France libre*, Paris, Robert Laffont, « Bouquins », 2010 ; Éric Jennings, *La France libre fut africaine*, Paris, Perrin, 2014 ; Sylvain Cornil-Frerrot et Philippe Oulmont (dir.), *Les Français libres et le monde*, Paris, Nouveau Monde Éditions, 2015 ; Charlotte Faucher, Laure Humbert, Guillaume Piketty et Thomas Vaisset (dir.), *Françaises et Français libres. Une identité née de la pluralité*, coordination Sylvain

Cornil-Frerrot, Rennes, Presses universitaires de Rennes, 2024.

3 À cet égard, voir par exemple Charlotte Faucher et Laure Humbert (dir.), dossier « Beyond de Gaulle and beyond London. The French External Resistance and its international networks », *European Review of History*, vol. 25, n° 2, avril 2018.

4 Arjun Appadurai (dir.), *The Social Life of Things. Commodities in Cultural Perspective* [1986], Cambridge, Cambridge University Press, 2006. Voir également, par exemple, Ludivine Broch, William G. Pooley et Andrew W. M. Smith, « Moving objects : French history and the study of material culture », *French History*, vol. 37, n° 4, 2023, p. 345-356 ; Alexandre Sumpf, Anne Joly et Julien Gueslin (dir.), dossier « L'histoire des conflits par les objets. XXe siècle », *Matériaux pour l'histoire de notre temps*, nos 147-148, 1er semestre 2023.

5 Leora Auslander et Tara Zahra (dir.), *Objects of War. The Material Culture of Conflict and Displacement*, Ithaca/Londres, Cornell University Press, 2018.

6 Voir par exemple *Français en résistance. Carnets de guerre, correspondances, journaux personnels*, édition établie et présentée par Guillaume Piketty, Paris, Robert Laffont, « Bouquins », 2009.

7 Voir par exemple Laurence Bertrand Dorléac, *L'Art de la défaite : 1940-1944* [1993], Paris, Seuil, 2012.

8 Voir à ce sujet Laurence Bertrand Dorléac, « Contre-malheur »,

éventuel dans les rangs français libres, les modalités et les buts, enfin, de leurs possibles actions philanthropiques. À Londres et en Grande-Bretagne, dans les territoires ralliés, aux États-Unis et au Canada comme en Afghanistan, en Australie et en Nouvelle-Zélande, depuis les Établissements français de l'Inde ainsi que certains territoires d'Amérique latine surgirent au fil des années de guerre, en un foisonnement permanent, des initiatives que la France libre s'est efforcée de capter à son profit ou que, à partir de septembre 1941, elle a suscitées, par le truchement de ses commissariats à l'Instruction publique et à l'Information, afin d'expliquer ce qu'elle était, d'asseoir la légitimité de son combat, de gagner les cœurs et les esprits, et donc de susciter des ralliements. De cette entreprise de portée mondiale et organisée entre arts, histoire de l'art et archéologie, industries culturelles et produits dérivés, monde de la recherche en sciences humaines et sociales et enseignement, « Un exil combattant… » nous raconte l'histoire, ou plutôt les histoires, tout en envisageant son éventuelle ombre portée sur les années d'après-guerre. Le résultat est impressionnant, comme en témoignent à leur tour les textes et la riche iconographie du présent catalogue.

Ce faisant, l'exposition tire la substantifique moelle de plusieurs décennies de travaux d'historiens sur la France libre ainsi que sur les femmes et les hommes qui l'ont peuplée, animée, représentée et louée, durant les années de conflit et par la suite. Par-delà les mémoires de certains acteurs, elle a puisé dans le parcours militaire de la France libre et, plus encore, dans son histoire institutionnelle, politique, intellectuelle et culturelle. Elle s'est naturellement penchée sur la sociologie et la structure interne du mouvement, sur ses relations avec les Alliés et sur les désaccords diplomatiques de taille et de durée variables qui émaillèrent les années de guerre[2]. Enfin, on l'a dit, elle n'a pas oublié d'élargir son champ d'analyse et de prendre en compte l'ensemble plus vaste formé par ce qu'il est aujourd'hui convenu d'appeler la Résistance extérieure française[3].

Princesse ou madone

En s'appuyant résolument sur des courants historiographiques en plein essor, « Un exil combattant… » entre en effet de plain-pied dans la chatoyante galaxie formée par cette Résistance extérieure dont, peu à peu, la France libre s'imposa comme la principale planète. Par le truchement d'objets dont chacun eut bien sûr une vie sociale[4], elle raconte des choix tranquillement effectués au moment d'une expatriation voulue et organisée, des départs précipités et des fuites[5], des créations nostalgiques en souvenir d'une patrie souffrante et souvent transfigurée, des installations et de nouveaux mouvements, des dangers et des rencontres. Autant que des écrits du for privé rédigés en bonne et due forme[6], ces objets permettent de découvrir des pans entiers de la vie personnelle des Françaises et des Français exilés. En temps de guerre, on le sait, l'intime est régulièrement envahi, pris pour cible et maltraité, victime de tentatives de contrôle. Il incombe alors à chacune et chacun de le préserver tant bien que mal, avant de l'enrichir à nouveau. De ces efforts, l'exposition rend soigneusement compte pour le cas des résistants et des résistantes français qui choisirent de poursuivre la lutte loin du territoire métropolitain. Elle s'inscrit ainsi dans le droit fil de stimulantes recherches sur l'intime à la guerre, en guerre et après la guerre.

Par ailleurs, à la suite de travaux consacrés à l'art sous l'Occupation, dans la clandestinité ou encore dans les camps nazis[7], « Un exil combattant... » apporte son écot aux réflexions sur ce que la production artistique sous toutes ses formes (architecture, sculpture, arts visuels, musique, littérature, peinture, surréalisme et avant-garde, émissions à la radio, arts de la scène et cinéma, galeries) et l'histoire de l'art disent aux historiens, sur l'art antidote au malheur[8], sur la possibilité, aussi, pour un artiste de dire un refus et de résister par le truchement d'une création. L'exposition entraîne ses visiteurs sur les sentiers ouverts par l'histoire des sens et des sensibilités[9] et par l'histoire des émotions. Il est par exemple permis de s'interroger sur la nature et l'influence du régime émotionnel[10] produit par la défaite et l'exil, ou sur la naissance de communautés émotionnelles[11] dans la galaxie résistante. De fil en aiguille, « Un exil combattant... » met au jour des sociabilités[12] en incessante recomposition et des imaginaires sociaux[13] non moins dynamiques et mouvants. Elle renvoie au rôle de l'imagination en histoire, à la fois objet d'étude et moyen de recherche[14].

Ce faisant, l'exposition donne à voir une idée de la France en évolution permanente, à l'image des statuts, des représentations mentales, des engagements intellectuels et des convictions politiques de celles et ceux qui la concevaient. Il n'est pour en juger que de considérer, par exemple, les emblèmes et les symboles choisis par les résistantes et les résistants de l'extérieur[15], la formation de l'économie morale de la reconnaissance française libre, le façonnement progressif d'une « légende contemporaine et constitutive de l'histoire[16] » adossée à certains moments clés du passé national autant qu'aux héros et aux héroïnes contemporains[17], les revues et les célébrations françaises libres, à Londres ou ailleurs, les récits de rencontres impromptues, de ventes de charité et de campagnes de levée de fonds, d'inaugurations d'expositions et de fêtes un peu partout dans le monde, ou encore les jeux et les rejeux des mémoires. Sont ainsi mises en évidence la lente (re)construction et la mise en musique d'un récit national français que chacun, chacune portait en lui ou en elle.

Vertus du risque, de la tolérance et du partage

Mais « Un exil combattant... » propose davantage encore. Au hasard de ses salles comme au fil des pages du présent catalogue, l'exposition raconte l'histoire d'amoureuses et d'amoureux de la France qui n'hésitèrent pas à prendre le risque d'un exil incertain, à transgresser si besoin et à creuser des brèches dans leurs systèmes de pensée afin de lutter plus efficacement pour le salut français. Elle montre que cette ouverture résolue du champ des possibles fut porteuse de créations en tout genre sous de nouveaux horizons. Elle évoque la joie qui peut naître de l'échange sans tabou en profitant des influences et des transferts culturels, internationaux ou non, que la situation rend soudain possibles. Elle dit le bonheur d'assumer tranquillement sa différence et d'innover dans un melting-pot ouvert au monde, humaniste et tolérant. Elle raconte ainsi la transformation progressive d'un désastre en apparence irrémédiable en une catastrophe malgré tout féconde. Elle affirme une nouvelle fois

dans Laurence Bertrand Dorléac, Cécile Debray, Michel Draguet, Didier Ottinger et Marie Sarré (dir.), *Magritte, Renoir. Le surréalisme en plein soleil*, cat. exp., Paris, musées d'Orsay et de l'Orangerie/RMN-Grand Palais, 2021, p. 132-144.

9 Sur ce point, on se reportera avec profit à Alain Corbin et Hervé Mazurel (dir.), *Histoire des sensibilités*, Paris, PUF, 2022 et à la passionnante revue *Sensibilités. Histoire, critique et sciences sociales*, publiée par les éditions Anamosa.

10 Sur cette notion, voir William Reddy, *The Navigation of Feeling. A Framework for the History of Emotions*, Cambridge, Cambridge University Press, 2009.

11 À ce sujet, voir Barbara Rosenwein, « Problems and methods in the history of emotions », *Passions in Context*, vol. 1, n° 1, 2010.

12 Pour une réflexion stimulante sur ce concept, voir par exemple Pierre-Yves Beaurepaire, « La "fabrique" de la sociabilité », *Dix-huitième siècle*, n° 46, 2014, p. 85-105.

13 Sur ce sujet, voir Dominique Kalifa, *Les Bas-fonds. Histoire d'un imaginaire*, Paris, Seuil, 2013, notamment p. 20-21.

14 Marie Panter, Pascale Mounier, Monica Martinat et Matthieu Devigne (dir.), *Imagination et histoire. Enjeux contemporains*, Rennes, Presses universitaires de Rennes, 2014.

15 Voir par exemple Bernard Le Marec, *Les Français libres et leurs emblèmes* [1964], Paris, Lavauzelle, 1994.

qu'adossée au courage d'oser, à la volonté de proposer et à la puissance de l'espoir, la liberté est capable du meilleur.

Il est bien sûr difficile de mesurer avec précision l'influence, immédiate et par la suite, de toutes les entreprises créatrices dont l'exposition rend compte, d'évaluer la réception par les Françaises et les Français des propositions et des messages ainsi transmis. L'idée s'impose néanmoins d'une contribution considérable au relèvement de la France. Et, avec elle, la réaffirmation que notre pays s'est toujours voulu acteur d'un universalisme éclairé, à l'avant-garde du progrès scientifique, artistique, politique et social.

Oui, décidément, une visite lente et précise de l'exposition « Un exil combattant. Les artistes et la France (1939-1945) » puis une lecture attentive de son catalogue s'avèrent indispensables afin de tirer toutes les leçons de ce qui fut une floraison riche et continue au service d'un autre front culturel et intellectuel.

16 Laurent Douzou, *La Résistance française. Une histoire périlleuse*, Paris, Seuil, « Points », 2005, p. 25.

17 Sur cette question, voir par exemple Pierre Centlivres, Daniel Fabre et Françoise Zonabend, *La Fabrique des héros*, Paris, Éditions de la Maison des sciences de l'homme, 1998 ; Sylvie Leluc, Christophe Pommier et Grégory Spourdos (dir.), *Victoire ! La fabrique des héros*, Paris, musée de l'Armée/In Fine, 2023.

Transit

cat. 1 **Federico Kromka (1890-1942), carnet de 51 dessins, camp des Milles, vers 1942**

Crayon sur papier, H. 21 ; L. 18 cm
Paris, collection David et Marcel Fleiss, Galerie 1900-2000

Lieu d'internement des « sujets ennemis » étrangers de septembre 1939 à juin 1940 puis des « indésirables » de juillet 1940 à juillet 1942, le camp des Milles a abrité une importante communauté d'intellectuels et d'artistes allemands, autrichiens, hongrois, tchèques, tels Max Ernst, Hans Bellmer, Franz Hessel, Lion Feuchtwanger ou Golo Mann. Musicien et peintre, Federico Kromka portraiture dans ce carnet ses codétenus et s'y représente sous la forme d'un chien entravé par un boulet. Déporté à Auschwitz, il y est assassiné en 1942. S. L. R.-B.

ill. 1 **Anonyme, Accrochage du tableau *Une oreille prêtée* (1935) de Max Ernst dans un platane de la villa Air-Bel, à Marseille, 1941**

Le 5 mai 1941, à Marseille, une exposition collective est inaugurée dans le jardin de la villa Air-Bel, louée par Varian Fry pour le Centre américain de secours afin d'accueillir artistes et intellectuels en attente de visa. À la suite de cette manifestation présidée par Peggy Guggenheim, cette dernière fait envoyer les toiles de Max Ernst, son futur époux, à New York, où le couple arrive le 14 juillet suivant. S. L. R.-B.

cat. 2 **Victor Brauner (1903-1966),**
***Souffrance, souffrance*, 1941**

Huile sur toile, H. 46 ; L. 38 cm
Paris Musées / Musée d'Art moderne, AMVP 2597,
legs de Mme Jacqueline Victor Brauner en 1988

Juif roumain, Victor Brauner gagne la zone non occupée en juillet 1940. Il est accueilli à Perpignan puis à Canet par Robert Rius avant d'être assigné à résidence à Saint-Féliu-d'Amont puis hébergé par Dina Vierny à Banyuls. En dépit de l'aide de Varian Fry et de l'obtention de l'*affidavit* des États-Unis, il ne parvient pas à quitter le territoire français. Peint à Céret, *Souffrance, souffrance* est un paysage intérieur de l'artiste en proie à la clandestinité et à la précarité. S. L. R.-B.

3

cat. 3-6 **Victor Brauner (1903-1966), André Breton (1896-1966), Óscar Dominguez (1905-1957), Jacques Hérold (1910-1987), Wifredo Lam (1902-1982), Jacqueline Lamba (1910-1993), dessins collectifs, 1940-1941**

Encre de Chine, crayons de couleur et collages sur papier,
H. 24 ; L. 30 cm (cat. 3) / H. 24 ; L. 30 cm (cat. 4) /
H. 23 ; L. 29,8 cm (cat. 5) / H. 24 ; L. 30 cm (cat. 6)
Musées de Marseille / musée Cantini, C.08.01 (03), C.08.01 (01),
C.08.07, C.08.01 (04)

Les artistes réfugiés à la villa Air-Bel réalisent de fin 1940 à mars 1941 un jeu de cartes collectif dit « Jeu de Marseille », mais aussi des dessins collectifs. Exutoire à l'anxiété, ces œuvres ont aussi valeur propitiatoire et manifestent une communauté de destins. Certaines cartes sont reprises et publiées hors texte dans *VVV* à New York en mars 1943. S. L. R.-B.

4

5

6

CARTE D'IDENTITÉ

478

Nom : BICHIER dit

Prénoms : HÉLION

Jean Eugène

Profession : Artiste peintre

Né le : 21 avril 1904

à : Couterne

Département : (Orne)

Nationalité : française

Domicile : Camp de la Blancarde avenue D'Haïti Marseille (B.-d.-R.)

TIMBRE FISCAL 13 FRANCS

SIGNALEMENT

Taille : 1 m 67

Cheveux : châtains clair

Moustache : sans

Yeux : bleus

Nez : Dos : Base : Dimensions : moyen

Forme du visage : ovale

Teint : mat

Signes particuliers : cicatrice brûlure au cou, porte lunettes à droite

Empreinte digitale

Le Titulaire. Bichier dit Hélion

Les Témoins. Vu pièces d'identité militaires

Vu pour légalisation :

Le 23 juin 1942

Le commissaire de police du 21e arrondissement

cat. 7 **Carte d'identité de Jean Bichier dit Hélion (1904-1987) émise le 23 juin 1942 par le commissariat de police du 21e arrondissement - Marseille-Blancarde**

Saint-Germain-la-Blanche-Herbe, Imec, archives Jean Hélion

Jean Hélion, installé aux États-Unis et malgré la notoriété qu'il y a acquise, choisit de rentrer en France dès janvier 1940 et s'engage dans l'armée. Fait prisonnier en juin, il est détenu en Poméranie, puis à Stettin, où il sert d'interprète. Il s'évade le 13 février 1942, traverse l'Allemagne, se rend à Paris, puis à Marseille. Interné au camp de la Blancarde, il y attend son passage vers les États-Unis, qu'il obtient grâce à la solidarité inattendue de consuls francs-maçons. S. L. R.-B.

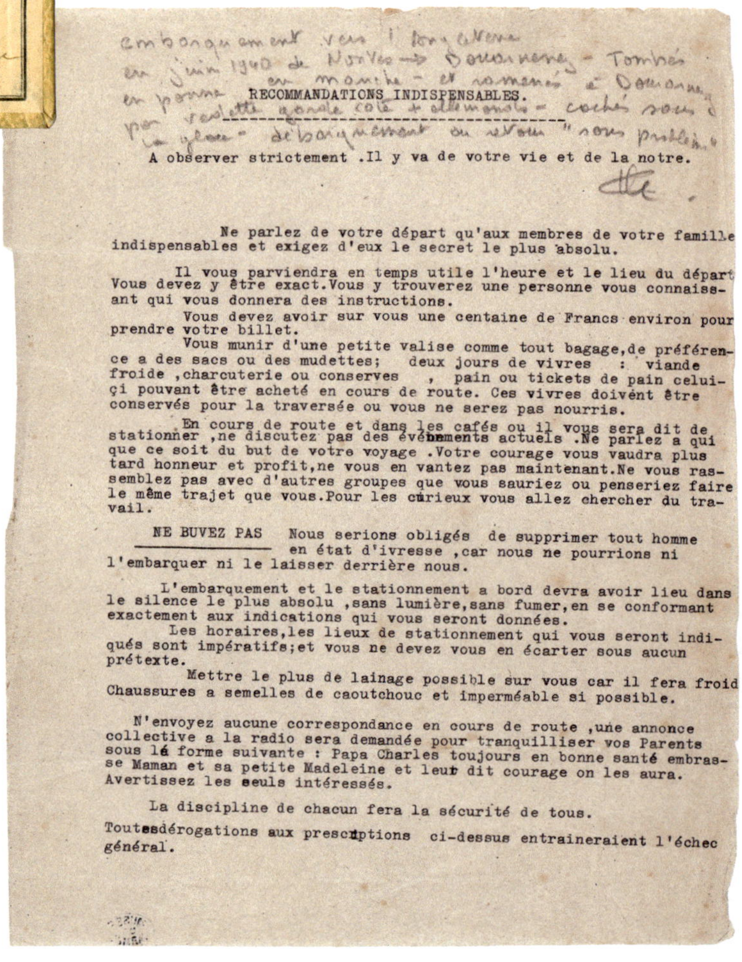

RECOMMANDATIONS INDISPENSABLES.

A observer strictement .Il y va de votre vie et de la notre.

Ne parlez de votre départ qu'aux membres de votre famille indispensables et exigez d'eux le secret le plus absolu.

Il vous parviendra en temps utile l'heure et le lieu du départ Vous devez y être exact.Vous y trouverez une personne vous connaissant qui vous donnera des instructions.

Vous devez avoir sur vous une centaine de Francs environ pour prendre votre billet.

Vous munir d'une petite valise comme tout bagage,de préférence a des sacs ou des mudettes; deux jours de vivres : viande froide ,charcuterie ou conserves , pain ou tickets de pain celui-çi pouvant être acheté en cours de route. Ces vivres doivént être conservés pour la traversée ou vous ne serez pas nourris.

En cours de route et dans les cafés ou il vous sera dit de stationner ,ne discutez pas des évènements actuels .Ne parlez a qui que ce soit du but de votre voyage .Votre courage vous vaudra plus tard honneur et profit,ne vous en vantez pas maintenant.Ne vous rassemblez pas avec d'autres groupes que vous sauriez ou penseriez faire le même trajet que vous.Pour les curieux vous allez chercher du travail.

NE BUVEZ PAS Nous serions obligés de supprimer tout homme en état d'ivresse ,car nous ne pourrions ni l'embarquer ni le laisser derrière nous.

L'embarquement et le stationnement a bord devra avoir lieu dans le silence le plus absolu ,sans lumière,sans fumer,en se conformant exactement aux indications qui vous seront données.

Les horaires,les lieux de stationnement qui vous seront indiqués sont impératifs;et vous ne devez vous en écarter sous aucun prétexte.

Mettre le plus de lainage possible sur vous car il fera froid Chaussures a semelles de caoutchouc et impermeable si possible.

N'envoyez aucune correspondance en cours de route ,une annonce collective a la radio sera demandée pour tranquilliser vos Parents sous la forme suivante : Papa Charles toujours en bonne santé embrasse Maman et sa petite Madeleine et leur dit courage on les aura. Avertissez les seuls intéressés.

La discipline de chacun fera la sécurité de tous.

Toutes dérogations aux prescriptions ci-dessus entraineraient l'échec général.

cat. 8 **« Recommandations indispensables », non daté**

Paris, musée de l'Armée, fonds France libre, don Kahn, Ka 1

Dès l'annonce de l'armistice en juin 1940, des Français souhaitent continuer le combat et tentent de quitter le pays. Des transports maritimes clandestins pour l'Angleterre se mettent en place. C. L.

Partir

ill. 2 **Germaine Krull (1897-1985),** ***Chargement des bœufs, port de Casablanca*****, 4 ou 5 avril 1941**

Épreuve gélatino-argentique

Petit cargo de 7 000 tonnes, le *Paul-Lemerle* embarque à son bord deux cents passagers fuyant la France vichyste, dont plusieurs artistes et intellectuels. Germaine Krull, la grande photographe allemande, est également de cette traversée de Marseille à la Martinique et réalise l'album du trajet de l'exil. Fuyant le vacarme de la cale, elle profite du pont et des escales pour chroniquer l'atmosphère et le quotidien du voyage. L. M.-C.

ill. 3 **Germaine Krull (1897-1985),** ***Passagers à bord du cargo Paul-Lemerle*****, 1941**

Épreuve gélatino-argentique

Les exilés volontaires appartiennent presque tous à l'intelligentsia européenne : médecins, avocats, philosophes. L. M.-C.

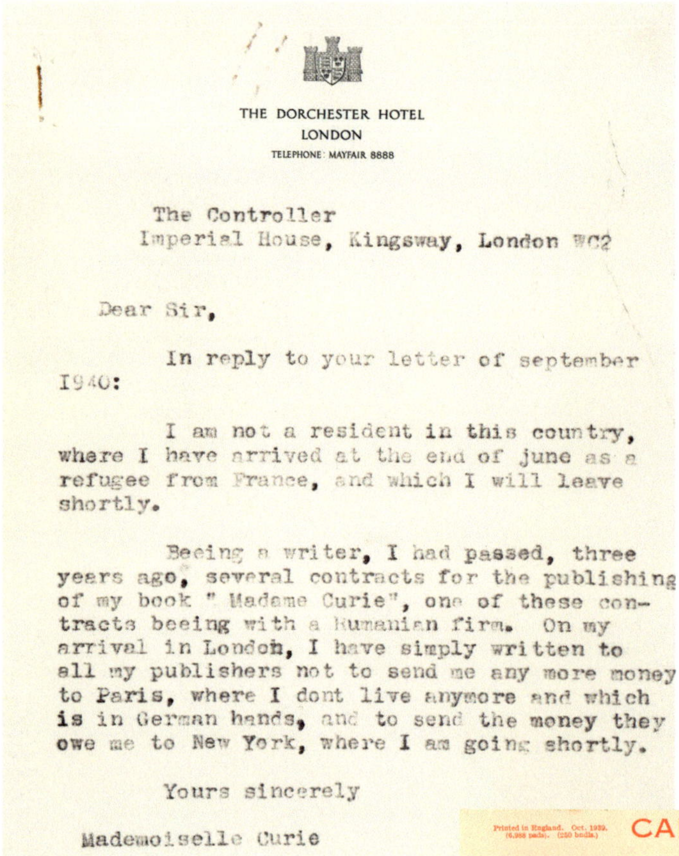

THE DORCHESTER HOTEL
LONDON
TELEPHONE: MAYFAIR 8888

The Controller
Imperial House, Kingsway, London WC2

Dear Sir,

In reply to your letter of september 1940:

I am not a resident in this country, where I have arrived at the end of june as a refugee from France, and which I will leave shortly.

Beeing a writer, I had passed, three years ago, several contracts for the publishing of my book " Madame Curie", one of these contracts beeing with a Rumanian firm. On my arrival in London, I have simply written to all my publishers not to send me any more money to Paris, where I dont live anymore and which is in German hands, and to send the money they owe me to New York, where I am going shortly.

Yours sincerely

Mademoiselle Curie

cat. 9 **Lettre d'Ève Curie à l'administration britannique à propos de sa situation financière, 1940**

Paris, musée Curie, FP-EC / D4e

La première biographie de Marie Curie, *Madame Curie*, publiée en anglais aux États-Unis en 1937 par sa fille Ève, est un succès mondial. Destituée de la nationalité française par le régime de Vichy, celle-ci voit ses biens saisis par les Allemands et la vente de ses ouvrages interdite en Europe. C. L.

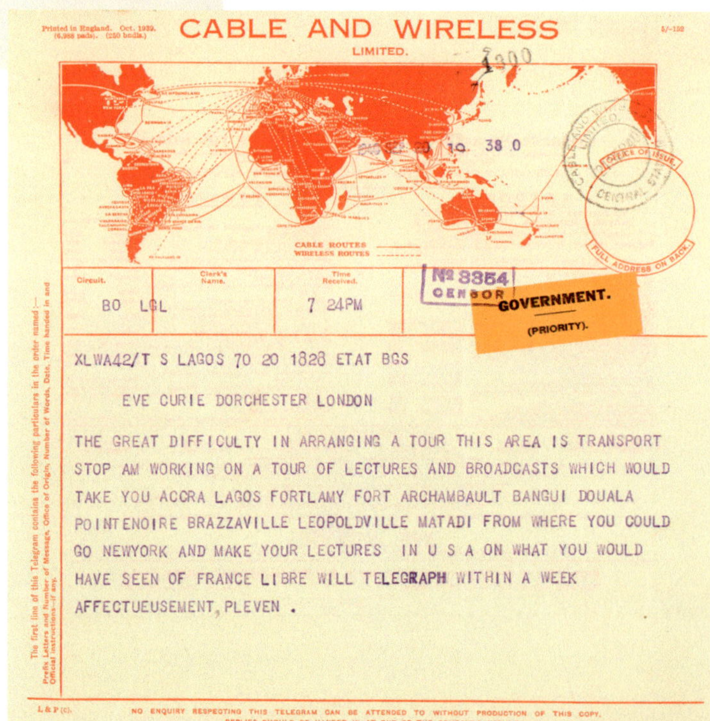

CABLE AND WIRELESS
LIMITED.

Circuit.	Clerk's Name.	Time Received.
BO	LGL	7 24PM

Nº 3354 CENSOR

GOVERNMENT. (PRIORITY).

XLWA42/T S LAGOS 70 20 1828 ETAT BGS

EVE CURIE DORCHESTER LONDON

THE GREAT DIFFICULTY IN ARRANGING A TOUR THIS AREA IS TRANSPORT STOP AM WORKING ON A TOUR OF LECTURES AND BROADCASTS WHICH WOULD TAKE YOU ACCRA LAGOS FORTLAMY FORT ARCHAMBAULT BANGUI DOUALA POINTENOIRE BRAZZAVILLE LEOPOLDVILLE MATADI FROM WHERE YOU COULD GO NEWYORK AND MAKE YOUR LECTURES IN U S A ON WHAT YOU WOULD HAVE SEEN OF FRANCE LIBRE WILL TELEGRAPH WITHIN A WEEK

AFFECTUEUSEMENT, PLEVEN .

NO ENQUIRY RESPECTING THIS TELEGRAM CAN BE ATTENDED TO WITHOUT PRODUCTION OF THIS COPY. REPLIES SHOULD BE HANDED IN AT ONE OF THE COMPANY'S OFFICES.

cat. 10 **Télégramme de René Pleven à Ève Curie, 20 septembre 1940**

Paris, musée Curie, FP-EC / D4h

Ève Curie décolle de New York le 10 novembre 1941 – plus d'un an après ce télégramme de Pleven, alors secrétaire général de l'Afrique-Équatoriale française – pour un voyage de trois mois à travers le monde parmi les nations en guerre. Ce périple donnera naissance au livre *Voyage parmi les guerriers* (1943). C. L.

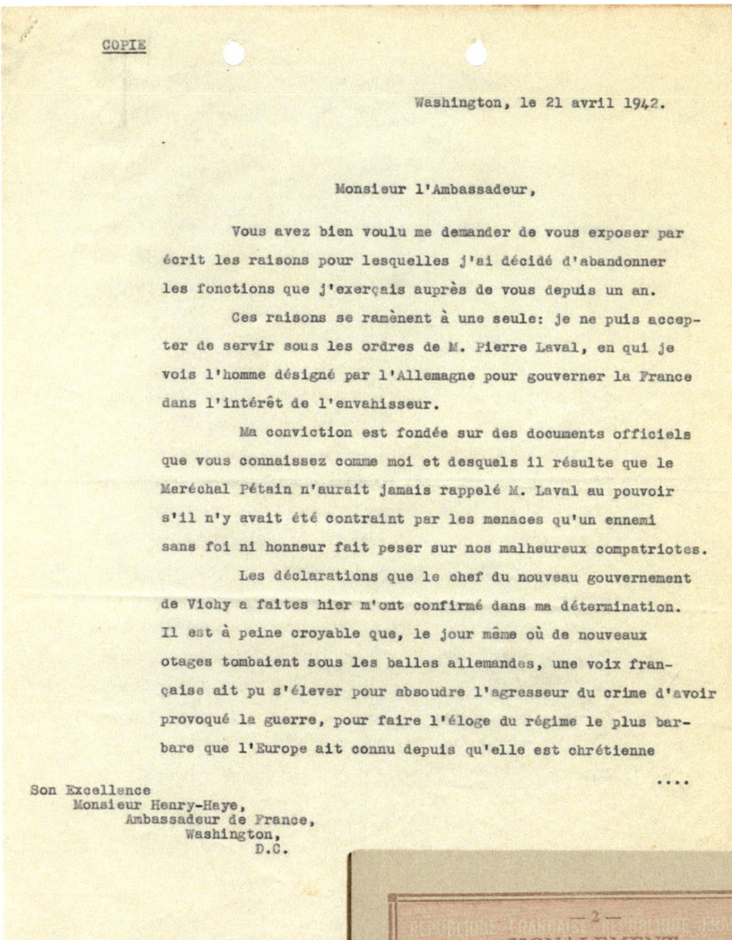

COPIE

Washington, le 21 avril 1942.

Monsieur l'Ambassadeur,

Vous avez bien voulu me demander de vous exposer par écrit les raisons pour lesquelles j'ai décidé d'abandonner les fonctions que j'exerçais auprès de vous depuis un an.

Ces raisons se ramènent à une seule: je ne puis accepter de servir sous les ordres de M. Pierre Laval, en qui je vois l'homme désigné par l'Allemagne pour gouverner la France dans l'intérêt de l'envahisseur.

Ma conviction est fondée sur des documents officiels que vous connaissez comme moi et desquels il résulte que le Maréchal Pétain n'aurait jamais rappelé M. Laval au pouvoir s'il n'y avait été contraint par les menaces qu'un ennemi sans foi ni honneur fait peser sur nos malheureux compatriotes.

Les déclarations que le chef du nouveau gouvernement de Vichy a faites hier m'ont confirmé dans ma détermination. Il est à peine croyable que, le jour même où de nouveaux otages tombaient sous les balles allemandes, une voix française ait pu s'élever pour absoudre l'agresseur du crime d'avoir provoqué la guerre, pour faire l'éloge du régime le plus barbare que l'Europe ait connu depuis qu'elle est chrétienne

....

Son Excellence
Monsieur Henry-Haye,
Ambassadeur de France,
Washington,
D.C.

cat. 11 **Lettre de Léon Marchal à l'ambassadeur de France aux États-Unis, 21 avril 1942**

Nantes, Archives du ministère des Affaires étrangères, délégation du Comité national français puis du CFLN aux États-Unis, 737PO/3/38

Conseiller à l'ambassade de France à Washington en 1941, Léon Marchal (1900-1956) quitte son poste après avoir entendu, le 20 avril 1942, le discours pro-allemand du nouveau chef du gouvernement de l'État français, Pierre Laval. Marchal est révoqué par Vichy le 23. Le Comité national français de Londres le nomme chargé de mission au Canada. C. L.

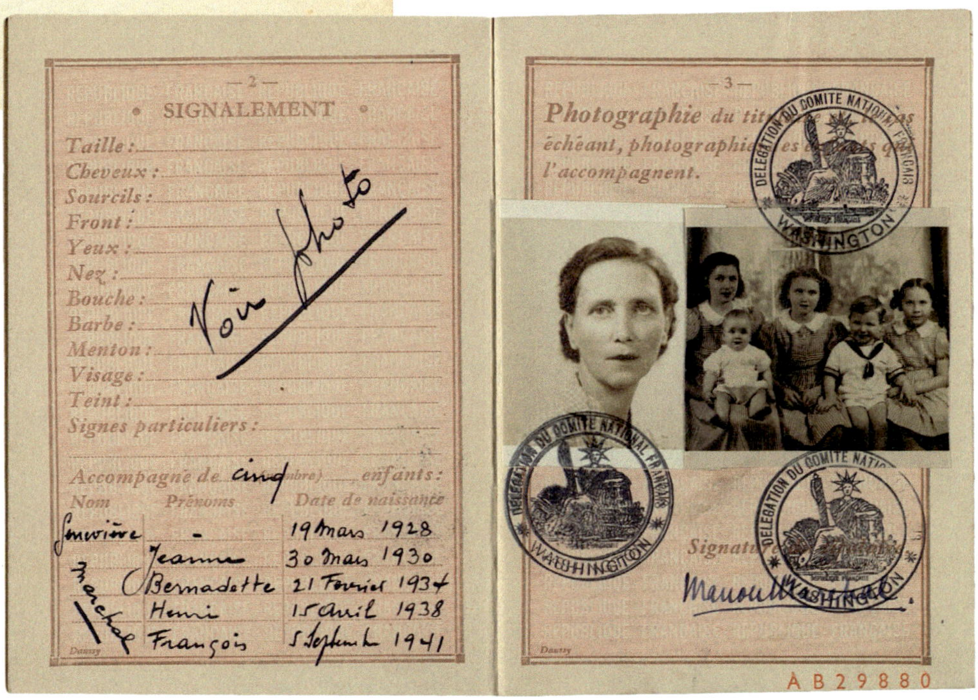

cat. 12 **Passeport de la famille du diplomate Léon Marchal**

Nantes, Archives du ministère des Affaires étrangères, délégation du Comité national français puis du CFLN aux États-Unis, 737PO/3/38

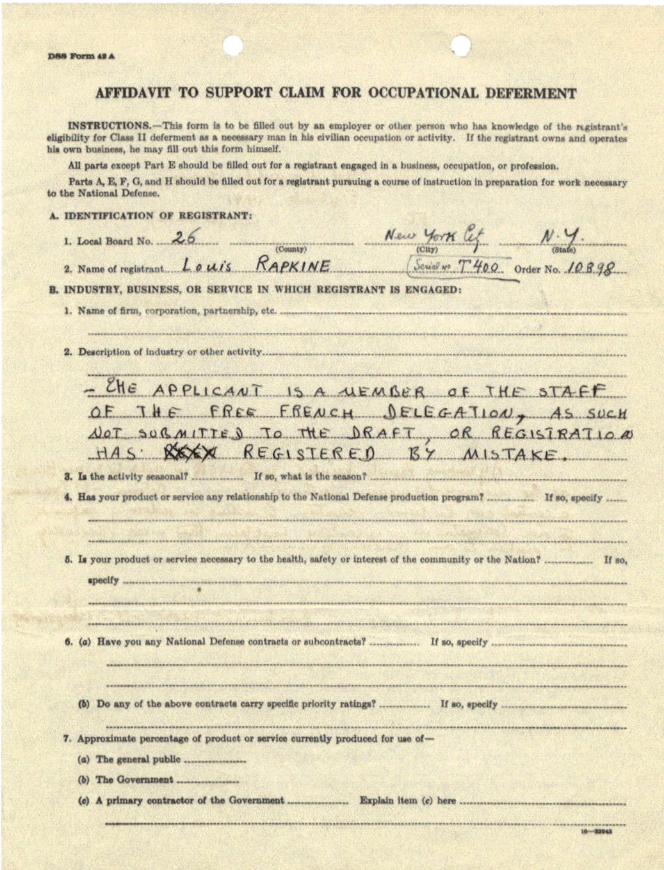

DSS Form 42 A

AFFIDAVIT TO SUPPORT CLAIM FOR OCCUPATIONAL DEFERMENT

INSTRUCTIONS.—This form is to be filled out by an employer or other person who has knowledge of the registrant's eligibility for Class II deferment as a necessary man in his civilian occupation or activity. If the registrant owns and operates his own business, he may fill out this form himself.

All parts except Part E should be filled out for a registrant engaged in a business, occupation, or profession.

Parts A, E, F, G, and H should be filled out for a registrant pursuing a course of instruction in preparation for work necessary to the National Defense.

A. IDENTIFICATION OF REGISTRANT:

1. Local Board No. 26 .... (County) New York City (City) N.Y. (State)
2. Name of registrant Louis RAPKINE Serial no T400 Order No. 10898

B. INDUSTRY, BUSINESS, OR SERVICE IN WHICH REGISTRANT IS ENGAGED:

1. Name of firm, corporation, partnership, etc. ....
2. Description of industry or other activity ....

– THE APPLICANT IS A MEMBER OF THE STAFF OF THE FREE FRENCH DELEGATION, AS SUCH NOT SUBMITTED TO THE DRAFT, OR REGISTRATION HAS ~~XXXX~~ REGISTERED BY MISTAKE.

3. Is the activity seasonal? .... If so, what is the season? ....
4. Has your product or service any relationship to the National Defense production program? .... If so, specify ....
5. Is your product or service necessary to the health, safety or interest of the community or the Nation? .... If so, specify ....
6. (a) Have you any National Defense contracts or subcontracts? .... If so, specify ....
   (b) Do any of the above contracts carry specific priority ratings? .... If so, specify ....
7. Approximate percentage of product or service currently produced for use of—
   (a) The general public ....
   (b) The Government ....
   (c) A primary contractor of the Government .... Explain item (c) here ....

16—22943

cat. 13 ***Affidavit to Support Claim for Occupational Deferment*** **[« Déclaration sous serment à l'appui d'une demande de sursis professionnel »] de Louis Rapkine, non daté**

Nantes, Archives du ministère des Affaires étrangères, délégation du Comité national français puis du CFLN aux États-Unis, 737PO/3/38

Ce formulaire doit être rempli par tout étranger désirant quitter le territoire des États-Unis. Il est renseigné en cinq exemplaires et l'intéressé doit prêter serment sur l'exactitude des données transmises. Louis Rapkine, chef du bureau scientifique de la France libre auprès de la délégation française à New York, est envoyé à Londres à l'été 1943 pour y implanter une mission scientifique française. C. L.

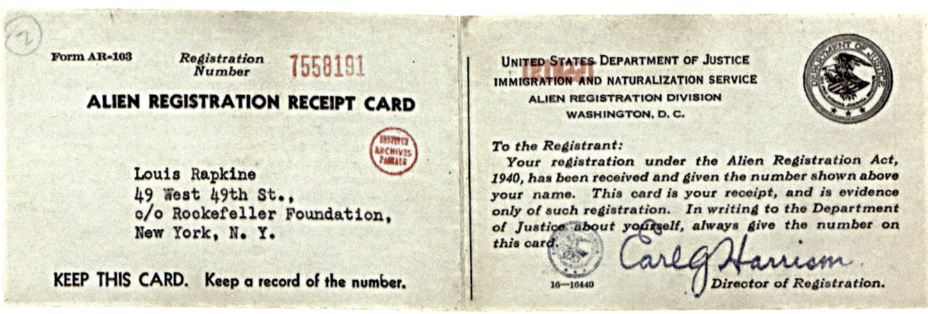

Form AR-103 *Registration Number* 7558191

ALIEN REGISTRATION RECEIPT CARD

Louis Rapkine
49 West 49th St.,
c/o Rockefeller Foundation,
New York, N. Y.

KEEP THIS CARD. Keep a record of the number.

UNITED STATES DEPARTMENT OF JUSTICE
IMMIGRATION AND NATURALIZATION SERVICE
ALIEN REGISTRATION DIVISION
WASHINGTON, D. C.

To the Registrant:
Your registration under the Alien Registration Act, 1940, has been received and given the number shown above your name. This card is your receipt, and is evidence only of such registration. In writing to the Department of Justice about yourself, always give the number on this card.

Carl G. Harrison
Director of Registration.

16—10440

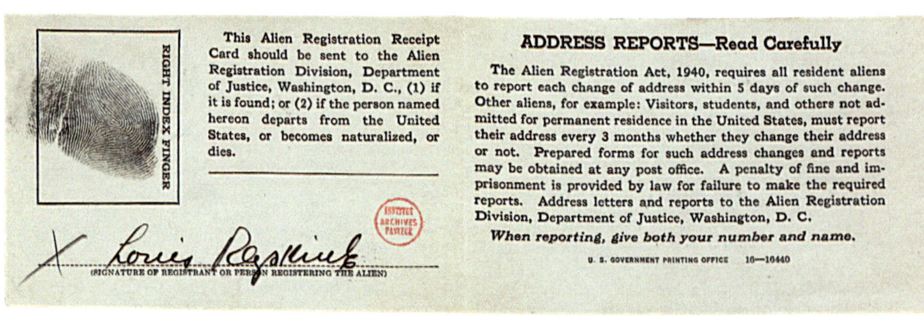

RIGHT INDEX FINGER

This Alien Registration Receipt Card should be sent to the Alien Registration Division, Department of Justice, Washington, D. C., (1) if it is found; or (2) if the person named hereon departs from the United States, or becomes naturalized, or dies.

X Louis Rapkine
(SIGNATURE OF REGISTRANT OR PERSON REGISTERING THE ALIEN)

ADDRESS REPORTS—Read Carefully

The Alien Registration Act, 1940, requires all resident aliens to report each change of address within 5 days of such change. Other aliens, for example: Visitors, students, and others not admitted for permanent residence in the United States, must report their address every 3 months whether they change their address or not. Prepared forms for such address changes and reports may be obtained at any post office. A penalty of fine and imprisonment is provided by law for failure to make the required reports. Address letters and reports to the Alien Registration Division, Department of Justice, Washington, D. C.

When reporting, give both your number and name.

U. S. GOVERNMENT PRINTING OFFICE 16—10440

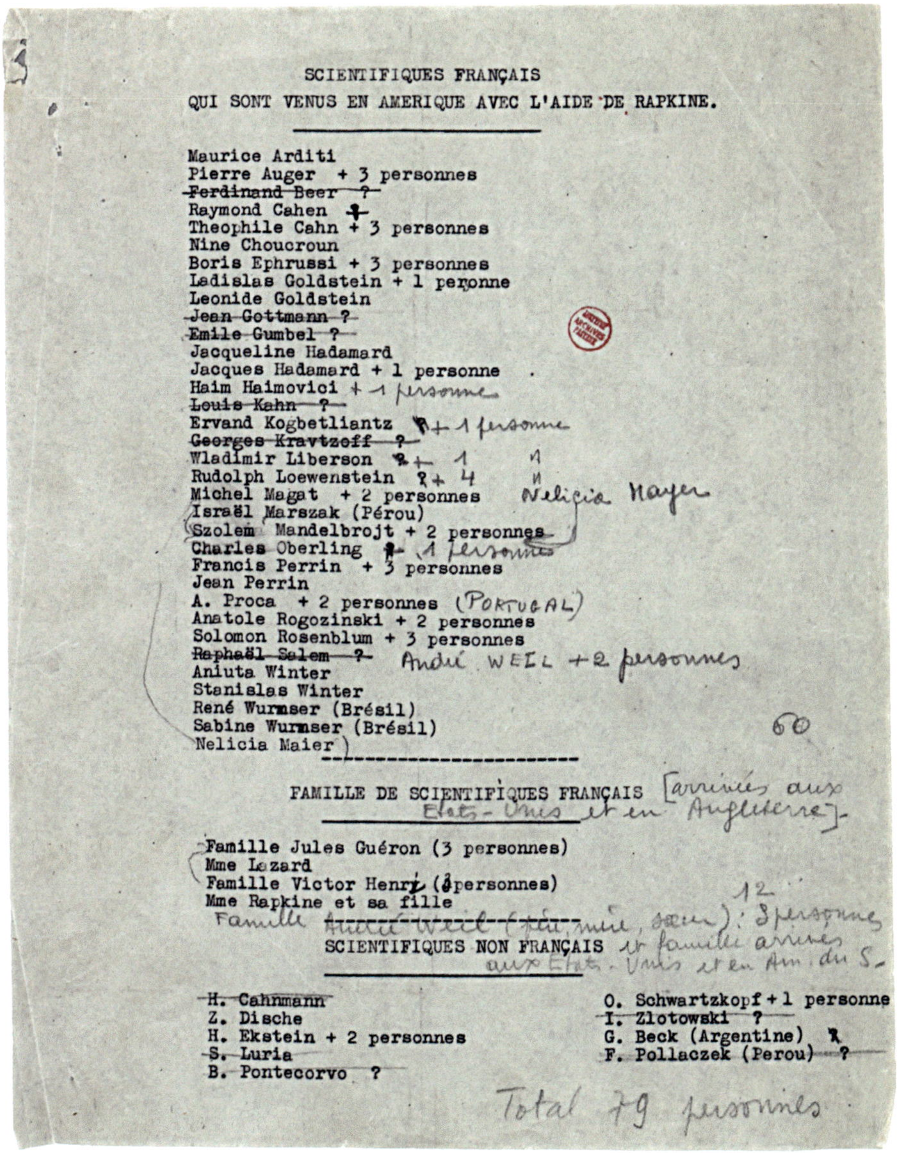

SCIENTIFIQUES FRANÇAIS
QUI SONT VENUS EN AMERIQUE AVEC L'AIDE DE RAPKINE.

Maurice Arditi
Pierre Auger + 3 personnes
~~Ferdinand Beer ?~~
Raymond Cahen
Theophile Cahn + 3 personnes
Nine Choucroun
Boris Ephrussi + 3 personnes
Ladislas Goldstein + 1 peronne
Leonide Goldstein
~~Jean Gottmann ?~~
~~Emile Gumbel ?~~
Jacqueline Hadamard
Jacques Hadamard + 1 personne
Haim Haimovici + 1 personne
~~Louis Kahn ?~~
Ervand Kogbetliantz + 1 personne
~~Georges Kravtzoff ?~~
Wladimir Liberson + 1 "
Rudolph Loewenstein + 4 "
Michel Magat + 2 personnes Nelicia Mayer
Israël Marszak (Pérou)
Szolem Mandelbrojt + 2 personnes
Charles Oberling + 1 personne
Francis Perrin + 3 personnes
Jean Perrin
A. Proca + 2 personnes (PORTUGAL)
Anatole Rogozinski + 2 personnes
Solomon Rosenblum + 3 personnes
~~Raphaël Salem ?~~ André WEIL + 2 personnes
Aniuta Winter
Stanislas Winter
René Wurmser (Brésil)
Sabine Wurmser (Brésil)
Nelicia Maier
60

FAMILLE DE SCIENTIFIQUES FRANÇAIS [arrivées aux États-Unis et en Angleterre]

Famille Jules Guéron (3 personnes)
Mme Lazard
Famille Victor Henri (3 personnes)
Mme Rapkine et sa fille
Famille ~~André Weil~~ (père, mère, sœur) : 3 personnes
12

SCIENTIFIQUES NON FRANÇAIS et famille arrivés aux États-Unis et en Am. du S.

~~H. Cahnmann~~
Z. Dische
H. Ekstein + 2 personnes
~~S. Luria~~
B. Pontecorvo ?
O. Schwartzkopf + 1 personne
~~I. Zlotowski ?~~
G. Beck (Argentine)
~~F. Pollaczek (Perou) ?~~

Total 79 personnes

cat. 14 *Alien Registration Receipt Card* [« Carte d'enregistrement au statut d'étranger non citoyen américain »] de Louis Rapkine (1904-1948), 1941

Paris, Institut Pasteur, RAP 1

L'*Alien Registration Act*, ou *Smith Act*, est une loi votée par le Congrès américain en juin 1940 rendant illégale toute manifestation visant à renverser le gouvernement. Toute personne étrangère vivant aux États-Unis est invitée à s'enregistrer auprès des autorités locales. L'objectif de cette mesure est alors de contrer la menace du parti communiste sur le territoire. C. L.

cat. 15 Liste des scientifiques aidés par Louis Rapkine, mai 1946

Paris, Institut Pasteur, RAP 1

Rapkine s'engage dans la France libre à Londres dès juin 1940. Nommé par de Gaulle chef du bureau scientifique de la France libre auprès de la délégation française à New York en 1941, il organise le transfert de la France aux États-Unis d'une trentaine de scientifiques menacés ou désireux de rejoindre la Résistance extérieure, accompagnés de leurs familles. Cette liste, établie après la guerre à son insu, lui vaut d'être fait chevalier de la Légion d'honneur le 23 mars 1947. C. L.

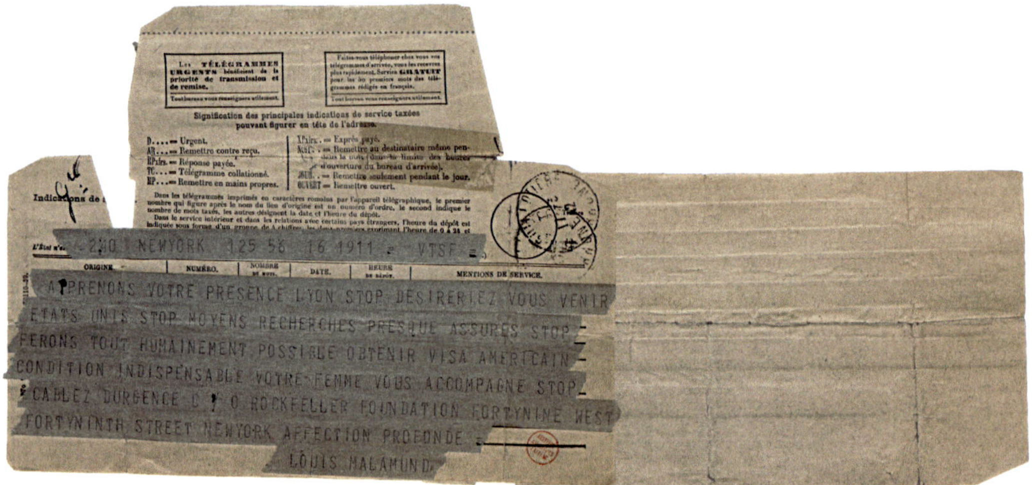
Les TÉLÉGRAMMES URGENTS bénéficient de la priorité de transmission et de remise.

Signification des principales indications de service taxées pouvant figurer en tête de l'adresse.

2240 NEWYORK 125 56 16 1911 = VTSF

APPRENONS VOTRE PRESENCE LYON STOP DESIRERIEZ VOUS VENIR
ETATS UNIS STOP MOYENS RECHERCHES PRESQUE ASSURES STOP
FERONS TOUT HUMAINEMENT POSSIBLE OBTENIR VISA AMERICAIN
CONDITION INDISPENSABLE VOTRE FEMME VOUS ACCOMPAGNE STOP
CABLEZ DURGENCE C / O ROCKEFELLER FOUNDATION FORTYNINE WEST
FORTYNINTH STREET NEWYORK AFFECTION PROFONDE
LOUIS MALAMUND

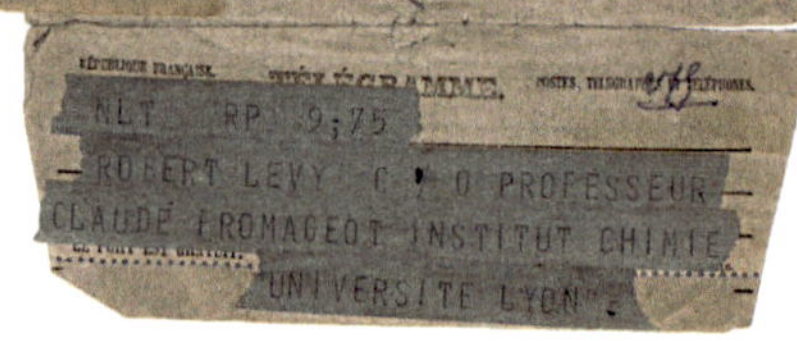
NLT RP 9;75
ROBERT LEVY C / O PROFESSEUR
CLAUDE FROMAGEOT INSTITUT CHIMIE
UNIVERSITE LYON

cat. 16-17 **Télégrammes de Louis Rapkine à Robert Lévy, avril 1942**

Paris, Institut Pasteur, RAP 7

Entre 1933 et 1945, les bourses de la Fondation Rockefeller ont permis à 303 intellectuels de gagner les États-Unis par l'obtention de visas hors quotas. Louis Rapkine inscrit le physiologiste Robert Lévy sur la première liste des scientifiques à faire sortir de France, établie avec Henri Laugier. Finalement, Lévy reste en France sous l'Occupation, sous un faux nom. Pour des raisons de sécurité, Rapkine signe ses correspondances avec la zone occupée du nom de jeune fille de sa femme, née Sarah Malamud. C. L.

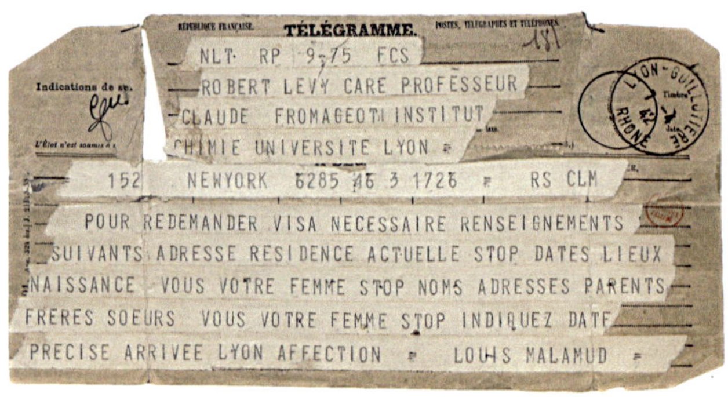
RÉPUBLIQUE FRANÇAISE TÉLÉGRAMME. POSTES, TÉLÉGRAPHES ET TÉLÉPHONES

NLT RP 9;75 FCS
ROBERT LEVY CARE PROFESSEUR
CLAUDE FROMAGEOT INSTITUT
CHIMIE UNIVERSITE LYON
152 NEWYORK 5285 46 3 1726 RS CLM
POUR REDEMANDER VISA NECESSAIRE RENSEIGNEMENTS
SUIVANTS ADRESSE RESIDENCE ACTUELLE STOP DATES LIEUX
NAISSANCE VOUS VOTRE FEMME STOP NOMS ADRESSES PARENTS
FRERES SOEURS VOUS VOTRE FEMME STOP INDIQUEZ DATE
PRECISE ARRIVEE LYON AFFECTION LOUIS MALAMUD

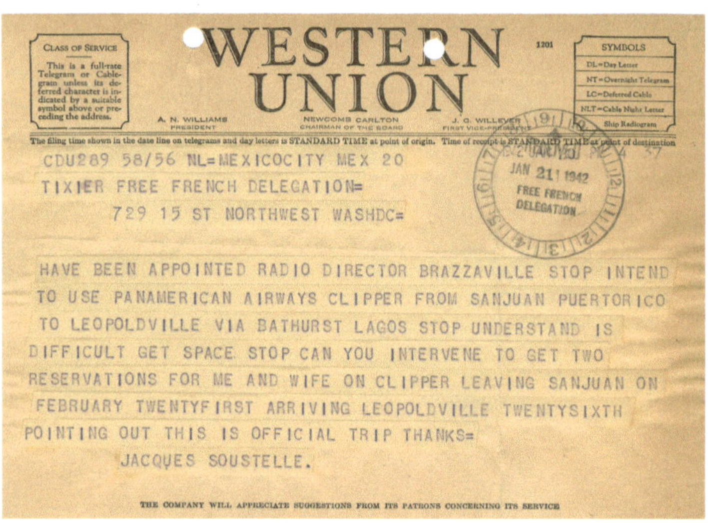
WESTERN UNION

CDU289 58/56 NL=MEXICOCITY MEX 20
TIXIER FREE FRENCH DELEGATION=
729 15 ST NORTHWEST WASHDC=

HAVE BEEN APPOINTED RADIO DIRECTOR BRAZZAVILLE STOP INTEND
TO USE PANAMERICAN AIRWAYS CLIPPER FROM SANJUAN PUERTORICO
TO LEOPOLDVILLE VIA BATHURST LAGOS STOP UNDERSTAND IS
DIFFICULT GET SPACE STOP CAN YOU INTERVENE TO GET TWO
RESERVATIONS FOR ME AND WIFE ON CLIPPER LEAVING SANJUAN ON
FEBRUARY TWENTYFIRST ARRIVING LEOPOLDVILLE TWENTYSIXTH
POINTING OUT THIS IS OFFICIAL TRIP THANKS=
JACQUES SOUSTELLE.

THE COMPANY WILL APPRECIATE SUGGESTIONS FROM ITS PATRONS CONCERNING ITS SERVICE

cat. 18 et 19 (non reproduit)
Télégrammes de Jacques Soustelle, 21 et 26 janvier 1942

Nantes, Archives du ministère des Affaires étrangères, délégation du Comité national français puis du CFLN aux États-Unis, 737PO/3/39

Représentant du général de Gaulle au Mexique, Soustelle est nommé en janvier 1942 directeur de Radio Brazzaville, en Afrique-Équatoriale française. Ces deux télégrammes témoignent des difficultés administratives, logistiques et matérielles pour se déplacer. C. L.

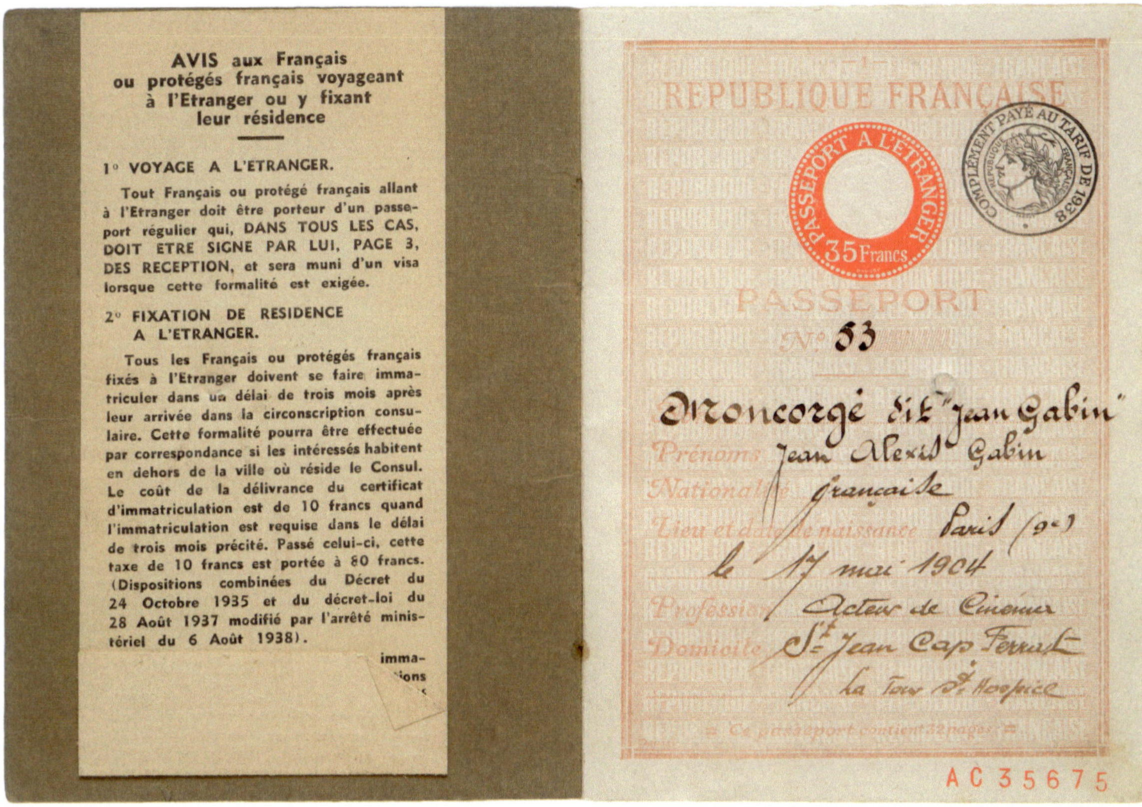

AVIS aux Français
ou protégés français voyageant
à l'Etranger ou y fixant
leur résidence

1° VOYAGE A L'ETRANGER.

Tout Français ou protégé français allant à l'Etranger doit être porteur d'un passeport régulier qui, DANS TOUS LES CAS, DOIT ETRE SIGNE PAR LUI, PAGE 3, DES RECEPTION, et sera muni d'un visa lorsque cette formalité est exigée.

2° FIXATION DE RESIDENCE A L'ETRANGER.

Tous les Français ou protégés français fixés à l'Etranger doivent se faire immatriculer dans un délai de trois mois après leur arrivée dans la circonscription consulaire. Cette formalité pourra être effectuée par correspondance si les intéressés habitent en dehors de la ville où réside le Consul. Le coût de la délivrance du certificat d'immatriculation est de 10 francs quand l'immatriculation est requise dans le délai de trois mois précité. Passé celui-ci, cette taxe de 10 francs est portée à 80 francs. (Dispositions combinées du Décret du 24 Octobre 1935 et du décret-loi du 28 Août 1937 modifié par l'arrêté ministériel du 6 Août 1938).

imma-
-ions

REPUBLIQUE FRANÇAISE

PASSEPORT A L'ETRANGER
35 Francs

COMPLÉMENT PAYÉ AU TARIF DE 1938

PASSEPORT

N° 53

Moncorgé dit "Jean Gabin"

Prénoms Jean Alexis Gabin

Nationalité française

Lieu et date de naissance Paris (9e) le 17 mai 1904

Profession Acteur de Cinéma

Domicile St Jean Cap Ferrat La Tour St Hospice

= Ce passeport contient 32 pages =

AC 35675

cat. 20-21 **Passeport et *Alien Registration Receipt Card* [« Carte d'enregistrement au statut d'étranger non citoyen américain »] de Jean Gabin**

Mériel, Société des amis du musée Jean Gabin, 42 - ARCH et 152

Gabin est déjà une star de cinéma quand la guerre est déclarée en 1939. Refusant de jouer dans des œuvres de propagande allemande, il quitte la France pour les États-Unis et s'installe en Californie, où il tourne des films pour la propagande américaine et celle de la France libre. C. L.

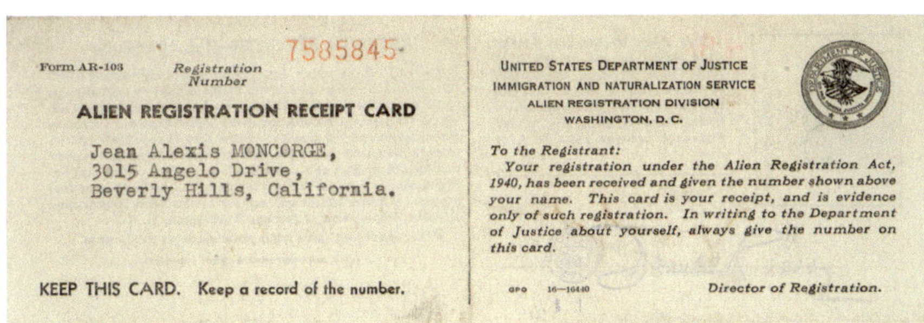

Form AR-103 *Registration Number* 7585845

ALIEN REGISTRATION RECEIPT CARD

Jean Alexis MONCORGE,
3015 Angelo Drive,
Beverly Hills, California.

KEEP THIS CARD. Keep a record of the number.

UNITED STATES DEPARTMENT OF JUSTICE
IMMIGRATION AND NATURALIZATION SERVICE
ALIEN REGISTRATION DIVISION
WASHINGTON, D. C.

To the Registrant:
Your registration under the Alien Registration Act, 1940, has been received and given the number shown above your name. This card is your receipt, and is evidence only of such registration. In writing to the Department of Justice about yourself, always give the number on this card.

GPO 16—10440 *Director of Registration.*

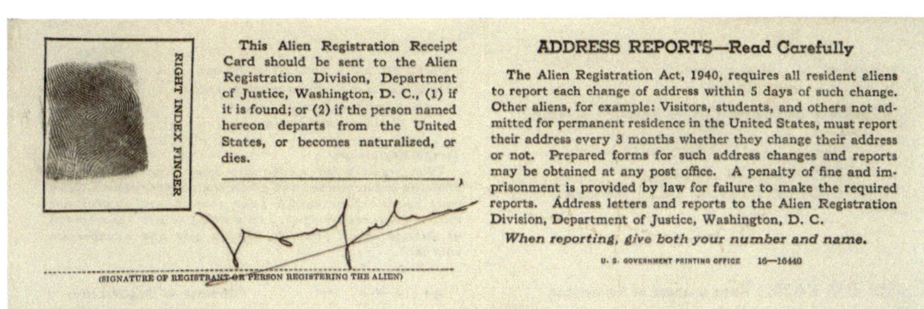

RIGHT INDEX FINGER

This Alien Registration Receipt Card should be sent to the Alien Registration Division, Department of Justice, Washington, D. C., (1) if it is found; or (2) if the person named hereon departs from the United States, or becomes naturalized, or dies.

(SIGNATURE OF REGISTRANT OR PERSON REGISTERING THE ALIEN)

ADDRESS REPORTS—Read Carefully

The Alien Registration Act, 1940, requires all resident aliens to report each change of address within 5 days of such change. Other aliens, for example: Visitors, students, and others not admitted for permanent residence in the United States, must report their address every 3 months whether they change their address or not. Prepared forms for such address changes and reports may be obtained at any post office. A penalty of fine and imprisonment is provided by law for failure to make the required reports. Address letters and reports to the Alien Registration Division, Department of Justice, Washington, D. C.

When reporting, give both your number and name.

U. S. GOVERNMENT PRINTING OFFICE 16—10440

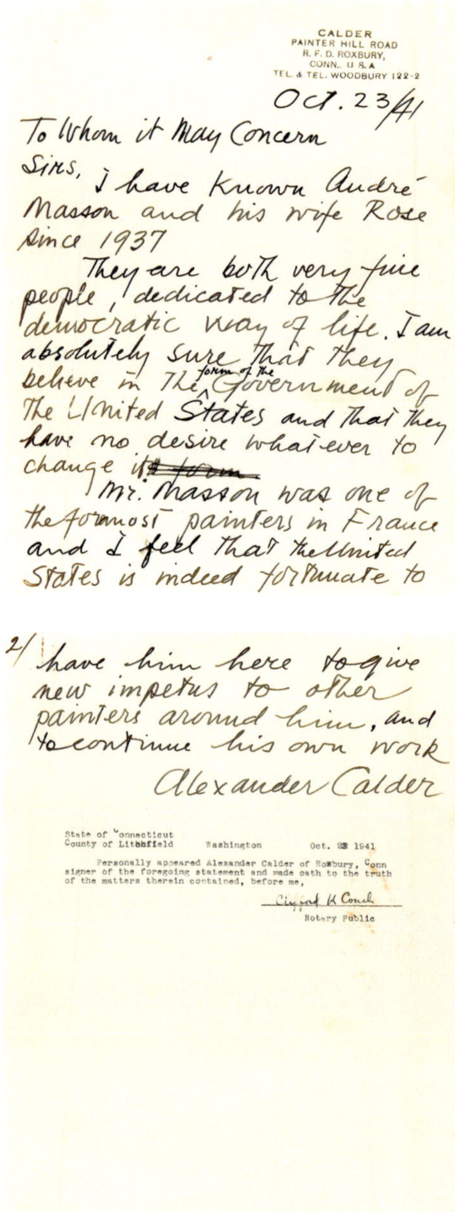

CALDER
PAINTER HILL ROAD
R. F. D. ROXBURY,
CONN., U. S. A.
TEL. & TEL. WOODBURY 122-2

Oct. 23/41

To Whom it May Concern

Sirs, I have known André Masson and his wife Rose since 1937

They are both very fine people, dedicated to the democratic way of life. I am absolutely sure that they believe in the form of the Government of The United States and that they have no desire whatever to change it. ~~form~~

Mr. Masson was one of the foremost painters in France and I feel that the United States is indeed fortunate to

2/ have him here to give new impetus to other painters around him, and to continue his own work

Alexander Calder

State of Connecticut
County of Litchfield Washington Oct. 23 1941

Personally appeared Alexander Calder of Roxbury, Conn signer of the foregoing statement and made oath to the truth of the matters therein contained, before me,

Clifford H Couch
Notary Public

cat. 23 **Anna Seghers (1900-1983), *Transit*, édition de 1945**

Paris, musée de l'Armée, BIB 40880

Ce livre semi-autobiographique de l'autrice allemande témoigne de l'attente à Marseille avant le départ vers la liberté de ceux qui, comme elle, ont déjà fui leur pays : anciens de la guerre d'Espagne, Juifs, écrivains, artistes, opposants au nazisme… La sortie de France des ressortissants étrangers est soumise à l'administration de leur pays natal, ce qui complexifie leurs démarches. En mars 1941, elle parvient à embarquer avec sa famille à bord du *Paul-Lemerle* pour la Martinique. Elle n'atteint son objectif, Mexico, que le 30 juin suivant. Rédigé entre 1941 et 1942 en allemand, l'ouvrage est publié en 1944 dans une traduction anglaise et une traduction espagnole. Il ne sera publié dans sa langue originale qu'en 1947 dans la *Berliner Zeitung* – la première édition allemande sortira un an plus tard. La publication en français – celle présentée dans l'exposition – est encore plus tardive : 2004. C. L.

cat. 22 **Lettre d'appui d'Alexander Calder à André Masson, 23 octobre 1941**

Collection particulière

Le sculpteur américain Alexander Calder se porte garant sur le plan financier et sur le plan moral de la famille Masson, en appui à sa demande d'émigration aux États-Unis. Les Masson quittent Marseille pour la Martinique à bord du *Carimaré* en avril 1941 et arrivent à New York en mai. C. L.

cat. 24, 25 (non reproduit) et 26 **Mission de Philippe Soupault et de son épouse, 7 juin et 20 octobre 1943**

Nantes, Archives du ministère des Affaires étrangères, délégation du Comité national français puis du CFLN aux États-Unis, 737PO/3/39

Réfugié aux États-Unis après avoir dû quitter la Tunisie, le couple Soupault est missionné par la France libre pour réorganiser, sur tout le continent américain, le réseau des agences de presse françaises, afin de contrer l'agence Havas, passée sous la coupe de Vichy sous l'appellation « Office français d'information ». C. L.

Copie

Secretariat
a l'Information

ALGER, le 7 juin 1943

Nr 1. 379/Inf

ORDRE DE MISSION

Il est ordonné à Monsieur Philippe SOUPAULT ,attaché à la Direction de l'Office "FRANCE AFRIQUE" et Chargé de mission du Secrétariat à l'Information ,de se rendre par les voies les plus rapides aux Etats-Unis d'Amérique.

Monsieur Philippe Soupault a pour mission de coordonner et de diriger les moyens d'action du Service de "FRANCE AFRIQUE" aux Etats-Unis et dans tout le Continent americain.

Les autorités américaines et francaises sont priés de vouloir bien ,chacun en ce qui les concerne ,accorder toutes facilités au porteur du présent ordre.

Monsieur Philippe Soupault est porteur d'un passeport diplomatique.

Les dépenses corréspondantes à l'execution de cette mission seront imputées au budget de l'Office "FRANCE AFRIQUE"./.

Signé : Le Secrétaire aux Finances

Signé: Le Secrétaire à l'Information

copie certifiée conforme
Ph Soupault

SCHEDULE OF TRIP

New York - Brownsville	trip	13 hours	No stop
Brownsville - Mexico	"	1 day	8-day stop in Mexico City
Mexico - Balboa - Santiago (Chili)	"	5 days	8-day stop in Santiago
Santiago - Buenos-Aires	"	1 day	15-day stop. (8 days in Buenos Aires, 5 days in Montevideo - trip Buenos Aires/Montevideo and return not included)
Buenos Aires - Rio de Janeiro	"	1 day	8-day stop in Rio de Janeiro.
Rio de Janeiro - Miami	"	3 days	No stop.
Miami - New York	"	9 hours	-------

SPEECH
by HENRI BERNSTEIN
EMERGENCY RESCUE COMMITTEE
November 8, 1940.

Ladies and Gentlemen:

I need not tell you of my grief at the thought of the misfortune which has struck my country, misfortune which, for six years, I foresaw and described in detail.

But, personally, my own experience, which at first glance appears sad enough, has been extremely useful to me. I thank heaven for having opened new vistas in my conscience, and for having enabled me to make, in anima vili, a series of totally unforeseen discoveries. The fact is that if I had not been forced to flee from my country, abandoning all my belongings, I would have died without learning a great deal about myself. I consider my losses very trifling compared with this enrichment.

What are these discoveries which will, perhaps, be of some interest to you? I have reduced them to three in the hope that this speech would not seem too long.

The first discovery -- We are less self-indulgent, less given to self-pity than we believe. Or rather, we are self-indulgent and given to self-pity only in times of good fortune and wealth. Let adversity come, and we can take it. And those who can't take it -- well, they are not worth discussing.

Take a writer, a playwright, rightly or wrongly famous in his exquisite Parisian apartment, with a unique view over the Seine and the whole city, among valuable furniture, fine paintings, rare books; surrounded by secretaries, smothered in comfort. Along sumptuous avenues, along the Champs-Elysees, he goes to his theatre -- the most luxurious and beautiful theatre in the world -- which he had built for his own use. There some trifling annoyance awaits him. Someone has forgotten an appointment, or a newspaperman whom one believed to be a friend has written three unpleasant lines. What a disaster! The whole staff surrounds the unhappy man who has been so cruelly used. At length, he draws himself up, casts off his affliction and murmurs stoically: "We will think no more about it!"

Some of my days must have been like that. But one fine day I found myself on a little cargo boat, designed for 180 passengers and transporting 2000. I had an open wound in my chest; my dear friend Thiery de Martel -- who was to commit suicide three or four days later when the Germans entered Paris -- had performed a little operation on me, and since then I had wandered through France without any means of care or dressing

cat. 27 **Henry Bernstein (1876-1953), discours pour l'Emergency Rescue Committee (ERC), 8 novembre 1940**

Saint-Germain-la-Blanche-Herbe, Imec, archives Henry Bernstein

Fondé en 1940, l'ERC – en français, Centre américain de secours – est chargé d'aider les personnes menacées par le nazisme en France à fuir pour les États-Unis. Bernstein fait partie des bénéficiaires de cet organisme. C. L.

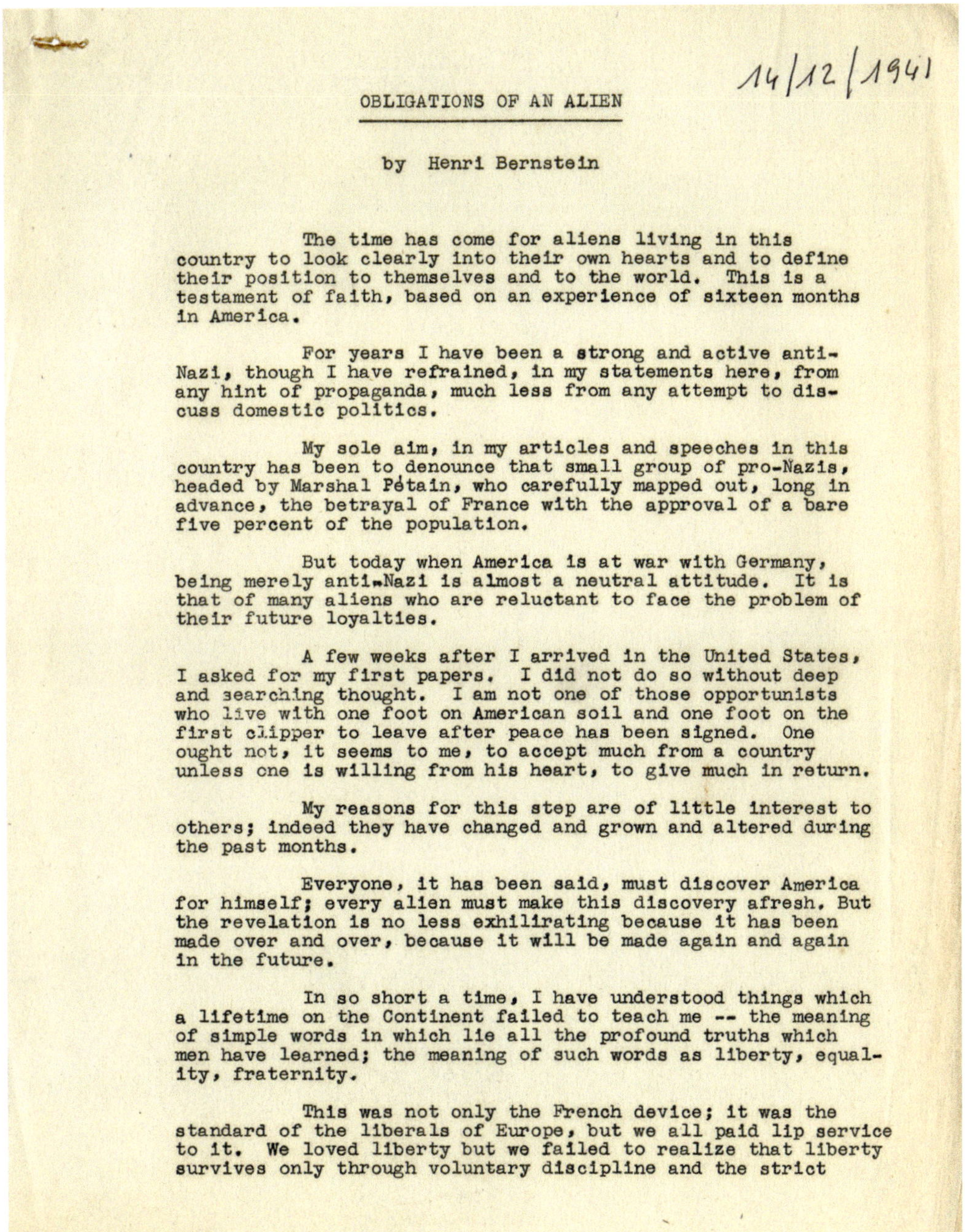

14/12/1941

OBLIGATIONS OF AN ALIEN

by Henri Bernstein

The time has come for aliens living in this country to look clearly into their own hearts and to define their position to themselves and to the world. This is a testament of faith, based on an experience of sixteen months in America.

For years I have been a strong and active anti-Nazi, though I have refrained, in my statements here, from any hint of propaganda, much less from any attempt to discuss domestic politics.

My sole aim, in my articles and speeches in this country has been to denounce that small group of pro-Nazis, headed by Marshal Pétain, who carefully mapped out, long in advance, the betrayal of France with the approval of a bare five percent of the population.

But today when America is at war with Germany, being merely anti-Nazi is almost a neutral attitude. It is that of many aliens who are reluctant to face the problem of their future loyalties.

A few weeks after I arrived in the United States, I asked for my first papers. I did not do so without deep and searching thought. I am not one of those opportunists who live with one foot on American soil and one foot on the first clipper to leave after peace has been signed. One ought not, it seems to me, to accept much from a country unless one is willing from his heart, to give much in return.

My reasons for this step are of little interest to others; indeed they have changed and grown and altered during the past months.

Everyone, it has been said, must discover America for himself; every alien must make this discovery afresh. But the revelation is no less exhilirating because it has been made over and over, because it will be made again and again in the future.

In so short a time, I have understood things which a lifetime on the Continent failed to teach me -- the meaning of simple words in which lie all the profound truths which men have learned; the meaning of such words as liberty, equality, fraternity.

This was not only the French device; it was the standard of the liberals of Europe, but we all paid lip service to it. We loved liberty but we failed to realize that liberty survives only through voluntary discipline and the strict

cat. 28 **Henry Bernstein (1876-1953),** ***Obligations of an Alien*** **[« Les devoirs d'un étranger »], 14 décembre 1941**

Saint-Germain-la-Blanche-Herbe, Imec, archives Henry Bernstein

Discours radiodiffusé à l'attention des Français exilés aux États-Unis. C. L.

LONDRES ET LA GRANDE-BRETAGNE

FRANCE LIBRE
RESURGAM 1940

PARTIR
OU ÊTRE DÉJÀ
EN GRANDE-BRETAGNE

Vincent Giraudier

Quitter la France envahie pour rejoindre le territoire de l'allié britannique, cela pourrait être perçu aujourd'hui comme une évidence. Ce fut pourtant une exception. Différents facteurs expliquent cette situation.

Le contexte militaire et politique du départ pour la Grande-Bretagne en 1940

Le premier facteur est lié aux événements militaires. Jusqu'à la démission, le 16 juin 1940 au soir, du gouvernement Reynaud, dans lequel le général de Gaulle est sous-secrétaire d'État, l'objectif est la poursuite des combats sur les différents fronts. Le territoire britannique n'est perçu que comme un lieu de repli provisoire pour les unités militaires évacuées de la poche de Dunkerque ou de Norvège et destinées à revenir sur le sol français pour retourner au combat, y compris en constituant un « réduit breton ». Le second facteur est politique : à partir de la nomination du gouvernement Pétain, le 17 juin, la décision prise de demander à l'Allemagne les conditions d'un armistice ainsi que le discours du Maréchal annonçant « qu'il faut cesser le combat » rendent inutile, aux yeux des autorités militaires, le départ en troupes constituées d'unités vers la Grande-Bretagne ou l'empire colonial. Seuls les navires basés dans les ports menacés par l'ennemi doivent rejoindre l'Angleterre s'ils n'ont pas d'autre possibilité. En dehors de ce cas, les départs sont des initiatives individuelles.

Le rôle du général de Gaulle et l'émergence de la France libre

Parmi ces départs, le plus célèbre est celui du général de Gaulle. Sous-secrétaire d'État à la Défense nationale durant douze jours, il a montré au Premier ministre britannique qu'il est, avec Georges Mandel, le plus résolu des membres du gouvernement français. Envoyé à deux reprises à Londres, les 9 et 16 juin – la deuxième fois pour persuader Winston Churchill, avec le soutien de Jean Monnet, de réaliser une « union franco-britannique » pour tenter de consolider la position de Paul Reynaud –, il revient en France pour y apprendre la démission du gouvernement auquel il appartient et la nomination des partisans de la cessation des combats. Il repart donc pour Londres dès le 17 juin au matin, avec son aide de camp, Geoffroy de Courcel, et le général Spears, chargé de mission personnel de Churchill auprès du gouvernement français. Immédiatement reçu par ce dernier, il obtient le droit de parler aux Français sur les ondes de la BBC.

Cette autorisation accordée par Churchill est vivement reprochée par les membres de son cabinet de guerre ; la décision finale est prise *in extremis* et à la condition que de Gaulle renonce aux phrases les plus critiques à l'encontre du gouvernement français[1]. Si l'appel du 18 juin entre ainsi dans notre histoire nationale, il faut en fait presque le reste du mois pour voir le Général reconnu, « tout seul[2] », par Churchill comme le chef des Français qui continuent le combat.

Pour le gouvernement britannique, la priorité en ce mois de juin est en effet de ne pas rompre les liens avec le gouvernement français, tout en préparant une alternative politique susceptible de permettre la poursuite des combats par tout ou partie de l'empire colonial français. Les principaux chefs militaires de l'Empire sont sollicités et l'on espère l'arrivée de personnalités politiques de premier plan. Celles alors

1 Voir par exemple Vincent Giraudier, « L'appel du 18 juin : un premier appel en deux versions », dans *Comme en 40…*, cat. exp., Paris, Gallimard/musée de l'Armée, 2020, p. 104-107.

2 « Vous êtes tout seul ! Eh bien ! Je vous reconnais tout seul ! », déclare Winston Churchill le 27 juin.

présentes à Londres, l'ambassadeur de France Charles Corbin, l'ancien secrétaire général du Quai d'Orsay Alexis Leger (aujourd'hui essentiellement connu sous son nom de plume, Saint-John Perse), le président du Comité de coordination économique franco-britannique Jean Monnet, pour ne citer que les plus importantes, ne rallient pas le général de Gaulle et commencent très vite à exprimer leur désaccord avec lui. C'est le début de l'opposition qu'une minorité de notables issus de la IIIe République va véhiculer à l'encontre d'un général jugé alors trop réactionnaire et trop autoritaire. Cette divergence s'exprime à Londres mais aussi plus tard aux États-Unis, car, comme le déclarera *a posteriori* Élisabeth de Miribel : « Londres, en juin 1940, ce n'était pas une ville où l'on arrivait, mais une ville d'où l'on partait[3]. » C'est particulièrement le cas des personnes qui peuvent être définies comme des « réfugiés politiques », tels les journalistes anti-munichois (Pertinax, Émile Buré, Geneviève Tabouis...) ou quelques rares politiques : après avoir quitté Paris pour Bordeaux avec le gouvernement, ceux-ci ont fait le choix de chercher l'un des derniers bateaux pour l'Angleterre, mais vont rapidement rejoindre les États-Unis – d'où certains se rallieront ensuite.

3 Jean-Louis Crémieux-Brilhac, *La France libre. De l'appel du 18 juin à la Libération* [1996], Paris, Gallimard, « Folio », 2014, vol. 1, p. 104.

Le 28 juin, un communiqué de la BBC officialise la décision annoncée la veille par Churchill : « Le gouvernement de Sa Majesté reconnaît le général de Gaulle comme le chef de tous les Français libres, où qu'ils se trouvent, qui se rallient à lui pour la défense de la cause alliée. » Celui-ci est alors le seul membre du dernier gouvernement « de guerre » français à être présent en Grande-Bretagne et à affirmer sa volonté de continuer le combat aux côtés du peuple britannique, qui s'apprête à vivre « ses plus belles heures[4] » en s'opposant seul à Hitler. C'est l'origine d'un lien indéfectible entre les Anglais et ceux qui vont devenir les « Free French ». Le général de Gaulle définit ses intentions et affirme alors : « Je prends sous mon autorité tous les Français qui demeurent en territoire britannique ou qui viendraient à s'y trouver. » Un vœu pieux qui est en contradiction avec la reconnaissance « en termes à la fois larges et vagues[5] » qui est alors la sienne de la part des autorités britanniques.

4 Traduction du titre du discours prononcé le 18 juin par Winston Churchill.

5 J.-L. Crémieux-Brilhac, *La France libre...*, *op. cit.*, p. 78.

Les volontaires français en Grande-Bretagne : profils et engagements

Si le général de Gaulle annonce son intention de lever une armée pour combattre, le statut ambigu de son mouvement ne l'autorise pas à recruter par la voie de la conscription, comme les gouvernements en exil peuvent le faire. La quasi-totalité du petit millier de fonctionnaires des services français choisit ainsi la voie de la légalité et du retour sur le territoire national. La France libre de l'été 1940 n'est donc qu'une armée de volontaires, femmes et hommes mêlés. À cette immense majorité de combattants s'ajoutent des personnalités civiles, dont la plus illustre est alors le juriste et professeur de droit René Cassin, qui rédige les premiers statuts des volontaires. Les premiers ralliements sont sollicités parmi les militaires présents en Grande-Bretagne : 4500 blessés de Dunkerque qui se trouvent encore en Angleterre, les valides ayant été renvoyés combattre début juin. Un dixième de la flotte de guerre française est replié en Grande-Bretagne, avec environ 19000 marins et militaires évacués des ports et 2500 réfugiés civils. S'ajoutent à ces faibles contingents 2500 rapatriés de Norvège et autant de marins des bâtiments marchands – soit environ 30 000 militaires. Outre ces personnes en âge de combattre, environ 12 000 Français résident en Grande-Bretagne, mais les hommes sont pour la plupart des personnes âgées et non mobilisables.

Le drame de Mers el-Kébir[6] et la prise de contrôle par la force des navires français par les Britanniques début juillet compliquent le ralliement de ces militaires, tout particulièrement des marins qui attendent d'être rapatriés dans les cantonnements de la région de Liverpool. Seule la moitié d'une unité de la Légion étrangère, alors dénommée 13e demi-brigade de marche de la Légion étrangère (13e DBMLE), fait le choix de se rallier à la France libre avec son chef, le colonel Magrin-Vernerey, que suivent vingt-huit de ses cinquante-neuf officiers. Renforcée par des volontaires de divers horizons, « la 13 » s'illustrera sur tous les champs de bataille, jusqu'aux derniers combats sur le front des Alpes en avril-mai 1945.

Ces volontaires qui rallient la France libre par les voies les plus improbables constituent « les rebelles de l'an 40[7] ». Ils sont pour l'essentiel jeunes, et souvent plus diplômés que l'ensemble de la population française. Les aristocrates et les protestants sont eux aussi d'une proportion plus importante que la moyenne nationale. Il en est de même pour les Juifs, qui seront suffisamment nombreux pour permettre à la propagande nazie d'inventer, durant la bataille de Bir Hakeim en 1942, le mythe du « bataillon juif » de la brigade française libre (BFL), anticipant ainsi la thématique de « l'Affiche rouge » de février 1944[8]. Enfin, pour des raisons évidentes de géographie, les Bretons sont eux aussi très représentés. Souvent marins à bord des navires de commerce ou de la flotte de pêche, ils vont mener une guerre fréquemment tragique et largement méconnue.

L'immense majorité de ces rebelles font le choix de quitter la France envahie sans avoir entendu l'appel de De Gaulle et sans savoir qu'un général inconnu a entrepris de « ramasser les tronçons du glaive ». Chaque parcours individuel est une épopée, à l'image de celui du capitaine de Hauteclocque, futur général Leclerc. Car pour « rallier Londres », il faut parfois venir de loin. Joseph et Marie Hackin, archéologues, répondent à l'appel depuis l'Afghanistan, Jacques Soustelle depuis le Mexique, le professeur Lassaigne depuis Bucarest. Pour ceux venus de France, il faut agir très vite, au moment du départ des derniers navires qui rapatrient les soldats britanniques ou polonais avant l'arrivée des troupes allemandes. Les lycéens et les étudiants peuvent profiter de la présence dans le Sud-Ouest de classes prépas militaires repliées pour rejoindre les ports. Des militaires choisissent quant à eux de rejoindre des territoires britanniques depuis l'Empire français, comme le capitaine Laurent-Champrosay, qui rejoint le Nigeria avec quelques tirailleurs, ou comme ces aviateurs qui quittent les terrains de l'Afrique du Nord pour se poser à Gibraltar, parfois sous le feu de la défense contre avions (DCA) franquiste, qui provoquera les premières attributions de croix de la Libération à titre posthume. Les « Chypriotes » forment la 1re compagnie du bataillon d'infanterie de marine (BIM), qui combat dès 1940 les Italiens sur le front d'Égypte. En novembre, vingt-six premières volontaires forment la première unité militaire féminine, alors nommée corps des volontaires françaises (CVF). En tout, ils sont un peu plus de 2 500 « Free French » en Grande-Bretagne le 15 août 1940.

6 Le 3 juillet 1940, sur ordre de Churchill, la flotte britannique ouvre le feu sur les navires français dans la rade de Mers el-Kébir, en Algérie, faisant 1 380 morts parmi les marins.

7 Voir *1940 ! Paroles de rebelles. L'engagement des Compagnons de la Libération*, cat. exp., Paris, Lienart/musée de l'Ordre de la Libération, 2020.

8 Sur cette question du « bataillon juif » des FFL, voir le chapitre « Le kaddish contre *Mein Kampf* » dans François Broche, *La Cathédrale des sables. Bir Hakeim (26 mai-11 juin 1942)*, Paris, Belin, 2019, p. 231-237. En l'absence de rabbin, ce sont les camarades de combat qui se réunissent pour réciter le kaddish lors des enterrements des hommes tués à Bir Hakeim.

Tous ces volontaires ont un unique but : combattre. Les jeunes sans expérience militaire sont formés et des écoles d'officiers immédiatement créées. Cette armée, une fois organisée, a pour objectif principal de remettre des troupes françaises dans la guerre et de rallier l'Empire. Une faible partie de celui-ci passe sous les couleurs de la croix de Lorraine par ralliement spontané de territoires lointains, comme les comptoirs de l'Inde ou les territoires du Pacifique. En Afrique, l'action conjuguée de patriotes locaux, comme le gouverneur du Tchad, Félix Éboué, et d'une poignée d'envoyés de Londres (Leclerc, Boislambert et Pleven, rejoints par Larminat) permet de rallier lors des « Trois Glorieuses » d'août le Cameroun, le Tchad, l'Oubangui-Chari et le Congo. Le mouvement s'arrête cependant avec l'échec devant Dakar et les combats fratricides qui rallient le Gabon par la force. La France libre sera ainsi essentiellement africaine[9] et l'ensemble des territoires ralliés de l'Empire constituera une base de recrutement pour ses armées[10].

Au total, ralliés et évadés vont représenter, avec les « coloniaux » et les adhérents civils des comités, une communauté d'environ 62 000 personnes[11]. Une dissymétrie assez extraordinaire entre le poids humain de cette armée dans une France de 40 millions d'habitants et la pesée sur le cours de notre histoire nationale de ce microcosme, qui peut littéralement reprendre à son compte la formule extraordinaire du futur Compagnon de la Libération Winston Churchill pour rendre hommage aux pilotes de la bataille d'Angleterre : « *Never was so much owed by so many to so few*[12]. »

9 Éric Jennings, *La France libre fut africaine*, Paris, Perrin, 2014.

10 Voir dans cet ouvrage Éric Jennings, « Partir ou être déjà dans les territoires ralliés de l'Empire. Sociologie des Français libres en Afrique », p. 70-74.

11 Auxquels il faut ajouter 5 700 membres des réseaux du Bureau central de renseignements et d'action (BCRA) en France. Pour rechercher un membre des Forces françaises libres (FFL), le lecteur peut se référer à la « liste Ecochard », du nom d'Henri Ecochard (1923-2020), qui a consacré son temps à la recension de ses camarades de combat.

12 L'expression complète, issue du discours du 20 août 1940, est : « *Never in the field of human conflict was so much owed by so many to so few* », qui peut se traduire par : « Jamais dans l'histoire des conflits humains tant de gens n'ont dû autant à si peu. »

RENÉ CASSIN, COMMISSAIRE À L'INSTRUCTION PUBLIQUE

Vincent Giraudier

Rédacteur des accords dits « Churchill-de Gaulle » du 7 août 1940 définissant le caractère purement français des forces armées de la France libre, commissaire à la Justice en septembre 1941 lors de la création du Comité national français (CNF), président, lors de sa création en août 1943, du comité juridique de la France combattante (organisme faisant fonction de Conseil d'État), René Cassin est indubitablement le légiste de la France libre.

René Cassin : l'architecte juridique de la France libre

Mais l'action durant la guerre de ce professeur agrégé de droit est très loin de se cantonner à celle de simple rédacteur d'un corpus juridique permettant de faire reconnaître le mouvement français libre comme une entité régalienne se voulant « être la France[1] ». Car ses multiples argumentaires sur la légitimité du mouvement gaulliste ou sur la non-constitutionnalité du gouvernement de Vichy se doublent d'une intense et foisonnante activité intellectuelle. Dès 1940, René Cassin multiplie les interventions à la radio comme les articles dans la presse, ou bien les conférences et les discours au sein d'un important réseau de sociétés savantes et d'organismes interalliés, reprenant et poursuivant à Londres ses sociabilités de l'entre-deux-guerres dans la lignée de ses engagements passés en faveur d'une paix juste ou de la reconnaissance des droits des victimes de guerre. Cette certitude que le combat des armes est intrinsèquement lié à celui des idées, face à une barbarie qui symbolise la négation même des valeurs traditionnelles, s'inscrit dans la continuité du discours de Winston Churchill le 18 juin 1940 appelant à défendre la survie de la civilisation chrétienne face « aux abîmes d'un nouvel âge des ténèbres rendu encore plus sinistre, et peut-être plus durable, par les lumières d'une science pervertie[2] ». René Cassin s'exprime par exemple dans un discours prononcé à la BBC le 30 septembre 1940 destiné « à la jeunesse studieuse de France ».

1 « Nous sommes la France » est la réponse du général de Gaulle à René Cassin lui demandant sur quelles bases juridiques il devait se fonder pour la rédaction des statuts de la France libre.

2 Discours « This was their finest hour » prononcé à la Chambre des communes le 18 juin 1940.

L'action éducative et culturelle sous l'égide de René Cassin

Cette propension à mener le combat des cœurs et des esprits malgré la défaite est une des constantes de la France libre. Ébauche d'un premier gouvernement, le CNF, créé par l'ordonnance n° 16 du 24 septembre 1941, se voit doté d'un commissariat à l'Instruction publique. Le décret du 30 septembre suivant, relatif aux attributions des commissariats nationaux, lui octroie celles « normalement dévolues au ministère de l'Éducation nationale et des Beaux-Arts ». Confié à René Cassin, qui détient aussi la charge de commissaire national à la Justice, ce poste n'a pas d'activité en direction de la France occupée, la propagande vers celle-ci étant du ressort du commissariat à l'Intérieur[3]. L'action du commissariat à l'Instruction publique s'exerce dans les territoires de l'Empire ralliés à la France libre ainsi qu'à destination des pays neutres et alliés, en complémentarité avec le Service des œuvres françaises à l'étranger, qui dépend, lui, du commissariat national aux Affaires étrangères. René Cassin a pour charges principales les politiques scolaires et culturelles – mais, de l'aveu même du rapport réalisé à la fin de sa mission, au moment du départ des institutions issues de la France libre en direction d'Alger[4], le commissariat n'a fonctionné de fait que de juin 1942 à l'été 1943, en conséquence d'une « absence totale de crédit alloué » avant juin 1942. L'autre difficulté majeure de l'action du service est liée à la très faible importance des effectifs disponibles.

Le service de l'Instruction publique repose essentiellement sur un homme, Louis Goldeberger, qui prend le nom de guerre de Louis Gros[5]. Né dans l'actuelle Roumanie en 1907, arrivé en France en 1924 et naturalisé, il est en 1939 boursier doctorant en histoire au sein du tout nouveau CNRS, spécialiste des pays de l'Est européen. Mobilisé comme sous-lieutenant interprète de réserve, il rejoint l'Angleterre en juin 1940 et s'engage dans la France libre. Après avoir travaillé auprès de Joseph Hackin puis du colonel Dewavrin, dit Passy, il est chargé en février 1941, sous l'autorité de René Cassin, de créer un service d'études et de documentation au sein du secrétariat général du Conseil de défense de l'Empire. Nommé responsable du service de l'Instruction publique lors de la création de celui-ci le 1er octobre suivant, Louis Gros attendra plusieurs mois la nomination d'une secrétaire puis d'un adjoint, le service ne comportant lors de sa dissolution à l'été 1943 que sept personnes, dont une chargée de mission assurant exclusivement des conférences dans les écoles britanniques.

Reflet de l'engagement hors norme et de l'esprit de débrouillardise des Free French, le bilan de ce commissariat apparaît hors de proportion par rapport à ses moyens dérisoires. Concernant ses actions éducatives, il soutient les services scolaires des territoires ralliés à la France libre, accordant une place importante aux activités en faveur de la Syrie et du Liban, où René Cassin se rend en décembre 1941. Des milliers de livres scolaires en français sont ainsi imprimés pour les élèves libanais. Le service met aussi en place une politique éducative en Grande-Bretagne même afin d'aider les membres des Forces françaises libres (FFL), particulièrement les plus jeunes, à se former à la langue anglaise tout en faisant passer les examens français aux enfants des nationaux expatriés. Des formations en langue française au bénéfice

3 Où officie au sein du service de documentation le futur historien de la France libre Jean-Louis Crémieux-Brilhac.

4 Archives nationales, fonds Cassin, 382 AP 55.

5 Archives nationales, fonds Cassin, 382 AP 54, dossier 3, dossier « Louis Gros ».

cat. 29 *La France libre au combat*,
texte du discours prononcé par René Cassin le 18 juin 1941

Nantes, Archives du ministère des Affaires étrangères, délégation du Comité national français puis du CFLN en Australie, 787PO/1/1

La première commémoration de l'appel du 18 juin a lieu au Cambridge Theatre de Londres. René Cassin, à l'initiative de l'événement, prononce un discours après avoir lu le texte de l'appel. Dans ce discours, il évoque le bilan de l'année écoulée et présente le mouvement de la France libre et ses buts de guerre. Le texte est publié et diffusé par les services d'information sous le titre *La France libre au combat, 18 juin 1940-18 juin 1941*. V. G.

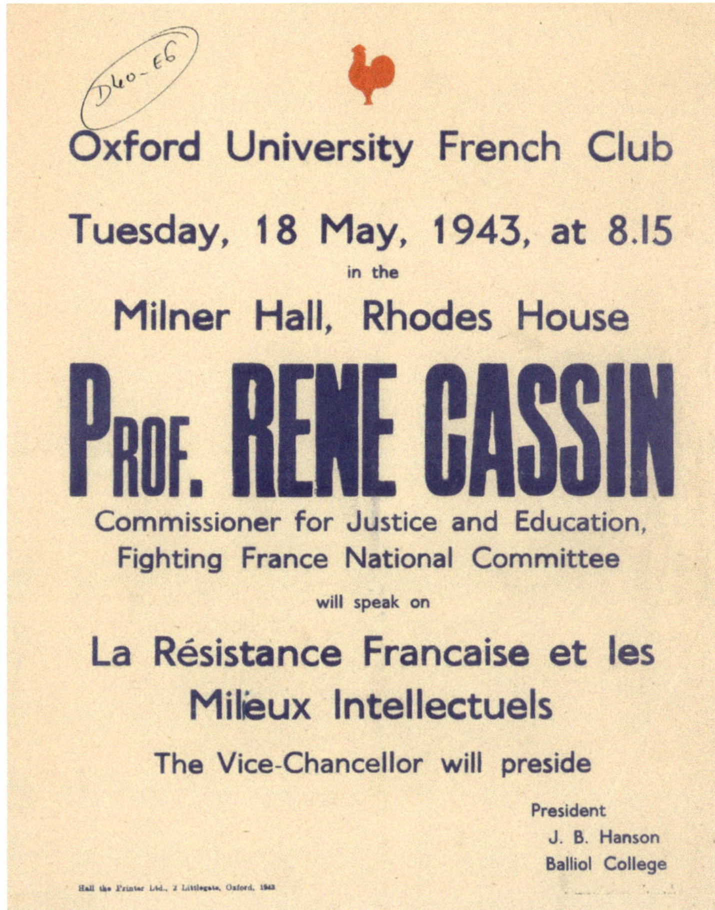

cat. 30 **Affiche annonçant la tenue à Oxford le 18 mai 1943 de la conférence de René Cassin « La Résistance française et les milieux intellectuels »**

Pierrefitte-sur-Seine,
Archives nationales,
382AP/55

Après avoir donné un statut à la France libre et l'avoir dotée de structures juridiques et administratives, René Cassin donne une série de conférences à Londres durant la guerre, destinées à promouvoir et à faire connaître la France libre. V. G.

des Anglais et des autres exilés sont également organisées. Dans les pays neutres ou alliés, le fait central du commissariat est sans conteste la création à New York de l'École libre des hautes études, dont le diplôme est reconnu, par le décret du 9 février 1942, comme diplôme universitaire de plein droit. Ces actions pédagogiques se doublent d'un volet administratif de gestion des personnels enseignants, tout particulièrement en faveur des professeurs révoqués par Vichy.

Cette politique éducative se renforce d'une action visant à défendre le rayonnement intellectuel français dans tous les domaines, y compris scientifique avec la constitution du « bureau scientifique » de New York, dirigé par le professeur Louis Rapkine, mais aussi celle du Groupe de médecins de culture française du Moyen-Orient, qui dispose de sa propre revue. Deux postes d'attachés culturels sont créés afin d'appuyer ces politiques, l'un à New York, confié à l'archéologue Henri Seyrig – également en charge du recensement exhaustif des membres de l'enseignement français établis aux États-Unis –, l'autre au Mexique, avec l'ethnologue Paul Rivet, ancien du réseau de résistance dit du « musée de l'Homme ». L'action culturelle soutenue ou initiée par le commissariat est multiple : création à Beyrouth de la maison d'édition Les Lettres françaises, fondation à Londres du Service du livre, aide aux

ill. 4 Vue de l'exposition « Spirit of France » consacrée à la France libre et à la Résistance, Glasgow, 1943

Pierrefitte-sur-Seine, Archives nationales, fonds Cassin, AP 55

Le commissariat à l'Instruction publique de René Cassin se dote d'un service des expositions vers 1942. Outre des expositions d'artistes français, ce service organise une exposition itinérante baptisée « Spirit of France », présentant l'action des Forces françaises libres et de la Résistance intérieure à travers la presse clandestine, ainsi que des photographies de la France occupée. Près de 75 000 personnes visitent l'exposition, présentée à Glasgow, en Écosse, en juin-juillet 1943. V. G.

publications scientifiques aux États-Unis et en Amérique latine, soutien aux missions archéologiques françaises à l'étranger, à l'image de la Délégation archéologique française en Afghanistan (DAFA) relancée suite à la disparition tragique de Joseph et Marie Hackin en février 1941. Ses activités sont particulièrement nombreuses en Grande-Bretagne, avec la mise en place d'un cycle de cent cinquante à deux cents conférences – soit une par mois – sur la situation de la France, la création du Théâtre Molière, chargé de mettre en valeur le patrimoine littéraire français, mais aussi des concerts de grande qualité ainsi que des expositions de peintures de maîtres français ou d'autres consacrées à l'action de la Résistance.

Les multiples contributions internationales de René Cassin

Le commissariat à l'Instruction publique est également présent au sein d'une myriade de comités et de sociétés savantes, s'inscrivant tout à la fois dans une volonté d'action et dans la logique des activités antérieures de René Cassin dans de multiples organismes internationaux. Cette « participation aux activités interalliées dans le domaine culturel[6] » est conséquente et variée. La plus importante est la conférence des ministres de l'Éducation des pays alliés, à laquelle participe Cassin. Elle travaille en étroite collaboration avec la London International Assembly de la Ligue des Nations unies, dont l'une des commissions a pour but de définir de nouvelles règles en matière de droit international. Ces multiples participations internationales du commissariat à l'Instruction publique se déroulent en partie en français, maintenu comme l'une des langues de travail de ces organismes malgré la défaite de la France. Enfin, à ces actions de rayonnement international s'ajoute le soutien de René Cassin, qui en devient le président en avril 1943, aux écoles de l'Alliance israélite universelle, dont les professeurs étaient, avant la guerre, formés dans les écoles normales en France et qui reçoivent dorénavant l'appui administratif du comité français. Un soutien qui s'inscrit dans la continuité de son action et de celle de la France libre face à des persécutions antisémites qu'il ne cesse de dénoncer[7].

Le discours du général de Gaulle prononcé à Alger le 30 octobre 1943, rappelant à l'occasion des soixante ans de l'Alliance française que, depuis le 18 juin 1940, la France libre combat à la fois par les armes et par l'esprit, n'est pas un discours de circonstance. Il est bel et bien un hommage du Général à l'action de René Cassin, l'un de ses plus proches compagnons, et à celle d'une poignée de femmes et d'hommes qui assurent alors, aux côtés de nombreuses autres bonnes volontés, « la dignité de l'esprit » en menant une politique culturelle aussi riche d'ambitions que pauvre de moyens.

6 Archives nationales, fonds Cassin, 382 AP 55.

7 Sur ce sujet, voir la synthèse de Jean-Louis Crémieux-Brilhac, « La France libre et le "problème juif" », dans *L'Étrange Victoire. De la défense de la République à la libération de la France*, Paris, Gallimard, 2016, p. 155-185.

En exil en Grande-Bretagne
Le cas des savants français

Le 18 juin 1940, les directeurs du Centre national de la recherche scientifique (CNRS) Henri Laugier et Henri Longchambon, munis de tous les documents sur l'énergie atomique, quittent la France pour Londres à bord du *Broompark*. S'y trouvent également Hans Halban et Lew Kowarski, qui convoient le stock mondial d'eau lourde. Avec Jules Guéron, ils vont participer aux recherches britanniques sur l'arme nucléaire, nom de code Tube Alloys.

La trentaine d'officiers et d'ingénieurs civils présents en Angleterre – dont le mathématicien Georges Darmois, le chimiste Pierre Baranger et le physicien Paul Libessart – intègrent le Service technique de l'armement (STA), dirigé par André Labarthe, ou sont détachés dans des laboratoires anglais. Au sein de l'Oxford Extra-Mural Unit, par exemple, Georges et Alberte Ungar ainsi que Libessart se penchent sur les effets physiologiques d'une explosion, tandis qu'à Cambridge Adrienne Weill étudie un problème de fonderie posé par l'industrie chimique de guerre.

Louis Rapkine travaille à Londres depuis la mi-janvier 1940 pour la Mission française d'achat des charbons puis, à partir de mai, pour le CNRS. Seul Français, il participe à la rédaction collective d'un livre de poche anonyme, *Science in War*, publié en juillet et réédité dès novembre. Convaincus que leurs recherches conduiront à la victoire finale, les auteurs prônent la participation active des scientifiques à la défense nationale. Le 8 juillet 1940, la rupture des relations diplomatiques entre l'État français et la Grande-Bretagne met un terme définitif au projet de Rapkine de faciliter la venue en Angleterre des savants français désireux de s'associer aux recherches de guerre alliées.

Au printemps 1941, sur la suggestion d'Étienne Hirsch, directeur adjoint du STA, Jules Guéron crée le Laboratoire de chimie de l'armement. Joseph Cathala, affecté aux poudreries royales, lui succède quand Guéron rejoint Montréal en janvier 1943. Les résultats de leurs travaux sont transmis aux services secrets de la France libre. Un manuel de sabotage, auquel Andrée Lartigue-Deloyers et Jeanne Bohec collaborent, est mis au point. Le Bureau central de renseignements et d'action (BRCA) recrute Antoine Goldet et Yves Rocard, ce dernier pour ses compétences d'ingénieur radio. Sur Radio Londres, Jacques Lebeau conduit une émission sur l'actualité médicale. Engagé dans les Forces navales françaises libres (FNFL) en juillet 1941, Maurice Surdin soutient sa thèse de physique devant un jury de la France libre le 26 février 1942 avant d'être détaché auprès de la Royal Navy (radar centimétrique pour sous-marins).

René Cassin nomme Cathala à la tête d'une « commission des questions intellectuelles et d'enseignement », à laquelle participent le physicien Georges Fournier et le physiologiste Daniel Cordier. Ces derniers, avec Kowarski, Lebeau, Surdin, Ungar, Georges Kersaint, chimiste, André Lazard, ingénieur de l'ESPCI, Albert Mirles, Claude Teyssier et Yves Martinat (alias de Rocard), tous trois engagés dans les Forces aériennes françaises libres (FAFL), enfin Jules Valette et Jacques Winter, qui a rejoint les FNFL, font partie de la Mission scientifique française en Grande-Bretagne, dirigée par Rapkine d'août 1944 à décembre 1945. Réunissant à Londres les savants français exilés en Angleterre, ceux restés en France occupée et ceux de retour d'Amérique, celle-ci accélère la remise à niveau de la science française au terme de cinq années d'un combat mondial acharné.

Diane Dosso

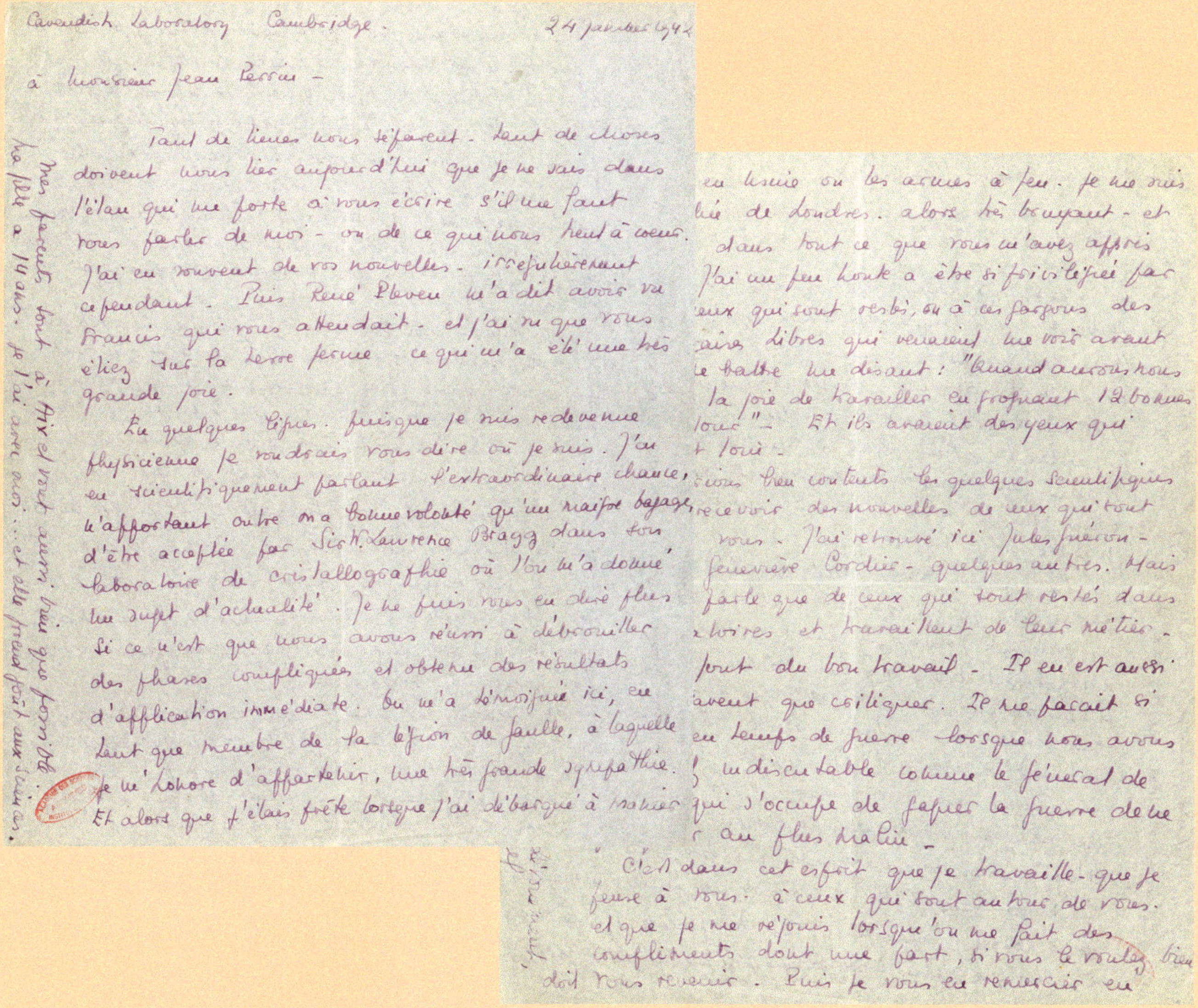

Cavendish Laboratory Cambridge. 24 janvier 1942

à Monsieur Jean Perrin –

Tant de lieues nous séparent – tant de choses doivent nous lier aujourd'hui que je ne sais dans l'élan qui me porte à vous écrire s'il me faut vous parler de moi – ou de ce qui nous tient à cœur. J'ai eu souvent de vos nouvelles – irrégulièrement cependant. Puis René Pleven m'a dit avoir vu Francis qui vous attendait – et j'ai su que vous étiez sur la terre ferme – ce qui m'a été une très grande joie.

En quelques lignes, puisque je suis redevenue physicienne je voudrais vous dire où je suis. J'ai eu scientifiquement parlant l'extraordinaire chance, n'apportant outre ma bonne volonté qu'un maigre bagage, d'être acceptée par Sir W. Lawrence Bragg dans son laboratoire de cristallographie où l'on m'a donné un sujet d'actualité. Je ne puis vous en dire plus si ce n'est que nous avons réussi à débrouiller des phases compliquées et obtenu des résultats d'application immédiate. On m'a témoigné ici, en tant que membre de la légion de Gaulle, à laquelle je m'honore d'appartenir, une très grande sympathie. Et alors que j'étais prête lorsque j'ai débarqué à manier

Mes parents sont à Aix et vont aussi bien que possible. Ma fille a 14 ans. Je l'ai avec moi… et elle prend goût aux sciences.

…en usine ou les armes à feu. Je me suis …liée de Londres. alors très bruyant – et … dans tout ce que vous m'avez appris … J'ai eu peu honte à être si privilégiée par …ceux qui sont restés, ou à ces garçons des …aires libres qui venaient me voir avant …e battre me disant : "Quand aurons-nous … la joie de travailler en prenant 12 heures …jour" – Et ils avaient des yeux qui …t loin.

…sons bien contents les quelques scientifiques …recevoir des nouvelles de ceux qui sont … vous. J'ai retrouvé ici Jules Guéron – … Geneviève Cordier – quelques autres. Mais … parle que de ceux qui sont restés dans …atoires et travaillent de leur métier. … font du bon travail. Il en est aussi …avent que critiquer. Il me paraît si … en temps de guerre lorsque nous avons … indiscutable comme le général de … qui s'occupe de gagner la guerre de ne … au plus malin.

C'est dans cet esprit que je travaille – que je pense à vous, à ceux qui sont autour de vous. et que je me réjouis lorsqu'on me fait des compliments dont une part, si vous le voulez bien doit vous revenir. Puis je vous en remercier en

ill. 5 Lettre d'Adrienne Weill à Jean Perrin, 24 janvier 1942

La musique comme vecteur de création et de lutte

Face à un gouvernement de Vichy qui interdit les bals populaires au nom de son obsession d'une prétendue décadence de la France républicaine, la France libre fait une large place à la musique. À Londres, les Free French vivent la même sociabilité que les Anglais ou les autres exilés dans les pubs, les bars ou les restaurants. Il en est de même dans les différents lieux de repos et de permission des FFL au Moyen-Orient. À New York, la cantine La Marseillaise, créée par Maria McDonald-Jolas et son époux Eugène Jolas, est un des hauts lieux culturels de la France libre. Marins en permission y côtoient les stars de la chanson ou du cinéma – Lily Pons, Jean Gabin, Marlene Dietrich… – venues y témoigner de leur soutien, ainsi que les musiciens en exil aux États-Unis.

Ce combat culturel est particulièrement vif à la radio, média par excellence de ces années. Les programmes français de la BBC jouent à fond des codes et de la fantaisie des radios privées de l'avant-guerre. Le dessinateur Maurice Van Moppès devient le parolier de la section française de la BBC. Mobilisé comme infirmier durant la campagne de France, il a rejoint Londres, où ses connaissances du monde de la publicité et sa grande culture littéraire et cinématographique font merveille : de l'été 1940 à la fin décembre 1941, ce ne sont pas moins de cinquante slogans et chansons qui sont diffusés à l'antenne. En 1943-1944, un recueil de vingt-cinq de ces chansons aux mélodies détournées, illustré de ses propres dessins, *Chansons de la BBC*, est parachuté en France par la Royal Air Force. À ces ritournelles parodiques, devenues très populaires en France occupée, à l'image de « Radio Paris ment, Radio Paris est allemand », s'ajoute la diffusion de ce qui deviendra l'un des symboles de la Résistance : *Le Chant des partisans*. Créé à Londres en mai 1943 par Joseph Kessel et Maurice Druon sur une musique d'Anna Marly, son manuscrit est transmis en France en juillet par Emmanuel d'Astier de la Vigerie[1] et Jean-Pierre Lévy pour être diffusé dans la presse clandestine.

Outre ces actions radiophoniques, la France libre encourage de multiples événements culturels mettant en valeur la musique classique. Parmi ces manifestations de prestige, le concert organisé au profit de la France combattante à l'initiative des Amis des volontaires français, le 4 avril 1943 au Royal Albert Hall de Londres, est emblématique de cette liberté de pensée et de création revendiquée au nom d'« une certaine idée de la France ». Le concert, avec le violoniste Yehudi Menuhin comme soliste, s'ouvre sur une *Marseillaise* avant d'alterner des œuvres emblématiques de compositeurs français (Debussy, Bizet, Chausson, Ravel, Berlioz) et le *Concerto en ré majeur pour violon et orchestre* de Beethoven, témoignant ainsi d'une volonté créatrice libre de toute contingence nationaliste.

Vincent Giraudier

1 Lui-même auteur en 1943 de *La Complainte du partisan*, là encore sur une musique d'Anna Marly.

cat. 31 Recueil *Chansons de la BBC*, non daté
Paris, musée de l'Armée, fonds France libre, Ec 11

Les émissions en langue française de la BBC proposent des dizaines de chansons et de refrains humoristiques, dont certains sont ensuite parachutés en France sous forme imprimée par la Royal Air Force. V. G.

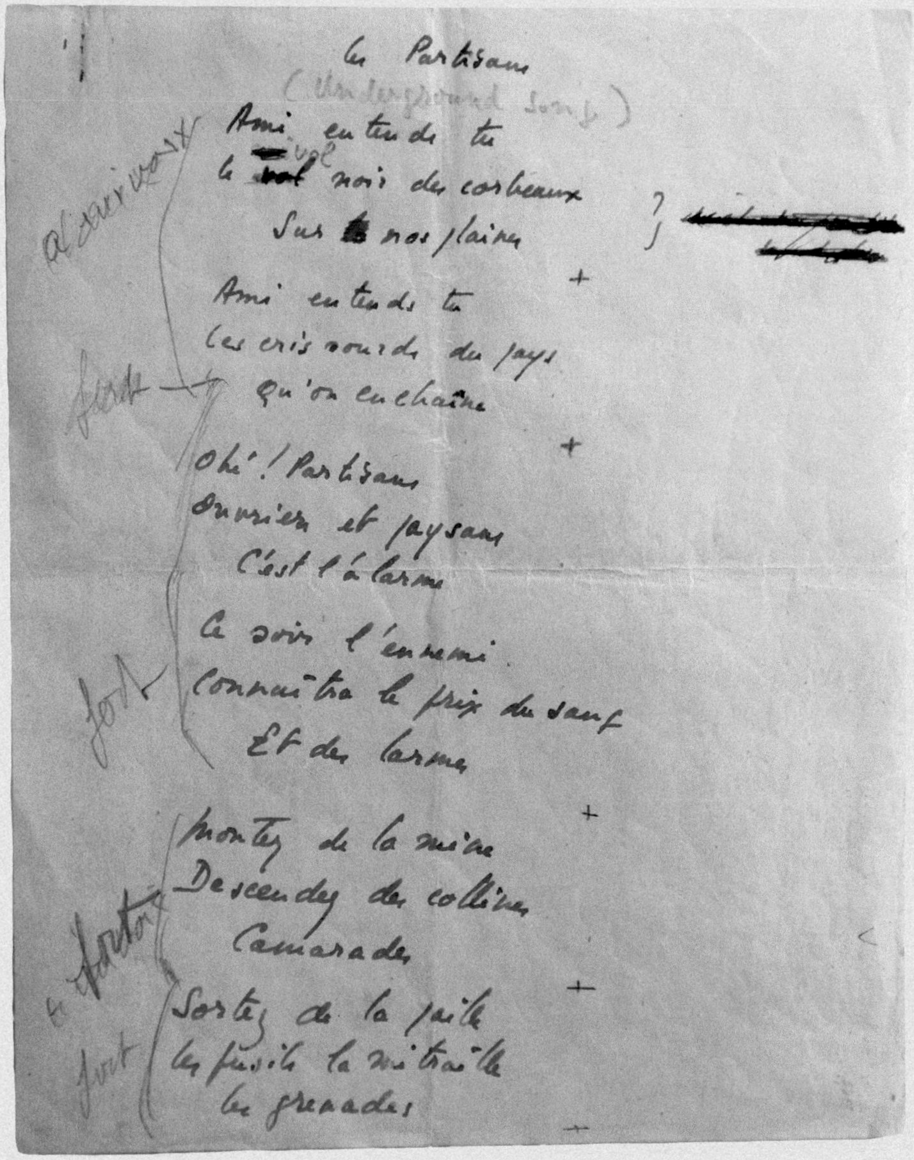
Les Partisans
(Underground song)
Ami entends tu
le vol noir des corbeaux
Sur nos plaines
Ami entends tu
les cris sourds du pays
qu'on enchaîne
Ohé ! Partisans
Ouvriers et paysans
C'est l'alarme
Ce soir l'ennemi
Connaîtra le prix du sang
Et des larmes
Montez de la mine
Descendez des collines
Camarades
Sortez de la paille
les fusils la mitraille
les grenades

cat. 32 **Maurice Druon (1918-2009) et Joseph Kessel (1898-1979), manuscrit original du *Chant des partisans*, 1943**

Paris, musée de la Légion d'honneur, don de M. Druon, 2006, inv. 09555

Les paroles du *Chant des partisans* ont été composées le 30 mai 1943 par Joseph Kessel et son neveu Maurice Druon à la demande d'Emmanuel d'Astier de la Vigerie, qui souhaitait « un chant pour la Résistance », déclarant : « Rien n'unit les hommes au combat comme une chanson. Nous en avons d'autant plus besoin que nous sommes des combattants qui ne se connaissent pas. Il nous faut ce lien. » L'air, composé par Anna Marly en 1941, est inspiré d'un chant russe, tiré d'une ancienne mélodie populaire slave. Véritable hymne de la Résistance, ses paroles sont diffusées sur des tracts lancés par la Royal Air Force et publiées en septembre 1943 dans le premier numéro des *Cahiers de Libération*, sous le titre « Les partisans (chant de la Libération) ». Après-guerre, *Le Chant des partisans* conserve une grande popularité et constitue encore aujourd'hui tant un hommage aux résistants qu'un symbole de lutte et d'espoir. Le manuscrit est classé monument historique le 8 décembre 2006. T. D.

Cartier, une maison de joaillerie au diapason de la France libre

L'histoire de la maison de joaillerie Cartier pendant la Seconde Guerre mondiale est jalonnée de points saillants qui en font un exemple assez unique dans le paysage tourmenté des entreprises françaises sous l'Occupation et dans le cours de la guerre. Cartier est alors une société tricéphale, dont les activités et les dirigeants sont partagés entre Paris (depuis 1847), Londres (depuis 1902) et New York (depuis 1909). Ces trois centres jouent, durant la guerre, une partition différente mais sur un même tempo, en inventant ou en promouvant des symboles de reconnaissance pour les Alliés, la France libre et la Résistance, et créent et produisent des bijoux en écho aux événements et en fonction de leurs contraintes spécifiques.

À Londres, dès la période agitée de l'été 1940, la maison Cartier fournit un appui logistique dans la création de la France libre, Étienne Bellenger, son directeur, devenant même un proche du général de Gaulle et de sa famille. C'est ainsi que Cartier va jouer un rôle majeur dans la conception de beaucoup d'insignes des premières Forces françaises libres et dans la création de la croix de la Libération : Bellenger est sollicité par de Gaulle dès novembre 1940 pour « préparer de toute urgence un projet de médaille[1] ». Ce projet est finalement dessiné par le peintre Tony Mella, mais « en liaison avec Monsieur Bellenger[2] ».

À Paris, la maison cherche avant tout à conserver son indépendance et ses moyens de production, tout en préservant au mieux ses employés et son stock[3]. Mais, sous l'impulsion de Jeanne Toussaint, directrice de la création, elle n'hésite pas à créer des bijoux en écho aux événements. En témoigne la série des *Oiseaux en cage*, dessinée et produite

1 Télégramme envoyé de Brazzaville au colonel Fontaine, 15 novembre 1940, cité dans Cyrille Cardona, « Les croix et attributs des Compagnons de la Libération », *Bulletin de la Société des amis du musée national de la Légion d'honneur et des ordres de chevalerie*, n° 22, 2019, p. 79.

2 Archives nationales, courrier du 31 mars 1941 du service financier à M. Pleven, (AN) AG 3 (1) 307.

cat. 33 **Broche « Oiseaux en cage », Cartier Paris, 1943**
Or, platine, diamant, émeraudes, rubis, saphirs, H. 5 ; L. 4,3 cm
Collection particulière

cat. 34 **Broche « Oiseaux libérés », Cartier Paris, 1944**
Or, platine, diamant, corail, lapis-lazuli, H. 3,2 ; L. 3,35 cm
Collection Cartier

Dès 1940, la branche londonienne de la maison Cartier met ses bureaux à la disposition du général de Gaulle. Étienne Bellenger, directeur de Cartier Londres, se montre dès lors dévoué à la cause de la France libre. Restée à Paris, Jeanne Toussaint, directrice artistique de la joaillerie, conçoit de nombreux modèles d'oiseaux enfermés dans des cages, symboles de la France occupée. À la Libération, l'oiseau aux couleurs nationales sort de sa cage dans une explosion de joie. C. L.

en 1942, qui représente un ou plusieurs oiseaux dans des combinaisons chromatiques utilisant le bleu, le vert, le blanc ou le rouge, enfermés dans des barreaux, certes dorés. Autre geste fort, celui d'une cliente, Françoise Leclercq, résistante proche des réseaux communistes à Paris, qui fait dessiner et fondre avec tous ses bijoux en or, à l'été 1942, après la rafle du Vél' d'Hiv', une étoile à six branches en or jaune[4].

À Londres et à New York, les réalisations sont plus explicites. Des broches et breloques représentent fréquemment la croix de Lorraine, qu'il s'agisse de commandes spéciales mais aussi de productions en plusieurs exemplaires. Le motif emblématique des Alliés est la lettre « V », pour « victoire », et son équivalent en morse, trois points et un tiret, créé début 1941[5]. Il est utilisé sur plusieurs broches à Londres en août et septembre 1941, plus ponctuellement ensuite, et également dans des publicités dans la presse, surtout aux États-Unis, où Cartier soutient l'effort de guerre allié, en particulier américain. Pierre Cartier, qui dirige la filiale new-yorkaise, offre ainsi en décembre 1943 au président Roosevelt une pendule qui porte sur son socle la mention suivante : « L'heure de la victoire dans le monde. Hommage à son artisan, le président des États-Unis, Franklin D. Roosevelt. »

À la Libération, Cartier Paris synthétise ces différentes créations et les inscrit durablement dans l'histoire de la maison en créant plusieurs modèles de broches à croix de Lorraine, produits en plusieurs exemplaires, de même que la pièce la plus emblématique : un oiseau libéré, pendant victorieux du volatile emprisonné de 1942.

Charles Riondet

3 Archives Cartier, « Report on the life and activities of Cartier Paris from November 1941 to Sept. 1944 », CORR PAR 2GM01.

4 Guy Krivopissko et Charles Riondet, *Résistance en région parisienne*, Paris, L'Œil d'or, 2013, p. 8.

5 Ariane Mak, « La guerre des V. Le Mass-Observation et les graffitis du "V de la victoire" en Grande-Bretagne (1941-1945) », *20 & 21. Revue d'histoire*, n° 156, 2022, p. 103-128.

cat. 35 **Bracelet avec breloques représentant des « Gremlins », Cartier Londres, 1942-1943**

Chaîne en or et émail polychrome, L. 17 cm
Collection Cartier

Les breloques furent dessinées par le Français Bernard Dupérier (1907-1995), pilote dans les Forces aériennes françaises libres puis dans la Royal Air Force (RAF). Quand il soumet ses dessins à Étienne Bellenger, il les décrit ainsi : « Mes camarades pilotes de la RAF avaient pris l'habitude, en matière de plaisanterie, de rendre responsables de leurs erreurs professionnelles de petits génies invisibles qui s'amusaient des farces qu'ils jouaient aux "Boys" : les "Gremlins" ! » C. L.

cat. 36 **Breloque en forme de « V », Cartier, 1943**

Platine, diamant, rubis, saphir, H. 1,5 ; L. 1,37 cm
Collection Cartier

Le motif emblématique des Alliés – le V de la victoire – est représenté sur cette breloque avec son équivalent en morse, trois points et un trait. Créé début 1941, le bijou connaît un grand succès dès l'été en Angleterre et aux États-Unis. Le modèle exposé est une édition du printemps 1943. C. L.

Londres, berceau de la France libre

cat. 37 **Plaque de rue « City of Westminster – Carlton Gardens S.W.1 »**
Paris, musée de l'Armée, 4513 DEP, dépôt du musée de l'Ordre de la Libération

La France libre installe son premier état-major dans la St Stephen's House, tout près du Parlement britannique, avant de déménager, en juillet 1940, au 4 Carlton Gardens, dans un bâtiment de style néoclassique construit dans les années 1920. L'immeuble de Carlton Gardens reste le cœur et le centre opérationnel de la France libre et de ses différents services, même après le départ d'une grande partie de ses administrations à Alger en 1943. V. G.

cat. 38 **Tenue de vol du lieutenant des FAFL Adalbert de Bardon de Segonzac**
Paris, musée de l'Armée et collection Jordan Gaspin

Correspondant de *Paris-Soir* à Londres avant la guerre, Adalbert de Bardon de Segonzac (1912-2001) est blessé lors de la campagne de France. Après avoir rallié Londres *via* Gibraltar, il s'engage dans les Forces aériennes françaises libres en octobre 1942. Après un passage au No. 611 Squadron de la Royal Air Force, il participe à de nombreuses missions comme pilote de chasse au No. 329 Squadron (escadron Cigognes), notamment en Normandie en juin 1944, avant d'être abattu par la défense antiaérienne en novembre. Fait prisonnier, il est envoyé en captivité en Allemagne. J. G.

cat. 41 **Laissez-passer de Tereska Torrès, 1er janvier 1942**
Paris, musée de la Libération de Paris – musée du général Leclerc – musée Jean Moulin / Paris Musées, 2007.371.1.22

cat. 38 bis **Tenue du lieutenant féminin des FAFL Nicole Millet**

Paris, musée de l'Armée, 2001.27.3, 2001.27.5, 2001.27.6

Nicole Millet (1910-2011) est infirmière bénévole aux Invalides lors de l'invasion allemande. Dès 1941, elle rejoint la Résistance puis Londres en 1943 après avoir été internée en Espagne durant cinq mois. Engagée dans les Forces aériennes françaises libres (FAFL), elle est affectée en 1944 à l'état-major du général Valin avec le grade de lieutenant. Débarquée à Arromanches en août, elle crée et anime le cercle interallié de l'aviation Jean Maridor, point d'accueil et de rencontres des FAFL et des pilotes étrangers des forces alliées qui reviennent des camps de prisonniers ou du front. J. G.

cat. 39 **Acte d'engagement d'Ève Curie, 2 septembre 1943**

Paris, musée Curie, FP-EC / D1d

Correspondante de guerre, porte-parole de la France libre aux États-Unis, Ève Curie, fille de Pierre et Marie Curie, intègre les volontaires féminines françaises en 1943. « Nous devons être prêtes à aider les armées qui vont libérer la France […]. Nous devons être les interprètes entre le peuple français et les forces alliées », annonce-t-elle au *New York Times*. En janvier 1944, elle est envoyée à Alger auprès du général de Lattre de Tassigny comme officier de liaison. C. L.

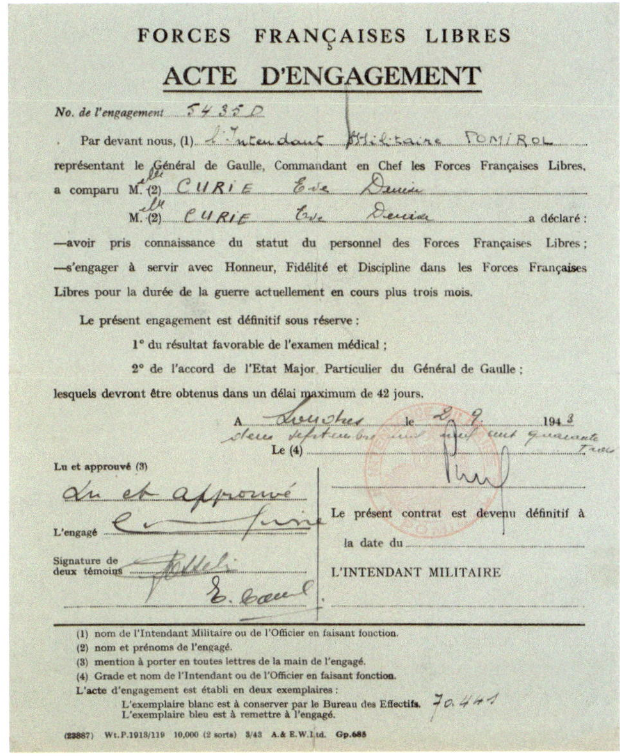

FORCES FRANÇAISES LIBRES

ACTE D'ENGAGEMENT

No. de l'engagement 5435 D

Par devant nous, (1) l'Intendant Militaire POMIROL

représentant le Général de Gaulle, Commandant en Chef les Forces Françaises Libres,

a comparu Mlle (2) CURIE Eve Denise

Mlle (2) CURIE Eve Denise a déclaré :

—avoir pris connaissance du statut du personnel des Forces Françaises Libres ;

—s'engager à servir avec Honneur, Fidélité et Discipline dans les Forces Françaises Libres pour la durée de la guerre actuellement en cours plus trois mois.

Le présent engagement est définitif sous réserve :

1° du résultat favorable de l'examen médical ;

2° de l'accord de l'Etat Major Particulier du Général de Gaulle ;

lesquels devront être obtenus dans un délai maximum de 42 jours.

A Londres le 2.9. 1943

deux septembre mil neuf cent quarante trois

Le (4)

Lu et approuvé (3)

Lu et approuvé

L'engagé E. Curie

Signature de deux témoins

Le présent contrat est devenu définitif à la date du

L'INTENDANT MILITAIRE

(1) nom de l'Intendant Militaire ou de l'Officier en faisant fonction.

(2) nom et prénoms de l'engagé.

(3) mention à porter en toutes lettres de la main de l'engagé.

(4) Grade et nom de l'Intendant ou de l'Officier en faisant fonction.

L'acte d'engagement est établi en deux exemplaires :

L'exemplaire blanc est à conserver par le Bureau des Effectifs. 70441

L'exemplaire bleu est à remettre à l'engagé.

(23887) Wt.P.1918/119 10,000 (2 sorts) 3/43 A.& E.W.Ltd. Gp.685

cat. 40 **Ordre de mission de Tereska Torrès, 21 août 1942**

Paris, musée de la Libération de Paris – musée du général Leclerc – musée Jean Moulin / Paris Musées, 2007.371.1.2

Le 13 juillet 1942, la « France libre » devient la « France combattante ». Cette évolution fait suite à la reconnaissance officielle, un mois plus tôt, de l'autorité du Comité national français et de son président, le général de Gaulle, par l'ensemble des mouvements de la Résistance intérieure. Conférences et expositions sont organisées pour faire connaître cette histoire. V. G.

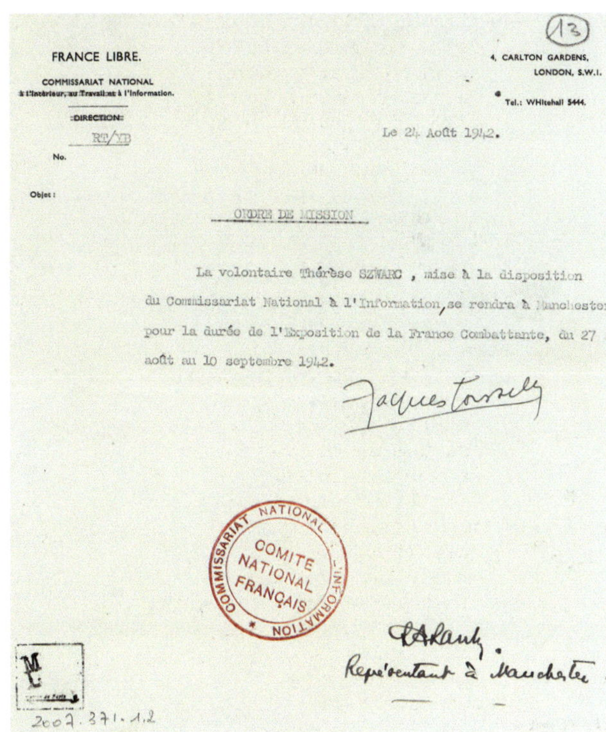

(13)

FRANCE LIBRE.

COMMISSARIAT NATIONAL à l'Intérieur, au Travail et à l'Information.

4, CARLTON GARDENS, LONDON, S.W.1.

Tel.: WHitehall 5444.

DIRECTION: RT/YB

No.

Objet :

Le 21 Août 1942.

ORDRE DE MISSION

La volontaire Thérèse SZWARC , mise à la disposition du Commissariat National à l'Information, se rendra à Manchester pour la durée de l'Exposition de la France Combattante, du 27 août au 10 septembre 1942.

Jacques Torrès

COMMISSARIAT NATIONAL INFORMATION — COMITE NATIONAL FRANÇAIS

Représentant à Manchester

2007.371.1.2

Forces Françaises Libres (9)

QUARTIER GENERAL & WESTMINSTER HOUSE

No. 524 LAISSEZ-PASSER

Nom SCHWARZ

Prenoms Therese

Grade ou Profession volontaire

Bureau ou Service Affaires Ext.

Londres le I janvier 1942

Le Chef du Service de Sécurité

2007.371.1.2

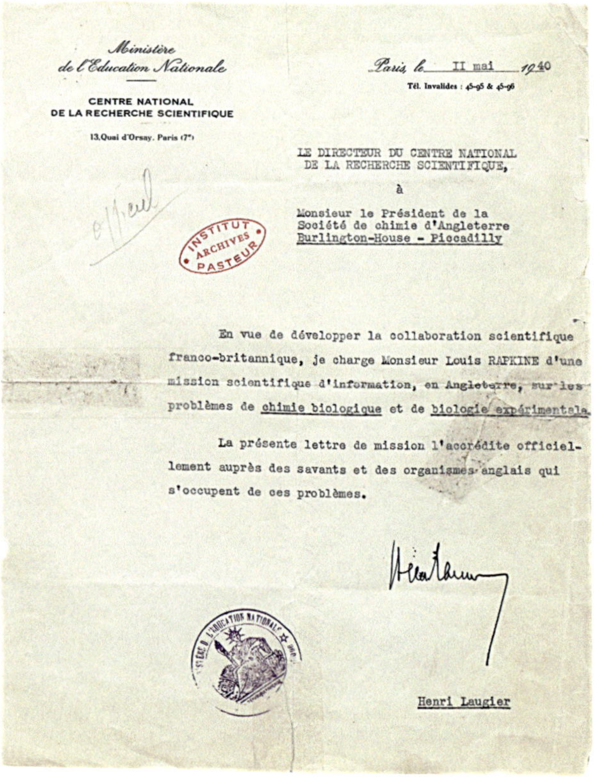
Ministère
de l'Education Nationale

CENTRE NATIONAL
DE LA RECHERCHE SCIENTIFIQUE

13, Quai d'Orsay. Paris (7e)

Paris, le II mai 1940

Tél. Invalides : 45-95 & 45-96

LE DIRECTEUR DU CENTRE NATIONAL
DE LA RECHERCHE SCIENTIFIQUE,

à

Monsieur le Président de la
Société de chimie d'Angleterre
Burlington-House - Piccadilly

INSTITUT ARCHIVES PASTEUR

En vue de développer la collaboration scientifique franco-britannique, je charge Monsieur Louis RAPKINE d'une mission scientifique d'information, en Angleterre, sur les problèmes de chimie biologique et de biologie expérimentale.

La présente lettre de mission l'accrédite officiellement auprès des savants et des organismes anglais qui s'occupent de ces problèmes.

Henri Laugier

LE GÉNÉRAL DE GAULLE et le COMITÉ NATIONAL
vous prient d'assister à une réception offerte en l'honneur des Français récemment arrivés pour rejoindre la France Combattante.

GROSVENOR HOUSE
Park Lane, London, W.1
Mardi, 4 Mai, á 17h.30
1943

INVITATION

cat. 42 **Ordre de mission de Louis Rapkine, mai 1940**
Paris, Institut Pasteur, RAP 7

Présent à Londres depuis janvier 1940, Rapkine intègre le CNRS en mai, à la demande d'Henri Laugier, son directeur. Il participe à la rédaction de l'ouvrage anonyme *Science in War*, qui prône la participation des scientifiques à la défense du pays par la recherche. La rupture des relations diplomatiques entre la France et la Grande-Bretagne le 8 juillet 1940 met un terme à son projet de faciliter la venue en Angleterre des savants français désireux de s'associer aux recherches de guerre alliées. C. L.

cat. 43 **Carton d'invitation à Grosvenor House, 4 mai 1943**
Paris, musée de l'Armée, fonds France libre, Feron, Fp 1

Les engagements dans la France libre culminent entre avril et juillet 1943, avec 2 500 nouveaux volontaires par mois, regroupant des Français évadés par l'Espagne et les ralliements de soldats des armées du général Giraud, des marins des Antilles et ceux de la flotte d'Alexandrie. Le général de Gaulle les convie à une cérémonie dans le fameux palace londonien Grosvenor House, dans le quartier de Mayfair. V. G.

cat. 44 **Ordre de mission de Max-Pol Fouchet, 13 septembre 1943**
Saint-Germain-la-Blanche-Herbe, Imec, fonds Max-Pol Fouchet déposé à l'Imec

Max-Pol Fouchet, directeur de *Fontaine* – l'une des principales revues de la résistance intellectuelle française, produite à Alger –, séjourne quelques semaines à Londres en tant que correspondant de guerre. Sur les ondes de la BBC, il s'adresse aux intellectuels et écrivains de la France occupée. Il travaille également à une version miniature de la revue qui sera parachutée par la Royal Air Force en France occupée et dans les maquis. C. L.

COMITÉ FRANÇAIS
DE LA
LIBÉRATION NATIONALE

Commissariat à l'Information

RÉPUBLIQUE FRANÇAISE

ALGER, LE 13 Septembre 1943

N° 3291 /Inf.
A RAPPELER

ORDRE DE MISSION
-:-:-:-:-:-:-:-:-:-:-:-:-:-:-:-:-

Monsieur Max Pol FOUCHET, Chargé de mission, devra se rendre à Londres via Casablanca et Rabat, par les voies les plus rapides (Liaison rapide du commandement vers le Maroc et voie aérienne au delà)

Date de départ : Lundi 13 Septembre 1943

Date de retour : Mission terminée

Pièce d'identité : Monsieur Max Pol FOUCHET est titulaire du passeport N° 3784 délivré le 1er Juillet 1937 par la Préfecture d'Alger.

Les autorités françaises et alliées sont priées de vouloir bien accorder toutes facilités au porteur du présent ordre.

Le présent ordre de mission ne donne droit au détenteur à aucun remboursement de frais de transport ou de déplacement./.

P.O. Le Chef de Cabinet du Commissaire aux Finances

Vu au Secrétariat Général
57/58 / 13.9.43
Le Secrétaire du Comité

No objection

Vu sans objection
Le Lieut-Colonel SEROT
Directeur-Adjoint de la Sécurité Militaire
A. Serot

Le Commissaire à l'Information

cat. 45 **Buvard du comité de la France libre, non daté**

Paris, musée de la Libération de Paris – musée du général Leclerc – musée Jean Moulin / Paris Musées, 2007.371.1.41

cat. 46 **Fiche de notes à en-tête de la France libre, non daté**

Paris, musée de la Libération de Paris – musée du général Leclerc – musée Jean Moulin / Paris Musées, 2007.371.2.26

Le mouvement de la France libre se dote des attributs d'un État, jusqu'à la papeterie. La croix de Lorraine, le « V » de la victoire et le coq gaulois sont les symboles les plus utilisés par la France libre. V. G.

cat. 47 **Carte de vœux, 27 novembre 1941**

Paris, musée de la Libération de Paris – musée du général Leclerc – musée Jean Moulin / Paris Musées, 2007.371.1.33

Tereska Torrès adresse cette carte marquée du sceau de la France libre à ses grands-parents pour les fêtes de fin d'année. C. L.

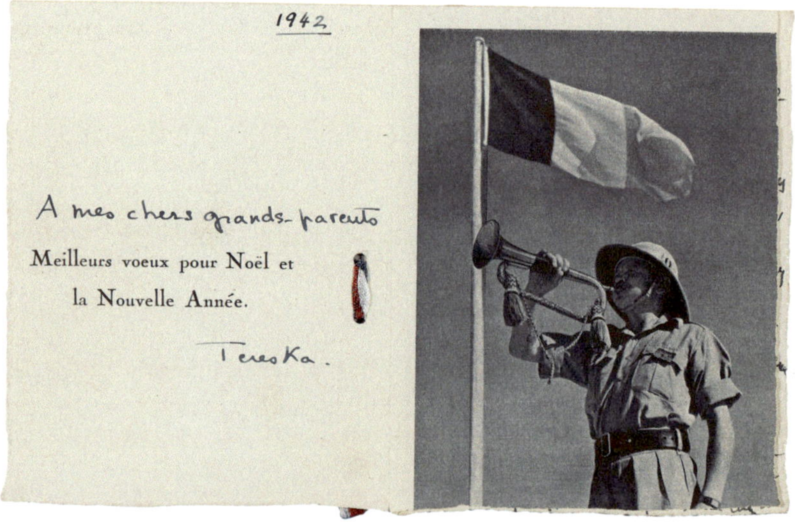

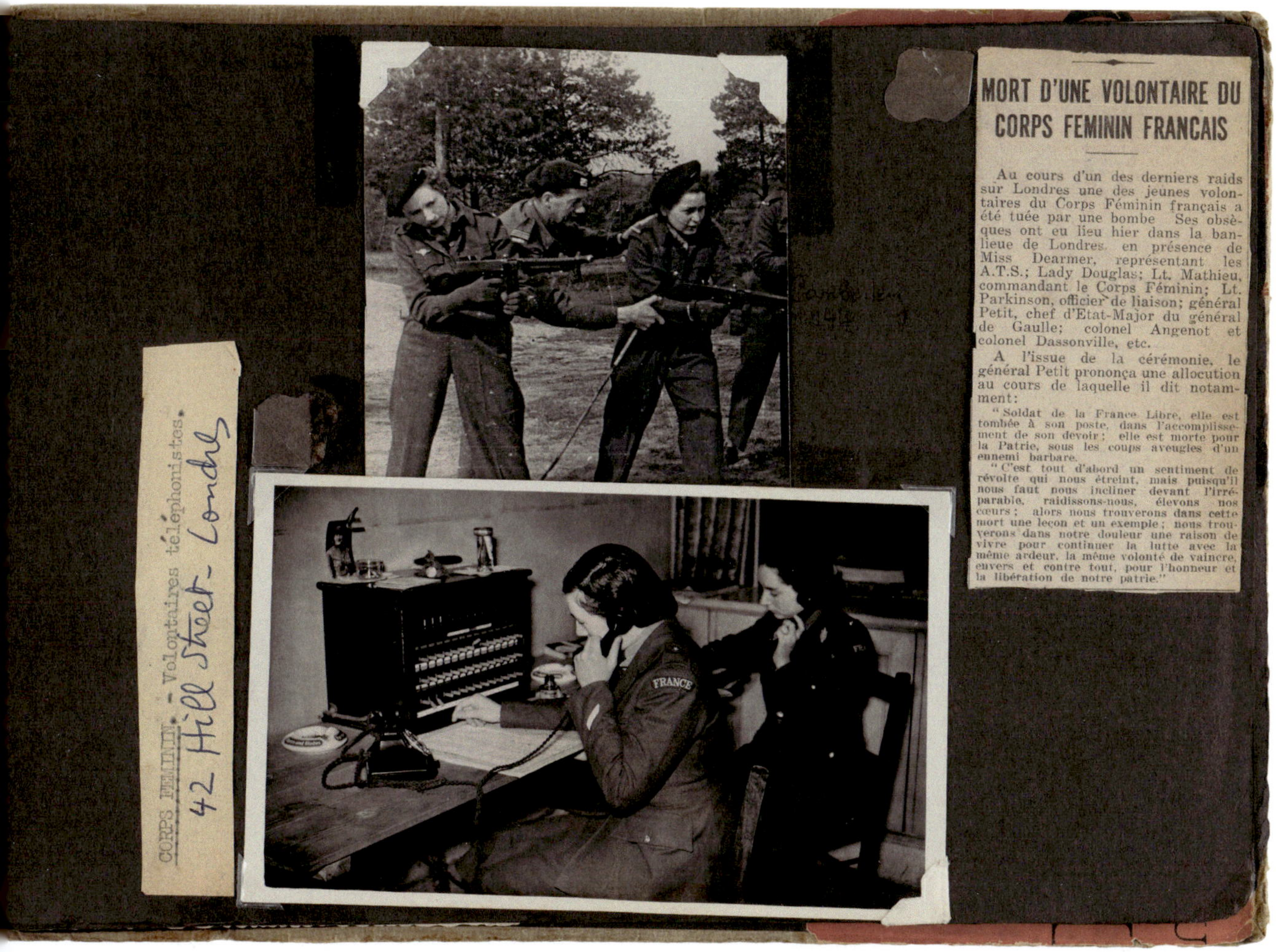

cat. 48 **Tereska Torrès (1920-2012), album personnel réalisé durant la guerre**
Carton, papier, encre, tirage gélatino-argentique développé, H. 25,5 ; L. 38 cm (ouvert)
Paris, musée de la Libération de Paris – musée du général Leclerc – musée Jean Moulin / Paris Musées, 2007.368

cat. 49 **Tereska Torrès (1920-2012), « Bureau 506, Affaires étrangères, 4 Carlton Gardens », dessin réalisé au revers de dépêches dactylographiées, juillet 1943**
Mine de plomb sur papier, H. 21,5 ; L. 30 cm
Paris, musée de la Libération de Paris – musée du général Leclerc – musée Jean Moulin / Paris Musées, 2007.371.1.1

La politique scientifique et culturelle de la France libre

cat. 50 **Programme de l'exposition «An Exhibition of French Paintings and Sculptures of the 20th Century» organisée par le French National Committee à la Royal Society of British Artists, Londres, 1er-29 mai 1943**
Pierrefitte-sur-Seine, Archives nationales, 382AP/55

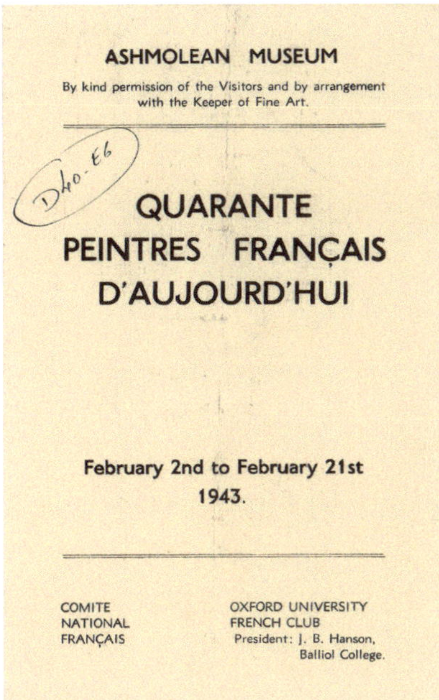

cat. 51 **Programme de l'exposition « Quarante peintres français d'aujourd'hui », Oxford, Ashmolean Museum, 2-21 février 1943**

Pierrefitte-sur-Seine, Archives nationales, 382AP/55

Organisée par le Comité national français et l'Oxford University French Club au sein du prestigieux Ashmolean Museum, l'exposition « Quarante peintres français d'aujourd'hui » souligne la vitalité de la création artistique française. L'exposition accueillie par la Royal Society of British Artists remonte aux racines du courant moderne et notamment aux impressionnistes, dont la renommée est mondiale. L'œuvre d'Auguste Renoir – dont le fils Jean s'est exilé aux États-Unis dès juillet 1940 et met son talent de réalisateur au service de la France libre dans des films tournés avec le Britannique Charles Laughton – est particulièrement mis en exergue. Dans ce climat de coopération intellectuelle, le projet de création d'une Maison française d'Oxford émerge dès 1943 sous l'impulsion de Claude Schaeffer, archéologue et marin dans les Forces navales françaises libres. S. L. R.-B.

cat. 52 **Programme de trois concerts de musique française : « Fauré, Bizet, Saint-Saëns », « Poulenc, Milhaud » et « Ravel », sous l'égide des Commissaires nationaux à l'éducation et à l'information, Londres, Wigmore Hall, mai 1943**

Pierrefitte-sur-Seine, Archives nationales, 382AP/55

Par son universalité, la musique constitue une composante majeure du rayonnement culturel de la France libre. Inscrit sur deux listes de proscription, en tant que Juif et en tant que compositeur de musique « dégénérée », Darius Milhaud s'est exilé dès 1940 aux États-Unis. Il y enseigne, compose l'opéra *Bolivar* – allégorie d'une libération – et dirige au profit de la France libre. S. L. R.-B.

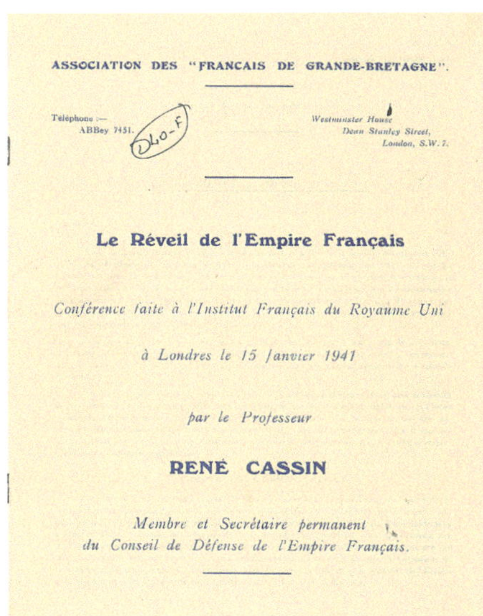
ASSOCIATION DES "FRANCAIS DE GRANDE-BRETAGNE".

Téléphone :— ABBey 7451.

Westminster House Dean Stanley Street, London, S.W. 1.

Le Réveil de l'Empire Français

Conférence faite à l'Institut Français du Royaume Uni à Londres le 15 Janvier 1941

par le Professeur

RENÉ CASSIN

Membre et Secrétaire permanent du Conseil de Défense de l'Empire Français.

cat. 53 **René Cassin (1887-1976), *Le Réveil de l'Empire français*, texte d'une conférence donnée à Londres le 15 janvier 1941**

Pierrefitte-sur-Seine, Archives nationales, 382AP/55

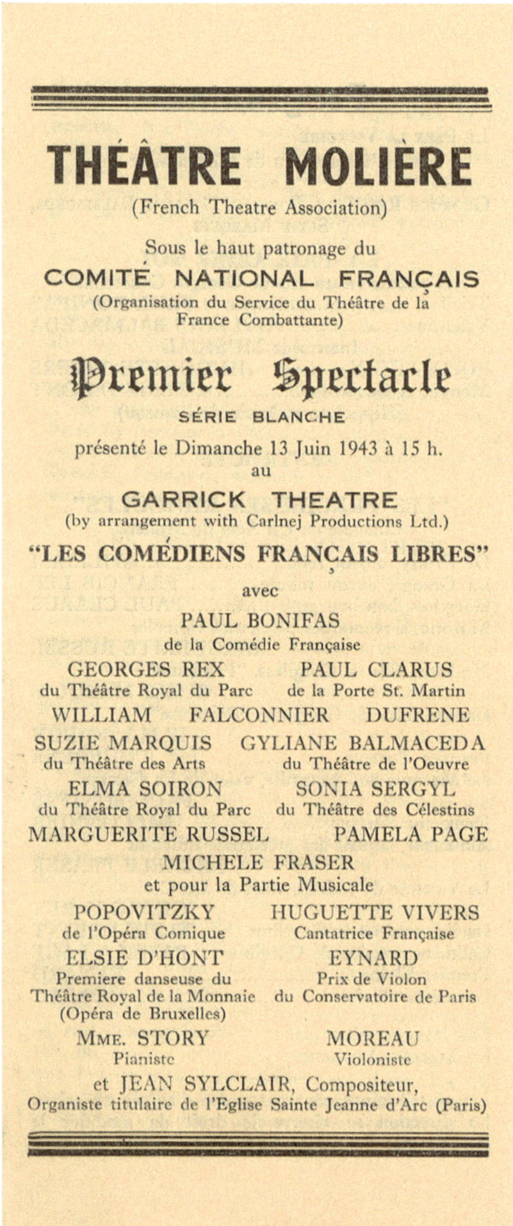

THÉATRE MOLIÈRE
(French Theatre Association)
Sous le haut patronage du
COMITÉ NATIONAL FRANÇAIS
(Organisation du Service du Théâtre de la France Combattante)

Premier Spectacle
SÉRIE BLANCHE
présenté le Dimanche 13 Juin 1943 à 15 h.
au
GARRICK THEATRE
(by arrangement with Carlnej Productions Ltd.)
"LES COMÉDIENS FRANÇAIS LIBRES"
avec
PAUL BONIFAS
de la Comédie Française
GEORGES REX — du Théâtre Royal du Parc
PAUL CLARUS — de la Porte St. Martin
WILLIAM FALCONNIER DUFRENE
SUZIE MARQUIS — du Théâtre des Arts
GYLIANE BALMACEDA — du Théâtre de l'Oeuvre
ELMA SOIRON — du Théâtre Royal du Parc
SONIA SERGYL — du Théâtre des Célestins
MARGUERITE RUSSEL PAMELA PAGE
MICHELE FRASER
et pour la Partie Musicale
POPOVITZKY — de l'Opéra Comique
HUGUETTE VIVERS — Cantatrice Française
ELSIE D'HONT — Premiere danseuse du Théâtre Royal de la Monnaie (Opéra de Bruxelles)
EYNARD — Prix de Violon du Conservatoire de Paris
MME. STORY — Pianiste
MOREAU — Violoniste
et JEAN SYLCLAIR, Compositeur,
Organiste titulaire de l'Eglise Sainte Jeanne d'Arc (Paris)

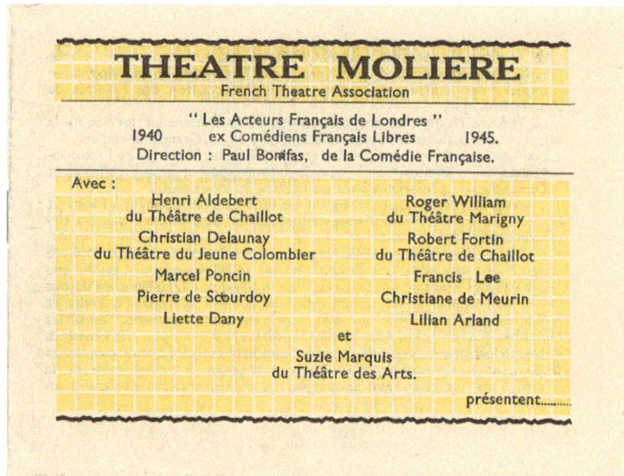

THEATRE MOLIERE
French Theatre Association
" Les Acteurs Français de Londres "
1940 ex Comédiens Français Libres 1945.
Direction : Paul Bonifas, de la Comédie Française.

Avec :
Henri Aldebert — du Théâtre de Chaillot
Roger William — du Théâtre Marigny
Christian Delaunay — du Théâtre du Jeune Colombier
Robert Fortin — du Théâtre de Chaillot
Marcel Poncin
Francis Lee
Pierre de Sébourdoy
Christiane de Meurin
Liette Dany
Lilian Arland
et
Suzie Marquis
du Théâtre des Arts.
présentent.........

cat. 54 **Affichette pour le premier spectacle des «Comédiens français libres» organisé par le Théâtre Molière (French Theater Association) sous le haut patronage du Comité national français, Londres, Garrick Theater, 13 juin 1943**

Nantes, Archives du ministère des Affaires étrangères, ambassade de France à Londres, 378PO/6/251

Dirigé par Paul Bonifas, de la Comédie-Française, un service du théâtre fonctionne dès 1941 au sein du Comité national français, à destination des troupes de la France libre mais aussi des associations franco-britanniques. Le succès des spectacles donnés par les « Comédiens français libres » débouche sur la naissance en juin 1943 du Théâtre Molière, dont la mission est de maintenir une activité théâtrale française permanente tout en réalisant des tournées dans les écoles. Le premier spectacle est une alternance de *La Paix chez soi* de Georges Courteline avec *Les Précieuses ridicules* de Molière. S. L. R.-B.

cat. 55 **Brochure de présentation du spectacle des «Acteurs français de Londres», ex-Comédiens français libres, organisé par le Théâtre Molière – French Theater Association, 1940-1945**

Nantes, Archives du ministère des Affaires étrangères, ambassade de France à Londres, 378PO/6/251

Communiquer

Forces Françaises Libres
QUARTIER GENERAL & WESTMINSTER HOUSE
No. 047 LAISSEZ - PASSER
NomMme. (VAN DOORN) MARLY
Prenoms Anna
Grade ou Profession Benevole
Bureau ou Service Cantine
Londres le II fevrier 1942
Le Chef du Service de Sécurité

cat. 56 **Laissez-passer d'Anna Marly (1917-2006)**
Paris, musée de l'Armée, 2014.0.755

Le corps féminin des Françaises libres est créé le 7 novembre 1940 à Londres pour permettre à ses membres de suppléer les hommes partis au combat en remplissant différentes fonctions, d'employées de bureau à conductrices de véhicules. Il devient le 16 novembre 1941 le « Corps des volontaires féminines françaises ». C. L.

cat. 57 **Guitare classique d'Anna Marly**
Paris, musée de l'Ordre de la Libération, N2485

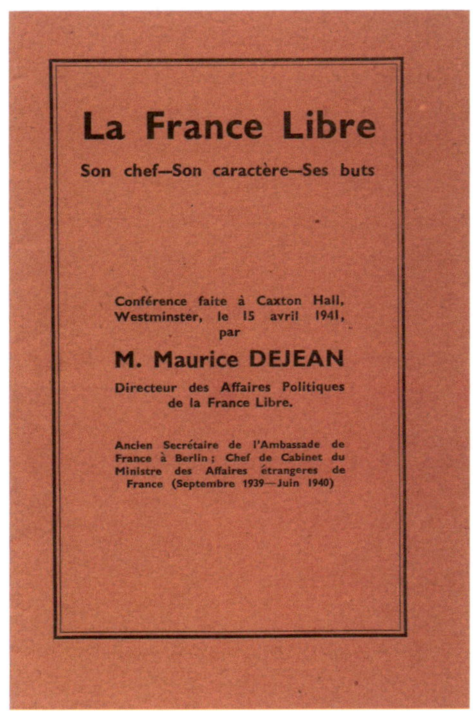

La France Libre
Son chef—Son caractère—Ses buts

Conférence faite à Caxton Hall, Westminster, le 15 avril 1941, par

M. Maurice DEJEAN

Directeur des Affaires Politiques de la France Libre.

Ancien Secrétaire de l'Ambassade de France à Berlin ; Chef de Cabinet du Ministre des Affaires étrangeres de France (Septembre 1939—Juin 1940)

cat. 58 **Maurice Dejean (1899-1982), *La France libre, son chef, son caractère, ses buts*, texte d'une conférence donnée à Londres le 15 avril 1941**
Nantes, Archives du ministère des Affaires étrangères, délégation du Comité national français puis du CFLN aux États-Unis, 737PO/3/22

Diplomate de formation, Maurice Dejean multiplie les conférences et les écrits pour défendre la légitimité internationale de la France libre face au gouvernement de Vichy. V. G.

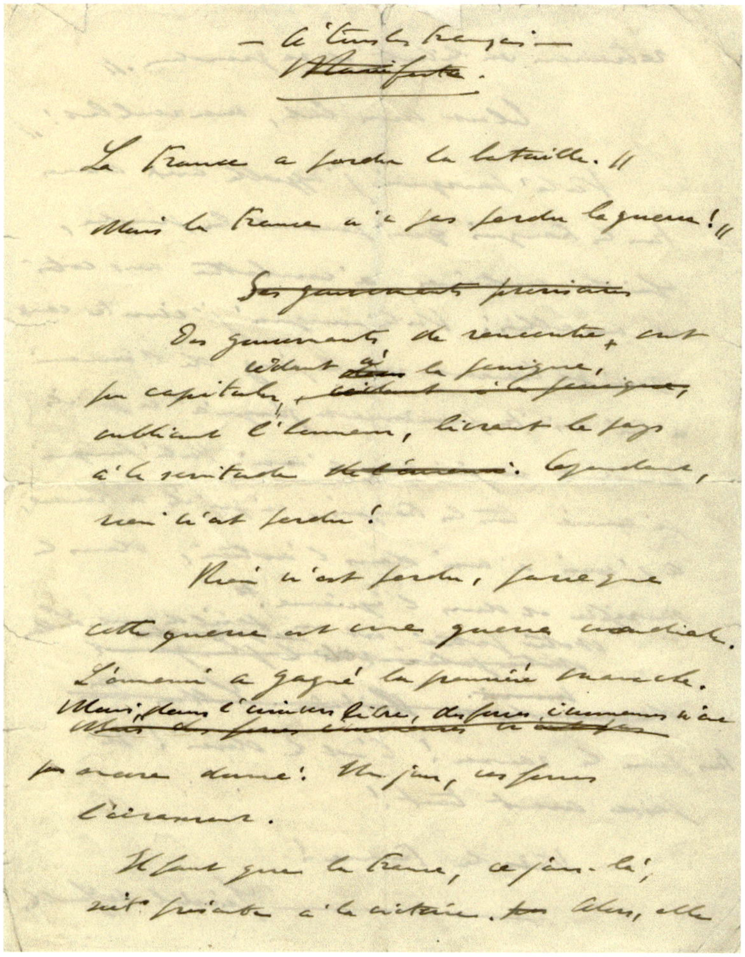
— À tous les Français —
~~Manifeste~~.

La France a perdu la bataille. //

Mais la France n'a pas perdu la guerre ! //

~~Des gouvernants provisoires~~

Des gouvernants de rencontre, ont
cédant à la panique,
pu capituler, ~~cédant à la panique~~,
oubliant l'honneur, livrant le pays
à la servitude ~~de l'ennemi~~. Cependant,
rien n'est perdu !

Rien n'est perdu, parce que
cette guerre est une guerre mondiale.
L'ennemi a gagné la première manche.
Mais, dans l'univers libre, des forces immenses n'ont
~~Mais des forces immenses~~
pas encore donné. Un jour, ces forces
écraseront.

Il faut que la France, ce jour-là,
soit présente à la victoire. Alors, elle

cat. 59 **Manuscrit de l'affiche de l'« Appel à tous les Français »**
Paris, musée de l'Ordre de la Libération, N39

Souvent confondue avec le texte de l'appel du 18 juin, cette affiche, qui en reprend des éléments, est placardée à Londres durant l'été 1940. Elle est ensuite massivement diffusée au sein de la France libre, puis en France après la Libération. V. G.

cat. 60 **Max-Pol Fouchet (1913-1980), « Talk No. 1 », octobre 1943**
Saint-Germain-la-Blanche-Herbe, Imec, fonds Max-Pol Fouchet déposé à l'Imec

À l'automne 1943, l'éditeur et directeur de la revue *Fontaine* à Alger séjourne quelques semaines à Londres. Au micro de la BBC, il s'adresse aux intellectuels de France et les exhorte à la Résistance dans l'émission « Les Français parlent aux Français ». C. L.

cat. 61 **Poste de TSF Ducretet-Thomson**
Paris, musée de l'Armée, 2000.620

La radio est le principal vecteur d'information pour les Français durant la guerre. La présence médiatique de Charles de Gaulle et des partisans de la France libre dans le cadre d'émissions régulières ou d'interventions ponctuelles joue un rôle important dans la notoriété du mouvement de la France libre. V. G.

FRENCH SERVICE . MAX - PAUL FOUCHE

LES FRANCAIS PARLENT AUX FRANCAIS

TALK No I

Ecrivains , poètes , artistes et intellectuels de France , ce n'est pas sans émotion que je me sens aujourd'hui sur ce sol de l'Angleterre fraternelle, plus proche de vous , à peine séparé de vous me semble-t-il , par quelques lieues de terre et d'eau et que , d'une voix plus proche , je viens vous dire la présence à vos côtés , dans votre combat, des écrivains , des poètes , des intellectuels de notre Afrique du Nord libérée .

A cette libération, nous avons travaillé pendant de longs mois , comme vous travaillez , comme travaille aujourd'hui tout notre peuple pour la libération de la France . Les intellectuels d'Algérie , pour ne parler que de ceux là , n'ont cessé de maintenir intact de tout empiètement fasciste, ce qui fait à travers le monde , le rayonnement de la France : une conception de l'homme , non pas établie sur l'asservissement de l'homme à l'Etat , mais fondée tout au contraire sur la liberté , l'égalité , la fraternité . Ils ont été des mainteneurs , mais leur résistance ne fut pas seulement passive ; elle ne se borna pas à une dénonciation à voix basse ou tacite , à des sous-entendus, à de la prétérition . Non : les intellectuels d'Algérie sont entrés dans l'action, leur résistance fut active . Il faut que vous le sachiez : ce sont de jeunes écrivains , des étudiants , des professeurs qui ont, en majorité , constitué les premiers cadres des organisations clandestines en Afrique du Nord . Sous la direction d'un juriste éminent , René CAPITANT, ils collaboraient à une publication secrète, le journal "COMBAT", cependant que d'autres , dans les grands quotidiens , ou dans une revue qu'on m'excusera de ne pas nommer, multipliait ce que Mr. Paul Marion appelait , dans un avertissement adressé au directeur de cette même revue , des " coups d'oeil complices au lecteur averti "; c'est à dire des allusions à la fois si précises et si subtiles, qu'elles constituaient en définitive, comme une presse clandestine en pleine lumière .

Côte à côte avec les ouvriers , avec tous ceux qui voulaient sauver

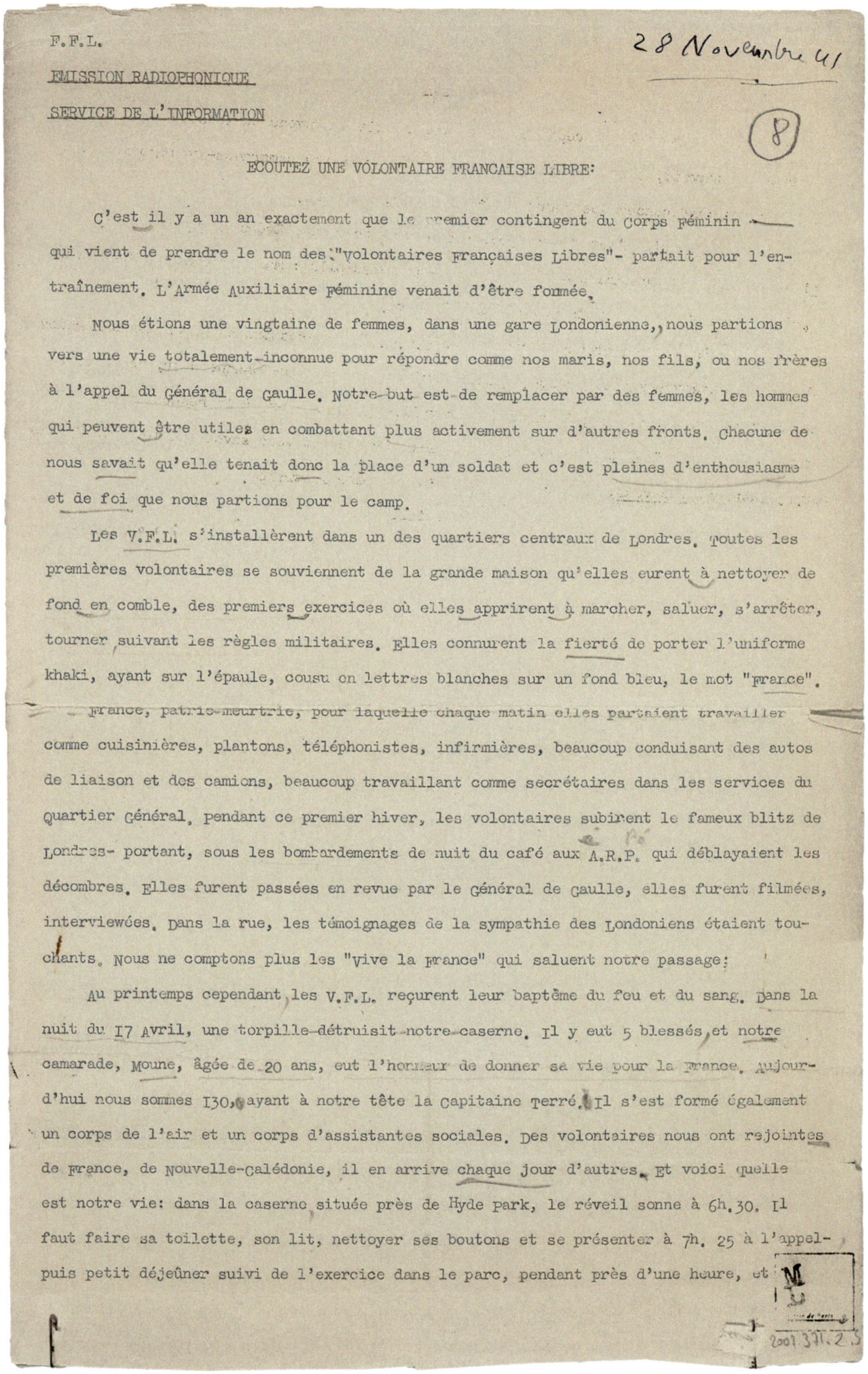

F.F.L.

EMISSION RADIOPHONIQUE

SERVICE DE L'INFORMATION

28 Novembre 41

(8)

ECOUTEZ UNE VOLONTAIRE FRANCAISE LIBRE:

C'est il y a un an exactement que le premier contingent du Corps Féminin — qui vient de prendre le nom des "Volontaires Françaises Libres"- partait pour l'entraînement. L'Armée Auxiliaire Féminine venait d'être formée.

Nous étions une vingtaine de femmes, dans une gare Londonienne, nous partions vers une vie totalement inconnue pour répondre comme nos maris, nos fils, ou nos frères à l'appel du Général de Gaulle. Notre but est de remplacer par des femmes, les hommes qui peuvent être utiles en combattant plus activement sur d'autres fronts. Chacune de nous savait qu'elle tenait donc la place d'un soldat et c'est pleines d'enthousiasme et de foi que nous partions pour le camp.

Les V.F.L. s'installèrent dans un des quartiers centraux de Londres. Toutes les premières volontaires se souviennent de la grande maison qu'elles eurent à nettoyer de fond en comble, des premiers exercices où elles apprirent à marcher, saluer, s'arrêter, tourner suivant les règles militaires. Elles connurent la fierté de porter l'uniforme khaki, ayant sur l'épaule, cousu en lettres blanches sur un fond bleu, le mot "France".

France, patrie meurtrie, pour laquelle chaque matin elles partaient travailler comme cuisinières, plantons, téléphonistes, infirmières, beaucoup conduisant des autos de liaison et des camions, beaucoup travaillant comme secrétaires dans les services du Quartier Général, pendant ce premier hiver, les volontaires subirent le fameux blitz de Londres- portant, sous les bombardements de nuit du café aux A.R.P. qui déblayaient les décombres. Elles furent passées en revue par le Général de Gaulle, elles furent filmées, interviewées. Dans la rue, les témoignages de la sympathie des Londoniens étaient touchants. Nous ne comptons plus les "Vive la France" qui saluent notre passage:

Au printemps cependant les V.F.L. reçurent leur baptême du feu et du sang. Dans la nuit du 17 Avril, une torpille détruisit notre caserne. Il y eut 5 blessés et notre camarade, Moune, âgée de 20 ans, eut l'honneur de donner sa vie pour la France. Aujourd'hui nous sommes 130, ayant à notre tête la Capitaine Terré. Il s'est formé également un corps de l'air et un corps d'assistantes sociales. Des volontaires nous ont rejointes de France, de Nouvelle-Calédonie, il en arrive chaque jour d'autres. Et voici quelle est notre vie: dans la caserne située près de Hyde park, le réveil sonne à 6h.30. Il faut faire sa toilette, son lit, nettoyer ses boutons et se présenter à 7h. 25 à l'appel- puis petit déjeûner suivi de l'exercice dans le parc, pendant près d'une heure, et

2007.371.2.5

cat. 62 **Tereska Torrès (1920-2012), retranscription d'une émission radiophonique, 28 novembre 1941**

Paris, musée de la Libération de Paris – musée du général Leclerc – musée Jean Moulin / Paris Musées, 2007.371.2.5

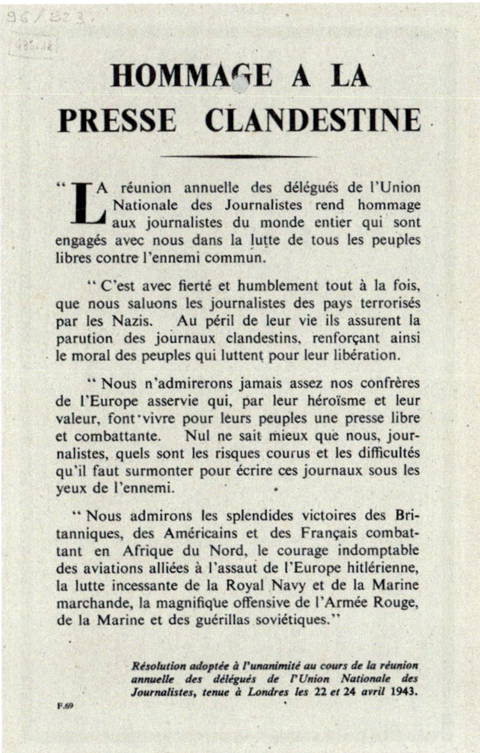

HOMMAGE A LA PRESSE CLANDESTINE

"La réunion annuelle des délégués de l'Union Nationale des Journalistes rend hommage aux journalistes du monde entier qui sont engagés avec nous dans la lutte de tous les peuples libres contre l'ennemi commun.

"C'est avec fierté et humblement tout à la fois, que nous saluons les journalistes des pays terrorisés par les Nazis. Au péril de leur vie ils assurent la parution des journaux clandestins, renforçant ainsi le moral des peuples qui luttent pour leur libération.

"Nous n'admirerons jamais assez nos confrères de l'Europe asservie qui, par leur héroïsme et leur valeur, font vivre pour leurs peuples une presse libre et combattante. Nul ne sait mieux que nous, journalistes, quels sont les risques courus et les difficultés qu'il faut surmonter pour écrire ces journaux sous les yeux de l'ennemi.

"Nous admirons les splendides victoires des Britanniques, des Américains et des Français combattant en Afrique du Nord, le courage indomptable des aviations alliées à l'assaut de l'Europe hitlérienne, la lutte incessante de la Royal Navy et de la Marine marchande, la magnifique offensive de l'Armée Rouge, de la Marine et des guérillas soviétiques."

Résolution adoptée à l'unanimité au cours de la réunion annuelle des délégués de l'Union Nationale des Journalistes, tenue à Londres les 22 et 24 avril 1943.

F.69

cat. 63 **Tract « Hommage à la presse clandestine », 1943**

Paris, musée de la Libération de Paris – musée du général Leclerc – musée Jean Moulin / Paris Musées, 1996.223

Ce tract présente la traduction française d'une résolution proclamée par des journalistes britanniques. De nombreuses institutions, associations ou syndicats des pays alliés apportent ainsi leur soutien à la France libre et à la Résistance française. V. G.

cat. 64 **Brochure de propagande en faveur de la France libre, 1942**

Paris, musée de la Libération de Paris – musée du général Leclerc – musée Jean Moulin / Paris Musées, 2007.371.3.26

Cette brochure américaine réalisée par des partisans de la France libre est éditée à la suite du ralliement à la France libre des îles de Saint-Pierre-et-Miquelon – archipel français en Amérique du Nord. Cette opération menée par l'amiral Muselier sur ordre de De Gaulle passe outre les réticences des États-Unis, accentuant l'animosité du président américain envers le chef de la France libre. Cette brochure de propagande vise à légitimer l'action de la France libre et de son chef dans ce contexte troublé. V. G.

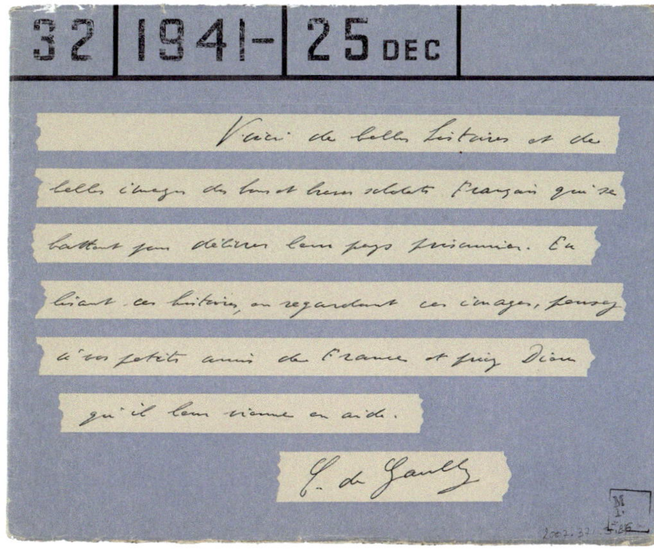

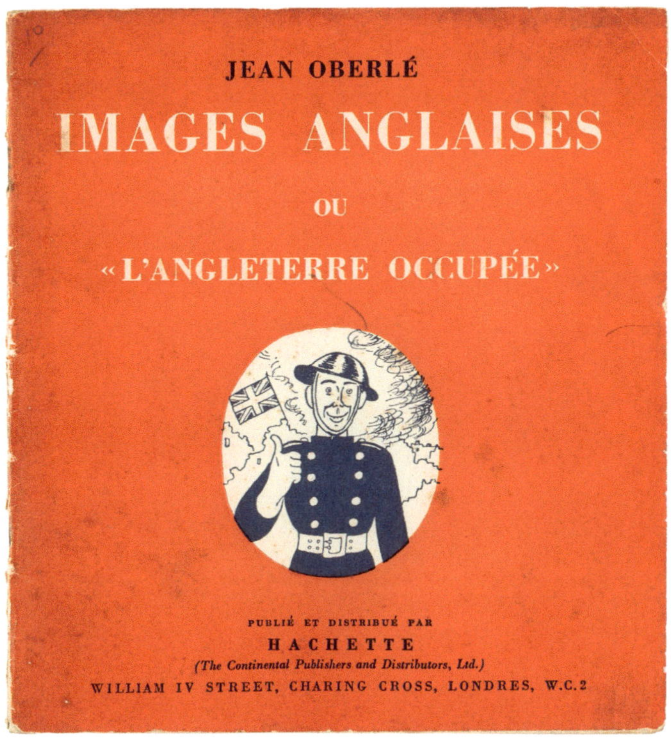

cat. 65 **Jean Oberlé (1900-1961), *Images anglaises ou « L'Angleterre occupée »*, 1942**

Collection particulière

Peintre et illustrateur, Jean Oberlé est l'un des animateurs français de la BBC et l'un des principaux créateurs de slogans de la France libre. V. G.

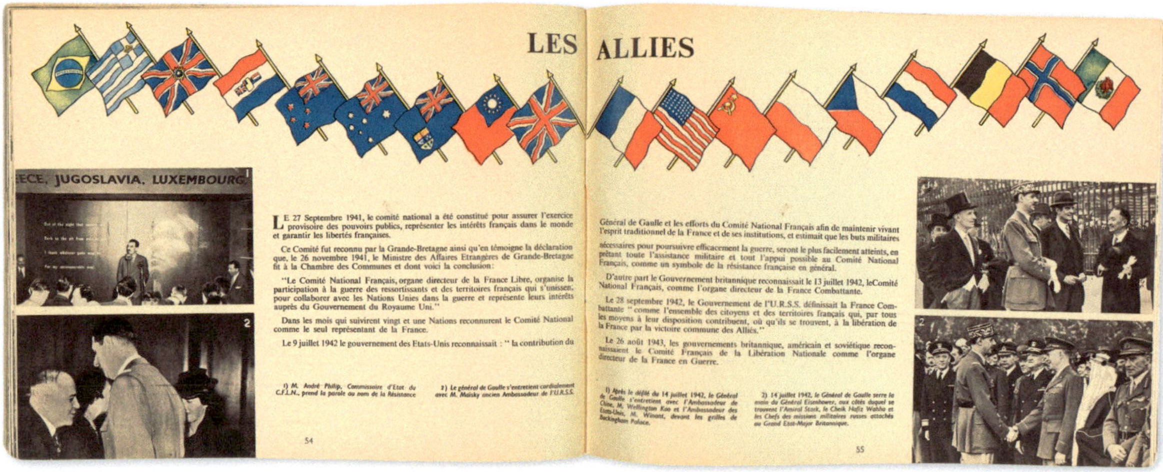

LES ALLIES

ECE, JUGOSLAVIA, LUXEMBOURG

LE 27 Septembre 1941, le comité national a été constitué pour assurer l'exercice provisoire des pouvoirs publics, représenter les intérêts français dans le monde et garantir les libertés françaises.

Ce Comité fut reconnu par la Grande-Bretagne ainsi qu'en témoigne la déclaration que, le 26 novembre 1941, le Ministre des Affaires Etrangères de Grande-Bretagne fit à la Chambre des Communes et dont voici la conclusion:

"Le Comité National Français, organe directeur de la France Libre, organise la participation à la guerre des ressortissants et des territoires français qui s'unissent pour collaborer avec les Nations Unies dans la guerre et représente leurs intérêts auprès du Gouvernement du Royaume Uni."

Dans les mois qui suivirent vingt et une Nations reconnurent le Comité National comme le seul représentant de la France.

Le 9 juillet 1942 le gouvernement des Etats-Unis reconnaissait : " la contribution du Général de Gaulle et les efforts du Comité National Français afin de maintenir vivant l'esprit traditionnel de la France et de ses institutions, et estimait que les buts militaires nécessaires pour poursuivre efficacement la guerre, seront le plus facilement atteints, en prêtant toute l'assistance militaire et tout l'appui possible au Comité National Français, comme un symbole de la résistance française en général.

D'autre part le Gouvernement britannique reconnaissait le 13 juillet 1942, leComité National Français, comme l'organe directeur de la France Combattante.

Le 28 septembre 1942, le Gouvernement de l'U.R.S.S. définissait la France Combattante " comme l'ensemble des citoyens et des territoires français qui, par tous les moyens à leur disposition contribuent, où qu'ils se trouvent, à la libération de la France par la victoire commune des Alliés."

Le 26 août 1943, les gouvernements britannique, américain et soviétique reconnaissaient le Comité Français de la Libération Nationale comme l'organe directeur de la France en Guerre.

1) M. André Philip, Commissaire d'Etat du C.F.L.N., prend la parole au nom de la Résistance

2) Le général de Gaulle s'entretient cordialement avec M. Maisky ancien Ambassadeur de l'U.R.S.S.

54

1) Après le défilé du 14 juillet 1942, le Général de Gaulle s'entretient avec l'Ambassadeur de Chine, M. Wellington Koo et l'Ambassadeur des Etats-Unis, M. Winant, devant les grilles de Buckingham Palace.

2) 14 juillet 1942, le Général de Gaulle serre la main du Général Eisenhower, aux côtés duquel se trouvent l'Amiral Stark, le Cheik Hafiz Wahba et les Chefs des missions militaires russes attachés au Grand Etat-Major Britannique.

55

cat. 66 **«Les Alliés», brochure *Au service de la France, 1940-1944*, 1944**

Paris, musée de l'Ordre de la Libération, N2715

L'une des constantes des brochures de propagande émises par la France libre est la légitimation du mouvement créé par de Gaulle, en le présentant comme pays allié à part entière, au même titre que les États-Unis, la Grande-Bretagne et, à partir de 1941, l'URSS. V. G.

cat. 67 **Foulard de Tereska Torrès (1920-2012)**

Paris, musée de la Libération de Paris – musée du général Leclerc – musée Jean Moulin / Paris Musées, 2007.371.4.2

Création des Français libres de Grande Bretagne, il porte l'inscription latine *Resurgam* [« Je me relèverai »]. C. L.

cat. 68 **Foulard «Les Journaux de la Résistance»**

Impression sur soie, H. 73 ; L. 73 cm

Paris, Palais Galliera – musée de la Mode de la Ville de Paris, GAL2006.11.13

Ce foulard en trompe-l'œil manifeste la floraison de journaux clandestins dans la France occupée. Dupliqués et parfois transposés, comme ici, sur d'autres supports, ces journaux sont présentés à l'étranger en tant que signes de l'existence d'une résistance intérieure et de la diversité des courants d'opinion représentés par la France libre. S. L. R.-B.

cat. 69 **Jeu de cartes à l'effigie des Forces françaises libres**

Paris, musée de l'Ordre de la Libération, don de Bernard Le Marec, N478

cat. 70 **Paquet de cigarette des Amis des volontaires français**

Paris, musée de l'Ordre de la Libération, 2012.0.271

L'association des Amis des volontaires français est un des organismes qui collectent, en Grande-Bretagne, des dons au profit des combattants de la France libre et préparent des colis à leur intention. De nombreux produits dérivés sont réalisés par les services de propagande de la France libre. V. G.

cat. 71 **Knopf, *Un seul combat pour une seule patrie*, 1942**

Paris, musée de l'Ordre de la Libération, N4258

Cette affiche célèbre l'union des volontaires des Forces françaises libres et des combattants clandestins de la Résistance. V. G.

cat. 72 **Fanion de la voiture de Charles de Gaulle à Londres**

Paris, musée de l'Armée

À Londres, pendant la période agitée de l'été 1940, Étienne Bellenger, directeur de Cartier Londres, devient un proche du général de Gaulle et de sa famille. La maison Cartier fournit alors un appui logistique au général dans la création de la France libre. Ce fanion a été réalisé par l'épouse du directeur de Cartier Londres. V. G.

LES TERRITOIRES RALLIÉS

PARTIR OU ÊTRE DÉJÀ DANS LES TERRITOIRES RALLIÉS DE L'EMPIRE. SOCIOLOGIE DES FRANÇAIS LIBRES EN AFRIQUE

Éric Jennings

On l'ignore trop souvent, l'Afrique-Équatoriale française (A-ÉF) et le Cameroun ont servi de point de départ, de base fiscale, de socle, de source de légitimité et de gigantesque réservoir de main-d'œuvre et de troupes à la France libre. De loin les territoires français les plus importants à rallier la cause du général de Gaulle avant 1942, ils permettent en outre au mouvement gaulliste de lancer des attaques dès 1941 sur la Libye mussolinienne, voisine du Tchad. La question de la sociologie des Français libres en Afrique pose d'emblée plusieurs questions, à commencer par celles du volontariat, de la place de l'initiative individuelle et enfin de la diversité dans les rangs.

L'importance de l'Afrique-Équatoriale française et du Cameroun pour la France libre

Au sein de la population qui nous concerne, la part la plus importante, qu'il s'agisse de citoyens ou de sujets français d'A-ÉF et du Cameroun, est celle qui se trouve déjà sur place lorsque surviennent les basculements des 26, 27 et 28 août 1940, journées connues sous le nom de « Trois Glorieuses ». Après-guerre, lorsqu'il sera question de définir qui ont été les « volontaires » Français libres, certains insisteront pour en exclure ceux « qui rallient par la force des choses » – en l'occurrence du simple fait de leur présence sur un vaste territoire qui a basculé en 1940 suite aux actes d'une minorité agissante. Ce constat doit toutefois être mitigé : entre 1940 et 1944, la France libre recrute 17 013 Africains sous les drapeaux en A-ÉF et au Cameroun, auxquels s'ajoutent les troupes déjà présentes sur ces mêmes territoires au moment des ralliements (entre 7 000 et 16 500 hommes en fonction des estimations)[1]. Dans ces conditions, comment trancher la question du « ralliement par la force des choses » ?

1 Éric Jennings, *La France libre fut africaine,* Paris, Perrin, 2014, p. 11 et 266.

Le rôle des Africains dans le ralliement à la France libre

Incontestablement, des troupes africaines, notamment des sous-officiers, ont joué un rôle critique dans le véritable coup d'État mené par Edgard de Larminat, qui déloge de Brazzaville le gouverneur vichyste, Louis Husson, le 28 août 1940. Le témoignage de l'officier britannique J.G.C. Allen souligne ainsi le rôle capital de sous-officiers et de soldats « Saras » du bataillon Delange ce jour-là. Allen raconte que deux compagnies d'un « bataillon Sara » avaient alors pour mission de garder les rives du fleuve Congo en cette fin août. Or, cette unité va se retourner contre Vichy. Parmi eux, en effet, « il y avait plusieurs sous-officiers indigènes qui avaient combattu dans la guerre précédente et qui avaient de ce fait entretenu une antipathie pour les Allemands et tous ceux qui voudraient collaborer avec eux. Il fallut peu de persuasion pour convaincre ces hommes. Ensuite, la troupe, qui leur était dévouée, suivit rapidement leur exemple ». Ainsi, des forces africaines jouent un rôle central et prennent l'initiative en ce 28 août. Allen relate la suite de cette journée : certains de ces hommes rejettent la harangue de l'officier vichyste Sacquet. Ce dernier, abasourdi par un tel acte de défiance, commence à retourner son arme contre lui-même, avant d'être arrêté dans son geste et finalement de tirer en l'air. C'est l'unique coup de feu d'un coup d'État réussi sans la moindre effusion de sang et qui transforme Brazzaville en capitale de la France libre[2].

2 Archives de l'ordre de la Libération, B et 4B1 AEF, rapport Allen.

De manière certes moins spectaculaire mais tout aussi importante, les travailleurs africains, qu'ils besognent dans les mines d'or, sur les chantiers routiers ou dans l'extraction du caoutchouc et du rutile, œuvrent de fait pour la cause française libre et alliée. À titre d'exemple, l'or qu'ils sortent du sol congolais, camerounais et gabonais renfloue les caisses de la France libre à Londres, tandis que le latex sylvestre qu'ils extraient des racines, herbes et autres lianes devient le principal composant des pneus militaires britanniques et américains. En règle générale, personne n'a obtenu leur consentement, d'autant que le travail forcé connaît une nette recrudescence à cette époque.

La ligne du consentement se montre parfois moins floue. Au sein de la troupe, Raphaël Onana, sous-officier camerounais qui s'illustrera à Bir Hakeim en 1942, mentionne la désignation « EV » utilisée pour distinguer les engagés volontaires africains de ceux qui sont enrôlés de force ou dans des conditions douteuses[3]. D'où viennent ces combattants ? L'origine géographique de ces hommes s'avère prodigieusement vaste, allant du Congo belge au sud jusqu'à la frontière septentrionale du Tchad au nord. Certains maîtrisent peu le français et s'expriment entre eux dans leurs langues natales, au sein d'unités comme le bataillon de marche n° 2, issu en grande partie d'une seule colonie, l'Oubangui-Chari (actuelle République centrafricaine)[4].

3 Raphaël Onana, *Un homme blindé à Bir-Hakeim. Récit d'un sous-officier camerounais qui a fait la guerre de 39-45*, Paris, L'Harmattan, 1996, p. 150.

4 Éric Jennings, « Des profils de combattants issus d'AÉF et du Cameroun », dans Charlotte Faucher, Laure Humbert, Guillaume Piketty et Thomas Vaisset (dir.), Sylvain Cornil-Frerrot (coord.), *Françaises et Français libres. Une identité* née de la pluralité, Rennes, PUR, 2024, p. 23-35.

Les Européens et les étrangers dans les territoires ralliés en Afrique

À l'inverse des Africains, dont les conditions de recrutement s'avèrent variables, les Européens, même ceux sur place, se trouvent tous face à un choix net. Si l'alternative est claire – l'État français ou la France libre –, l'échéancier l'est beaucoup moins. En effet, un document officiel du 16 octobre 1940 signé par Edgard de Larminat révèle que, jusqu'à cette date, il était possible de changer d'avis, de regagner la métropole par conviction vichyste, par exemple. On peut y lire :

> Au moment du ralliement de l'A-ÉF au mouvement France libre, j'ai, par souci de respect pour les scrupules de conscience que pouvaient éprouver certains fonctionnaires, [...] accepté de faciliter le rapatriement sur la métropole ou autre colonie de ceux d'entre eux qui estimaient ne pas pouvoir servir sous le gouvernement de l'Afrique française libre. Depuis cette date, plusieurs semaines se sont écoulées au cours desquelles chacun a pu procéder à un examen de conscience suffisamment prolongé pour que sa détermination soit prise en toute connaissance de cause. Par conséquent, j'ai décidé qu'à partir d'aujourd'hui aucune demande de rapatriement pour non-adhésion au mouvement France libre ne recevra de suite favorable[5].

5 Archives nationales de la République du Congo, GGAEF 82, document signé par Edgard de Larminat le 16 octobre 1940.

Ce sont probablement la bataille de Dakar et la campagne contre les vichystes irréductibles du Gabon qui précipitent cette décision. Il n'en demeure pas moins qu'elle met en évidence un hiatus révélateur : les fonctionnaires français sont demeurés libres de leurs décisions jusqu'à cette date. Le fait de se trouver devant un choix, de pouvoir posément examiner sa conscience, distingue cette élite européenne de la masse africaine, à laquelle on ne pose alors guère la question. En ce sens, le choix de partir ou de rester rappelle les référendums que connaissent Tahiti et Saint-Pierre-et-Miquelon, respectivement en 1940 et en 1942, pour décider d'un camp : Vichy ou la

France libre – les deux scrutins livrant du reste un raz de marée français libre. Notons ici la hiérarchie coloniale implicite : de tels référendums sont rendus possibles en Océanie et dans l'unique colonie française entièrement blanche, tandis qu'en Afrique on ne peut choisir Vichy qu'en quittant le territoire, et uniquement si l'on est fonctionnaire européen.

Si certains désertent la cause gaulliste depuis l'Afrique-Équatoriale française, d'autres y accourent. La fameuse phrase de Romain Gary prend ici tout son sens : « Ils venaient un à un, individuellement, personnellement. » Mais d'où arrivent-ils ? Certains d'Océanie ou d'Inde française, deux autres territoires à s'être ralliés en 1940 – cet Empire *bis*, bien réduit par rapport à celui demeuré fidèle à Vichy en 1940-1941, comporte de nombreuses circulations. Relevons ensuite un important afflux d'étrangers et de Français expatriés dans les rangs français libres en Afrique, dont il convient de souligner l'incroyable diversité des parcours.

Prenons par exemple le cas du service d'information. Le 16 novembre 1941, une jeune Française installée à Hollywood postule au sein de cet organisme clé à Brazzaville. Les responsabilités y sont nombreuses : le mouvement gaulliste diffuse sa voix dans le monde entier, sans la moindre entrave, *via* les ondes courtes de Radio Brazzaville. La femme en question se nomme Colette Diamant-Berger ; âgée de vingt-quatre ans seulement, elle est déjà avocate à la cour d'appel de Paris, où elle a exercé de 1937 à 1940. Le 21 juin 1940, en route pour Lisbonne, elle renouvelle son passeport à Bayonne. Le nom de jeune fille de sa mère est Lévy. Son père, après s'être mis à la disposition de la France libre au Portugal le 2 juillet, part pour la Californie, où il est chargé de produire « des émissions en langue française enregistrées à Hollywood ». Colette Diamant-Berger, pour sa part, tient manifestement à jouer un rôle plus près de l'action – et en 1941, pour la France libre, l'action se situe au cœur de l'Afrique. À Brazzaville, un fonctionnaire déplore le manque de pièces à son dossier. Une enquête est menée, le bureau du personnel semble alors satisfait que la jeune femme soit parfaitement bilingue et surtout « qu'elle [prenne] la sténo française ». Finalement, le 13 février 1942, le chef de cabinet du haut-commissaire Adolphe Sicé organise sa venue à Brazzaville[6].

D'autres femmes viennent également de loin pour rejoindre ce même service d'information. L'engouement s'explique de plusieurs manières : la presse américaine fait l'éloge de cette cause française libre, romancée, associée parfois au mythe de la Légion étrangère – ce qui justifie en partie que l'Américain Hassoldt Davis, par exemple, se soit porté volontaire pour rejoindre les FFL en Afrique en 1941. La journaliste américaine Dudley Harmon va le côtoyer brièvement en A-ÉF à la fin de cette année-là. Courant 1941, elle-même se porte en effet candidate à un poste à Radio Brazzaville. Aventurière, elle estime alors que c'est la « cause parfaite », qui devrait par ailleurs lui permettre de devenir correspondante de guerre. La désillusion est rapide. La journaliste enregistre les clivages et les contradictions au sein du mouvement français libre : tensions entre socialistes et royalistes, ou encore ce gaulliste séduit par les mesures antisémites de Vichy, enfin un silence quasi général devant l'étendue du travail forcé qu'endurent les Africains[7].

6 Archives nationales de la République du Congo, GGAEF 255, dossier Colette Diamant-Berger.

7 Northampton, Smith College, Sophia Smith Collections, Dudley Harmon Papers, box 1, folder 6.

Dudley Harmon et Colette Diamant-Berger mériteraient assurément des biographies. En attendant, le seul résumé de leurs parcours confirme plusieurs points capitaux : la nature cosmopolite des Français libres, en Afrique comme ailleurs, ainsi que le degré d'autonomie nécessaire pour gagner Brazzaville et y servir la cause française libre[8]. Choisir, venir et partir demeure en grande partie un luxe réservé aux Européens (les recrutements sur les chantiers donnent certes lieu à des « désertions » d'Africains vers le Congo belge, l'Angola portugaise ou la Guinée espagnole, mais ces départs sont à haut risque). Quant aux Européens, démographiquement ils ne représentent qu'une infime minorité, à l'échelle du continent africain et même dans les rangs de l'administration coloniale. Prenons le cas de la subdivision de Djambala, dans le département du Pool, au Moyen-Congo : en 1940, le district ne compte que trois fonctionnaires européens pour trente-cinq fonctionnaires africains qui occupent des postes divers allant de chauffeur à commis des postes, télégraphes et téléphones ou encore écrivain auxiliaire[9]. La grande majorité de ceux qui gèrent les affaires quotidiennes en Afrique française libre sont donc des Africains, qui sont sommés d'administrer leur région, leur cercle, etc.

Exercice compliqué, donc, que d'esquisser la sociologie des Français libres en Afrique. Cette complexité découle en partie du contexte colonial et de ses déséquilibres. En Afrique-Équatoriale française, où, malgré les efforts du militant et ancien combattant André Matswa[10], bien peu d'Africains jouissent de la citoyenneté française, les enjeux et surtout les catégories d'analyse ne sont pas les mêmes que pour les Français libres ailleurs. Et pourtant, sur le champ de bataille, à Bir Hakeim par exemple, des hommes enrôlés parfois par sous-traitance en Oubangui-Chari rural vont devenir les frères d'armes de Polynésiens, de Juifs allemands et de républicains espagnols ainsi que de Français métropolitains ayant rallié le général de Gaulle dans le sillage de la campagne de Norvège au printemps 1940. Ces rangs bigarrés, métissés, réunissant tant d'expériences et de cheminements différents, ne cessent d'étonner par leur caractère mosaïque.

8 Jean-François Muracciole, *Les Français libres. L'autre Résistance*, Paris, Tallandier, 2009.

9 Centre des archives diplomatiques de Nantes, 116PO/1.

10 Didier Gondola, *Matswa vivant. Anticolonialisme et citoyenneté en Afrique-Équatoriale française*, Paris, Éditions de la Sorbonne, 2021.

BRAZZAVILLE, « CAPITALE DE LA FRANCE LIBRE »

ARCHITECTURE ET MÉMOIRE DES LIEUX (1940-1945)

Bernard Toulier

Brazzaville : capitale symbolique de la France libre

Brazzaville, baptisée dès le 26 octobre 1940 « capitale de la France libre », est aussi un lieu de mémoire : lieu chargé d'événements historiques et symboliques pour l'Empire français en Afrique. Témoin privilégié d'épisodes importants, cette capitale de l'Afrique-Équatoriale française (A-ÉF) a profondément marqué le général de Gaulle, qui à son tour contribue à susciter des sites et des bâtiments devenus autant de lieux de mémoire[1]. Cette mémoire des lieux est sélective, « trieuse d'images », elle n'est pas l'histoire mais une reconstitution effectuée par de Gaulle et ses compagnons à travers des éléments architecturaux reconvertis ou construits et souvent à peine achevés pour ériger le chef-lieu de l'A-ÉF en une nouvelle capitale, administrativement éphémère, entre 1940 et 1945, et dont l'imaginaire s'est prolongé au-delà de la fin de la guerre.

1 Paul Isoart, « Le mythe gaullien de Brazzaville », *Espoir*, n° 64, septembre 1968, p. 11-23 ; Pierre Nora (dir.), *Les Lieux de mémoire. La République*, Paris, Gallimard, 1984 ; Bernard Toulier, « Les lieux de mémoire de "l'homme de Brazzaville" », dans *De Gaulle, l'homme de Brazzaville*, Paris, Mazarin/Michel Aveline, 1996, p. 15-66.

L'empreinte de De Gaulle et l'architecture coloniale

Dès son arrivée à Brazzaville le 24 octobre 1940, le Général prend possession des lieux et le fait savoir. Son premier acte de chef militaire est d'inspecter les troupes à sa descente d'avion au camp du Capitaine-Gaulard, devant les hauts hangars métalliques en tôle ondulée de l'aérodrome élevés durant les années 1930. Chef des armées, de Gaulle se rend aussi au stade Marchand, une construction très modeste inaugurée en 1927, pour passer également les troupes en revue lors de la célébration d'événements à résonance nationale.

Les anciens lieux de pouvoir sont transformés pour accueillir la nouvelle organisation politique. Le palais du gouverneur, édifié vers 1901-1902, est devenu en 1908 palais du gouverneur général du Congo français, puis, à partir de 1910, de l'A-ÉF. L'écriture architecturale de ce bâtiment comme celui du quartier général de l'A-ÉF, qui lui est contemporain, est puisée dans les cahiers de modèles coloniaux à l'usage des pays tropicaux. Trente ans plus tard, l'architecte Roger Erell agrandit le corps central côté cour, après avoir redessiné l'ensemble du mobilier pour le couple Éboué à partir de 1941. Le chef de la France libre rassemble à plusieurs reprises la population de Brazzaville (essentiellement européenne) dans les jardins de ce palais. Le quartier général des armées de l'A-ÉF, qui domine le fleuve Congo et donne sur le camp militaire, est lui aussi édifié en 1911. Devenu en 1940 le quartier général des forces de la France libre, il sert d'abord de résidence au haut-commissaire général de l'A-ÉF, Edgard de Larminat.

À côté de ces deux édifices monumentaux, le choix de la résidence temporaire du général de Gaulle, située à mi-chemin entre les deux lieux du pouvoir, démontre le caractère solitaire et secret du héros national. Il s'agit d'une installation modeste, sans ostentation, dans des locaux situés à l'étage de la banque de l'A-ÉF, édifiée vers 1911 et donnant sur le fleuve. Première construction en béton de Brazzaville, le bâtiment s'élève sur deux niveaux, avec galerie et véranda, escalier à rampe droite ouvert sur la galerie extérieure de circulation. Entre octobre 1940 et septembre 1941, le Général y réside plus de sept semaines en cinq séjours différents.

«Propagande» et infrastructures : la radio de la France libre

Le combat doit aussi, pour l'homme de l'appel du 18 juin, avoir lieu sur les ondes. De Gaulle utilise les moyens existants, si modestes soient-ils, comme le Radio-Club de Brazzaville. Le 26 octobre 1940, deux jours après son arrivée, il y prononce son premier discours. Le 5 décembre, des émissions régulières sont lancées sur Radio Brazzaville et entendues dans toute l'Afrique centrale. En deux ans, jusqu'en octobre 1942, de Gaulle enregistre ainsi une dizaine de discours radiophoniques. Mais, obligé de traverser le fleuve pour se rendre à Léopoldville (actuel Kinshasa), alors capitale du Congo belge, et bénéficier d'une radio d'une plus grande portée, il décide de créer à Brazzaville une nouvelle station, à la mesure de ses ambitions internationales et hors de la censure du gouvernement britannique lorsqu'il s'exprime à la BBC.

La «Voix de la France libre», montée avec du matériel américain de la Radio Corporation of America (RCA), est établie dans un nouveau bâtiment construit près du consulat des États-Unis, sur la butte de la Mission, hors du terrain militaire. Pour monter ce nouveau poste de portée mondiale et capter toutes les radios émises dans le monde, Sioma Kagan, le chef du service des transmissions de la France libre, vient des États-Unis avec deux ingénieurs canadiens et reçoit sur place l'aide d'un ingénieur de la colonie, Henri Defroyenne. Parallèlement, les frères Desjardins mettent en place le service de l'Information de la France libre, qui sera définitivement installé avec les studios de la radio en juin 1942 dans un nouveau bâtiment en rez-de-chaussée, long de 158 mètres et doté de vérandas donnant sur le fleuve. Il abrite les studios de rédaction, d'émission et d'écoute qui alimentent les vingt-trois bulletins d'information diffusés en cinq langues. Six antennes directionnelles émettent dans tous les territoires concernés par le conflit mondial. Le mythe gaullien s'appuie aussi sur le culte de la célébration : Radio Brazzaville est officiellement «inaugurée» le 18 juin 1943.

À côté de cette prouesse technique et des dépenses considérables destinées à la propagande supportées par l'effort de guerre, il faut songer, plus directement, à l'entraînement des troupes au combat et à l'envoi au général Leclerc, sur les terrains

ill. 6 Bernard Lefebvre alias Ellebé, *Camp de la Garde indigène*, 1943
Aix-en-Provence, Archives nationales d'outre-mer, 30 Fl 71/59
Le camp de la Garde indigène est composé de rangées de cases arrondies construites en banco et couvertes de végétal, selon la typologie des casernements de « miliciens » en usage à Brazzaville depuis le début du siècle. B. T.

d'opération, de moyens supplémentaires en hommes et en matériel. Mais l'investissement pour héberger et entraîner les combattants des Forces françaises libres reste très mesuré. La jeune école des aspirants du camp Colonna d'Ornano, créée à la hâte pour les Européens, est inaugurée par Larminat le 23 février 1941. Située dans le bas de la ville, elle est constituée de six baraquements en planches recouvertes de tôle ondulée, complétés début 1941 par un foyer[2]. Il faut attendre 1945 pour que ces constructions précaires soient remplacées par des bâtiments en matériaux durables, dont les plans auraient été dessinés par Roger Erell. Quant aux Africains, leur formation militaire est placée sous le signe de la ségrégation et ils ne peuvent prétendre qu'au grade de sous-officier, mais guère au-delà. La garnison des « tirailleurs » est cantonnée dans un grand village dit « de la Garde indigène », situé sur une extrémité du plateau du Tchad (ill. 6).

En 1941, le gouverneur général de l'A-ÉF Félix Éboué reprend le programme de construction d'une « case pour les hôtes de passage » destinée à assurer au général de Gaulle une résidence digne du chef de la France libre et confie le projet à Erell. L'endroit choisi se situe à la corne sud-est de Bacongo, un quartier de Brazzaville, au milieu d'une ancienne palmeraie sur « la rive splendide du Congo ». Mais quand de Gaulle y séjourne, à partir de son sixième voyage en octobre 1941, la « case » est à peine terminée et sans décor, le chantier se poursuivant jusqu'en janvier 1944. Erell

2 Armand Elenga, *Camp Colonna d'Ornano. Le Saint-Cyr de la France libre à Brazzaville*, Paris, L'Harmattan, 2020, p. 77-78. Les héros morts pour la France libre sont naturellement associés à ce culte de la commémoration : l'école militaire créée en 1941 prend le nom du colonel Colonna d'Ornano, tué à la bataille victorieuse de Mourzouk le 11 janvier 1941. Voir aussi le cliché, www.parismuseescollections.paris.fr/fr/musee-jean-moulin/oeuvres/camp-colonna-d-ornano#infos-principales.

ill. 7 Carte postale montrant la « case de Gaulle » conçue par Roger Erell à Brazzaville, éd. Hoa Qui, années 1950

La « case de Gaulle » répond aux derniers principes de l'architecture climatique, avec un toit-terrasse constitué par une double dalle parasol, ventilée par des claustras insérés dans les façades. Erell joue sur le vide des claustras blancs en béton et les puissants murs en grès mauve de la pierre de Djoué. B. T.

conçoit ce modeste palais africain, dit « case de Gaulle », en référence au prestigieux palais du Trocadéro, édifié à Paris en 1937. L'édifice s'inscrit dans un mouvement de retour à la tradition française, d'un classicisme épuré, enseigné à l'École des beaux-arts par l'architecte Michel Roux-Spitz[3] (ill. 7).

De Gaulle s'étonne de ne pas trouver en ville la statue du fondateur de l'A-ÉF, Pierre Savorgnan de Brazza, et exige dès juin 1941 qu'on élève un monument en son honneur. L'épopée gaullienne s'enracine ainsi dans le culte du mythe fondateur du territoire et de la capitale. La construction de ce monument est contemporaine de l'édification de la case de Gaulle et prend place dans son voisinage immédiat. Ce n'est qu'en novembre 1943, à l'annonce de l'arrivée du général de Gaulle pour la conférence de Brazzaville convoquée début 1944 pour envisager l'avenir de l'Empire, que le service des travaux publics présente un projet définitif, signé par Erell : un bloc de

3 Bernard Toulier, *Brazzaville-la-Verte*, Nantes, Images du patrimoine, 1996, p. 35 ; Tristan Guilloux, *Modernités sous l'équateur. Architectures coloniales à Brazzaville*, mémoire de fin d'études, École d'architecture de Lyon, 1997, p. 124-125, 157, 172 ; Hervé Brisset-Guibert, renseignement donné en 2015 d'après un entretien avec Roger Erell, www.francaislibres.net/liste/fiche.php?index=67446.

ill. 8 Carte postale montrant la « maison commune » édifiée en 1943 dans le quartier de Poto-Poto par Roger Erell, éd. Hoa Qui, années 1950

La « maison commune » de Poto-Poto est édifiée par Erell à l'entrée de la nouvelle cité, face au centre-ville européen. Le bâtiment épouse l'angle du carrefour et son architecture reprend de nombreux poncifs employés par l'architecte pour la « case de Gaulle ». B. T.

béton pyramidal en forme de « signal » évoque un phare surmonté d'un faisceau lumineux vertical qui annonce également la piste de l'aérodrome du Capitaine-Gaulard. Bien qu'inachevé, il est inauguré par de Gaulle à la veille de la conférence.

La transformation la plus marquante dans la ville est l'œuvre du gouverneur général Félix Éboué, dont les réalisations sont placées à l'entrée des quartiers indigènes, à Bacongo et à Poto-Poto. Il y met en œuvre les principes « modernes » développés notamment dans son ouvrage *La Nouvelle Politique indigène pour l'Afrique-Équatoriale française*, paru en 1941[4]. La « maison des hôtes de passage » du quartier de Bacongo possède son contrepoint à Poto-Poto avec une « maison commune », à laquelle s'ajoutent d'autres réalisations comme la basilique Sainte-Anne et le stade (dédié ensuite à Félix Éboué), véritable porte d'entrée d'une des « Brazzavilles noires » qui s'est très largement développée pendant la guerre[5]. Poto-Poto et Bacongo sont

4 Félix Éboué, *La Nouvelle Politique indigène pour l'Afrique-Équatoriale française*, Office français d'édition, 1941. La création dans les faubourgs de communes indigènes dotées de « maisons communes », siège du pouvoir municipal, correspond à une politique plus générale exprimée par Félix Éboué et son secrétaire général, Henri Laurentie, futur directeur des affaires politiques au commissariat aux Colonies, tous deux initiateurs de la conférence de Brazzaville.

5 Georges Balandier, *Sociologie des Brazzavilles noires*, Paris, Armand Colin, 1955.

ill. 9 Carte postale montrant la basilique Sainte-Anne-du-Congo de Brazzaville en construction, coll. ASSAEF, vers 1947
Le général de Gaulle est président d'honneur du Comité du sanctuaire-souvenir de la France libre. B. T.

érigés en communes indigènes le 29 juillet 1942 et la maison commune est édifiée un an plus tard par Erell (ill. 8). Ce nouveau lieu, qui marque l'émancipation des populations africaines voulue par Éboué, ne sera pas fréquenté par de Gaulle durant la guerre. Ce n'est que lors de son dernier séjour à Brazzaville, en 1958, qu'il s'y arrêtera pour recevoir des mains de Fulbert Youlou les clés de la ville.

À la lisière de Poto-Poto, à la charnière des quartiers africain et européen, le programme constitué à la fois d'une basilique et d'un stade vélodrome, projeté dès 1936, est repris par Éboué afin de créer un lieu destiné à dépasser la ségrégation entre les deux entités urbaines. Une fois de plus, l'architecte Erell est le maître d'œuvre de ce vaste projet. De Gaulle, qui a besoin de rassembler de larges foules lors de ses grands discours, inaugure le stade vélodrome le 29 janvier 1944, à la veille de l'ouverture de la conférence de Brazzaville. La basilique, sanctuaire commémoratif de l'A-ÉF, conçue également par Erell avec la collaboration des ingénieurs Barnett et André Lauraint, est

ill. 10 La « Conférence africaine », dite « conférence de Brazzaville », image tirée du film *Le Voyage du général de Gaulle en Afrique noire*, 1er février 1944
Office français d'Information cinématographique
L'ancien cercle civil est profondément remanié et agrandi. La nouvelle construction emploie un système de poteau-poutre en béton, afin d'aménager un vaste espace central pour abriter une grande salle d'assemblée en réutilisant des poteaux en brique de l'ancienne construction (visible à l'arrière-plan). Une façade avec porche et fronton monumentalise l'édifice. B. T.

implantée sur un terre-plein sur lequel s'adossent les gradins du stade. Les matériaux employés pour l'ensemble des éléments du programme, comme le grès de Djoué et celui, spectaculaire, de la brique, participent à l'unité générale de ces bâtiments édifiés en béton. L'édifice religieux se veut l'expression d'une synthèse entre les églises européennes, à plan en croix latine, les ogives des cases obus du Tchad, emblèmes de l'A-ÉF dans les expositions coloniales sur l'Afrique présentées en métropole, et l'architecture ventilée des cases des populations locales. Sa construction, qui débute dès 1943, traîne elle aussi en longueur : la basilique n'est pas achevée au moment de son inauguration, en 1949 (ill. 9).

Dans cette capitale éphémère, les transformations des grands bâtiments publics touchent également de vieux édifices construits au début du XXe siècle que leur signification symbolique comme la rigueur des temps empêchent de démolir et de rebâtir, comme les palais du gouverneur et de l'état-major mais aussi le cercle civil et militaire. Édifié entre 1904 et 1906, ce dernier est le lieu de convivialité de toute la société européenne. Sous la conduite d'Erell, le bâtiment, qui domine le fleuve, est agrandi et profondément transformé pour accueillir une vaste salle d'assemblée[6] (ill. 10). Du 30 janvier au 8 février 1944, il sert de cadre à la conférence de Brazzaville, qui rassemble les gouverneurs coloniaux. De Gaulle y rend hommage à la fidélité de l'A-ÉF et de sa capitale à la France libre, et, s'il n'ouvre pas directement la voie à l'indépendance, il envisage l'émancipation des territoires de l'Empire français comme une nécessité à la fois politique et morale.

Cette héroïsation de l'homme de Brazzaville perdure au-delà de 1945, jusqu'au début de l'indépendance du Congo en 1960, avec l'érection d'une stèle érigée « en hommage de Brazzaville au général de Gaulle président de la Communauté », inaugurée le 15 août par le président Fulbert Youlou. En édifiant ce monument en béton surmonté de la tête en bronze du Général, signée Jacques L. Pariot, le premier président congolais s'inscrit ainsi dans la ligne politique tracée par de Gaulle : il légitime son propre pouvoir en le plaçant dans la filiation gaullienne.

6 Voir l'entrée du bâtiment et l'intérieur de la salle dans le film *Le Voyage du général de Gaulle dans les colonies françaises d'Afrique*, production Office français d'informations cinématographiques, diffusion 8 février 1944, archives INA, enseignants.lumni.fr/fiche-media/00000000272.

ALGER, CAPITALE DE LA RENAISSANCE CULTURELLE FRANÇAISE AU TEMPS DU CFLN

Jacques Cantier

Le 26 juin 1943, à Alger, le général de Gaulle reçoit André Gide pour un dîner à la villa des Oliviers. Les deux hommes sont arrivés quelques semaines plus tôt dans la Ville blanche. Le premier, après plusieurs mois d'âpres négociations, pour présider aux côtés du général Giraud le Comité français de libération nationale (CFLN), gouvernement de la France en guerre. Le second, isolé à Tunis par les opérations militaires depuis l'automne 1942, pour renouer avec la vie littéraire. Gide note dans son journal la simplicité et la déférence de l'accueil du chef de la France libre, soucieux de le mettre à l'aise. « Et je l'eusse été tout à fait si je ne sentais toujours, auprès d'un homme d'action, combien le monde que j'habite reste écarté du monde où il opère », précise-t-il.

Alger : une capitale culturelle au cœur de la France libre

Le souhait de De Gaulle, au cœur des préoccupations militaires et politiques de l'été 1943, de rencontrer l'un des plus admirés des écrivains français manifeste l'importance qu'il accorde à la dimension culturelle dans son projet de restauration de la grandeur française. Cette préoccupation est réaffirmée solennellement le 30 octobre suivant dans un important discours prononcé à l'occasion du soixantième anniversaire de la fondation de l'Alliance française, qui fut l'un des vecteurs du rayonnement culturel international de la France. « Lorsqu'un jour l'historien, loin des tumultes où nous sommes plongés, considérera les tragiques événements qui faillirent faire rouler la France dans l'abîme d'où l'on ne revient pas, il constatera que la résistance, c'est-à-dire l'espérance nationale, s'est accrochée, sur la pente, à deux môles qui ne cédèrent point. L'un était un tronçon d'épée, l'autre, la pensée française », affirme de Gaulle. Un vibrant hommage est ainsi rendu dans ce discours aux intellectuels, savants et artistes qui ont porté cette pensée dans l'exil, à Londres, New York ou Alger, comme dans les publications clandestines de la métropole occupée.

Alger, capitale d'un CFLN unifié, à partir de l'automne 1943, autour du chef de la France libre, peut dès lors devenir une vitrine de la renaissance culturelle nationale[1]. Porte de France en Afrique, la Ville blanche est une importante métropole coloniale qui comptait lors du dernier recensement d'avant-guerre 341 551 habitants, dont 117 314 musulmans. L'équipement urbain installé au long d'un siècle de colonisation témoigne d'un potentiel culturel important, mais tourné prioritairement vers les besoins de la population européenne. La ville dispose d'une université qui accueille, à la veille du débarquement allié en novembre 1942, près de 3 800 étudiants – dont moins de 5 % d'origine algérienne. La bibliothèque nationale d'Alger, le musée national des Beaux-Arts, connu pour sa collection de sculptures d'Antoine Bourdelle, Aristide Maillol, Paul Landowski ou Paul Belmondo, le musée des Antiquités algériennes, le musée national d'Ethnographie et de Préhistoire, l'école des Beaux-Arts et la villa Abd-el-Tif, maison d'artistes inspirée par la villa Médicis, complètent le dispositif[2]. Les équipements voués au divertissement trouvent également leur place dans le maillage urbain. L'Opéra d'Alger est, avec ses deux mille places et son espace scénique de sept cents mètres carrés, l'une des salles les mieux équipées de France. L'hôtel Aletti, inauguré en 1930 pour le centenaire de la conquête de l'Algérie, possède un casino, un cinéma et une salle de spectacle : il constitue l'un des cœurs de la vie mondaine et politique, où l'on joue, se divertit et complote. Au cœur du quartier de Bab el Oued, le cinéma Majestic, avec ses quatre mille places, est le plus grand établissement d'Afrique du Nord. Radio Alger, enfin, dispose de deux studios, l'un rue Hoche pour les émissions en langue française, l'autre rue Berthézène pour les émissions en langue arabe[3].

Vidée de sa jeunesse masculine par la mobilisation de vingt-cinq classes d'âge, exposée désormais aux bombardements allemands, l'Alger des années 1943-1944 connaît l'intense activité des villes de l'arrière. La présence anglo-saxonne y est forte – le général Eisenhower a installé son état-major au George-V. Elle se manifeste par les Jeep qui sillonnent la ville, la vogue du Coca-Cola et celle de la musique de jazz dans les bals populaires. Joséphine Baker, qui vient d'être nommée sous-lieutenant des Forces françaises libres, se produit à l'Aletti pour les permissionnaires. En octobre 1943, elle rencontre à l'occasion d'un gala à l'Opéra d'Alger le général de Gaulle, qui la reçoit à l'entracte dans sa loge et lui offre une croix de Lorraine en or. Elle entame ensuite une tournée qui la mènera, avec le statut d'ambassadrice culturelle de la France libre, de Tunis à Beyrouth. La cantatrice Germaine Sablon, elle, a rejoint Alger au début du mois de juillet précédent. Lors de ses tours de chant au Majestic et de ses participations aux soirées patriotiques à l'Opéra, elle fait connaître au public algérois *Le Chant des partisans*, écrit quelques semaines plus tôt, sur une musique d'Anna Marly, par son compagnon Joseph Kessel et le neveu de celui-ci, Maurice Druon. Elle s'engage ensuite comme infirmière auprès de la 1re division française libre, qu'elle accompagne de la campagne d'Italie au débarquement de Provence.

1 Jacques Cantier, « 1939-1945 : une métropole coloniale en guerre », dans Jean-Jacques Jordi et Guy Pervillé (dir), *Alger 1940-1962. Une ville en guerres*, Paris, Autrement, 1999, p. 16-61.

2 Éveline Caduc, « Une capitale culturelle », dans Jean-Jacques Jordi et Jean-Louis Planche (dir.), *Alger 1860-1939. Le modèle ambigu du triomphe colonial*, Paris, Autrement, 1999, p. 74-100.

3 Jacques Cantier, « La vie culturelle à Alger au temps de la Révolution nationale (1940-1942) », dans Françoise Taliano-des Garets (dir.), *Villes et culture sous l'Occupation. Expériences françaises et perspectives comparées*, Paris, Armand Colin, 2012.

Écrivains et revues : une renaissance intellectuelle en exil

De nouvelles sociabilités culturelles se développent avec l'arrivée dans la Ville blanche de nombreux écrivains et intellectuels. Le cercle interallié, installé dans le palais du Bardo, est un lieu où se retrouvent diplomates, écrivains et journalistes britanniques, américains et français. Rue Michelet, dans l'appartement du latiniste Jacques Heurgon, André Gide joue aux échecs avec Emmanuel Bove et Antoine de Saint-Exupéry. Déprimé par la querelle entre gaullistes et giraudistes, celui-ci aspire à retrouver un poste combattant. Il obtient gain de cause avec sa réintégration dans l'escadrille 2/33 au printemps 1944. Située rue Charras, près des facultés, la librairie-bibliothèque Les Vraies Richesses d'Edmond Charlot, éditeur avant-guerre des premiers textes d'Albert Camus, devient un carrefour intellectuel essentiel[4].

Mobilisé auprès des services de l'information, Charlot poursuit ses activités d'éditeur : il publie, à la fin de 1943, *Le Silence de la mer* de Vercors, dont les clichés photographiques lui ont été envoyés depuis Londres, et *L'Armée des ombres* de Joseph Kessel, premier grand récit consacré à l'histoire de la Résistance, présentée comme l'épopée de héros ordinaires, d'origines sociales et politiques diverses. La *Lettre aux Anglais* de Georges Bernanos, *Les Amants d'Avignon* d'Elsa Triolet – publiés sous le pseudonyme de Laurent Daniel – suivent en 1944. Emmanuel Bove, Jules Roy, Emmanuel Roblès entrent également dans le catalogue des éditions Charlot. Dans un contexte tragique de pénuries multiples, les livres sont imprimés sur du mauvais papier fabriqué sur place et brochés au fil de fer, mais ils connaissent un succès immédiat. L'écrivain surréaliste Philippe Soupault, emprisonné par Vichy en Tunisie et œuvrant désormais à la réorganisation de Radio Alger, travaille avec Charlot au lancement d'une collection, « Les Cinq Continents », ouverte aux littératures du monde.

La multiplication des revues intellectuelles témoigne elle aussi d'une renaissance d'un espace public voué au débat et annonce, selon la volonté manifestée par de Gaulle, la relève des publications métropolitaines compromises dans la collaboration comme la *Nouvelle Revue française* (*NRF*). La revue *Fontaine* de Max-Pol Fouchet, qui incarne une opposition aux valeurs de Vichy et fait de la poésie un exercice de résistance spirituelle, conserve une place centrale[5]. D'autres titres paraissent : *L'Arche*, dirigée par le poète kabyle Jean Amrouche, est lancée en février 1944 sous le patronage d'André Gide et de Jacques Maritain ; durant l'été, une partie de la rédaction part fonder *La Nef* sous l'égide de Robert Aron et Lucie Faure. On peut aussi citer les *Cahiers antiracistes* de Bernard Lecache, *La Revue d'Alger* du recteur Henri Laugier, ancien directeur du CNRS, ou *France nouvelle*, lancée par le groupe communiste, très actif depuis la libération des députés internés par Vichy dans le Sud algérien.

Les sommaires de ces revues reflètent la densité des circulations désormais établies entre les Français de la diaspora présents à Londres, New York et Alger[6]. Ceux-ci manifestent la volonté de rester en lien avec l'actualité culturelle de la métropole : la mort de Jean Giraudoux ou celle de Max Jacob, interné à Drancy, sont ainsi longuement évoquées au printemps 1944. À la fin de 1943, un numéro anthologique de *Fontaine*, miniaturisé et imprimé à Londres, est parachuté à destination des maquis de métropole. Les sommaires témoignent aussi du lien renoué avec la culture

4 Vincent Jaffeux, « Alger au temps des "Vraies Richesses" : l'ascension d'une génération intellectuelle autour d'Edmond Charlot (1936-1944) », *Cahier d'histoire immédiate*, n° 43, octobre 2013, p. 19-29.

5 François Vignale, *La Revue « Fontaine ». Poésie, Résistance, engagement, Alger 1938-Paris 1947*, Rennes, PUR, 2012.

6 Olivier Cariguel, *Panorama des revues littéraires sous l'Occupation, juillet 1940-août 1944*, Saint-Germain-la-Blanche-Herbe, Imec, 2007.

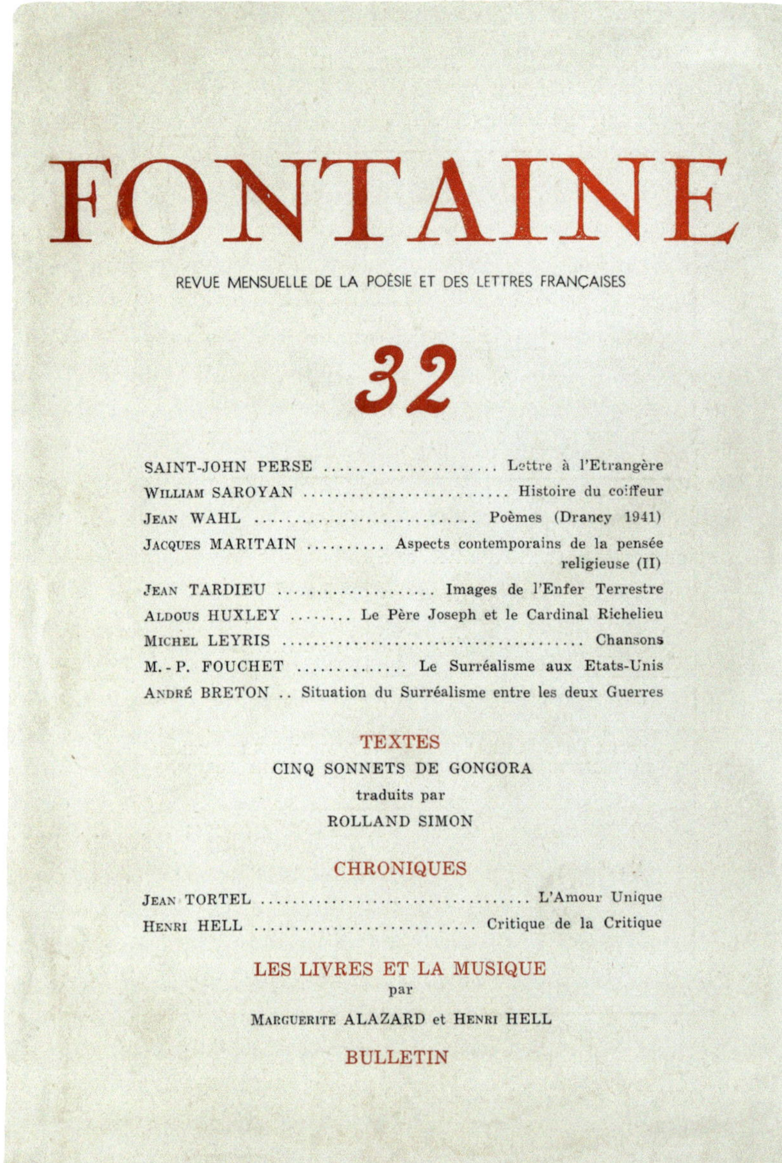

FONTAINE

REVUE MENSUELLE DE LA POÉSIE ET DES LETTRES FRANÇAISES

32

SAINT-JOHN PERSE .... Lettre à l'Etrangère
WILLIAM SAROYAN .... Histoire du coiffeur
JEAN WAHL .... Poèmes (Drancy 1941)
JACQUES MARITAIN .... Aspects contemporains de la pensée religieuse (II)
JEAN TARDIEU .... Images de l'Enfer Terrestre
ALDOUS HUXLEY .... Le Père Joseph et le Cardinal Richelieu
MICHEL LEYRIS .... Chansons
M.-P. FOUCHET .... Le Surréalisme aux Etats-Unis
ANDRÉ BRETON .. Situation du Surréalisme entre les deux Guerres

TEXTES
CINQ SONNETS DE GONGORA
traduits par
ROLLAND SIMON

CHRONIQUES
JEAN TORTEL .... L'Amour Unique
HENRI HELL .... Critique de la Critique

LES LIVRES ET LA MUSIQUE
par
MARGUERITE ALAZARD et HENRI HELL

BULLETIN

cat. 73 Revue *Fontaine*, dirigée par Max-Pol Fouchet
et éditée à Alger, n° 32, 1944

Paris, Chancellerie des universités de Paris - bibliothèque littéraire Jacques-Doucet, FG 340 8 BEL

Conservateur adjoint du musée des Beaux-Arts et enseignant à la Médersa d'Alger, où se forment les élites locales, Max-Pol Fouchet dirige la revue *Fontaine*, qui se double d'une maison d'édition. L'une des principales revues de la résistance intellectuelle et du refus de la défaite, *Fontaine* diffuse des textes majeurs écrits en France ou ailleurs.
Le numéro 32, paru en 1944, contient les *Lettres à l'Étrangère* de Saint-John Perse. Il témoigne de l'intensité des transferts culturels au travers de la présentation de la situation du surréalisme entre les deux guerres et aux États-Unis par André Breton et Max-Pol Fouchet. S. L. R.-B.

anglo-saxonne, à l'image du numéro de juin-juillet 1943 de *Fontaine*, « Poètes et écrivains des États-Unis d'Amérique » : cette édition a été préparée en concertation entre Max-Pol Fouchet, le philosophe Jean Wahl, présent à New York, et le romancier américain Frederic Prokosch, avec le soutien de l'Office of War Information.

L'Algérie musulmane reste à l'écart de cette fermentation intellectuelle. Elle a ses propres lieux de sociabilité, autour du Cercle du progrès du cheikh el-Okbi, point d'ancrage de nombreuses activités religieuses, culturelles et sportives, et ses propres préoccupations, portées par Ferhat Abbas en février 1943 dans le *Manifeste du peuple algérien*. Les voix littéraires qui s'exprimeront dans l'après-guerre sont encore dans la méditation de l'œuvre à venir – Mouloud Feraoun, Mohammed Dib – ou mobilisées, comme Mouloud Mammeri. À la fin du mois d'août 1944, le CFLN, devenu Gouvernement provisoire de la République française (GPRF) à la veille du débarquement de Normandie, quitte Alger pour Paris, rendant la Ville blanche au primat des enjeux locaux et attirant dans son sillage les revues algéroises et la maison d'édition d'Edmond Charlot, qui aspirent désormais à un rayonnement national.

LES CRÉATIONS ARTISTIQUES DE NOUVELLE-CALÉDONIE PENDANT LA GUERRE

Fanny Pascual

La musique patriotique au service de la France libre

La Nouvelle-Calédonie se rallie à la France libre grâce à son gouverneur, Henri Sautot, le 19 septembre 1940. Les querelles de chapelles, la valse des gouverneurs et la superposition des légitimités n'ont pas permis d'appliquer là-bas une réelle politique culturelle ou artistique. Néanmoins, les créations locales apparaissent dans la correspondance du gouverneur pour témoigner de l'adhésion de certains Calédoniens au jeune mouvement.

Les compositions musicales sont les premières productions et aussi les plus nombreuses. Les chansons proviennent principalement d'anciens combattants ou d'hommes assez âgés pour avoir vécu la Première Guerre mondiale. Avant même le ralliement, Gabriel Simonin enregistre en juillet 1940 *La Marche de l'Union calédonienne* avec son groupe, les Comet Boyz. Il envoie en janvier 1941 au gouverneur Sautot ce chant sur fond de musette qui a tout d'un air parisien des années 1930. Simonin n'en est alors pas à sa première composition en l'honneur des militaires : ainsi *La Marche Jeanne d'Arc*, composée le 23 février 1938 « à l'occasion du passage à Nouméa du croiseur-école *Jeanne-d'Arc* ». Fait notable, il est dès septembre 1941 sous le coup d'un isolement à domicile, mesure souvent appliquée à l'encontre des vichystes, sans que l'on puisse ici en connaître le motif[1].

Le gouverneur destine ces compositions soit aux civils (principalement aux scolaires), soit aux engagés militaires. Ainsi, le 25 août 1940, Henri Sautot, encore résident aux Nouvelles-Hébrides, soutient l'impression d'un recueil de chansons fait par Emilio de Saint-Quentin ; il souhaite le diffuser largement dans les colonies ralliées du Pacifique[2]. Arrivé à Nouméa, le gouverneur fait chanter *Les Petits Niaoulis* aux écoliers et à la société de bal La Terpsichore[3]. En juin 1941, il transmet aux élèves de l'école publique de garçons de Nouméa Frédéric-Surleau, à ceux de l'école des

1 Archives de Nouvelle-Calédonie (désormais ANC), 44W1300, 29 décembre 1941, n° 3980.

2 ANC, 44W1299, 25 août 1940, n° 2608.

3 ANC, 44W1296, 27 décembre 1940, n°s 2755 et 2761.

Frères ainsi qu'aux enfants des œuvres paroissiales « une partition de l'*Hymne de la Croix de Lorraine*, dont les paroles sont de J. B. Podevigne, parti récemment comme aumônier militaire du premier bataillon du corps expéditionnaire du Pacifique[4] ».

Pour les engagés, mi-janvier 1941, le gouverneur promeut *Le Chant du volontaire* de Paul Marteau afin que les soldats encasernés à Nouméa puissent le chanter[5]. Selon Henri Sautot, « ce geste témoigne d'un ardent patriotisme ». Enfin, dans la collection privée du régiment d'infanterie de marine du Pacifique-Polynésie (RIMaP-P), unité héritière du bataillon du Pacifique basée à Plum, est affichée une partition, *Les Volontaires calédoniens – marche*, écrite le 4 janvier 1941 par Isaac Volsant, qui précise en dessous : « ancien Combattant ». Un destin un peu différent attend la chanson patriotique de Charles Mayet[6] : le gouverneur autorise la vente de ses partitions à une fête le 10 avril 1941, puis envoie ses cinq compositions au général de Gaulle[7].

4 ANC, 44W1297, 26 juin 1941, n°s 1942 et 1941.

5 ANC, 44W1297, 17 janvier 1941, n° 173.

6 ANC, 44W1297, 10 avril 1941, n° 1156.

7 ANC, 44W1300, 18 décembre 1941, n° 3891.

Littérature et poésie : engagement et ralliement à la France libre

Côté littérature, on joue des pièces de théâtre métropolitaines d'avant-guerre, telles que *Les Jours heureux* de Claude-André Puget. Les romans locaux ne font aucune mention de la guerre. Ils restent dans un registre colonial et témoignent d'une écriture nostalgique exotique. Leurs auteurs sont pourtant très engagés politiquement, soit dans les FFL, comme Jean Mariotti (*Les Contes de Poindi*, 1941 ; *À bord de l'incertaine*, 1942), soit dans la cause gaulliste et féministe, comme Pauline de Aranda-Fouché (*Mine d'or*, 1941), soit, au contraire, dans la collaboration, comme Alain Laubreaux, né à Nouméa mais résidant pendant la guerre à Paris, où il est journaliste à *Je suis partout* (*Si j'étais l'autre*, 1941 ; *Les Pirates à Paris*, 1942) – mais leurs œuvres, elles, ne reflètent en rien leurs positions ou leurs expériences de guerre. Seul livre reconnu et porté par le gouverneur Sautot et le haut-commissaire du Pacifique Georges Thierry d'Argenlieu, autorités de la France libre dans l'archipel, *Pioneer Days in New Caledonia*, édité à Nouméa en 1943 par les Imprimeries réunies. Il s'agit cependant davantage d'une présentation de l'histoire de la Nouvelle-Calédonie fondée sur les souvenirs de l'autrice, Hélène Lainé – notons que celle-ci fut un des artisans du premier ralliement à la France libre d'une colonie, les Nouvelles-Hébrides, le 22 juillet 1940.

La poésie calédonienne se révèle, elle, très engagée. Le 23 octobre 1940, le gouverneur Sautot reçoit par exemple un poème de Charles Brisset[8], *De Gaulle et Pétain*. Autre poète, Emilio de Saint-Quentin, dont il a été question plus haut, écrit le recueil *Au fil des jours*. Né en 1877 à Cayenne, en Guyane, il part pour la Nouvelle-Calédonie en 1924 avec sa femme et leurs neuf enfants. Gérant de sociétés, il devient surtout secrétaire archiviste au conseil général. Deux de ses filles, Marcelle et Huguette, sont engagées dans les Forces navales françaises libres (FNFL). En janvier 1941, Henri Sautot qualifie ses écrits de « très joli recueil de poésie que vous m'avez fait l'honneur de me dédier en hommage à mon ralliement à la France libre[9] ». La même année, le gouverneur subventionne la publication de cinq cents exemplaires à Sydney, en Australie[10]. Ce détail du lieu est important car la littérature gaulliste n'a pas d'éditeur local jusqu'en 1943 : Auguste Laubreaux, père de l'écrivain collaborationniste Alain Laubreaux, a racheté l'Imprimerie nationale, place des Cocotiers à Nouméa, à la

8 ANC, 44W1297, 23 octobre 1940, n° 144.

9 ANC, 44W1297, 24 janvier 1941, n° 257.

10 ANC, 44W1121, 25 juin 1941, n° 105.

ill. 11 Hubert Buel (1915-1984), Sans titre, 1944
Aquarelle, H. 46 ; L. 53 cm (encadré)
Collection Musées de la ville de Nouméa

famille Millard avant la Première Guerre mondiale, et les services de renseignements alliés classent désormais cette entreprise parmi les milieux séditieux. Cela explique pourquoi Sautot fait imprimer l'œuvre de Saint-Quentin en Australie.

Peinture et objets d'art : témoignages d'une période de guerre

Enfin, on peut encore contempler quelques peintures dans des collections privées (à l'hôtel du Pacifique, par exemple) et publiques (mairie de Nouméa) ou sur des photographies d'époque. Elles sont davantage le témoin de la présence américaine dans l'archipel comme base arrière, conséquence du ralliement de la colonie. Il est souvent difficile, sans le titre de l'œuvre, de localiser le sujet en Nouvelle-Calédonie.

Parmi ces artistes peintres, Paul Jeannin est le seul Français[11], les autres étant des GI's en stationnement à Nouméa. Il débarque en Calédonie en 1896, à l'âge de dix-sept ans. Après un séjour aux Nouvelles-Hébrides, il s'installe en Nouvelle-Calédonie. Jeannin est le neveu de Joseph Robert, décorateur de l'église Notre-Dame-des-Champs, à Paris[12]. Il nous lègue le portrait d'un marin américain anonyme réalisé dans les années 1940. Cette peinture est un témoignage du lien fort qu'a pu forger la cohabitation entre GI's et Calédoniens, et fait écho au portrait du résident javanais Soewahpoe faite par le GI's B. L. Rubincam le 15 juin 1945 (ill. 12). Deux autres soldats américains ont laissé des tableaux en Nouvelle-Calédonie.

Hubert Buel, officier naval américain installé dans le Pacifique sud et artiste confirmé, a dépeint la vie dans ces îles transformées en bases militaires. Ses œuvres montrent des rues de Nouméa – mais, en réalité, rien ne permet d'identifier la ville :

11 Patrick O'Reilly, *Calédoniens. Répertoire bio-bibliographique de la Nouvelle-Calédonie*, Paris, Société des océanistes, 1980, p. 186.

12 Il existe un Pierre Jeannin fiché vichyste, dont le lien de parenté avec Paul n'est pas connu (ANC, 44W1297, 16 avril 1941, nº 1202).

ni inscription en français, ni bâtiment emblématique telle la cathédrale par exemple, juste des pins colonnaires endémiques de la Nouvelle-Calédonie en arrière-plan. Une de ses aquarelles dépeint la présence massive des GI's, avec plus d'une dizaine de demi-lunes successives (ill. 11). Citons également la gravure sur bois *Rue de Sébastopol – Nouméa. Nouvelle-Calédonie* et une autre, *Un vendredi à Nouméa*.

À Nouméa, dans le hall de l'immeuble construit à la place de l'ancien état-major américain, se trouvent exposées trois reproductions du marin William J. Draper. Ses vues de la ville sont davantage localisables que celle de Buel. Si ces deux artistes sont cotés aujourd'hui, on ne sait pas s'ils ont été connus et si leurs toiles ont été diffusées pendant l'occupation américaine de la Nouvelle-Calédonie.

Des photographies montrent des tableaux représentant des batailles accrochés dans les espaces de repos des GI's (bibliothèque, mess[13]). Des lieux civils arboraient, eux, des scènes plus gaies de danses – par exemple, la fresque du cinéma Hickson, désormais au musée de la Seconde Guerre mondiale de Nouvelle-Calédonie. Impossible d'identifier leurs auteurs, mais ces images agissaient comme des outils de propagande, glorifiant les soldats américains et leur entente avec les locaux.

Enfin, citons les objets offerts au gouverneur de la France libre : deux fanions France libre à l'attention du bataillon du Pacifique et de la Milice locale brodés par une Mme Leconte[14], ou encore le cadre en écaille de tortue du portrait du général de Gaulle réalisé par un colon français des Nouvelles-Hébrides, Maurice Mitride, et acheté aux enchères 3 500 francs par un colon britannique, Adolphus Nicholls, lors d'une kermesse[15]. Ces objets oscillent entre artisanat et art, objet de curiosité et œuvre artistique. Comme les autres créations, ils témoignent en tout cas de l'attachement d'artistes amateurs au ralliement à la France libre.

13 NARA, 80.G.275669.a ; ANC, 82J25, photo n° 145.

14 ANC, 44W1297, 26 juin 1941 et 44W1299, 21 août 1941.

15 ANC, 44W1119, 7 novembre 1941, n° 56.

ill. 12 B. L. Rubincam peignant le portrait de Soewahpoe, 15 juin 1945

Peindre et résister depuis Alger
Henry Valensi et la France libre

cat. 74 Henry Valensi (1883-1960), *La Marche des Alliés*, 1942
Huile sur toile, H. 130 ; L. 92 cm
Paris, musée de l'Armée, 2021.26.1, œuvre restaurée grâce au soutien de KNDS France

Fondateur, avec Marcel Duchamp et Francis Picabia, du salon de la Section d'or en 1912, Henry Valensi (1883-1960) se porte volontaire pour une mission aux Dardanelles en 1915. Contraint à l'exil en 1940, il rejoint Alger, sa ville natale, où les lois d'exception sont appliquées et où il entre en résistance. En 1941, son atelier parisien est saccagé par les Allemands.

En 1942, l'artiste publie un manifeste du musicalisme – une « peinture animée » invitant à une cinématique du regard – et peint *La Marche des Alliés* (cat. 74), véritable hymne pictural au débarquement des Alliés en Afrique du Nord le 8 novembre 1942. Associant à l'émancipation des arts celle des nations, cette composition ascendante conjugue les étendards britannique, américain, chinois, russe et français repoussant la croix gammée tandis qu'un faisceau lumineux, allumé par la figure conductrice aux bras levés en « V », semble faire écho au nom de code de l'opération militaire, *Torch*. Libérant progressivement l'Algérie et le Maroc, cette dernière est à l'aube d'une *Nouvelle Espérance* (cat. 92), thème exploré par l'artiste.

Après une longue transition marquée par les déchirements entre les généraux de Gaulle et Giraud, la création du Comité français de la libération nationale le 3 juin 1943 fait d'Alger la capitale de la France en guerre. Scénographe de cette concorde, Valensi conçoit deux décors édilitaires : un arc de triomphe érigé pour l'allocution du général de Gaulle le 14 juillet 1943 (cat. 96) puis une tribune de l'Assemblée nationale, inaugurée le 3 novembre (cat. 125). L'ornementation de l'arc évoque les combats de Bir Hakeim, Bizerte, Zaghouan, rendant hommage aux Forces françaises libres, aux Alliés et à l'Armée d'Afrique tout en reliant les héros de 1943 à ceux des conflits antérieurs.

L'artiste réalise ensuite une maquette sur la Résistance en France (cat. 94 et 95), à laquelle succèdent, en 1943 et 1944, plusieurs projets préfigurant ou célébrant le débarquement des Alliés en Sicile – opération *Husky* du 10 juillet 1943 –, depuis l'Afrique du Nord, ainsi que celui de Normandie – opération *Overlord* du 6 juin (cat. 76) – et celui en Provence – opération *Dragoon* du 15 août 1944 (cat. 75). Son œuvre la plus commentée est une carte animée inaugurée le 18 juin 1944 par Henri Bonnet, commissaire à l'Information, sur la façade de la Grande Poste : « Carte monumentale de la France [...] où seront désormais pointées les avancées des troupes alliées[1] » dont la presse fait l'éloge : « Des lignes ? Du vert ? Du jaune ? Allons donc ! Nous y voyons la douceur de ces soirs et la splendeur de ses matins, la courbe molle de ses coteaux, les brumes de Paris, les verdeurs de la Touraine, l'irremplaçable soleil du Midi... Cette carte n'est pas qu'un thème sur lequel nous brodons. Tout y est le passé, le présent, l'avenir... Ce n'est plus une carte de France. C'est la France[2]. » En novembre 1944, enfin, Valensi reprend le thème de *La Nouvelle Espérance* développé en 1942 et participe au Salon des peintres résidant à Alger, organisé par la galerie Pasteur au bénéfice de l'Union nationale espagnole[3], exposition où figure également Pablo Picasso. L'engagement précoce de Valensi, qui se double d'une participation au réseau de communication dans lequel Albert Camus était investi, est salué dans *Combat* après la Libération.

Sylvie Le Ray-Burimi

1 *Dernières Nouvelles d'Alger*, 19 juin 1944.
2 « La Carte », *L'Écho d'Alger*, 21 juin 1944.
3 Louis Julia, « Une belle exposition à Alger au bénéfice de l'Union nationale espagnole », *Alger républicain*, 7 novembre 1944.

cat. 75 Henry Valensi (1883-1960), *France-Algérie*, 1943
Gouache, encre et crayon sur papier, H. 29,8 ; L. 23,8 cm
Paris, musée de l'Armée, 2024.38.2, ancienne collection Didier Vallens

cat. 76 **Henry Valensi (1883-1960), *Le Débarquement*, 1944**

Gouache et crayon sur papier, H. 34,7 ; L. 26,8 cm
Paris, musée de l'Armée, 2023.53.1, don Sinclair

Ces deux compositions, d'une force et d'une lisibilité cartographiques, préfigurent ou évoquent le débarquement des Alliés en Sicile depuis l'Afrique du Nord – l'opération *Husky* du 10 juillet 1943 –, ainsi que celui de Normandie – opération *Overlord* du 6 juin 1944. **S. L. R.-B.**

Germaine Krull, « Walkyrie de la pellicule[1] » et résistante

« Il m'a été agréable de voir concrétisés par les photographies que vous avez bien voulu m'envoyer les divers aspects de votre dévouement actif à la France. Je vous en remercie[2]. »
Lettre du général de Gaulle à Germaine Krull, Brazzaville, 25 octobre 1943

Militante discrète et amie d'André Malraux, la photographe allemande Germaine Krull (1897-1985) embarque à Marseille sur le *Capitaine-Paul-Lemerle* en 1941. Avec son Rolleiflex et son Contax, elle documente son voyage-odyssée de la Martinique à Rio de Janeiro, où elle débarque le 21 mai 1941[3]. Après un an passé dans la capitale brésilienne, où elle s'active pour intégrer le comité des Free French, elle rejoint les Forces françaises combattantes le 28 juillet 1942, traverse à nouveau l'Océan et arrive en septembre à Brazzaville pour diriger le service photographique de la France libre.

Entre 1942 et 1943, Germaine Krull s'applique à « faire des photos de tout ce qui concernait la France libre [...] et [à] montrer à tous que la France libre existait[4] ». En tournée en Afrique-Équatoriale française (A-ÉF), elle parcourt ainsi des milliers de kilomètres en camion avec son chauffeur, son matériel et sa « caisse-popote ». Vie quotidienne et coutumes, coupeurs de bois, fabrication du caoutchouc, plantations de coton, travail des mineurs d'or pour « l'effort de guerre », tout ce qui participe à l'industrie de l'armement constitue autant de reportages aussitôt diffusés dans les pays défendant le « monde libre ». Présente en A-ÉF jusqu'en décembre 1943, la photographe organise une exposition à partir d'agrandissements à Brazzaville et réalise *L'Amitié noire*, film de propagande tourné avec François Villiers, accompagné d'un texte écrit et lu par son ami Jean Cocteau, pour le compte de l'Office français d'information cinématographique[5]. Délaissant son sens du décadrage graphique qui fit sa signature lors de la sortie de *Métal*, publication de son manifeste artistique en 1928,

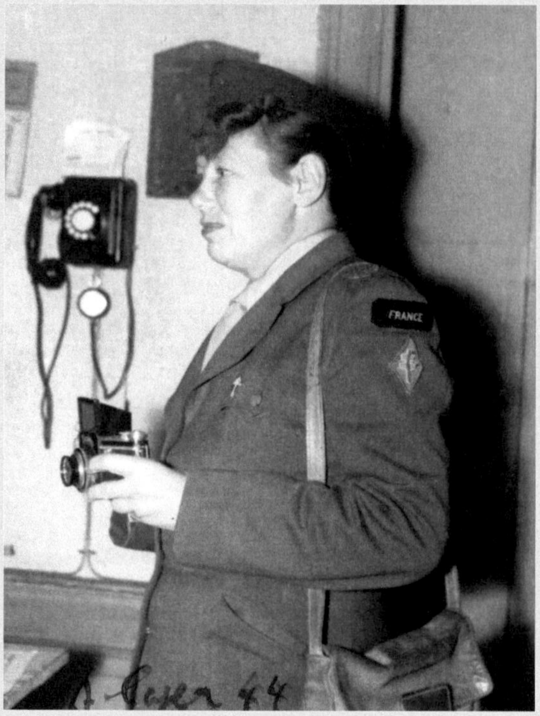

ill. 13 Germaine Krull à Alger, 1944
Épreuve gélatino-argentique

1 Qualificatif donné à la photographe par le journaliste et critique d'art Florent Fels.
2 Lettre adressée à son attention au service de l'Information de Brazzaville et conservée aux archives Germaine Krull du musée Folkwang, à Essen, citée dans Germaine Krull, *La vie mène la danse*, édition établie et annotée par Françoise Denoyelle, Paris, Textuel, 2015, p. 291.
3 *Un voyage : Marseille-Rio 1941. Textes et photographies de Germaine Krull et Jacques Rémy*, édition présentée par Olivier Assayas et Adrien Bosc, Paris, Stock, 2019.
4 G. Krull, *La vie mène la danse*, *op. cit.*, p. 278.
5 *L'Amitié noire*, film 35 mm, noir et blanc, sonore, durée 17 min 48 s, sorti en 1946. Ivry-sur-Seine, ECPAD, FT 275.

ill. 14 Germaine Krull (1897-1985), *Brazzaville. Service de l'information de la France combattante*, 1943
Épreuve gélatino-argentique contrecollée sur carton, H. 11,5 ; L. 12 cm

elle privilégie en Afrique un regard plus direct et narratif. Étrangement, si son rôle est alors de promouvoir, en photographie, les valeurs de la Résistance face à l'oppression fasciste, ses images sont moins critiques à l'endroit de la domination coloniale, dont elle prolonge parfois les archétypes dans ses représentations[6].

Début 1944, Germaine Krull photographie à Marrakech la rencontre entre Winston Churchill et le général de Gaulle, avant d'atteindre Alger pour organiser le service photographique. Devenue correspondante de guerre, elle suit le débarquement du Sud auprès de la VIe armée américaine et de la Ire armée française du général de Lattre de Tassigny et couvre notamment l'ouverture du seul camp de concentration en France, le Struthof. Arrivée en Allemagne, elle témoigne de la libération du camp de Vaihingen en mars 1945, n'imaginant pas qu'il « serait possible de réduire la condition humaine à un niveau aussi bas que celui-là[7] ». De retour à Paris à la fin de la guerre, désabusée, elle quitte l'Europe pour l'Asie, poursuivant l'épopée d'une vie éprise d'indépendance et de liberté.

Lucie Moriceau-Chastagner

6 « Fighting with photographs. Krull and the Free French in Africa, 1942-1945 », dans Kim Sichel, *Germaine Krull. Photographer of Modernity*, Cambridge, The MIT Press, 2000, p. 227-228.
7 G. Krull, *La vie mène la danse*, *op. cit.*, p. 294.

Combattre depuis l'Empire

cat. 77 **Vareuse modèle 1939 du lieutenant du 1er régiment d'artillerie coloniale Gérard Théodore**

Paris, musée de l'Armée, 999.1381

Gérard Théodore rejoint la France libre le 1er juillet 1940, après avoir entendu l'appel du général de Gaulle. Affecté à l'artillerie des FFL, il participe aux opérations de Dakar, d'Érythrée et de Syrie, puis à la campagne de Libye, au sein de la 1re brigade française libre. Lors de la bataille de Bir Hakeim en juin 1942, il a la jambe gauche arrachée. Il rejoint le 1er régiment d'artillerie en juillet 1943 en Libye, avant d'être affecté à l'état-major FFI zone nord du général Koenig en Angleterre en décembre 1943. **J. G.**

cat. 78 **Tenue du sous-lieutenant du Corps féminin des transmissions Marie-Louise Cloarec**

Paris, musée de l'Armée, 2023.71.1 à 3

Marie-Louise Cloarec (1917-1945), jeune infirmière-puéricultrice, intègre le 11 janvier 1943 le Corps féminin des transmissions à Alger. Volontaire pour devenir opératrice radio du BCRA, service de renseignement de la France libre, elle suit la formation des agents en Angleterre. Parachutée dans la nuit du 5 au 6 avril 1944 dans la région de Limoges, elle est arrêtée le 27 avril et internée à Fresnes avant d'être transférée dans le camp de Ravensbrück. Elle est exécutée le 18 janvier 1945. **J. G.**

cat. 79 **Sac postal**

Paris, musée de l'Armée, 997.375

La France libre se dote des différents attributs d'un État régalien, dont un service postal. V. G.

cat. 80 **Insigne tricolore avec croix de Lorraine**

Paris, musée de l'Ordre de la Libération, N474

Réalisé par le comité de la France libre de Sierra Leone. V. G.

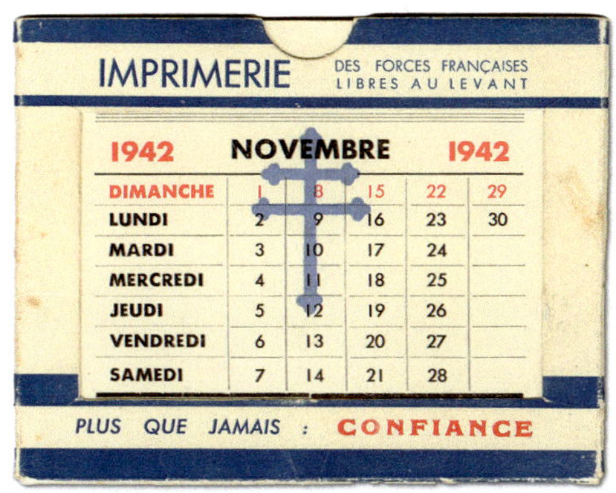

cat. 81 **Petit calendrier des Forces françaises libres au Levant, année 1942**

Paris, musée de l'Ordre de la Libération, 2008.0.3

Suite aux combats fratricides de 1941 au Liban et en Syrie, les États du Levant sous mandat français deviennent une importante base arrière pour les unités des Forces françaises libres engagées face aux troupes de Rommel. V. G.

cat. 82 **Carte de membre du Comité français de la libération nationale (CFLN) de René Pleven**

Paris, musée de l'Ordre de la Libération, 2015.6.1

Acteur majeur du ralliement de l'Afrique française libre en août 1940, avec Leclerc et Boislambert, René Pleven est à Londres l'un des hommes de confiance du général de Gaulle, dont il assure régulièrement l'intérim lors de ses déplacements. Il est nommé en février 1943 commissaire national aux colonies du Comité français de la libération nationale (CFLN), fonctions qu'il occupe ensuite au sein du Gouvernement provisoire. Il préside en janvier-février 1944 la conférence africaine de Brazzaville. V. G.

Alger

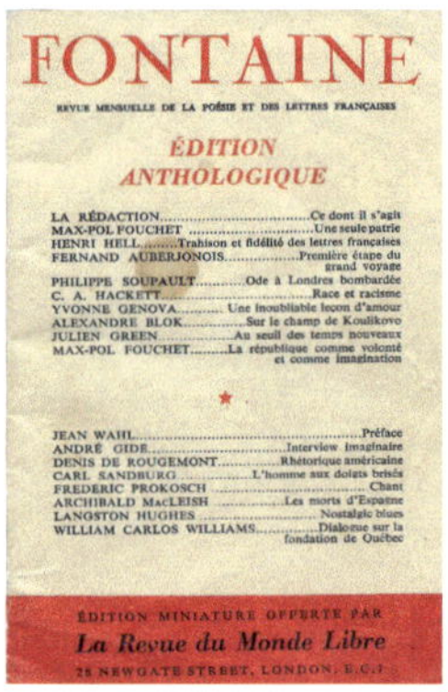

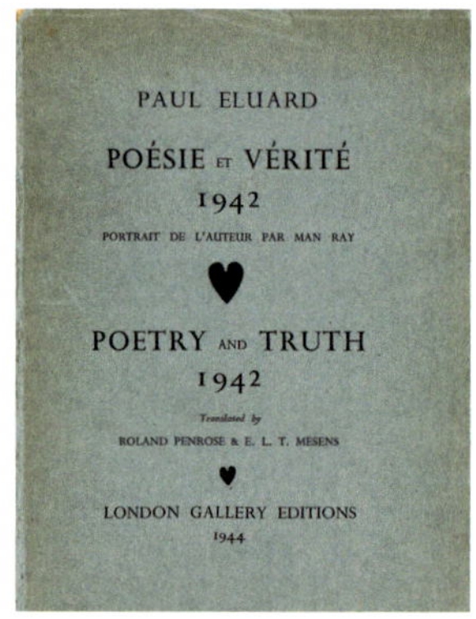

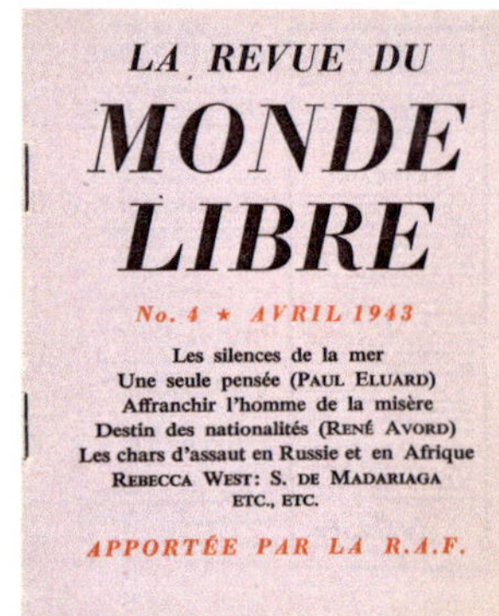

cat. 83 **Édition anthologique miniature de la revue *Fontaine* dirigée par Max-Pol Fouchet (1913-1980), 1943**

Collection Marianne Fouchet

À l'automne 1943, Max-Pol Fouchet édite, avec la *Revue du monde libre*, depuis Londres et avec l'appui des services britanniques de l'information, une édition clandestine anthologique miniature de sa revue *Fontaine*, qui est parachutée par la Royal Air Force au-dessus de la France occupée, en signe de main tendue à la Résistance intérieure. L'exemplaire exposé est celui d'un résistant grièvement blessé – possiblement le poète Roger Bernard, qui sera fusillé le 22 juin 1944. Son camarade, le poète René Char, récupéra l'ouvrage taché de sang sur le blessé et le remit à Fouchet dans son bureau de *Fontaine* à Alger. S. L. R.-B.

cat. 84 **Affiche annonçant la double circulation de la revue *Fontaine*, « sous format normal dans la France libérée et les pays alliés » et « sous format miniature en France occupée », 1943**

Saint-Germain-la-Blanche-Herbe, Imec, fonds Max-Pol Fouchet déposé à l'Imec

cat. 85 **Paul Éluard, *Poésie et vérité 1942 / Poetry and Truth 1942*, portrait de l'auteur par Man Ray, traduction anglaise de Roland Penrose et E. L. T. Mesens, Londres, London Gallery Editions, 1944, exemplaire n° 48 sur 500**

Paris, musée de l'Armée, 40171 BIB

Ce recueil de poèmes d'Éluard s'inscrit dans une série éditée par E. L. T. Mesens, peintre et écrivain surréaliste belge, consacrée à des poèmes en français venant du monde entier. Il constitue l'édition bilingue de *Poésie et vérité 1942*, écrit et publié à Paris aux Éditions de la Main à plume. Il contient notamment la première traduction en anglais, réalisée par Roland Penrose, peintre et compagnon de la photographe Lee Miller, et Mesens, du poème *Liberté*. Considérés comme « patriotiques » bien que leur auteur se défende de tout nationalisme, les poèmes écrits par Éluard sous l'Occupation paraissent à Alger, Buenos Aires et Londres. Ils sont lus dans le cadre de conférences et diffusés à la radio dans les pays alliés. Parmi ces poèmes, *Liberté*, d'abord édité sous son premier titre *Une seule pensée* à Alger dans *Fontaine*, puis à Londres dans la revue *La France libre* en 1942, se distingue par sa fluidité, élégie amoureuse devenue hymne à la liberté. S. L. R.-B.

cat. 86 ***La Revue du Monde libre*, n° 4, Londres, avril 1943**

Paris, musée de l'Armée, 40169 BIB

Créée en janvier 1943 à Londres et diffusée internationalement, *La Revue du Monde libre* publie dans son quatrième numéro deux textes devenus mythiques : « Une seule pensée (Liberté) » d'Éluard et, sous couvert d'anonymat, *Les Silences de la mer* – plus tard renommé *Le Silence de la mer* – de Vercors, pseudonyme de Jean Bruller. La revue est parachutée au-dessus de la France occupée, évitant ainsi la censure nazie. S. L. R.-B.

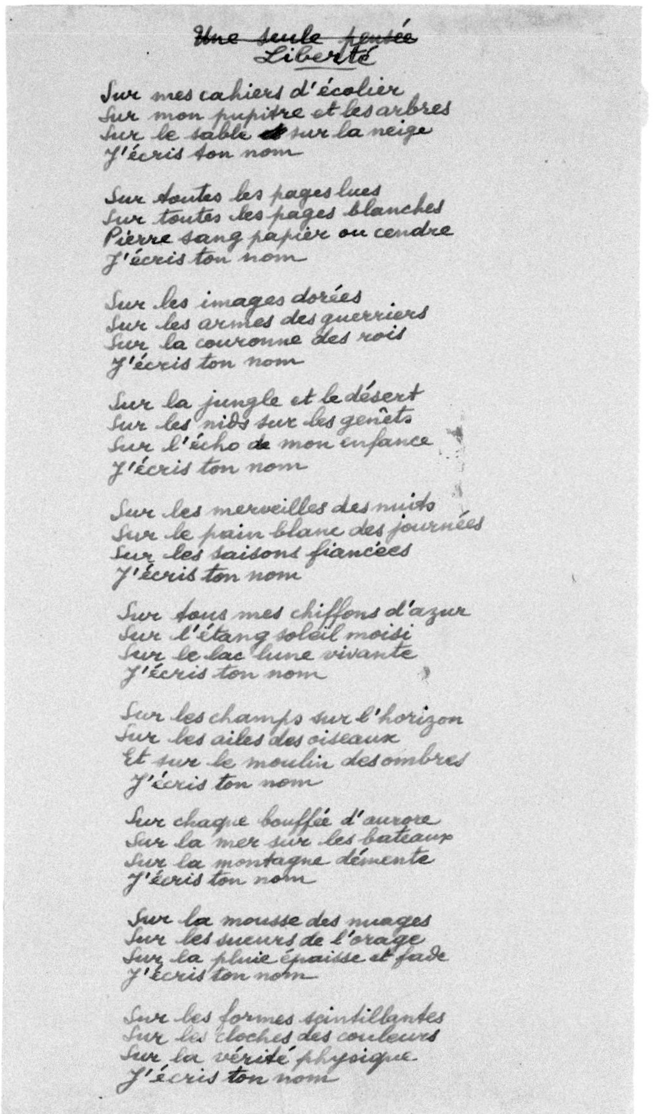

~~Une seule pensée~~
Liberté

Sur mes cahiers d'écolier
Sur mon pupitre et les arbres
Sur le sable ~~et~~ sur la neige
J'écris ton nom

Sur toutes les pages lues
Sur toutes les pages blanches
Pierre sang papier ou cendre
J'écris ton nom

Sur les images dorées
Sur les armes des guerriers
Sur la couronne des rois
J'écris ton nom

Sur la jungle et le désert
Sur les nids sur les genêts
Sur l'écho de mon enfance
J'écris ton nom

Sur les merveilles des nuits
Sur le pain blanc des journées
Sur les saisons fiancées
J'écris ton nom

Sur tous mes chiffons d'azur
Sur l'étang soleil moisi
Sur le lac lune vivante
J'écris ton nom

Sur les champs sur l'horizon
Sur les ailes des oiseaux
Et sur le moulin des ombres
J'écris ton nom

Sur chaque bouffée d'aurore
Sur la mer sur les bateaux
Sur la montagne démente
J'écris ton nom

Sur la mousse des nuages
Sur les sueurs de l'orage
Sur la pluie épaisse et fade
J'écris ton nom

Sur les formes scintillantes
Sur les cloches des couleurs
Sur la vérité physique
J'écris ton nom

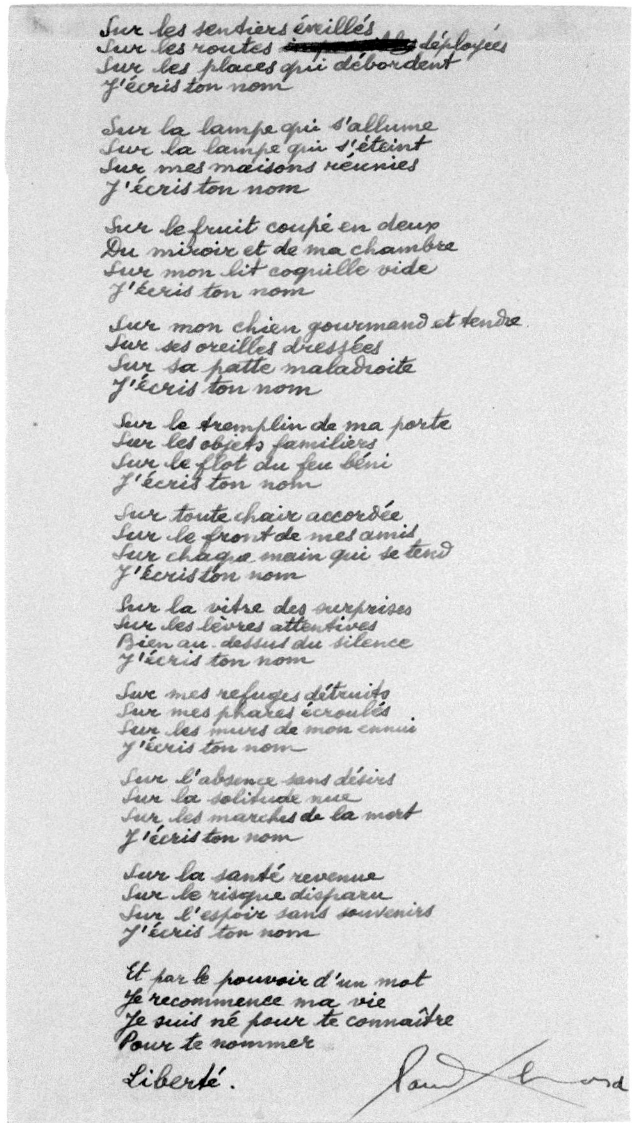

Sur les sentiers éveillés
Sur les routes ~~[illegible]~~ déployées
Sur les places qui débordent
J'écris ton nom

Sur la lampe qui s'allume
Sur la lampe qui s'éteint
Sur mes maisons réunies
J'écris ton nom

Sur le fruit coupé en deux
Du miroir et de ma chambre
Sur mon lit coquille vide
J'écris ton nom

Sur mon chien gourmand et tendre
Sur ses oreilles dressées
Sur sa patte maladroite
J'écris ton nom

Sur le tremplin de ma porte
Sur les objets familiers
Sur le flot du feu béni
J'écris ton nom

Sur toute chair accordée
Sur le front de mes amis
Sur chaque main qui se tend
J'écris ton nom

Sur la vitre des surprises
Sur les lèvres attentives
Bien au-dessus du silence
J'écris ton nom

Sur mes refuges détruits
Sur mes phares écroulés
Sur les murs de mon ennui
J'écris ton nom

Sur l'absence sans désirs
Sur la solitude nue
Sur les marches de la mort
J'écris ton nom

Sur la santé revenue
Sur le risque disparu
Sur l'espoir sans souvenirs
J'écris ton nom

Et par le pouvoir d'un mot
Je recommence ma vie
Je suis né pour te connaître
Pour te nommer

Liberté.

Paul Éluard

cat. 87 **Paul Éluard (1895-1952),** ***Une seule pensée / Liberté*****, 1941-1942**

Manuscrit sur papier cartonné en deux feuillets, encre sur papier, H. 27 ; L. 15 cm

Collection Pierre Leroy

Ce manuscrit, convoyé à Alger par Fouchet après lui avoir été donné en main propre par Éluard, a été édité dans le n° 22 de la revue *Fontaine*. Il a permis la première publication du poème, à Alger, sous son premier titre *Une seule pensée*. Sur ce manuscrit, le titre originel a été biffé par l'auteur et remplacé par son titre définitif *Liberté*, et un repentir a été apporté, témoignant de la poursuite du processus créatif. Grâce à son édition algéroise, ce poème d'amour devenu ode à la résistance peut circuler dans les territoires ralliés comme dans les pays alliés. S. L. R.-B.

CARTE D'IDENTITÉ

OFFICIER

M. CURIE

Prénoms :

Surnom :

Grade : S/Lieutenant

Date de nomination : 1 Décembre 1943

Arme : TERRE

Unité : Volontaires Françaises

Classe :

Nationalité : Française

Nationalité à la naissance : Française

Lieu de naissance :

Pays : France Département :

Date de naissance :

Autorité militaire ayant délivré la carte :

Nº de la carte :

A Alger 1944

VOLONTAIRES FRANÇAISES – LE CHEF D'UNITÉ

cat. 88 **Carte d'identité d'officier d'Ève Curie émise à Alger, 1944**

Paris, musée Curie, FP-EC / D1c

Fidèle de la première heure du général de Gaulle, Ève Curie, journaliste, joue un rôle de porte-parole de la France libre aux États-Unis avant de s'engager au sein des volontaires françaises en 1943. En janvier 1944, après un entraînement de plusieurs mois, elle quitte Londres pour l'état-major du général de Lattre à Alger, puis suit l'armée française en Italie, et enfin rejoint l'état-major du général Brosset comme officier de liaison. C. L.

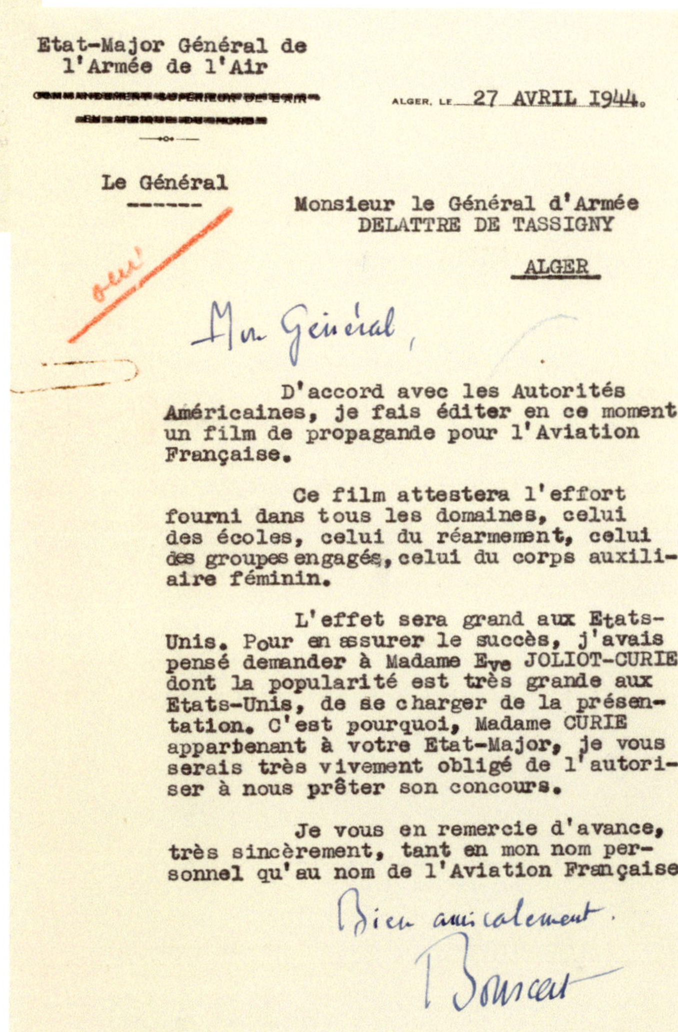

Etat-Major Général de
l'Armée de l'Air

ALGER, LE 27 AVRIL 1944.

Le Général

Monsieur le Général d'Armée
DELATTRE DE TASSIGNY

ALGER

Mon Général,

D'accord avec les Autorités Américaines, je fais éditer en ce moment un film de propagande pour l'Aviation Française.

Ce film attestera l'effort fourni dans tous les domaines, celui des écoles, celui du réarmement, celui des groupes engagés, celui du corps auxiliaire féminin.

L'effet sera grand aux Etats-Unis. Pour en assurer le succès, j'avais pensé demander à Madame Eve JOLIOT-CURIE dont la popularité est très grande aux Etats-Unis, de se charger de la présentation. C'est pourquoi, Madame CURIE appartenant à votre Etat-Major, je vous serais très vivement obligé de l'autoriser à nous prêter son concours.

Je vous en remercie d'avance, très sincèrement, tant en mon nom personnel qu'au nom de l'Aviation Française.

Bien amicalement.

Bouscat

cat. 89 **Lettre de René Bouscat au général de Lattre de Tassigny au sujet de la réalisation d'un film sur l'aviation française, 27 avril 1944**

Paris, musée Curie, FP-EC / D1e

René Bouscat, chef d'état-major de l'armée de l'Air, s'adresse au général de Lattre de Tassigny – commandant de l'Armée B à Alger, future 1re armée française – dans le cadre de la réalisation d'un film de propagande américain sur le succès des escadrilles françaises en Méditerranée, soutenues matériellement par les États-Unis. Ève Curie, officier de liaison auprès de De Lattre, est pressentie pour en être la narratrice, du fait de son prestige auprès du public américain. C. L.

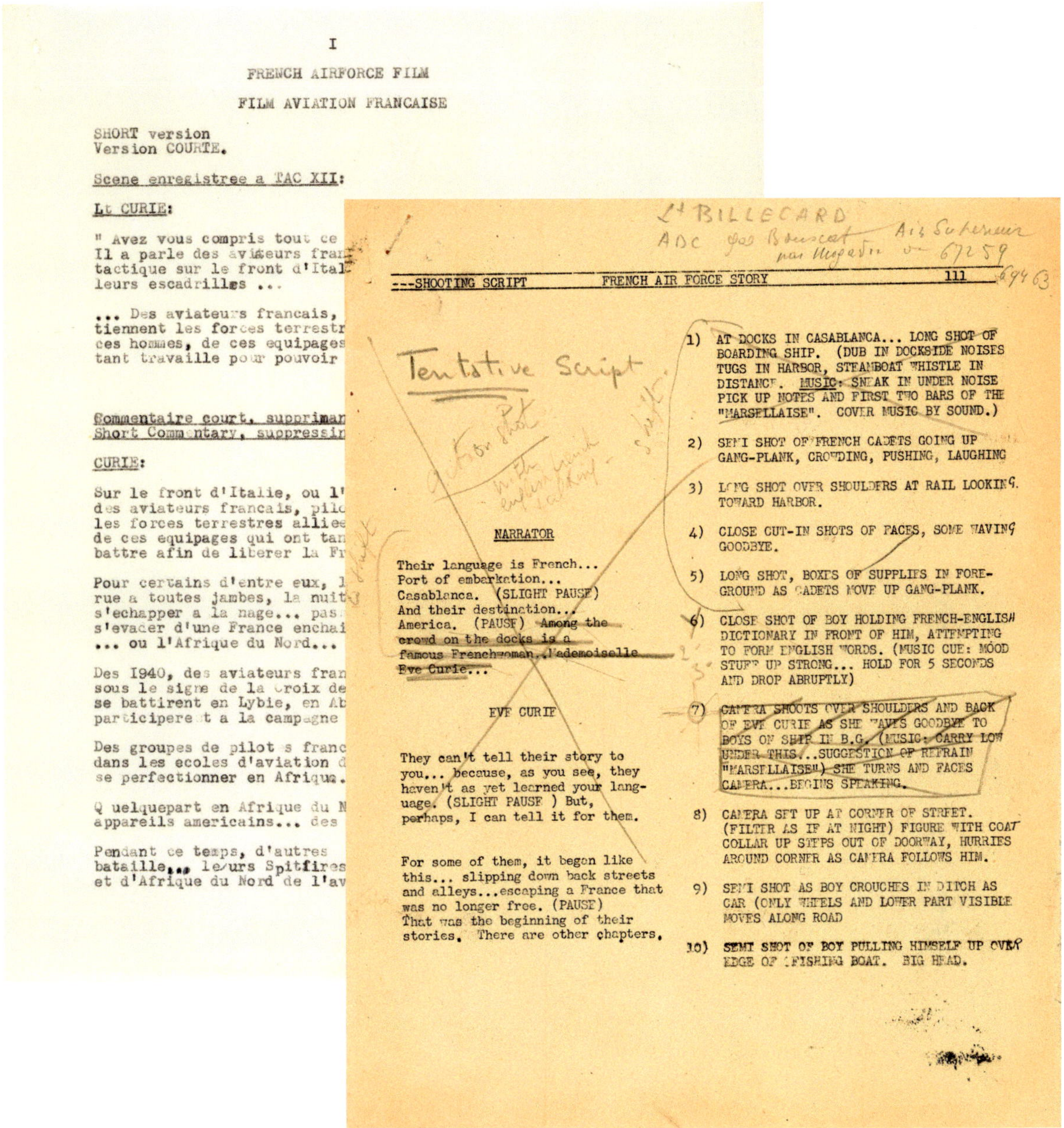

I

FRENCH AIRFORCE FILM

FILM AVIATION FRANCAISE

SHORT version
Version COURTE.

Scene enregistree a TAC XII:

Lt CURIE:

" Avez vous compris tout ce
Il a parle des aviateurs fran
tactique sur le front d'Ital
leurs escadrilles ...

... Des aviateurs francais,
tiennent les forces terrestr
ces hommes, de ces equipages
tant travaille pour pouvoir

Commentaire court, supprimar
Short Commentary, suppressir

CURIE:

Sur le front d'Italie, ou l'
des aviateurs francais, pilo
les forces terrestres alliee
de ces equipages qui ont tan
battre afin de liberer la Fr

Pour certains d'entre eux, l
rue a toutes jambes, la nuit
s'echapper a la nage... pas
s'evader d'une France enchai
... ou l'Afrique du Nord...

Des 1940, des aviateurs fran
sous le signe de la croix de
se battirent en Lybie, en Ab
participeront a la campagne

Des groupes de pilots franc
dans les ecoles d'aviation d
se perfectionner en Afrique.

Quelquepart en Afrique du N
appareils americains... des

Pendant ce temps, d'autres
bataille... leurs Spitfires
et d'Afrique du Nord de l'av

Lt BILLECARD

---SHOOTING SCRIPT FRENCH AIR FORCE STORY 111

Tentative Script

NARRATOR

Their language is French... Port of embarkation... Casablanca. (SLIGHT PAUSE) And their destination... America. (PAUSE) ~~Among the crowd on the docks is a famous Frenchwoman...Mademoiselle Eve Curie...~~

EVE CURIE

They can't tell their story to you... because, as you see, they haven't as yet learned your language. (SLIGHT PAUSE) But, perhaps, I can tell it for them.

For some of them, it began like this... slipping down back streets and alleys...escaping a France that was no longer free. (PAUSE) That was the beginning of their stories. There are other chapters.

1) AT DOCKS IN CASABLANCA... LONG SHOT OF BOARDING SHIP. (DUB IN DOCKSIDE NOISES TUGS IN HARBOR, STEAMBOAT WHISTLE IN DISTANCE. MUSIC: SNEAK IN UNDER NOISE PICK UP NOTES AND FIRST TWO BARS OF THE "MARSEILLAISE". COVER MUSIC BY SOUND.)

2) SEMI SHOT OF FRENCH CADETS GOING UP GANG-PLANK, CROWDING, PUSHING, LAUGHING

3) LONG SHOT OVER SHOULDERS AT RAIL LOOKING TOWARD HARBOR.

4) CLOSE CUT-IN SHOTS OF FACES, SOME WAVING GOODBYE.

5) LONG SHOT, BOXES OF SUPPLIES IN FOREGROUND AS CADETS MOVE UP GANG-PLANK.

6) CLOSE SHOT OF BOY HOLDING FRENCH-ENGLISH DICTIONARY IN FRONT OF HIM, ATTEMPTING TO FORM ENGLISH WORDS. (MUSIC CUE: MOOD STUFF UP STRONG... HOLD FOR 5 SECONDS AND DROP ABRUPTLY)

7) ~~CAMERA SHOOTS OVER SHOULDERS AND BACK OF EVE CURIE AS SHE WAVES GOODBYE TO BOYS ON SHIP IN B.G. (MUSIC: CARRY LOW UNDER THIS...SUGGESTION OF REFRAIN "MARSEILLAISE") SHE TURNS AND FACES CAMERA...BEGINS SPEAKING.~~

8) CAMERA SET UP AT CORNER OF STREET. (FILTER AS IF AT NIGHT) FIGURE WITH COAT COLLAR UP STEPS OUT OF DOORWAY, HURRIES AROUND CORNER AS CAMERA FOLLOWS HIM.

9) SEMI SHOT AS BOY CROUCHES IN DITCH AS CAR (ONLY WHEELS AND LOWER PART VISIBLE MOVES ALONG ROAD

10) SEMI SHOT OF BOY PULLING HIMSELF UP OVER EDGE OF FISHING BOAT. BIG HEAD.

cat. 90-91 **Script du film sur l'aviation française**

Paris, musée Curie, FP-EC / D1e

Le film est une commande de l'Office of War Information américain et est approuvé par le Joint Allied Film Production Council à Londres. Il est réalisé en Méditerranée et monté à Londres en deux versions : une version documentaire de quinze minutes et une version d'une à deux minutes pour les actualités cinématographiques. Il est tourné à destination du public américain ; cependant, une version française est mise à disposition de la France libre pour sa propre propagande. C. L.

cat. 92 **Henry Valensi (1883-1960),**
***La Nouvelle espérance (étude n° 3),* 1942**
Gouache, encre et crayon sur papier, H. 34,7 ; L. 26,8 cm
Paris, musée de l'Armée, 2024.38.1, ancienne collection Didier Vallens

cat. 93 **Henry Valensi (1883-1960),**
***La Nouvelle Espérance (étude)*, 1942**

Gouache, encre et crayon sur papier, H. 37 ; L. 26,5 cm
Collection Anne Sinclair

Ces deux études constituent des variations sur le thème de l'espoir ouvert par le débarquement allié en Afrique du Nord, également décliné par l'artiste sous forme d'une huile sur toile intitulée *La Marche des Alliés* (cat. 74). Organisées en une gradation de l'ombre à la lumière et soulignées par une procession, ces compositions quasi héraldiques opposent à la croix gammée, se détachant sur un astre noir à senestre, la faucille et le marteau russes ainsi que les étoiles américaines nimbés d'un soleil rayonnant à dextre, précédés des drapeaux français et britannique, dont la proximité avec l'ennemi détermine la position intermédiaire. S. L. R.-B.

cat. 94 **Henry Valensi (1883-1960), *La Résistance en France*, maquette exécutée à grande échelle [titre forgé : *Les Otages*], 1943**

Gouache, encre et crayon sur papier, H. 49,7 ; L. 64,7 cm
Paris, musée de l'Armée, 2024.38.5, ancienne collection Didier Vallens

cat. 95 **Henry Valensi (1883-1960), *La Résistance en France*, maquette exécutée à grande échelle [titre forgé : *La Clandestinité*], 1943**

Gouache, encre et crayon sur papier, H. 31,8 ; L. 46,1 cm
Inscription au crayon : « Sous les ruines, dans les caves s'organise la résistance, se prépare [*sic*] les sabotages. »
Paris, musée de l'Armée, 2024.38.4, ancienne collection Didier Vallens

Ces deux maquettes ont été exécutées à grande échelle par l'artiste pour orner la façade des locaux de la France combattante à Alger, début d'une série d'« œuvres de propagande », selon les mots de l'artiste, destinées à soutenir la France libre. **S. L. R.-B.**

cat. 96 **Henry Valensi (1883-1960), *Arc de triomphe. Alger, 14 juillet 1943, tribune pour de Gaulle*, 1943**

Gouache, encre et coupure de presse contrecollée sur papier (*L'Écho d'Alger*, 15 juillet 1943), H. 36,8 ; L. 47 cm
Paris, musée de l'Armée, 2024.38.7, ancienne collection Didier Vallens

La création du Comité français de la libération nationale le 3 juin 1943 fait d'Alger la capitale de la France en guerre. Scénographe de cette concorde, Valensi conçoit deux décors : un arc de triomphe érigé pour le défilé du 14 juillet 1943, puis la tribune de l'Assemblée nationale, dont la séance inaugurale a lieu le 3 novembre 1943 au sein du palais Carnot. Syncrétique, l'ornementation de l'arc devant lequel défilent les troupes évoque Bir Hakeim, Bizerte, Zaghouan, rendant hommage aux Forces françaises libres, aux Alliés et à l'Armée d'Afrique tout en inscrivant les héros de 1943 dans une histoire élargie. **S. L. R.-B.**

Brazzaville

FRANCE D'ABORD

Abonnement annuel :
COLONIES FRANÇAISES : 100 FRS.
ETRANGER : 150 FRS.
Prix du numéro : 5 francs

N° 15 — Samedi 6 Septembre 1941

Rédaction et administration :
AVENUE DU GÉNÉRAL DE GAULLE
A BRAZZAVILLE
Boite Postale n° 108
Afrique Equatoriale Française

Les 26, 27, 28 Août 1940, à Fort-Lamy, à Douala, à Brazzaville, tout l'ensemble des colonies de notre Afrique Equatoriale est rentré dans la guerre.

L'Empire Français se lève...
J'appelle à la guerre chaque terre française...
Il reste de la gloire à cueillir pour nos drapeaux.
France, grande France, en avant !

Général de GAULLE.
29 août 1940

Le Général de Gaulle

cat. 97 **Plaque d'identification et lampes du poste émetteur de Radio Brazzaville**

Paris, musée de l'Armée, 999.1259, 999.1260 et 999.1261

Le court temps d'antenne accordé par la BBC à l'émission « Honneur et Patrie » animée par Maurice Schumann étant soumis à une validation de contenu par les services britanniques, la France libre développe la puissance des émetteurs de Radio Brazzaville, où elle dispose d'une totale liberté de parole. Les lampes présentées ici sont celles installées en 1943, lorsque la radio dispose d'une portée suffisante pour être entendue depuis la France occupée. V. G.

cat. 98 ***France d'abord*, n° 15, 6 septembre 1941**

Paris, musée de l'Armée, fonds France libre, don Laignel, 1 Lg 7

Cette publication bimensuelle est éditée à Brazzaville, capitale de l'Afrique française libre. V. G.

S'il est né en Algérie, sa famille, chrétienne d'origine kabyle, s'installe en Tunisie en 1910. Poète, Jean Amrouche devient professeur de lettres et anime ses premières émissions littéraires francophones à la radio à la fin des années 1930. En 1942, il rencontre André Gide, exilé à Tunis, avec qui il noue une profonde amitié. En 1943, à Alger, il intègre les milieux gaullistes et se voit proposer l'animation d'une nouvelle émission sur Radio France combattante, où il forge son style radiophonique en commentant l'actualité de la France libre et les discours de Charles de Gaulle. À la Libération, il fonde à Alger, avec le critique d'art Jacques Lassaigne, la revue littéraire *L'Arche*, patronnée par André Gide et Albert Camus, qui cesse de paraître en 1947. Il crée aussi un genre d'émission radio inédit, celui de l'entretien littéraire.

Carine Lachèvre

Robert Victor (de son vrai nom) est, au moment de la déclaration de guerre, pilote au canal de Suez, où il est maintenu en activité jusqu'en mai 1940. Après l'armistice, il se met au service des autorités navales britanniques, puis rallie les Forces navales françaises libres au Caire en juillet. Ayant rejoint l'équipage franco-britannique du paquebot *Félix-Roussel*, il transporte troupes et munitions en mer Rouge et dans l'océan Indien d'août 1940 à mars 1941. Directeur de la section française de l'Information Office aux Indes britanniques et du bureau d'information de la France libre à New Delhi du 3 avril 1941 au 1er mars 1944, il crée la revue *France-Orient*, diffusée en Inde, en Afghanistan, en Iran et au Moyen-Orient. Promu lieutenant de vaisseau le 2 mars 1943, il est chargé de mission par le commissariat à l'Information au cabinet du général de Gaulle à Alger de mai à août 1944, puis à Paris de septembre 1944 à décembre 1945.

Sylvie Le Ray-Burimi

<u>Mesures du régime de Vichy à son encontre</u> : visé par la loi du 3 octobre 1940 sur le statut des Juifs, déchu de la nationalité française

Né à Tlemcen, en Algérie, Paul Bénichou réalise au lycée d'Oran de brillantes études qui lui ouvrent la voie de la méritocratie républicaine. D'abord élève en classe préparatoire au lycée Louis-le-Grand, à Paris, il intègre l'École normale supérieure en 1926 et réussit l'agrégation de lettres en 1930. Il devient ensuite l'une des figures de la vie intellectuelle parisienne, tissant des liens avec de nombreux artistes et intellectuels comme André Breton, Jacques Lacan, André Masson ou la philosophe Simone Weil. Professeur au lycée Janson-de-Sailly à la veille de la guerre, il est révoqué par Vichy du fait de ses origines juives. Il quitte alors Paris pour l'Algérie, où il obtient un visa pour l'Argentine grâce à l'université de Mendoza, qui l'accueille comme enseignant. Il participe alors à l'action du comité argentin de la France libre et travaille à l'Institut français de Buenos Aires, aux côtés de Roger Caillois.

Vincent Giraudier

Mobilisé comme médecin auxiliaire à la déclaration de guerre, André Breton tente de maintenir une activité littéraire tandis que son épouse, Jacqueline Lamba, et leur fille Aube reçoivent l'hospitalité de Marie Cuttoli et l'aide de Pablo Picasso. Conscient du risque que la défaite militaire n'entraîne à son tour une débâcle de l'esprit, il assiste à la montée de la censure, dont son *Anthologie de l'humour noir*, qui devait paraître en juin 1940, fait les frais. En mars 1941, il embarque à Marseille pour les États-Unis, où l'effervescence intellectuelle s'est déplacée, *via* la Martinique, où il rencontre Aimé et Suzanne Césaire. Speaker en langue française à la radio Voice of America, il délivre dans une conférence aux étudiants de Yale sa vision de la situation du surréalisme et de l'engagement. Refusant toute compromission avec le patriotisme, outrancier à ses yeux, de France Forever, il n'en incarne que mieux, à travers de multiples publications, l'irréductible indépendance du créateur. Il fonde et dirige avec le peintre David Hare la revue *VVV*, qui fait se croiser Césaire, Lévi-Strauss, Chagall, Picasso, Calder…

Sylvie Le Ray-Burimi

Cofondateur du Collège de sociologie, Roger Caillois rencontre en 1938 Victoria Ocampo, éditrice et femme de lettres argentine, qui l'invite à séjourner à Buenos Aires. Rallié à la France libre, il lance *Les Lettres françaises* (juillet 1941-avril 1945), fer de lance du combat contre l'idéologie vichyste. La revue est à l'origine un supplément de *Sur*, refuge en Argentine des exilés de langue française, dont Ocampo finance les traductions, ce qui lui vaut la reconnaissance d'Albert Ledoux. Des textes d'écrivains sud-américains, tels le Franco-Uruguayen Jules Supervielle ou la Chilienne Gabriela Mistral, y croisent ceux d'auteurs français, exilés (Jacques Maritain, Henri Focillon, Raymond Aron, Saint-John Perse, René Étiemble, Denis de Rougemont) ou résistants de l'intérieur, ainsi que ceux de précurseurs (Charles Péguy), formant une constellation propice au rayonnement de la France libre tout comme du français, langue faisant nation mais aussi vecteur de transferts culturels au sein d'une République des lettres élargie au monde. En 1942, Caillois crée l'Institut français d'études supérieures de Buenos Aires, sur le modèle de l'École libre des hautes études de New York.

Sylvie Le Ray-Burimi

Formée à Paris, Anne Pecker (son nom de naissance) s'oriente vers la peinture murale par admiration pour Pierre Puvis de Chavanne. En 1924, elle part pour les États-Unis puis le Canada, où elle collabore avec son mari, l'architecte Jacques Carlu. Chargée en 1939 du décor du pavillon français de l'Exposition internationale à New York, elle y est surprise par la défaite en 1940 et se met au service de la France libre, tout comme son beau-frère, l'affichiste Jean Carlu. Natacha Carlu forge ses propres motifs - tel un arbre criblé de balles aux branches prolongées par des mains implorant le ciel - tout en puisant dans le patrimoine français des figures inspiratrices, à l'instar de *La Marseillaise* de François Rude. Plusieurs compositions, telles que *Le Calvaire des innocents* (1942), *La France enchaînée* (1943), *Retraite* (1944) ou encore *Liberté, liberté chérie* (1945) - qui met en scène la tête décapitée de la *Liberté* d'Auguste Bartholdi sombrant dans les flots tandis qu'un ange sauve son flambeau -, témoignent de son engagement. En 1951, elle réalise un diptyque, *La Guerre* et *La Paix*, pour les bâtiments provisoires de l'ONU érigés, à Paris, devant le palais de Chaillot.

Sylvie Le Ray-Burimi

Né en Martinique, Aimé Césaire obtient en 1931 une bourse pour préparer le concours de l'École normale supérieure à Paris. Il y rencontre Léopold Sédar Senghor, Léon-Gontran Damas et Paulette Nardal, avec lesquels il fonde le mouvement de la négritude. À la déclaration de guerre, il rejoint la Martinique, alors administrée par l'amiral Georges Robert, haut-commissaire de Vichy, et devient professeur de lettres au lycée Schœlcher à Fort-de-France. Avec son épouse, Suzanne Roussi, et d'autres intellectuels antillais, il lance la revue *Tropiques* (1941-1945), menacée d'interdiction en mai 1943, dans laquelle se dessine, en dépit de la censure, une identité caribéenne, avec la collaboration d'exilés naguère passés sur l'île, tels André Breton, Wifredo Lam ou André Masson. Publié dès 1939 dans la revue *Volontés*, dirigée par Eugène Jolas, son *Cahier d'un retour au pays natal* circule en Amérique du Sud. En 1944, Césaire participe, sur proposition d'Henri Seyrig et Georges-Louis Ponton, au congrès de philosophie de Haïti. Élu maire de Fort-de-France en 1945, il est député de la Martinique en 1946.

Sylvie Le Ray-Burimi

Mesures du régime de Vichy à son encontre : déchu de la nationalité française en 1943

Marc Chagall grandit dans le quartier juif de Vitebsk (actuelle Biélorussie). Séjournant à Paris dès 1911, il se lie d'amitié avec Guillaume Apollinaire et Blaise Cendrars. Nourri des idéaux de la révolution d'Octobre, il s'engage dans la démocratisation de l'art et le renouveau de la culture yiddish. Contrecarrés, ses espoirs s'effondrent avec le Pacte germano-soviétique. Réfugiés à Gordes, dans le Vaucluse, en 1940, Chagall et son épouse parviennent à rejoindre les États-Unis en septembre 1941 grâce à Varian Fry et à Alfred Barr Jr., directeur du Museum of Modern Art (MoMA) de New York. En dépit de ce déracinement, l'artiste rayonne à travers le succès panaméricain du ballet *Aleko* (1942), inspiré des *Tziganes* d'Alexandre Pouchkine, dont les décors, exaltant la Russie éternelle au moment où celle-ci lutte contre le nazisme, forment un contrepoint pictural au siège de Leningrad. Pierre Matisse le met en avant lors de l'exposition « Artists in Exile » en 1942. Son appartenance à la communauté des exilés et la dimension politique d'une œuvre apparemment intemporelle font forte impression sur le public américain.

Sylvie Le Ray-Burimi

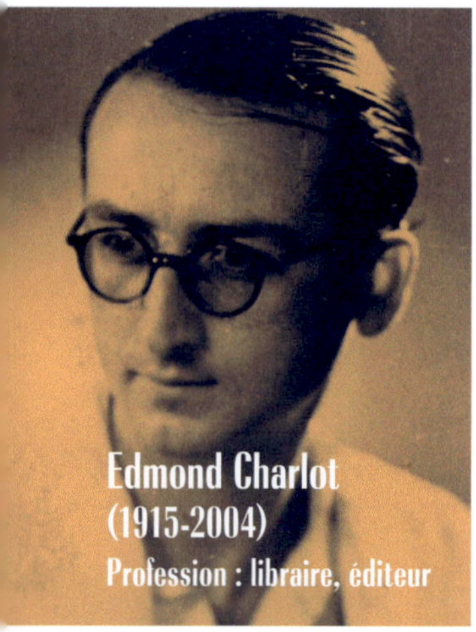

Mesures du régime de Vichy à son encontre : début 1942, placé en résidence surveillée car « présumé gaulliste et sympathisant communiste »

Né à Alger, Edmond Charlot y ouvre, à l'âge de vingt et un ans, une librairie qui devient un lieu de rencontre d'intellectuels et publie les premiers ouvrages d'un jeune écrivain alors inconnu, Albert Camus. Durant la guerre, malgré la pénurie de matière première - papier, encre - et grâce à l'afflux à Alger d'auteurs réfugiés et exilés, il parvient à publier les œuvres d'écrivains interdits en France et qui ne seront publiés en métropole qu'à partir de 1946. Pour le compte de ses propres éditions ou, à partir du débarquement allié de novembre 1942 et de sa mobilisation, en tant que directeur du service des publications du ministère de l'Information du Gouvernement provisoire, il publie André Gide, Gertrude Stein, *Le Silence de la mer* de Vercors (1942) - dont la photographie des épreuves lui est transmise depuis Londres - ou encore *L'Armée des ombres* de Joseph Kessel (1943).

Carine Lachèvre

Catholique fervent, Paul Claudel apporte son soutien aux franquistes durant la guerre d'Espagne, se démarquant de Georges Bernanos, François Mauriac ou Jacques Maritain, qui soutiennent la République. Après l'armistice de juin 1940, il stigmatise les catégories présentées comme responsables de la défaite : «métèques», parlementaires, francs-maçons… Ses *Paroles au Maréchal*, le 27 décembre 1940, témoignent de sa croyance en Philippe Pétain. Mais, écœuré par la collaboration, il prend ses distances à partir de l'été 1941 et dénonce les persécutions antisémites dans une lettre au grand rabbin Schwartz diffusée sous forme de tracts en France et à l'étranger. Son admiration pour Paul-Louis Weiller, héros de la Première Guerre mondiale, déchu de sa nationalité en octobre 1940 et rallié à la France libre, contribue à lui dessiller les yeux. Placé sous surveillance à partir d'avril 1942, il publie dans *Le Figaro*, le 28 septembre 1944, un *Appel au général de Gaulle* lu le 27 octobre suivant lors d'une soirée consacrée aux «poètes de la Résistance» et présidée par le Général à la Comédie-Française.

Sylvie Le Ray-Burimi

Marie-Alain Couturier prend en 1936 la direction de la revue *L'Art sacré*. Envoyé à New York par sa congrégation lors de la déclaration de guerre, il donne des conférences au Québec, où il dénonce, face à un milieu catholique très conservateur, ce qu'il nomme la «décadence de l'art religieux» et prône l'ouverture de celui-ci à la modernité. Il prend très rapidement partie pour la France libre et noue une grande amitié spirituelle avec Élisabeth de Miribel, qu'il rencontre à la Noël 1940 chez Raïssa et Jacques Maritain. Il devient très proche des peintres exilés, dont Marc Chagall, Fernand Léger et Jacques Lipchitz, et prend la parole au nom des artistes lors de l'hommage rendu par le Metropolitan Museum à Henri Focillon. Après la guerre et son retour en France, il développe l'art sacré en confiant sa réalisation à des artistes réputés, sans prendre en considération leur rapport personnel à la religion, estimant «qu'il vaut mieux s'adresser à des hommes de génie sans foi qu'à des croyants sans talent».

Vincent Giraudier

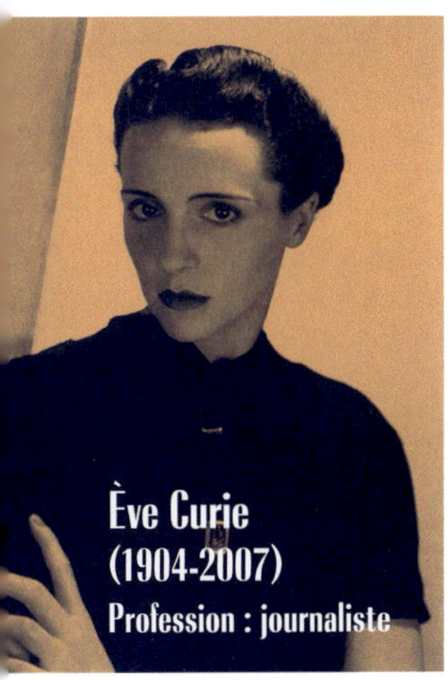

Mesures du régime de Vichy à son encontre : déchue de la nationalité française

Ève Curie est la fille de Pierre et Marie Curie, et la sœur cadette d'Irène Joliot-Curie. Après l'armistice du 22 juin 1940, elle embarque à Bordeaux à bord du cargo britannique *Madura* parmi 1 300 réfugiés, dont Henry Bernstein. Ralliée au général de Gaulle, anglophone, américanophile, et profitant de sa notoriété mondiale acquise par la publication en 1938 de la biographie de sa mère, elle devient aux États-Unis porte-parole de la France libre. De retour en Angleterre, elle s'engage dans le corps des volontaires françaises de la France combattante, devient ambulancière sur le front d'Italie, intègre en 1943 l'état-major de la 1re division française libre (DFL) et débarque avec les troupes françaises en Provence en août 1944. En novembre, elle fonde le quotidien *Paris-Presse* avec Philippe Barrès.

Carine Lachèvre

Pierre Dac (1893-1975)
Profession : humoriste, chansonnier

Mesures du régime de Vichy à son encontre : visé par la loi du 3 octobre 1940 sur le statut des Juifs

Menacé d'arrestation, tant en raison de ses origines juives que comme fondateur du journal *L'Os à moelle*, résolument anti-hitlérien, Pierre Dac, qui s'appelle en réalité André Isaac, quitte Paris et s'installe à Toulouse. Il tente par deux fois de rejoindre Londres, mais est arrêté et incarcéré. Libéré grâce à un échange entre l'Espagne et l'Angleterre, il arrive à Londres le 12 octobre 1943. Il rejoint alors l'équipe de l'émission « Les Français parlent aux Français », où ses nombreuses interventions, dont son duel radiophonique contre Philippe Henriot, font de lui une des voix iconiques de la Résistance. Correspondant de guerre au profit de la Radiodiffusion française, il suit la 1re division française libre et la 9e division d'infanterie coloniale au cours des opérations de libération.

Anne-Sixtine Clevenot

Marcel Duchamp (1887-1968)
Profession : artiste

Inventeur du ready-made, Duchamp ouvre la voie à l'art conceptuel et performatif. En septembre 1940, il commence la série des *Boîtes-en-Valise*, musées portatifs et infimes inscrits dans la précarité des temps. En juin 1942, il parvient à rejoindre New York, où sa compagne, Mary Reynolds, membre d'un réseau de résistance, le rejoint début 1943. À l'instigation d'Elsa Schiaparelli, Marcel Duchamp et André Breton présentent, en octobre 1942, l'exposition « First Papers of Surrealism », au bénéfice du Coordinating Council of French Relief Societies, œuvre caritative recueillant des fonds pour les prisonniers et pupilles de guerre français. Le parcours des visiteurs y est entravé par un réseau de fils entrecroisés, analogues aux frontières rencontrées par les exilés. Duchamp participe ensuite à l'exposition inaugurale de la galerie de Peggy Guggenheim Art of this Century, dont les profits sont versés à la Croix-Rouge américaine. En juin 1945, il aide Louise Bourgeois à réunir les œuvres constituant l'exposition « Documents France 1940-1944 : Art-Literature-Press of the French Underground », à la Norlyst Gallery, qui célèbre la Résistance intérieure.

Sylvie Le Ray-Burimi

Roger Erell (1907-1986)
Profession : architecte

Né Roger Jules Lelièvre dans une famille de pasteurs protestants méthodistes, Roger Erell intègre en 1927 l'École des beaux-arts de Paris et se destine à l'architecture. Mobilisé en 1939, blessé lors des combats de la poche de Dunkerque, il réussit à s'embarquer pour l'Angleterre et rallie la France libre à l'été 1940. Il est affecté en mars 1941 au service des travaux publics de Brazzaville, nouvelle « capitale » de la France libre et alors dépourvue d'architecte. Sa première réalisation est la « case de passage » pour les autorités, qui est rebaptisée « case de Gaulle » et sert de résidence au Général lors de son déplacement d'octobre 1941. Puis vient, durant la guerre et l'après-guerre, une série de bâtiments publics, comme le stade Félix-Éboué en 1944 ou la basilique Sainte-Anne du Congo, inaugurée en 1949 et considérée comme « la basilique de la France libre ».

Vincent Giraudier

Installé à Alger depuis 1923, Max-Pol Fouchet devient en 1939 directeur de la revue *Fontaine*, qui va être l'une des voix principales de la résistance intellectuelle française. Il y diffuse les textes des plus grands noms de la littérature restés en zones occupée et non occupée : François Mauriac, Jean Cocteau, Louis Aragon, Elsa Triolet… Au cours d'un séjour en métropole, il rencontre Paul Éluard, qui lui remet le poème *Une seule pensée* - plus connu sous le nom de *Liberté* -, qui paraît dans la revue à l'été 1942. Acteur de la Résistance locale, il participe à la préparation du débarquement allié du 8 novembre 1942. À partir de 1943, il prête sa voix à Radio France Alger en créant l'émission hebdomadaire « Lumière de France, la demi-heure de la revue *Fontaine* ». À la Libération, il rejoint Paris, où il est nommé au conseil directeur du Comité national des écrivains. Il y représente la Résistance nord-africaine.

Carine Lachèvre

Varian Fry est envoyé en France en juin 1940 par l'Emergency Rescue Committee (ERC), organisme de secours privé destiné à venir en aide aux personnes menacées d'arrestation par la Gestapo et d'extradition vers l'Allemagne nazie en vertu des dispositions de l'article 19 de l'armistice franco-allemand (clause dite de « livraison sur demande »). Avec le réseau qu'il constitue à Marseille, il fabrique de faux papiers et met en place des itinéraires de fuite, par la montagne ou par voie maritime. Actif à Marseille durant treize mois, il finit par être expulsé de France en septembre 1941. L'ERC permet à près de deux mille personnes d'évacuer la métropole, parmi lesquelles un certain nombre d'artistes et d'intellectuels (Marc Chagall, Max Ernst, Heinrich Mann…). De son vivant, Varian Fry ne reçoit qu'une reconnaissance officielle : la croix de chevalier de la Légion d'honneur. Le mémorial de Yad Vashem le nomme « Juste parmi les nations » en 1994.

Carine Lachèvre

Comédien reconnu avant le début du conflit, Jean Moncorgé (de son vrai nom) refuse de tourner pour l'occupant. En février 1941, il franchit la frontière espagnole, obtient un visa pour les États-Unis et rejoint Hollywood, où il retrouve d'autres acteurs et réalisateurs français. Malgré des opportunités au cinéma (il tourne notamment dans *L'Imposteur*, long métrage pro-gaulliste), Jean Gabin, qui a le mal du pays, décide de s'engager, en avril 1943, dans les Forces françaises combattantes. Il embarque alors sur le pétrolier *Elorn* en tant que canonnier, chef de pièce, et traverse l'Atlantique en convoi jusqu'à Casablanca. Il intègre ensuite la 2e DB en tant que chef de char. Participant notamment à la libération de la poche de Royan en avril 1945, puis à la campagne d'Allemagne jusqu'à Berchtesgaden, il est démobilisé au mois de juillet.

Anne-Sixtine Clevenot

Romain Gary (1914-1980)

Profession : écrivain

Mesures du régime de Vichy à son encontre : visé par la loi du 3 octobre 1940 sur le statut des Juifs

Né Roman Kacew dans la communauté juive de Vilnius (Lituanie), Romain Gary émigre en France avec sa mère en 1928 après une errance liée aux vicissitudes politiques de l'entre-deux-guerres. Naturalisé français en 1935, il intègre l'École de l'air en 1938 mais sera le seul, parmi trois cents élèves, à ne pas être nommé officier du fait de ses origines étrangères. En juin 1940, le sergent Kacew, qui dit de lui-même : « Je n'ai pas une goutte de sang français, mais la France coule dans mes veines », refuse la défaite et rallie la France libre sous le pseudonyme de Romain Gary de Kacew. Affecté dans le groupe de bombardement « Lorraine », il part pour l'Afrique en octobre 1940 et sert au Tchad, en Libye, en Éthiopie, en Syrie et en Grande-Bretagne. C'est durant ces combats qu'il commence la rédaction d'un ouvrage dédié à la résistance polonaise et à la guerre à l'Est. Publié en anglais en 1944 sous le titre *Forest of Anger*, réédité en 1945 sous le nom d'*Éducation européenne*, il est le premier roman d'une immense carrière littéraire. Romain Gary est fait Compagnon de la Libération le 20 novembre 1944.

Vincent Giraudier

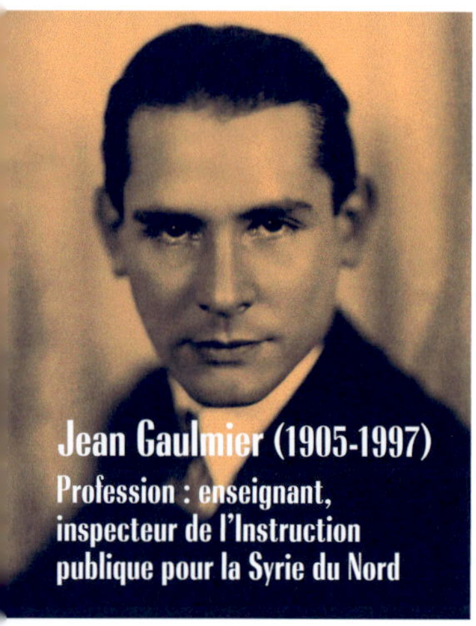

Jean Gaulmier (1905-1997)

Profession : enseignant, inspecteur de l'Instruction publique pour la Syrie du Nord

Cet arabisant, installé au Levant depuis 1928, se rallie à la France libre à l'été 1941, après la guerre de Syrie. Jean Gaulmier succède en 1942 à Jacques Lassaigne comme directeur de la presse et de l'information au Levant. Il écrit les éditoriaux du journal *La Syrie et l'Orient*, fournit un bulletin d'informations à la presse arabe, dirige l'édition de livres en français et en arabe, dont l'importante série « Problèmes français », où Georges Bernanos et Charles Péguy côtoient des témoignages et des études pointues. Il établit les programmes de Radio Beyrouth, où travaille notamment Robert Sinclair, et coordonne la diffusion des films du service des FFL. Il est sans doute le premier à avoir considéré Charles de Gaulle comme un écrivain à part entière : outre des rééditions de ses ouvrages, il lui consacre une étude stylistique.

Bruno Leroux

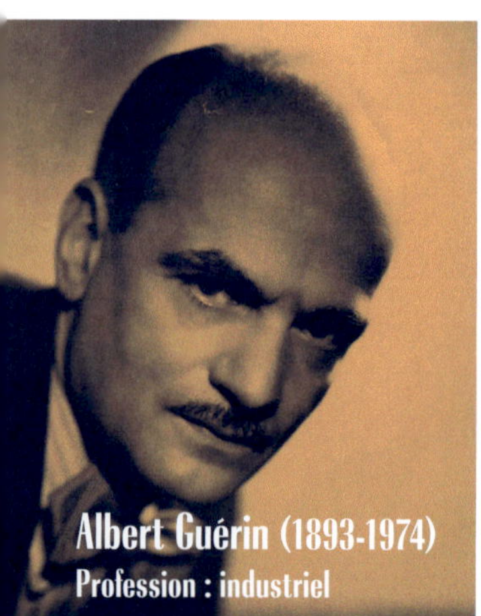

Albert Guérin (1893-1974)

Profession : industriel

Mesures du régime de Vichy à son encontre : déchu de la nationalité française

Petit-fils d'un Français du Queyras émigré en Argentine, croix de guerre et gazé à 55 % dans le conflit de 1914-1918, il fonde le « comité de Gaulle » d'Argentine dès la fin juin 1940 et en est le principal animateur. La diffusion précoce de ses bulletins lui donne une aura parmi tous les comités sud-américains, qui le désignent en 1943 comme leur délégué à l'Assemblée consultative provisoire. Sa ligne antipétainiste autant qu'antinazie n'a pourtant pas forcément été partagée par eux en 1940-1942. Mais le général de Gaulle l'a immédiatement soutenu, le faisant, dès 1941, Compagnon de la Libération - seul parmi les présidents de comité. Son talent d'écriture le singularise aussi, même si la Chambre de commerce française, qu'il a présidée, a pu le familiariser avec les techniques de propagande.

Bruno Leroux

Sous-directeur d'Europe aux Affaires étrangères en juin 1940, Henri Hoppenot est proposé comme ministre plénipotentiaire à Lisbonne, mais sa candidature est refusée par le gouvernement portugais, qui le juge trop progressiste. Il est alors nommé à Montevideo. Pays de Lautréamont, de Jules Laforgue et de Jules Supervielle, l'Uruguay fait figure d'État libéral et francophile, siège du premier comité France-Amérique sud-américain. Représentant le gouvernement de Vichy, Hoppenot, anglophile, est confronté à l'émergence de la France libre. Le journal de son épouse, Hélène Hoppenot, laisse percevoir l'isolement auquel le ministre est confronté du fait de la « dissidence » et la crise de conscience qui l'amène à démissionner en octobre 1942. Avec l'appui d'Alexis Leger (Saint-John Perse) mais aussi d'Henri Laugier, Hoppenot rejoint en janvier 1943 Washington, où il est nommé directeur des services civils de la mission militaire, puis délégué du comité français de Libération nationale aux Antilles françaises, et enfin, en 1944, délégué du Gouvernement provisoire de la République française aux États-Unis.

Sylvie Le Ray-Burimi

Né au sein d'une famille lorraine émigrée en Amérique, Eugène Jolas est journaliste littéraire dans l'entre-deux-guerres. Engagé contre le nazisme, il s'installe dans le Connecticut à l'été 1941, non loin d'autres exilés. Revisitant les courants artistiques paneuropéens - romantisme, expressionnisme, dadaïsme -, il est marqué par la recherche chez André Masson de la *coincidentia oppositorum*, ou « coïncidence des opposés ». En 1941, il publie *A Yearbook for Romantic-Mystic Ascensions*, dont la couverture est illustrée d'une spirale par Alexander Calder. À partir de 1942, il travaille aux émissions en allemand, anglais et français de l'Office of War Information. Début 1944, il est affecté à la Psychological Warfare Division de l'État-major suprême des forces expéditionnaires alliées (SHAEF) à Londres. En juin, il rejoint Paris puis Nancy, où il contribue à la réouverture de *La République de l'Est libéré*.

Sylvie Le Ray-Burimi

Arrière-petite-nièce du président américain Thomas Jefferson, Maria McDonald se rend à Paris pour y apprendre le chant. Elle y épouse en 1926 Eugène Jolas, avec lequel elle fonde la revue *Transition*, qui publie, de 1927 à 1938, Samuel Beckett, James Joyce, Gertrude Stein... En 1932, elle crée à Neuilly-sur-Seine l'École bilingue, destinée aux expatriés américains, qui se replie à Saint-Gérand-le-Puy, dans l'Allier, en 1939. Là, elle aide les réfugiés et dissimule la collection de Peggy Guggenheim en transit vers les États-Unis. À l'été 1940, elle quitte la France avec ses filles pour New York. Elle y lance, le 17 avril 1943, la cantine La Marseillaise, soutenue par France Forever et aménagée par Pierre Chareau. Un mobile d'Alexander Calder flotte au-dessus de la salle, qui accueille bals, concerts et projections, prisés des marins et des aviateurs de la France libre comme des volontaires du bataillon de marche des Antilles, et fréquentés par d'illustres hôtes, tels Marlene Dietrich et Jean Gabin.

Sylvie Le Ray-Burimi

Joseph Kessel (1898-1979)
Profession : journaliste, romancier

Mesures du régime de Vichy à son encontre : visé par la loi du 3 octobre 1940 sur le statut des Juifs

Auteur reconnu et correspondant de guerre au début du conflit, il rejoint la Résistance après l'armistice avec son neveu, Maurice Druon, avant de partir à Londres, où il s'engage dans les Forces françaises libres. En mai 1943, Kessel et Druon écrivent ensemble, sur une musique d'Anna Marly, les paroles du *Chant des partisans*, qui devient par la suite l'hymne de la Résistance. La même année, Kessel publie à Alger *L'Armée des ombres*, une manière pour lui de rendre hommage aux combattants clandestins. Rejoignant l'escadrille Sussex en tant que capitaine, il passe la fin du conflit à survoler la France afin de maintenir la liaison entre les Alliés et la Résistance.

Anne-Sixtine Clevenot

Wifredo Lam (1902-1982)
Profession : artiste peintre

Né à Cuba d'un lettré chinois et d'une mère afro-hispanique, Wifredo Lam se forme à la peinture à La Havane puis à Madrid. Durant la guerre civile espagnole, il s'engage dans la défense de la République. Au printemps 1938, il quitte l'Espagne pour la France, où il est soutenu par Pablo Picasso et le galeriste Pierre Loeb. En juillet 1940, il trouve refuge à la villa Air-Bel, à Marseille, où il participe à la création du *Jeu de Marseille*. André Breton l'invite à illustrer son poème *Fata Morgana*, censuré par Vichy. En mars 1941, Lam embarque pour l'Amérique. En escale à la Martinique, il fait connaissance d'Aimé Césaire, dont il illustre, en 1943, l'édition cubaine du *Cahier d'un retour au pays natal*. En 1942, Alfred Barr, directeur du Museum of Modern Art à New York, achète sa gouache *Satan* avec l'aide de l'Inter-American Fund, financé anonymement par Nelson Rockefeller. Pierre Matisse lui consacre une série d'expositions et prête *L'Âme extérieure* pour « First Papers of Surrealism ». Lam collabore à la revue *Hémisphères*, dirigée par Yvan Goll. Fin 1945, il séjourne en Haïti, invité par l'attaché culturel français, Pierre Mabille. En 1967, il illustre l'album *Flight* en hommage à Varian Fry.

Sylvie Le Ray-Burimi

Pierre Lazareff (1907-1972)
Profession : journaliste

Directeur de l'information de *Paris-Soir*, premier grand quotidien populaire d'information illustré de France, Pierre Lazareff est lu par des millions de lecteurs. Avec son épouse, Hélène Lazareff, également journaliste, il s'exile aux États-Unis en 1940. Ne parlant pas l'anglais, il collabore peu avec la presse américaine, mais rejoint l'Office of War Information de New York, avant d'être envoyé à Londres, à l'American Broadcasting System in Europe, où il dirige les émissions radiophoniques à destination de l'Europe occupée. Son épouse, anglophone, travaille quant à elle régulièrement avec le *Harper's Bazaar* et le *New York Times*. À son retour à Paris en 1944, Pierre Lazareff fonde le journal *France Soir*, qui paraît en kiosque jusqu'en 2011. Hélène Lazareff rentre un an plus tard et, forte de son expérience, fonde le magazine *Elle*, qui devient rapidement une référence en matière de mode et de style de vie.

Carine Lachèvre

Mesures du régime de Vichy à son encontre : déchu de la nationalité française

Issu d'une famille d'industriels protestants, Albert Ledoux est secrétaire d'ambassade à Montevideo, en Uruguay, en 1940. C'est le premier diplomate en Amérique du Sud à rallier la France libre, en décembre. Le général de Gaulle le nomme délégué pour le sous-continent, chargé des contacts avec les gouvernements locaux. Longtemps seul, il mène un combat difficile dans une région du monde francophile mais dont les pouvoirs officiels sont attachés à la neutralité. Une fois la délégation renforcée, il est envoyé en novembre 1942 au Brésil. Après la formation du Comité français de libération nationale (CFLN), il s'oppose au recyclage des diplomates vichystes qu'il vient de combattre. Au printemps 1944, il est nommé directeur du personnel du commissariat aux Affaires étrangères à Alger. Ses protestations, avec celles d'autres pionniers, conduisent à ouvrir en 1944 le corps diplomatique à d'anciens résistants et Français libres.

Bruno Leroux

De son vrai nom Anna Betoulinsky, Anna Marly fuit la guerre et arrive à Londres avec son mari en 1941. S'engageant au sein des Forces françaises libres (FFL), elle est affectée à la cantine du quartier général des FFL, à Carlton Gardens, avant de rejoindre le Théâtre aux armées. Émue par le récit de la bataille de Smolensk, elle improvise à la guitare, en ajoutant quelques vers en russe, une chanson qui va inspirer *Le Chant des partisans* ; les paroles de la version française, considérée comme l'hymne de la Résistance et qui sert d'indicatif radio à l'émission « Honneur et Patrie », sont écrites par Maurice Druon et Joseph Kessel. Anna Marly compose à la même période *La Complainte du partisan*, sur des paroles d'Emmanuel d'Astier de la Vigerie, chef du mouvement de résistance Libération-Sud.

Anne-Sixtine Clevenot

Connue pour avoir dactylographié l'appel du 18 juin, Élisabeth de Miribel est chargée d'organiser au Canada la propagande en faveur de la France libre auprès d'une population fidèle à l'État français. Elle organise le service de presse et obtient de Radio Canada dix émissions mensuelles avec des Canadiens français et des Français libres, diffusées également sur la station WRUL à Boston. Elle parcourt le Canada et prononce discours et conférences, souvent repris dans la presse écrite ou à la radio. En lien étroit avec les comités de la France libre et France Forever aux États-Unis, elle organise des conférences avec des universitaires français (Henri Laugier, Jacques Maritain), des clercs (le père Joseph-Vincent Ducattillon) et des Canadiens. Dès janvier 1941, elle reçoit les encouragements du général de Gaulle : « Vos discours sont excellents et j'apprécie beaucoup votre action personnelle. » En 1943, elle le rejoint à Alger et devient correspondante de guerre en Italie, puis auprès de la 2e DB.

Chantal Morelle

Issu d'une lignée de pasteurs protestants, Théodore Monod s'oriente vers les sciences naturelles et le désert devient son principal sujet de recherche. En 1938, avec son épouse juive Olga et leurs trois enfants, il s'installe à Dakar, où il structure et prend la direction de l'Institut français d'Afrique noire, dédié à toutes les sciences. En 1940, mobilisé au nord du Tchad, à la frontière libyenne, il obtient l'autorisation d'explorer le massif du Tibesti et y découvre une fleur, représentante d'un genre nouveau. Renvoyé par les Britanniques à Dakar, refusant de faire allégeance au gouvernement de Pétain, il intervient sur Radio Dakar, station fidèle à Vichy, dans une chronique scientifique hebdomadaire au ton libre, teintée de thèses antiracistes et pacifistes qui provoquent sa suspension en novembre 1941. Ces chroniques sont regroupées dans *L'Hippopotame et le Philosophe*, publié dès 1943. En 1942, il participe à la création des Forces fraternitaires françaises, pour la restauration de la République.

Carine Lachèvre

Étudiant à Princeton, Paul Nelson se porte volontaire dans l'escadrille La Fayette en 1917. En 1920, Il épouse Francine Le Cœur et se forme à l'architecture à l'École des beaux-arts de Paris. Ses projets sont salués par Jean Hélion pour leur lisibilité. De 1935 à 1939, il conçoit un projet de maison suspendue intégrant des œuvres de Joan Miró, Fernand Léger et Alexander Calder. En 1937, il concourt pour la construction du Palais de la Découverte. Ayant quitté la France dès juin 1940, les Nelson s'engagent auprès de France Forever, dont Paul préside le chapitre de Washington en 1943. Sollicitant de Calder des bijoux pour une vente de charité en 1942, le couple reçoit un mobile que l'artiste offre au mouvement. Précurseur en programmation et en préfabrication, Paul Nelson conseille la National Housing Agency, puis le Board of Economic Warfare à partir de 1943 et, enfin, Raoul Dautry, ministre français de la Reconstruction, à la Libération. Avec Anatole Kopp, il est commissaire de l'« Exposition des techniques américaines de l'habitation et de l'urbanisme » à Paris en 1946. Architecte en chef de l'hôpital mémorial France-États-Unis de Saint-Lô, il en présente la maquette à la galerie Maeght en 1948.

Sylvie Le Ray-Burimi

Ayant gardé des séquelles d'une poliomyélite, Jean Oberlé n'est pas mobilisé mais, à l'automne 1939, il est envoyé à Londres comme correspondant de presse. Il se trouve à la Broadcasting House, siège de la BBC, au moment où le général de Gaulle prononce l'appel du 18 juin. Il rejoint l'équipe française de la BBC en juillet 1940 dans l'émission « Les Français parlent aux Français ». À l'origine, entre autres, de la ritournelle « Radio Paris ment, Radio Paris est allemand », rendue populaire par Pierre Dac, il contribue aussi à l'émission « La Discussion des trois amis », qui porte chaque semaine, sous forme de sketch, un regard croisé sur l'actualité politique. Au cours du conflit, il illustre *Images anglaises ou « l'Angleterre occupée »*, ouvrage paru en 1943, ainsi que *Les Chansons de Pierre Dac à la radio de Londres*, recueil publié en 1945.

Anne-Sixtine Clevenot

Jean Perrin (1870-1942)
Profession : physicien, chimiste

Prix Nobel de physique en 1926 pour ses travaux sur l'atome, il est l'un des artisans de la création de l'Institut de biologie physico-chimique (1927) et du Centre national de la recherche scientifique (1939). Face à l'avancée allemande, il quitte Paris pour Bordeaux en juin 1940, puis embarque à bord du *Massilia* à destination de Casablanca pour poursuivre, avec vingt-sept parlementaires et diverses personnalités, la lutte contre l'Allemagne depuis l'Afrique du Nord. À l'échec de cette démarche succède une errance de plusieurs mois à travers Alger, Marseille, Lyon, Toulon, Madrid et enfin Lisbonne, où il embarque avec son fils Francis pour les États-Unis à bord du *SS Excambion*. Arrivé à New York le 23 décembre 1941, décidé à résister à l'extérieur de la France, il fonde à New York, avec Louis Rapkine, l'École libre des hautes études, qui est inaugurée le 28 mars 1942 et dont il devient président. Il meurt trois semaines plus tard. À l'issue de la guerre, ses cendres sont rapatriées en France et transférées au Panthéon après un hommage national.

Carine Lachèvre

Lily Pons (1898-1976)
Profession : cantatrice, actrice

Chanteuse soprano au Metropolitan Opera de New York depuis 1931 et adulée aux États-Unis, Alice Pons (de son vrai nom) est naturalisée américaine en 1940. Engagée contre le nazisme, elle apporte son soutien à l'American War French Relief et au comité France Forever et chante à travers le monde pour les soldats américains et alliés. Elle est choisie comme marraine de la 2e division blindée du général Leclerc. Présente à New York au moment de l'annonce de la libération de Paris, elle chante pour l'occasion *La Marseillaise* sur la place du Rockefeller Center. L'année suivante, en 1946, invitée à Paris par le gouvernement français pour les célébrations du 8 mai, elle chante à nouveau *La Marseillaise* lors d'un concert au palais Garnier. Le succès est tel qu'elle la réinterprète depuis un balcon face à une foule massée pour l'événement.

Anne-Sixtine Clevenot

Louis Rapkine (1904-1948)
Profession : biochimiste

Mesures du régime de Vichy prises à son encontre : placé par les autorités d'occupation sur la liste des auteurs juifs de langue française

D'origine russe, juif, naturalisé français le 28 septembre 1939, engagé volontaire, Louis Rapkine atterrit à New York le 26 août 1940 avec Henri Laugier, directeur du CNRS révoqué par Vichy. Soutenus par la Fondation Rockefeller, ils mettent en place un plan de sauvetage des scientifiques français dans l'objectif de les associer à l'effort de guerre allié. Le 11 décembre 1941, le général de Gaulle nomme Rapkine chef du bureau scientifique de la délégation de la France libre aux États-Unis. Il rallie les FFL le 3 mars 1942. Il contribue à la création de la faculté des sciences et du centre d'études médico-sociales de l'École libre des hautes études, ainsi qu'à celle du Comité républicain français. Première étape du retour en France libérée, il dirige la mission scientifique française (MSF) en Grande-Bretagne et le groupe de recherches opérationnelles. Il reçoit la médaille de la Résistance française et la King's Medal for Service in the Cause of Freedom, et il est fait chevalier de la Légion d'honneur.

Diane Dosso

En 1935, Jules Romains intègre le comité France-Allemagne, qui milite pour le rapprochement entre les deux pays, animé par le diplomate Otto Abetz. En 1936, il est nommé président du Pen Club International, association créée en 1921 et réunissant des écrivains engagés pour la liberté d'expression. Il quitte les deux organismes en 1939. Le 16 juin 1940, il quitte la France pour les États-Unis *via* Lisbonne. Il y rejoint France Forever et s'exprime sur Radio Boston et Voice of America. En février 1942, il part pour le Mexique, où il participe, avec d'autres exilés, à la fondation de l'Institut français d'Amérique latine (IFAL) à Mexico. À son retour en France en 1945, le général de Gaulle lui demande de postuler à l'Académie française : il obtient en 1946 le fauteuil 12, celui d'Abel Bonnard, radié l'année précédente pour collaboration avec l'ennemi.

Carine Lachèvre

Ayant quitté Paris pour le Midi en 1940, Germaine Sablon héberge, au cours de leur périple pour rejoindre l'Angleterre, Maurice Druon et l'oncle de ce dernier, Joseph Kessel. Engagée dans la Résistance, elle organise de nombreuses évasions jusqu'au démantèlement de son réseau en novembre 1942. Elle cherche alors à rallier le général de Gaulle et arrive à Londres en février 1943. Présente au moment de l'écriture du *Chant des partisans*, elle le transpose, l'interprète et l'enregistre dès le lendemain. Infirmière auprès de la 1re division française libre, elle prend part aux campagnes de Tripolitaine, d'Italie - au cours de laquelle elle est blessée à Monte Cassino - et de France, participant ainsi à la libération de l'Alsace. Elle est démobilisée le 18 juin 1945.

Anne-Sixtine Clevenot

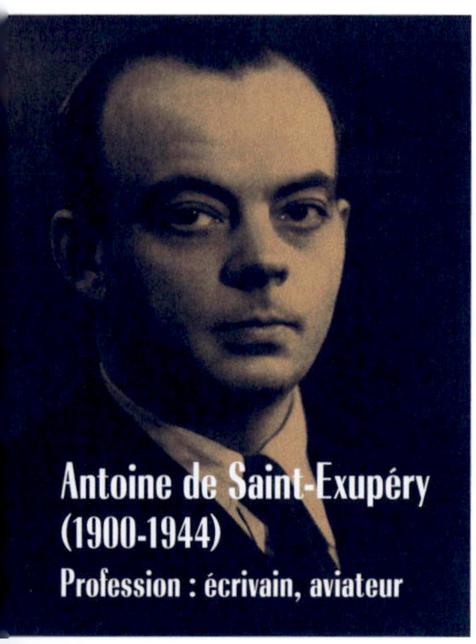

<u>Mesures du régime de Vichy prises à son encontre</u> : en 1943, son ouvrage *Pilote de guerre* est interdit en France à la demande des autorités allemandes

Devenu pilote durant son service militaire, Antoine de Saint-Exupéry est affecté à l'armée de l'air au début de la guerre. Après l'armistice, il rejoint les États-Unis, où il publie *Pilote de guerre* en 1942 et *Lettre à un otage* et *Le Petit Prince* en 1943. Ni vichyste ni gaulliste, il reste en marge de la communauté française en exil, mais œuvre pour sensibiliser l'opinion publique américaine à une entrée en guerre. En mars 1943, il rejoint la France libre et obtient sa réintégration dans son unité, où il effectue des missions de reconnaissance en vue du débarquement de Provence. C'est au cours de l'une d'entre elles qu'il trouve la mort, au large des côtes marseillaises, le 31 juillet 1944.

Anne-Sixtine Clevenot

Saint-John Perse (1887-1975)
Profession : diplomate, écrivain

Né en Guadeloupe, Alexis Leger (de son vrai nom) mène très vite une double carrière de poète, ses premières œuvres paraissant avant la Grande Guerre (*Images à Crusoé*, NRF, 1909), et de diplomate. Entré au Quai d'Orsay en 1914, il s'y fait remarquer par Aristide Briand, qui devient son mentor et qu'il assiste en tant que directeur de cabinet lors de la réalisation des accords de Locarno en 1925. Il restera ensuite fidèle à cette volonté de rechercher «une conciliation franco-allemande». Devenu, en 1933, secrétaire général du ministère, avec rang d'ambassadeur, il anime la politique étrangère de la France avant d'être démis de ses fonctions par Paul Reynaud en mai 1940. Replié en Angleterre, il choisit de s'exiler aux États-Unis, où il est alors l'un des Français les plus influents auprès du président Roosevelt.
Il affirme très vite ses réserves à l'égard du mouvement gaulliste et se concentre sur son importante activité littéraire.

Vincent Giraudier

Henri Seyrig (1895-1973)
Profession : archéologue

Éminent directeur des Antiquités de Syrie et du Liban depuis 1929, Henri Seyrig refuse le poste de directeur de l'Institut d'Istanbul que lui propose, en 1941, le gouvernement de Vichy et démissionne. En 1942, il se rend de Beyrouth à Londres, où il est nommé chef du département des Affaires culturelles par le Comité français de libération nationale. Conseiller culturel de la Free French Delegation à New York de septembre 1943 à décembre 1945, il soutient l'École libre des hautes études et travaille au renforcement de l'influence de la France libre au cours d'une tournée auprès des communautés françaises et libanaises, francophones et francophiles d'Amérique du Sud. Féru d'art moderne et proche des artistes exilés, il se lie d'amitié avec Alexander Calder, ce dont témoignent une broche aux initiales de son épouse, Miette de Saussure, ainsi qu'un mobile offert par le sculpteur américain, plus tard installé au plafond de l'Institut français d'archéologie de Beyrouth, projeté fin 1944 puis inauguré en 1946.

Sylvie Le Ray-Burimi

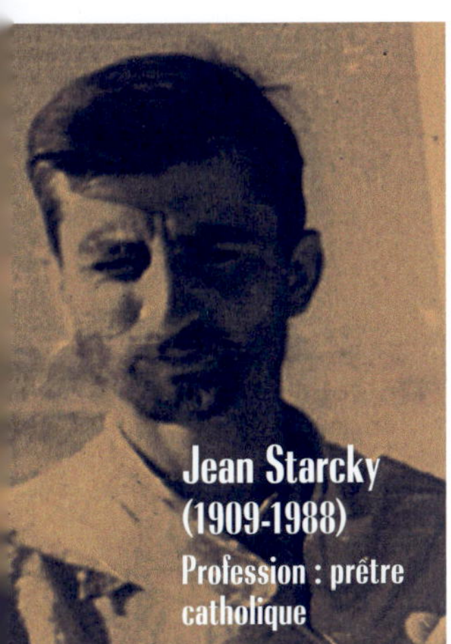

Jean Starcky (1909-1988)
Profession : prêtre catholique

Jean Starcky effectue de brillantes études à l'Institut catholique de Paris, à l'Institut biblique de Rome et à l'École biblique de Jérusalem. Lorsque la guerre éclate, il est professeur d'écritures saintes à l'université Saint-Joseph de Beyrouth et curé de l'antique oasis syrienne de Palmyre. Il n'est pas appelé sous les drapeaux par la commission de réforme de Beyrouth. Rejetant le totalitarisme nazi, il souscrit alors un engagement volontaire au sein de la France libre suite aux combats fratricides de Syrie et devient aumônier au sein de la division française libre. Il s'illustre particulièrement en Italie, durant les combats du Garigliano, en allant au péril de sa vie assister spirituellement un soldat allemand agonisant entre les lignes ennemies. Il est fait Compagnon de la Libération le 20 novembre 1944. Après la guerre, il reprend ses activités, travaillant au déchiffrement et à l'interprétation des manuscrits de la mer Morte, et devient directeur de l'Institut français d'archéologie.

Vincent Giraudier

L'AMÉRIQUE DU NORD

UNE « LOINTAINE AMÉRIQUE »

Vincent Giraudier

L'Amérique et les espoirs de De Gaulle en 1940

En 1940, le général de Gaulle – qui a écrit en 1934 un article sur la « mobilisation économique à l'étranger » durant la Grande Guerre pour la *Revue militaire française* – ne connaît pas personnellement les États-Unis. Une situation classique à une époque où très peu de dirigeants politiques et encore moins de cadres ou de décideurs ont réalisé le long voyage transatlantique. Pourtant, dans son appel du 18 juin, il fait référence « à l'immense industrie des États-Unis » et la présente comme l'une des raisons essentielles de refuser la défaite et d'espérer aboutir un jour à une victoire présentée comme certaine. Cet espoir peut être considéré comme un signe de son intuition en matière de géopolitique, il est aussi une preuve de son excellente connaissance des réalités économiques : membre du gouvernement Reynaud, il ne peut ignorer les commandes massives de matériels passées par la France et le Royaume-Uni aux États-Unis, particulièrement dans le domaine de l'aviation, commandes qui provoquent la création d'un immense complexe militaro-industriel et amplifient le réarmement d'un pays jusqu'alors quasi désarmé.

De Gaulle, dans la continuité parfaite des discours de Paul Reynaud[1], compte ainsi beaucoup sur l'Amérique durant ces journées cruciales de juin 1940. Mais cette aide espérée ne viendra pas et c'est un gouvernement états-unien stupéfait qui assiste à l'effondrement militaire de la France et à la signature des armistices. Bien que conscient du danger, renforcé encore par la disparition de la force militaire française et par le risque de voir sa flotte de guerre tomber aux mains des Allemands, Roosevelt n'abandonne pas pour autant sa neutralité affichée ; sa priorité est d'assurer sa réélection au sein d'une société encore très largement isolationniste, puis d'amener lentement son opinion publique à se faire à l'idée d'une future entrée en guerre[2].

Inquiet et attentif à la tournure des événements, persuadé que la France n'est plus une puissance qui compte dans le jeu des nations[3], le gouvernement américain fait le choix d'une politique conciliante vis-à-vis du régime qui se met en place à Vichy, où il envoie un représentant de haut rang comme ambassadeur, l'amiral Leahy. La France libre, qui se pose en alternative à l'État français, est donc d'emblée mal perçue. Ce premier sentiment négatif est amplifié par plusieurs éléments : la méfiance traditionnelle, au sein de la démocratie américaine, envers les militaires entrés en politique, l'échec des combats de Dakar mais aussi les portraits très défavorables que lui font de Charles de Gaulle des personnalités politiques réfugiées aux États-Unis, comme l'ambassadeur Alexis Leger (plus connu sous son nom de plume, Saint-John Perse) ou l'ancien président du Conseil Camille Chautemps.

Les réfugiés français aux États-Unis : un exil restreint et élitiste

L'Amérique, en effet, devient rapidement l'une des destinations de ceux qui refusent à la fois la défaite et l'occupation allemande mais aussi la perspective de continuer la guerre, par exemple depuis Londres, au sein de ce qui deviendra la France libre. Entre 1940 et 1942, 8 000 à 9 000 Français trouvent ainsi refuge aux États-Unis. Ils sont, pour reprendre les termes de Jean-Louis Crémieux-Brilhac, « des privilégiés de la naissance, de la fortune et de l'esprit[4] ». Ce faible nombre s'explique aisément

1 Voir en particulier le discours du 13 juin 1940 présentant les troupes françaises comme l'avant-garde des armées de la Démocratie et adressant « un nouvel et dernier appel » à s'engager au président Roosevelt.

2 Sur cette question, se référer à Guillaume Piketty, « Les États-Unis en 1940 », dans *Comme en 40…*, cat. exp., Paris, Gallimard/musée de l'Armée, 2020, p. 250-254.

3 Le gouvernement des États-Unis envisage ainsi en juillet la mise sous tutelle des territoires français d'Amérique et des Antilles. La déclaration de La Havane, rédigée avec les gouvernements latino-américains, prévoit finalement de n'accepter aucun changement de souveraineté sur des territoires de l'hémisphère occidental.

4 Jean-Louis Crémieux-Brilhac, *La France libre. De l'appel du 18 juin à la Libération* [1996], Paris, Gallimard, « Folio », 2014, vol. 1, p. 343.

par une politique très restrictive en matière de visas, qui s'inscrit dans la suite de l'échec de la conférence d'Évian, organisée en juillet 1938 à l'initiative de Roosevelt et qui n'a débouché sur aucune mesure concrète pour aider les réfugiés juifs fuyant l'Allemagne et l'Autriche. Les Français, ou les personnes déjà réfugiées en France en 1940, ne peuvent ainsi rejoindre les États-Unis sans le soutien de philanthropes, d'institutions comme les grands musées new-yorkais, d'individus tels Louis Rapkine, aidé de la Fondation Rockefeller, ou Varian Fry, qui anime depuis Marseille, jusqu'à son expulsion par Vichy en août 1941, le Centre américain de secours. Les universitaires, les écrivains, les journalistes, les scientifiques et les artistes constituent l'essentiel des réfugiés, accompagnés de quelques industriels et politiques. Les Juifs victimes des persécutions constituent une part majeure de ces « derniers passagers[5] » qui arrivent à quitter l'Europe avant la mise en place de la « solution finale ». Une fois franchis ces véritables « murs de papier » et après avoir obtenu tout à la fois un visa, un billet de bateau et les garanties nécessaires, les exilés s'installent pour la plupart à New York, lieu d'arrivée des navires et grande ville cosmopolite de tradition progressiste.

5 Nous empruntons ce terme au film documentaire de Jérôme Prieur *1941. Dernier bateau pour l'exil*, réalisé en 2023.

À ces exilés, peu nombreux à l'échelle de ce pays d'accueil, s'ajoutent les Français déjà installés aux États-Unis : 35 000 nationaux, auxquels s'ajoutent les Américains d'origine française, soit plusieurs centaines de milliers de personnes. Ces derniers sont, en grande majorité, favorables au gouvernement de Vichy, qui représente une légalité confirmée par la présence d'un ambassadeur de France à Washington, lequel assure par ailleurs le fonctionnement normal de l'ensemble des organismes et services consulaires (formalités administratives et paiement des pensions, entre autres).

Méconnaissance de la culture politique américaine, réticence quasi immédiate du gouvernement Roosevelt à l'égard du mouvement français libre, critiques des exilés les plus éminents, manque de soutien des expatriés : les obstacles apparaissent donc immenses pour les premiers « représentants » du général de Gaulle, alors même que l'Amérique constitue un enjeu primordial pour l'action de ce dernier.

La France libre face aux obstacles diplomatiques américains

Le premier représentant du Général aux États-Unis, désigné dès juillet 1940, est l'industriel Jacques de Sieyès, vice-président pour New York des parfums Patou et l'un de ses anciens condisciples à Saint-Cyr. Il est épaulé, à partir de janvier 1941, par Maurice Garreau-Dombasle, conseiller démissionnaire de l'ambassade de France, et par l'avocat international Raoul Aglion, qui a rallié le mouvement gaulliste en Égypte. Georges Thierry d'Argenlieu, de passage à New York dans le cadre d'une mission au Canada en mars 1941, écrit cependant à de Gaulle que « les multiples représentants aux attributions mal-définies [sont] sans aucun crédit auprès des Français sincères et droits et des autorités américaines[6] ». Signe de l'importance qu'il accorde aux États-Unis, le Général réagit en y nommant, en juin, René Pleven, qui est alors son directeur des affaires extérieures et économiques. Français libre de la première heure et un des artisans du ralliement de l'Afrique-Équatoriale française en août 1940, Pleven est l'homme de la situation : il parle parfaitement l'anglais, a été le directeur général pour

6 J.-L. Crémieux-Brilhac, *La France libre…*, *op. cit.*, p. 346.

la France d'une importante société américaine, ainsi que le second de Jean Monnet au sein de la commission d'achat d'armement franco-britannique. Enfin, son épouse, Anne Pleven, est une des animatrices du Free French Relief Committee, qui collecte aux États-Unis des fonds pour équiper les Forces françaises libres en matériel médical et chirurgical.

Grâce à ses contacts, Pleven arrive à rencontrer différents dirigeants américains, dont le vice-président Henry Wallace ou le conseiller de Roosevelt Harry Hopkins, et obtient la création d'une « délégation organisée, sans statut diplomatique défini ». Celle-ci est « habilitée à traiter des sujets concernant la France libre ». Pleven confie cette délégation à une équipe de cinq personnes : Sieyès, chargé maintenant seulement des missions protocolaires, Aglion, promu secrétaire général, et trois nouvelles personnalités, Raoul de Roussy de Sales, Étienne Boegner, fils du pasteur président de la Fédération des Églises réformées de France, et Adrien Tixier. Mutilé de guerre, ancien directeur du Bureau international du travail à Washington, ce dernier est apprécié des Américains, qui peuvent voir en lui une caution démocratique pour la France libre. Celle-ci bénéficie depuis peu de la loi « prêt-bail » en tant qu'unité militaire agissant dans le cadre britannique.

L'entrée en guerre des États-Unis en décembre 1941 aurait dû améliorer la situation de la France libre au sein d'un pays devenu maintenant un allié, qui de plus aurait désormais tout intérêt à s'appuyer sur les territoires français libres du Pacifique et d'Afrique. Mais le ralliement à de Gaulle à la Noël de Saint-Pierre-et-Miquelon est perçu, malgré l'accueil enthousiaste de la population de l'archipel et le plébiscite en faveur de la France libre, comme une provocation : le gouvernement américain, hostile à cette violation des principes de la déclaration de La Havane de juillet 1940 et qui vient tout juste de confirmer, *via* un message au maréchal Pétain, sa satisfaction du maintien du *statu quo* dans les territoires de l'Empire français, réagit fortement. Le 25 décembre, le secrétaire d'État, Cordell Hull, fustige « l'action entreprise par trois bâtiments soi-disant français libres » à Saint-Pierre-et-Miquelon et souhaite une intervention pour « restaurer le *statu quo* dans les îles ».

Un facteur décisif intervient alors en faveur de la France libre : celui du poids des opinions publiques. Des Américains, choqués, expriment leur mécontentement « au soi-disant secrétaire d'État », qui, s'estimant désavoué, envisage de démissionner. Ces interventions ont pour principale raison l'action des journaux américains, tout particulièrement du *New York Times*, dont le reporter envoyé dans l'archipel témoigne de l'enthousiasme de la population. Les gouvernements canadien et britannique font également savoir que leurs opinions publiques ne pourraient accepter le rétablissement de l'administration vichyste à Saint-Pierre-et-Miquelon. Les îles resteront bien sous administration de la France libre – mais le ressentiment réciproque est important.

L'esprit des relations qui existent alors entre la France libre et le gouvernement américain peut se matérialiser par la lettre manuscrite que le général de Gaulle adresse, le 18 février 1942, à Pierre de Chevigné, désigné pour animer la Mission militaire de la France libre à Washington et qui met des mois pour être finalement autorisé à rejoindre les États-Unis, le 7 mai : « Votre mission commence. Elle est, comme vous le sentez, capitale. Il s'agit de faire beaucoup avec peu et en partant de presque rien[7]. »

Pour « faire beaucoup », la France libre va s'appuyer non sur ses ressources ou ses armées, qui sont infimes à l'échelle de la guerre, mais sur une attitude morale systématiquement affirmée et le refus absolu de la moindre compromission. Cette politique, déjà exprimée, non sans heurts, face à Winston Churchill, l'allié de juin 1940, atteint son paroxysme face à une administration américaine qui fait le choix de privilégier l'amiral Darlan puis le général Giraud et cherche encore à instaurer une administration militaire alliée au moment du débarquement du 6 juin 1944. Elle s'attache aussi à gagner les cœurs et les esprits en obtenant le ralliement ou le soutien de la communauté française, particulièrement de cette élite réfugiée qui, depuis New York ou Hollywood, prend petit à petit fait et cause pour le camp de la France libre. Plus qu'ailleurs dans le monde, les États-Unis sont donc le théâtre d'un véritable combat d'influences[8] – mais c'est seulement à partir du premier semestre 1942 que les sympathies de l'opinion publique américaine à l'égard des Français libres commencent à s'amplifier, particulièrement lors du « Bastille Day » du 14 juillet 1942. Ce phénomène est accentué par une véritable montée en puissance du mouvement France Forever consécutive à l'action menée depuis mars 1942 par Henri Laugier, qui a repris et structuré cette association longtemps hétéroclite[9].

7 Guillaume Piketty, *Français, libre. Pierre de Chevigné*, Paris, Tallandier, 2022, p. 90.

8 Sur ce « combat culturel », voir la conférence de Diane de Vignemont au musée de l'Ordre de la Libération, 29 mars 2021, « La France libre et la "bataille de New York" », www.youtube.com/watch?v=loSDAFM4rR0.

9 Sylvie Le Ray-Burimi, « Une œuvre d'intérêt patrimonial majeur entre au musée de l'Armée : le mobile *France Forever* (1942) d'Alexander Calder », *La Revue des musées de France*, n° 3, 2020, p. 101-111.

LES DÉBUTS DE LA FRANCE LIBRE AU CANADA

Olivier Courteaux

Le Canada face à la France libre et au régime de Vichy

Le Canada, Charles de Gaulle n'en doutait pas, serait appelé à jouer un rôle de premier plan durant la guerre. D'abord parce qu'il était devenu, du jour au lendemain, le principal allié du Royaume-Uni ; ensuite du fait de la présence d'une importante communauté francophone d'environ trois millions de personnes, que le Général pensait, à tort, acquise à la cause de la France libre[1]. Or, c'est précisément cette communauté francophone qui devint, dès le mois de juin 1940, un enjeu majeur de la confrontation entre le régime de Vichy et la France libre.

1 Archives du ministère des Affaires étrangères (désormais AMAE), Paris, série guerre 39-45, sous-série Londres, vol. 198, note de Raymond Offroy pour le commissaire aux Affaires étrangères de la France libre, 22 septembre 1942.

Rapidement, le Premier ministre du Canada, Mackenzie King, trancha : il n'était pas question de rompre avec Vichy. La déclaration britannique du 28 juin, qui reconnaissait de Gaulle comme le « chef de tous les Français libres, où qu'ils se trouvent, qui se rallient à lui pour la défense de la cause alliée », masquait la déception voire le scepticisme de Londres à l'égard du Général. Pour l'heure, le gouvernement légal – donc légitime – de la France restait celui formé par le maréchal Pétain, et c'était avec lui qu'il fallait chercher à négocier ce qui pouvait encore l'être. La grande majorité des hauts responsables canadiens partageaient ce point de vue. De surcroît, ce qui inquiétait le gouvernement fédéral, c'était la réaction des Canadiens français à l'incroyable défaite française. À l'été 1940, la grande majorité de ces derniers, encore sous le choc et témoins lointains des tensions grandissantes entre Londres et Vichy, se réfugièrent dans un attentisme prudent. « Les Canadiens français se récusent lorsqu'on leur demande de juger et de condamner la France officielle. On aurait tort de leur demander de se mêler du problème moral qui divise présentement la nation française », déclarait *Le Soleil* le 9 août.

À l'image d'une presse déboussolée, les milieux politiques de la Belle Province, à commencer par les libéraux au pouvoir, choisirent de rester muets sur un sujet politiquement explosif. Pour autant, le prestige de Pétain et la Révolution nationale qu'il n'allait pas tarder à décréter ne pouvaient que séduire une population canadienne française toujours très imprégnée des valeurs du catholicisme et d'un conservatisme politique marqué par une hostilité bien réelle aux idéologies de la Révolution française. Quant à la mouvance nationaliste, viscéralement isolationniste et dont les sentiments antibritanniques n'étaient un secret pour personne, elle était opposée à la participation du Canada au conflit. « La guerre actuelle, commentait le correspondant à la Chambre des communes du très nationaliste quotidien *Le Devoir*, découle en ligne directe de la mauvaise paix de Versailles[2]. » Si, de surcroît, la terrible défaite de la France pouvait aboutir à ce que le pays, régénéré par l'épreuve et conduit par un gouvernement conservateur – « le meilleur que la France ait jamais eu » –, embrassât à nouveau des valeurs plus traditionnelles, tant mieux ! Enfin, les nationalistes avaient beau jeu de souligner le maintien de liens diplomatiques entre le Canada et le régime de Vichy.

À l'inverse, le Canada anglophone, par la voix du parti conservateur, qui formait l'opposition officielle, ne cessait de réclamer qu'Ottawa intensifiât son aide militaire et économique à une Grande-Bretagne qui apparaissait pour beaucoup au bord d'une défaite quasi inéluctable. Pour le gouvernement canadien, l'enjeu était donc d'abord politique : il lui fallait à tout prix maintenir la très fragile unité du pays dans un contexte particulièrement difficile.

Parmi les diplomates canadiens, Georges Vanier, toujours officiellement ministre plénipotentiaire auprès du gouvernement de Vichy bien qu'il eût quitté la France en juin 1940, soulignait le « manque de jugement politique » du général de Gaulle, « conseillé par un groupe d'hommes qui ne valent pas grand-chose[3] ». De son côté, Pierre Dupuy, nommé chargé d'affaires auprès des gouvernements français, néerlandais et belge, bombardait Ottawa de rapports plus négatifs les uns que les autres concernant « ce colonel fait général il y a une quinzaine de jours », qui plus est entouré d'une clique plus intéressée par l'ébauche de futiles combinaisons politiques que du sort de la patrie en détresse. Même si Dupuy avait une forte propension à en exagérer la gravité, les rivalités personnelles et les querelles politiques qui secouaient périodiquement la France libre à Londres ne pouvaient que se répercuter sur les comités de la France libre au Canada. Ce qui ne manqua pas de se produire : « Il me fallait passer 90 % de mon temps, jour et nuit, à protéger la France libre, ici [au Canada], contre les intrigues, les incompréhensions et l'ignorance du comité national de Londres[4] », confia Élisabeth de Miribel au capitaine d'Argenlieu en septembre 1942. Il fallut donc toute l'énergie et le travail acharné d'un petit groupe d'individus, dont Élisabeth de Miribel, pour que, progressivement, la tendance soit inversée.

Élisabeth de Miribel et la mission gaulliste au Canada

C'est en juillet 1940 que la jeune femme, investie par de Gaulle d'une mission de propagande et d'information[5], quitta Londres pour le Canada. Sans moyens financiers, avec pour seule source une liste de Français expatriés soucieux de soutenir le mouvement gaulliste, Élisabeth de Miribel allait en peu de temps donner toute sa mesure et implanter solidement la France libre dans le pays. Sa mission se présentait pourtant sous de sombres auspices. Le 1er août, en effet, le général de Gaulle, dans un appel vibrant, exhorta les Canadiens français à porter avec fierté le flambeau de la culture française, évoquant le « rôle et [l']importance [du Canada] à l'intérieur de l'Empire

2 Montréal, Fondation Lionel-Groulx, fonds Georges Pelletier, lettre de Léopold Richer à Georges Pelletier, 17 avril 1940.

3 Archives nationales du Canada (désormais ANC), papiers King, MG26, *King Diaries*, 7 octobre 1940.

4 ANC, papiers Affaires extérieures, dossiers 712c-40, lettre d'Élisabeth de Miribel au capitaine d'Argenlieu (interceptée par les services de la censure), 13 septembre 1942.

5 Gladys Arnold, *One Woman's War. A Canadian Reporter with the Free French*, Toronto, James Lorimer & Company, 1987, p. 84.

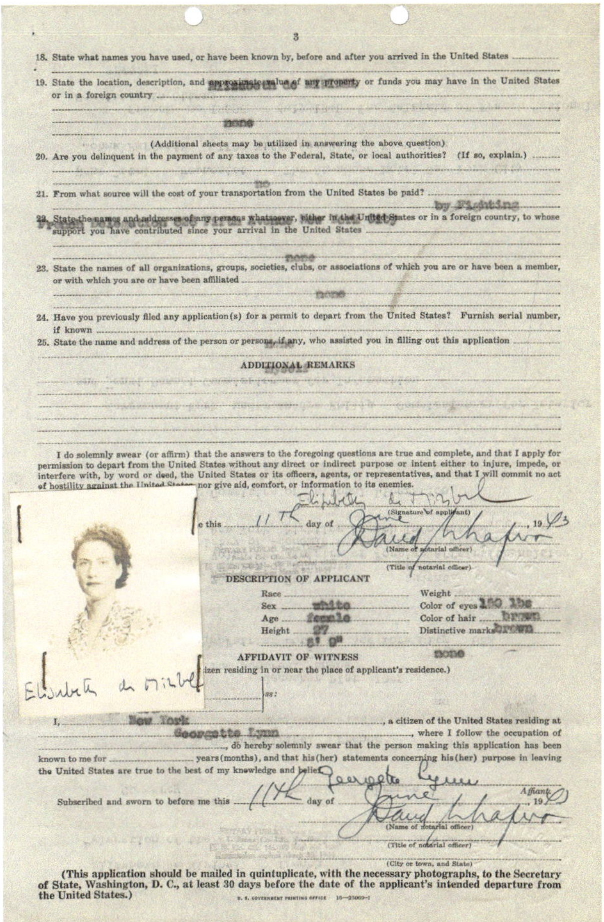

3

18. State what names you have used, or have been known by, before and after you arrived in the United States

19. State the location, description, and approximate value of any property or funds you may have in the United States or in a foreign country

none

(Additional sheets may be utilized in answering the above question)

20. Are you delinquent in the payment of any taxes to the Federal, State, or local authorities? (If so, explain.)

no

21. From what source will the cost of your transportation from the United States be paid?

by Fighting

22. State the names and addresses of any persons whatsoever, either in the United States or in a foreign country, to whose support you have contributed since your arrival in the United States

none

23. State the names of all organizations, groups, societies, clubs, or associations of which you are or have been a member, or with which you are or have been affiliated

none

24. Have you previously filed any application(s) for a permit to depart from the United States? Furnish serial number, if known

25. State the name and address of the person or persons, if any, who assisted you in filling out this application

ADDITIONAL REMARKS

I do solemnly swear (or affirm) that the answers to the foregoing questions are true and complete, and that I apply for permission to depart from the United States without any direct or indirect purpose or intent either to injure, impede, or interfere with, by word or deed, the United States or its officers, agents, or representatives, and that I will commit no act of hostility against the United States nor give aid, comfort, or information to its enemies.

Elisabeth de Miribel
(Signature of applicant)

…e this 11th day of June, 1943

David Shapiro
(Name of notarial officer)

(Title of notarial officer)

DESCRIPTION OF APPLICANT

Race
Sex white
Age female
Height 27
5' 9"
Weight 150 lbs
Color of eyes brown
Color of hair brown
Distinctive marks none

AFFIDAVIT OF WITNESS

…izen residing in or near the place of applicant's residence.)

…ss:

I, New York, a citizen of the United States residing at Georgette Lynn, where I follow the occupation of, do hereby solemnly swear that the person making this application has been known to me for years(months), and that his(her) statements concerning his(her) purpose in leaving the United States are true to the best of my knowledge and belief.

Georgette Lynn
Affiant

Subscribed and sworn to before me this 11th day of June, 1943

David Shapiro
(Name of notarial officer)

(Title of notarial officer)

(City or town, and State)

(This application should be mailed in quintuplicate, with the necessary photographs, to the Secretary of State, Washington, D. C., at least 30 days before the date of the applicant's intended departure from the United States.)

U. S. GOVERNMENT PRINTING OFFICE 16—25009-1

Elisabeth de Miribel

cat. 99 *Alien's Application* d'Élisabeth de Miribel, 1943

Nantes, Archives du ministère des Affaires étrangères, délégation du Comité national français puis du CFLN aux États-Unis, 737PO/3/38

Élisabeth de Miribel quitte les États-Unis en 1943 pour rejoindre le Comité de libération nationale à Alger, plus précisément les commissariats à l'Intérieur d'André Philip et à la Communication d'Henri Bonnet. C. L.

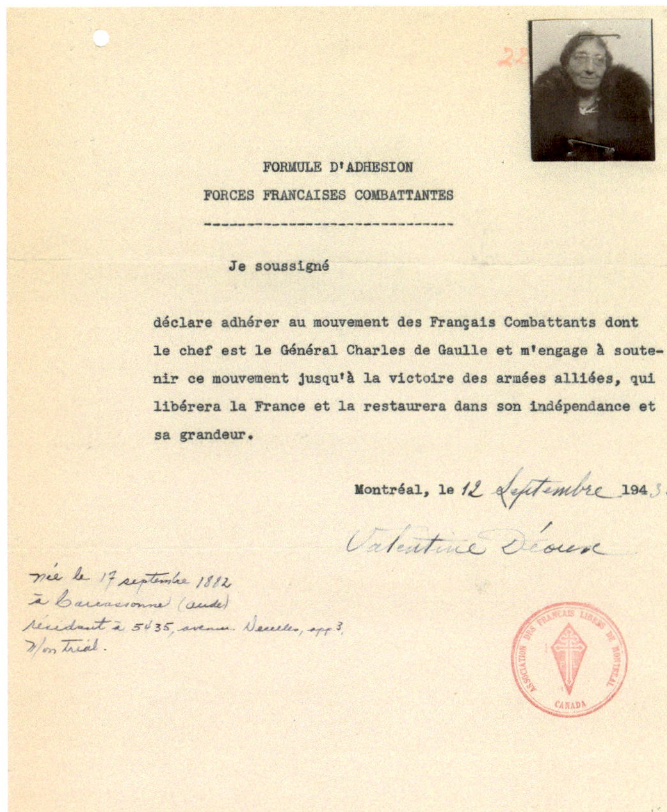

22

FORMULE D'ADHESION

FORCES FRANCAISES COMBATTANTES

Je soussigné

déclare adhérer au mouvement des Français Combattants dont le chef est le Général Charles de Gaulle et m'engage à soutenir ce mouvement jusqu'à la victoire des armées alliées, qui libérera la France et la restaurera dans son indépendance et sa grandeur.

Montréal, le 12 Septembre 1943.

Valentine Décorse

née le 17 septembre 1882
à Carcassonne (Aude)
résidant à 5435, avenue Durelles, app 3,
Montréal.

ill. 15 Formulaire d'adhésion de civil canadien, 1943

Nantes, Archives du ministère des Affaires étrangères, ambassade de France à Ottawa, 496PO/1/78

La présence gaulliste au Canada est marginale jusqu'à l'opération alliée *Torch* en novembre 1942, qui entraîne la rupture des relations diplomatiques entre Ottawa et Vichy. La reconnaissance par le Canada, en août 1943, du Comité de libération nationale créé à Alger amorce un soutien un peu plus accentué des Canadiens francophones à la France combattante. C. L.

britannique ». Il voulut aussi souligner combien l'exemple du Canada français, « un rameau de la vieille souche française devenu un arbre magnifique », pouvait contribuer à « ranimer l'espérance [de la France] dans l'avenir[6] ». Hélas, ces mots furent mal perçus. Ernest Lapointe, ministre fédéral de la Justice, parla d'une « insulte ». *Le Devoir* accueillit l'appel gaullien de façon tout aussi cinglante : « Nous ne sommes, nous, Canadiens de langue française et quoi qu'on en ait dit avec générosité d'esprit, mais trop tôt, que ses héritiers [de la France] éventuels et lointains[7]. »

6 Charles de Gaulle, *Discours et messages*, t. I : *Pendant la guerre, juin 1940-janvier 1946*, Paris, Plon, 1970, p. 20-21.

7 Élisabeth de Miribel, *La liberté souffre violence*, Paris, Plon, 1981, p. 49.

Le pire était encore à venir. Dès la fin juillet, de Gaulle avait souhaité que « tous les Français du Canada qui sont en faveur de mon effort se constituent en un groupement avec qui nous resterons en contact et à qui nous enverrons régulièrement des nouvelles sur les progrès de notre entreprise ». Le Général, sans connaître la réalité du terrain, et pour cause, choisit alors comme représentant de la France libre au Canada William Vignal, président de l'Union nationale française de Montréal – choix pour le moins désastreux quand on découvrit que Vignal, jaloux de son autorité, condescendant dans ses rapports avec d'autres membres du mouvement et faisant preuve d'une antipathie marquée pour les Canadiens français, manquait de détermination et d'énergie. Élisabeth de Miribel ne put qu'observer les incessantes querelles intestines au sein des comités de la France libre qui s'étaient spontanément formés partout au Canada dès l'annonce de la défaite. Ces divisions portaient un grave préjudice au mouvement au moment où le gouvernement canadien, lui, marquait son indifférence, quand ce n'était pas de l'hostilité.

Tandis qu'Élisabeth de Miribel faisait ses premiers pas au Canada, elle fit une rencontre décisive, celle du père Marie-Alain Couturier, un prêtre dominicain que la défaite française avait lui aussi surpris. Pendant tout le séjour de la jeune femme en Amérique du Nord, il lui servit de guide spirituel et l'aida, par ses conseils et ses encouragements, à triompher de bien des obstacles. À peine quelques semaines après son arrivée, elle parvint ainsi, à force de détermination, à recevoir l'appui du primat de l'Église catholique au Canada. Progressivement, et malgré l'hostilité marquée de Vignal, elle réussit à accroître l'influence de la France libre.

La reconnaissance progressive de la France libre par le Canada

Le 18 février 1941, Mackenzie King donna son aval au projet de visite d'un représentant de la France libre au Canada[8]. Le choix du général de Gaulle s'était porté sur le capitaine de frégate Georges Thierry d'Argenlieu, un moine carmélite rallié de la première heure. La nomination, le 9 février à Vichy, de l'amiral Darlan, cet « incurable anglophobe », à la vice-présidence du Conseil ne fut pas pour rien dans la décision du Premier ministre. Dès son arrivée à Ottawa, fin mars, d'Argenlieu fut reçu en audience par ce dernier, qui approuva la nomination d'un représentant officiel de De Gaulle[9]. Vignal, qu'Élisabeth de Miribel jugeait par trop incompétent, fut remplacé par le colonel Martin Prével, mieux connu sous son nom de guerre, Philippe Pierrené. « Sentimentalement, raconte-t-elle, Québec reste foncièrement attaché à Vichy. Les Canadiens [francophones] ont une admiration sans bornes pour le maréchal Pétain, malgré son entourage, malgré ses erreurs[10]. » D'Argenlieu lui confia le soin de

8 *Documents on Canadian External Relations*, vol. VIII, Vincent Massey à Mackenzie King, 18 février 1941.

9 ANC, papiers King, *King Diaries*, 20 mars 1941.

10 E. de Miribel, *La liberté…*, *op. cit.*, p. 50.

constituer un bureau d'information de la France libre. En quelques mois, elle parvint, en étroite collaboration avec Pierrené, à s'imposer dans les milieux gouvernementaux comme une interlocutrice incontournable : « Notre mouvement n'était pas encore reconnu, se souvient-elle, mais nous bénéficiions d'une sorte de statut non écrit[11]. » Le fait fut confirmé par d'Argenlieu dans un rapport de mission à de Gaulle : « Le but principal a été atteint. La rupture des relations officielles avec le gouvernement de Vichy, qui eût été impossible en juin 1940 sans entraîner une crise intérieure grave, devient réalisable à la suite du mouvement d'opinion créé par ma mission[12]. »

Après un début des plus laborieux, la France libre parvenait enfin, malgré les obstacles, à s'imposer. La visite de D'Argenlieu mais surtout le travail immense réalisé par Élisabeth de Miribel contribuèrent à la reconnaissance, certes encore officieuse, du mouvement gaulliste. Il fallut encore de longs mois avant que le gouvernement canadien ne reconnaisse officiellement la France libre, mais le mouvement s'était enfin établi.

11 *Ibid.*, p. 75.

12 AMAE, série guerre 39-45, sous-série Londres, vol. 387, rapport de mission au Canada du capitaine d'Argenlieu, 19 mai 1941.

« Réouverture de la capitale de l'homme »

Réinventer les symboles nationaux en exil

Sylvie Le Ray-Burimi

Délégation et recyclage

Dépourvue de moyens humains, financiers et matériels, la France libre se voit très tôt confrontée à la nécessité de déléguer et de recycler des initiatives extrinsèques. Comme l'écrit Charles de Gaulle au colonel Pierre de Chevigné, chef de la mission militaire de la France libre aux États-Unis à partir de 1942 : « Votre mission commence. Elle est, comme vous le sentez, capitale. Il s'agit de faire beaucoup avec peu et en partant de presque rien[1]. » Confrontée à la précarité, la France libre assoit son rayonnement culturel, académique et scientifique sur une multitude de structures et de personnes relais, admettant une pluralité de points de vue. Universités, écoles, clubs, associations, galeristes, libraires, éditeurs, mécènes, entreprises, artistes concourent à sa visibilité, souvent sans véritable mot d'ordre. Transplantés hors du sol métropolitain et précipités dans la mondialisation, ces acteurs de la Résistance extérieure combinent à tâtons des motifs transverses ; des poncifs liés à l'histoire nationale interagissent avec les créations les plus novatrices et les plus hybrides.

Depuis la Grande-Bretagne, les Amériques ou les territoires ralliés, la France libre parvient à faire dialoguer des œuvres empruntées à son patrimoine comme à celui des pays d'accueil, des formes vernaculaires d'art avec celles créées par les avant-gardes. Le soutien de ces dernières est d'autant plus précieux qu'il atteste la capacité du mouvement à composer avec la liberté de création, sans imposer d'esthétique ni de contenu préétabli aux œuvres plastiques. Il contribue à ancrer le pouvoir de persuasion de la France libre dans la modernité et l'agilité, aux antipodes de la propagande de l'Axe.

Cette ouverture des instances de la France libre, en quête de reconnaissance diplomatique, aux initiatives en partie spontanées des expatriés et sympathisants permet à ces « soutiers[2] » de s'inscrire dans l'héritage des Lumières, de gagner les opinions à leur cause tout en faisant brèche dans les murailles des préjugés les concernant. Les directives officielles du mouvement, si elles ne sont pas absentes, portent

1 Lettre de Charles de Gaulle à Pierre de Chevigné, Londres, 18 février 1942, dans Charles de Gaulle, *Lettres, notes et carnets*, t. II : 1942-mai 1958, Paris, Robert Laffont, « Bouquins », 2010, p. 28.

2 Pierre Brossolette, « Saluez-les, Français ! Ce sont les soutiers de la gloire », premier discours de Pierre Brossolette à la BBC, le 22 septembre 1942.

plus sur les médias de diffusion large (films, émissions radiodiffusées, journaux) que sur les œuvres plastiques, littéraires, musicales, scientifiques et sur les lieux de sociabilité à l'audience limitée.

Réemplois. De *La Marseillaise* de Rude à *L'Appel aux armes* de Rodin

Le haut-relief *Le Départ des volontaires en 1792* (1833-1836) de François Rude, la *Jeanne d'Arc* (1874) d'Emmanuel Frémiet, le *Lion de Belfort* (1875-1880) et *La Liberté éclairant le monde* (1886) d'Auguste Bartholdi, *La Défense de Paris*, dite aussi *L'Appel aux armes* (1879), d'Auguste Rodin[3], *La France* (1922) d'Antoine Bourdelle[4] ou *L'Ange au sourire* (vers 1240) de la cathédrale Notre-Dame de Reims, bombardée en 1914, constituent autant de motifs circulant d'un support à l'autre. Que ce soit sous forme de photographies, d'affiches, d'installations ou d'apparitions filmiques, le réemploi par la France libre de ces sculptures palladiums renvoie aux conflits précédents.

Figure maîtresse du *Départ des volontaires en 1792* sculpté par Rude pour l'Arc de triomphe de la place de l'Étoile, à Paris, point de fixation des « passions françaises[5] », la *Marseillaise* renvoie à la nation en armes et au rôle joué par celle-ci dans la défense de la patrie en 1792, 1814, 1871, 1914 et désormais 1940. Bien que l'œuvre soit issue d'une commande monarchique, son caractère républicain la rend précieuse au moment où le caractère supposément prétorien du mouvement gaulliste est invoqué pour le discréditer. La postérité internationale de cette *Marseillaise* est déjà grande lorsque la France libre s'en empare[6]. Associé au distique « Liberté, Liberté chérie / Combats avec tes défenseurs » extrait du *Chant du départ* de Rouget de Lisle, le haut-relief apparaît dans l'affiche *Aux armes citoyens* (1942) et les scénographies de Jean Carlu et Pierre Chareau pour France Forever[7], sur les papiers à lettres d'Albert Guérin à Buenos Aires[8], sur ceux de Jacques Soustelle au Mexique[9]. Sur la couverture du catalogue de l'exposition londonienne « The Spirit of France » (1941) (cat. 248), la *Marseillaise* est associée à *L'Ange au sourire* en un raccourci saisissant de l'histoire nationale : « Les visages de la France sont innombrables. Sa dignité ne peut s'exprimer en une seule image [...]. De la richesse de l'héritage français naît la diversité de la culture française[10]. » Enfin, dans l'affiche *Liberté, Liberté chérie* (1943) de Natacha Carlu, la *Marseillaise* de Rude est associée à la *Liberté* de Bartholdi, rappel de l'antériorité de la France dans la transmission du flambeau de la liberté.

Réinventions. Du rideau de scène *Liberté, Égalité, Fraternité* (1942) au *Serpent dans la galère* (1945)

Aux côtés de ces réemplois plus ou moins littéraux, les artistes exilés revisitent, en les modernisant, des figures mythologiques et des symboles nationaux tels que l'enlèvement d'Europe, le Phénix, le coq, le drapeau français, le bonnet phrygien, la devise républicaine, les sculptures médiévales – autant de motifs dont s'emparent Ossip Zadkine, Jacques Lipchitz, Jean Hélion, André Masson, Fernand Léger.

Masson réalise le rideau de scène *Liberté, Égalité, Fraternité*, qu'il décore d'une tête féminine au bonnet phrygien, pour le *mass meeting* organisé par France Forever au Manhattan Center de New York le 14 juillet 1942 ; il sera réutilisé en 1944

3 Reproduite sur la couverture du *Fighting France Yearbook* de 1943.

4 Choisie en 1945 pour couronner le monument aux morts de la France libre au Trocadéro.

5 Isabelle Rouge-Ducos, « Passions françaises autour de la *Marseillaise* de Rude. De l'utilisation de la sculpture à des fins politiques », *Revue de l'art*, nº 162, 2008, p. 33-42.

6 Claire Barbillon, « La *Marseillaise* de Rude, paradigme visuel fécond pour la sculpture de la seconde moitié du XIXe siècle », dans Sophie Barthélémy et Matthieu Gilles (dir.), *François et Sophie Rude. Un couple d'artistes au XIXe siècle, citoyens de la Liberté*, cat. exp., Paris/Dijon, Somogy/musée des Beaux-Arts de Dijon, 2012, p. 136-143.

7 Paris, musée des Arts décoratifs, fonds Jean Carlu.

8 Lettre d'Albert Guérin à E. Guetta, rédacteur en chef de la revue *Français libres des Indes* à Bombay, Buenos Aires, 10 juillet 1942, Aix-en-Provence, Archives nationales d'outre-mer.

9 Affiche *Pour la France libre. Comité de Gaulle. In Hoc Signo Vinces*, Nantes, Centre des archives diplomatiques, archives rapatriées de la Légion de France à Mexico, 1880-1957, 432PO/C/199.

10 « The Spirit of France. A Fighting French Exhibition », cat. exp., Londres, Fighting French Forces Exhibition Department, 1941.

cat. 100 Natacha Carlu (Anne Pecker, dite, 1895-1972), affiche « Liberté… Liberté chérie…/Conduis soutiens nos bras vengeurs », vers 1942-1943

Paris, musée de l'Ordre de la Libération, N4449

« Liberté… Liberté chérie… » superpose à *La Marseillaise* de Rude la tête de la statue de la Liberté de Bartholdi, sur lesquelles se détachent deux vers du *Chant de guerre pour l'armée du Rhin* (*La Marseillaise*) de Rouget de Lisle, adopté comme hymne national français en 1795. Véritable compendium patriotique, cette affiche renvoie à l'admiration de Natacha Carlu pour Puvis de Chavannes comme pour Bartholdi, artistes engagés durant la guerre de 1870-1871 mais aussi tous deux actifs aux États-Unis. S. L. R.-B.

pour les célébrations du Bastille Day, dont il orne la scène et le programme. De cette œuvre, qui vaut à son créateur les foudres d'André Breton, lequel la juge trop nationaliste, subsistent un dessin[11] ainsi qu'une étude peinte[12].

Promesse d'émancipation, *Défense d'* et *L'Escalier*, peints par Jean Hélion entre 1943 et 1944, jouent avec le tricolore du drapeau français. Si *Défense d'* est un rappel des affiches multipliant les interdits sous l'Occupation, dans *L'Escalier*, les trois couleurs se déploient autour de l'axe d'un escalier gravi par un homme dont la canne semble indiquer qu'il est aveugle, handicap fréquent chez les prisonniers de

11 *Liberté*, 1942, qui fit partie de la collection Paul et Marguerite Rosenberg.

12 *Liberté, Égalité, Fraternité*, 1942, esquisse à l'huile sur toile, collection particulière. Kai Buchholz et Klaus Wolbert (dir.), *André Masson, Bilder aus der Labyrinth der Seele. Vues du labyrinthe*

cat. 101 **Georges Duthuit (1891-1973) (texte) et André Masson (1896-1987) (illustrations),**
Le Serpent dans la galère, New York, Curt Valentin, 1945
Édition originale numérotée, exemplaire n° 174 sur papier chiffon américain vélin
Collection particulière

Dédié à Marguerite Matisse, épouse de Georges Duthuit déportée et torturée, et à la Résistance, *Le Serpent dans la galère* célèbre la libération du territoire en 1944. L'ouvrage est lancé par souscription début 1945 en soutien à la France combattante et tiré à cinq cents exemplaires. Dialoguant avec les dessins sinueux d'André Masson, le poème en prose de Duthuit se présente comme un salut aux peuples d'Angleterre, des États-Unis et de Paris. Les dessins calligraphiques de Masson, possible hommage à Aby Warburg ou convergence avec sa fascination pour l'art des Indiens Hopis, révèlent, lovés au cœur de lignes serpentines, des paysages parisiens labyrinthiques se délivrant de la pieuvre nazie. S. L. R.-B.

guerre. Les lettres « Es... VP » suggère de s'essuyer les pieds, comme s'il fallait se défaire de la boue pour monter vers les lumières recouvrées.

À partir de 1943-1944, l'Arc de triomphe de l'Étoile apparaît comme un motif récurrent. Il est évoqué *a posteriori* par Daniel Cordier comme un but de pèlerinage pour les soldats allemands et le lieu de sa propre prise de conscience de l'ignominie de la persécution des Juifs[13]. Dans les dessins d'Henry Valensi, il est mis en relation avec divers monuments d'Alger et de Londres, symbolisant la France dont la libération et la souveraineté sont en jeu. Il est aussi enserré dans les dessins sinueux

de l'âme, cat. exp., Darmstadt, Institut Mathildenhöhe, Francfort-sur-le-Main, Die Galerie, 2003, p. 167.

13 Propos recueillis par Jean-Philippe Moinet dans *La Revue civique*, n° 12, automne 2013, p. 5.

d'André Masson pour illustrer *Le Serpent dans la galère*, un poème de Georges Duthuit dont la rédaction est déclenchée par la libération de Paris en août 1944. Dédié à son épouse Marguerite Duthuit, résistante torturée et évadée, et « à la résistance », l'ouvrage est édité au profit des combattants. Mettant en scène Paris se libérant de la pieuvre nazie, Duthuit s'y adresse au peuple d'Angleterre, des États-Unis puis de Paris, en une sorte de jubilation : « Le peuple des barricades et de la danse, si longtemps privé d'air, gavé d'horreurs secrètes, [...] offre une série de réjouissances à n'en plus finir [...]. Inauguration de la ville des villes, première de la fête des fêtes, réouverture de la Capitale de l'Homme, fermée depuis quatre ans, pour cause – il ne fallait pas moins – de deuil universel[14]. »

14 Georges Duthuit et André Masson, *Le Serpent dans la galère*, New York, Curt Valentin, 1945, p. 98-100.

In fine, le seul emblème officiellement choisi par la France libre est la croix de Lorraine, associée aux croisades mais aussi, corrélations inédites, à la figure de Jeanne d'Arc et à la vision de l'empereur Constantin – « *In hoc signo vinces* » (« Par ce signe, tu vaincras ») – signifiant que la conviction peut conduire à la victoire même en situation d'infériorité. Les valeurs humanistes et universelles propagées par la France libre s'entrelacent ainsi à la matérialité irréductible du patrimoine national dans une dialectique entre enracinement et mouvement, tradition et création, contradiction subtilement résolue en 1942 dans le mobile *France Forever* d'Alexander Calder.

L'ÉCOLE LIBRE DES HAUTES ÉTUDES À NEW YORK

CREUSET OUBLIÉ DE L'ESSOR DES SCIENCES HUMAINES APRÈS LA GUERRE

Laurent Jeanpierre

La création de l'École libre des hautes études à New York

L'École libre des hautes études (ELHE), branche indépendante de la New School for Social Research de New York, est la première, la plus grande institution universitaire de la France libre, avant que l'université d'Alger ne soit contrôlée par le gouvernement français libre en 1943. C'est aussi l'un des creusets méconnus de l'histoire des « sciences humaines et sociales » de l'après-guerre en France – même si l'expression désignant ce nouvel ensemble de savoirs n'est pas encore stabilisée à cette époque.

Plus que tout autre établissement universitaire d'Amérique du Nord, la New School a accueilli à partir de 1933, sous l'égide du professeur d'économie Alvin Johnson, des enseignants et des savants de langue allemande, très souvent juifs, menacés par les nazis. La plupart des professeurs et chercheurs français qui arrivent aux États-Unis après la débâcle puis l'armistice de 1940 ne trouvent pas de poste dans les universités américaines, soit parce que, dans leur écrasante majorité, ils ne parlent pas l'anglais (même s'ils ont entretenu des liens préalables avec des fondations et des collègues nord-américains, sans lesquels ils n'auraient pas obtenu de visa d'entrée) ; soit parce que les institutions d'enseignement supérieur aux États-Unis sont moins accueillantes vis-à-vis des savants exilés dans les années 1940 qu'elles n'ont pu l'être, même marginalement, durant la décennie précédente ; et aussi parce que beaucoup de scientifiques et d'administrateurs universitaires états-uniens commencent à se représenter la science française de l'entre-deux-guerres comme moins performante que ne l'était la science allemande.

Pour pallier ce déclassement brutal des universitaires français en exil, l'École libre des hautes études, fondée le 14 février 1942 avec des homologues belges lors d'une cérémonie sur le campus du Hunter College, à New York, devant un parterre de plus de deux mille personnes, est financée par la délégation de la France libre aux États-Unis et, pour le traitement des professeurs, par la fondation philanthropique

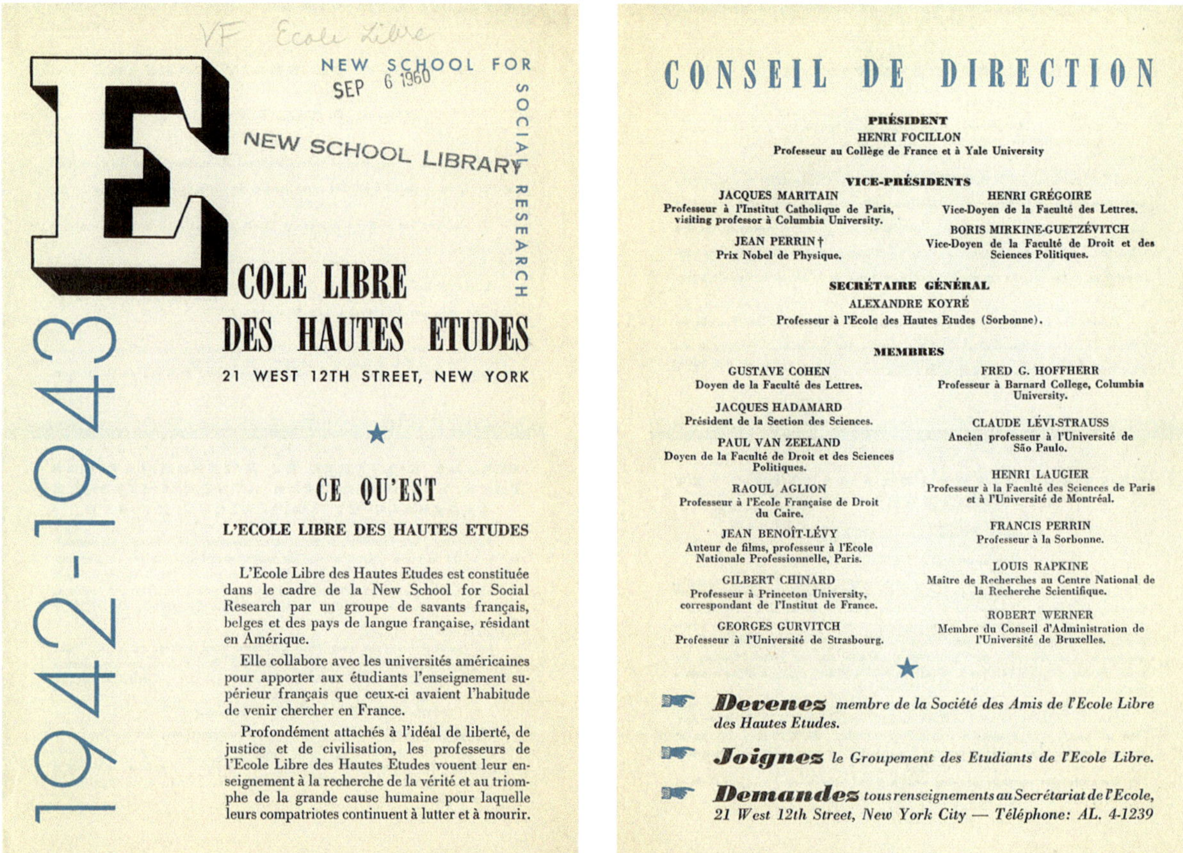

VF Ecole Libre
NEW SCHOOL FOR SOCIAL RESEARCH
SEP 6 1960
NEW SCHOOL LIBRARY

1942-1943

ECOLE LIBRE
DES HAUTES ETUDES
21 WEST 12TH STREET, NEW YORK

★

CE QU'EST
L'ECOLE LIBRE DES HAUTES ETUDES

L'Ecole Libre des Hautes Etudes est constituée dans le cadre de la New School for Social Research par un groupe de savants français, belges et des pays de langue française, résidant en Amérique.

Elle collabore avec les universités américaines pour apporter aux étudiants l'enseignement supérieur français que ceux-ci avaient l'habitude de venir chercher en France.

Profondément attachés à l'idéal de liberté, de justice et de civilisation, les professeurs de l'Ecole Libre des Hautes Etudes vouent leur enseignement à la recherche de la vérité et au triomphe de la grande cause humaine pour laquelle leurs compatriotes continuent à lutter et à mourir.

CONSEIL DE DIRECTION

PRÉSIDENT
HENRI FOCILLON
Professeur au Collège de France et à Yale University

VICE-PRÉSIDENTS
JACQUES MARITAIN
Professeur à l'Institut Catholique de Paris, visiting professor à Columbia University.

JEAN PERRIN †
Prix Nobel de Physique.

HENRI GRÉGOIRE
Vice-Doyen de la Faculté des Lettres.

BORIS MIRKINE-GUETZÉVITCH
Vice-Doyen de la Faculté de Droit et des Sciences Politiques.

SECRÉTAIRE GÉNÉRAL
ALEXANDRE KOYRÉ
Professeur à l'Ecole des Hautes Etudes (Sorbonne).

MEMBRES
GUSTAVE COHEN
Doyen de la Faculté des Lettres.

JACQUES HADAMARD
Président de la Section des Sciences.

PAUL VAN ZEELAND
Doyen de la Faculté de Droit et des Sciences Politiques.

RAOUL AGLION
Professeur à l'Ecole Française de Droit du Caire.

JEAN BENOÎT-LÉVY
Auteur de films, professeur à l'Ecole Nationale Professionnelle, Paris.

GILBERT CHINARD
Professeur à Princeton University, correspondant de l'Institut de France.

GEORGES GURVITCH
Professeur à l'Université de Strasbourg.

FRED G. HOFFHERR
Professeur à Barnard College, Columbia University.

CLAUDE LÉVI-STRAUSS
Ancien professeur à l'Université de São Paulo.

HENRI LAUGIER
Professeur à la Faculté des Sciences de Paris et à l'Université de Montréal.

FRANCIS PERRIN
Professeur à la Sorbonne.

LOUIS RAPKINE
Maître de Recherches au Centre National de la Recherche Scientifique.

ROBERT WERNER
Membre du Conseil d'Administration de l'Université de Bruxelles.

★

Devenez *membre de la Société des Amis de l'Ecole Libre des Hautes Etudes.*

Joignez *le Groupement des Etudiants de l'Ecole Libre.*

Demandez *tous renseignements au Secrétariat de l'Ecole, 21 West 12th Street, New York City — Téléphone: AL. 4-1239*

ill. 16 Livret émis par l'École libre des hautes études, 1942-1943

Rockefeller, pourtant réticente à la mise en place durable d'une nouvelle institution de ce type. L'idée de créer une université française en exil a d'abord germé dans l'esprit du médiéviste Gustave Cohen, auparavant professeur de lettres à la Sorbonne. Elle est soutenue d'emblée par René Pleven, émissaire du général de Gaulle à New York durant l'été 1941, qui va jusqu'à déclarer que c'est « la seule bonne idée qui lui soit venue de l'émigration » française aux États-Unis.

Lors de l'inauguration officielle, à côté de messages du président Roosevelt ou de Paul Van Zeeland, ancien Premier ministre belge exilé à New York et professeur dans la future école, Henri Tixier, alors délégué de la France libre aux États-Unis, lit la déclaration suivante, envoyée par le général de Gaulle : « Je me plais à voir dans la collaboration que vous avez su établir sous l'égide de la France libre entre savants et professeurs de différentes nationalités une des manifestations les plus significatives de notre temps. » Le commissariat à la Justice et à l'Instruction publique du Comité national français, dirigé par le juriste René Cassin, reconnaît d'emblée les diplômes de l'École libre, tout en la subventionnant, comme le fait aussi le gouvernement belge

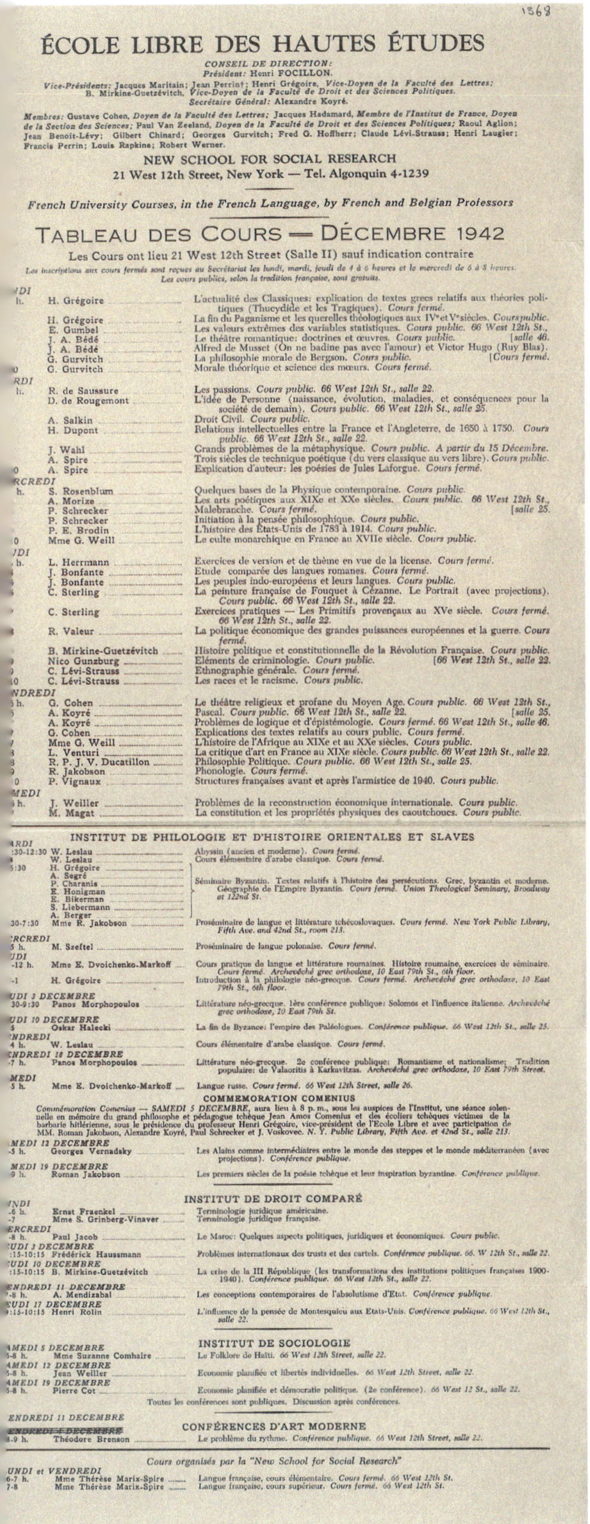

1368

ÉCOLE LIBRE DES HAUTES ÉTUDES

CONSEIL DE DIRECTION:
Président: Henri FOCILLON.
Vice-Présidents: Jacques Maritain; Jean Perrin†; Henri Grégoire, *Vice-Doyen de la Faculté des Lettres;* B. Mirkine-Guetzévitch, *Vice-Doyen de la Faculté de Droit et des Sciences Politiques.*
Secrétaire Général: Alexandre Koyré.

Membres: Gustave Cohen, *Doyen de la Faculté des Lettres;* Jacques Hadamard, *Membre de l'Institut de France, Doyen de la Section des Sciences;* Paul Van Zeeland, *Doyen de la Faculté de Droit et des Sciences Politiques;* Raoul Aglion; Jean Benoit-Lévy; Gilbert Chinard; Georges Gurvitch; Fred G. Hoffherr; Claude Lévi-Strauss; Henri Laugier; Francis Perrin; Louis Rapkine; Robert Werner.

NEW SCHOOL FOR SOCIAL RESEARCH
21 West 12th Street, New York — Tel. Algonquin 4-1239

French University Courses, in the French Language, by French and Belgian Professors

TABLEAU DES COURS — DÉCEMBRE 1942

Les Cours ont lieu 21 West 12th Street (Salle II) sauf indication contraire
Les inscriptions aux cours fermés sont reçues au Secrétariat les lundi, mardi, jeudi de 4 à 6 heures et le mercredi de 6 à 8 heures.
Les cours publics, selon la tradition française, sont gratuits.

…DI
h. H. Grégoire …… L'actualité des Classiques: explication de textes grecs relatifs aux théories politiques (Thucydide et les Tragiques). *Cours fermé.*
H. Grégoire …… La fin du Paganisme et les querelles théologiques aux IVe et Ve siècles. *Cours public.*
E. Gumbel …… Les valeurs extrêmes des variables statistiques. *Cours public. 66 West 12th St., [salle 46.*
J. A. Bédé …… Le théâtre romantique: doctrines et œuvres. *Cours public.*
J. A. Bédé …… Alfred de Musset (On ne badine pas avec l'amour) et Victor Hugo (Ruy Blas). *[Cours fermé.*
G. Gurvitch …… La philosophie morale de Bergson. *Cours public.*
…0 G. Gurvitch …… Morale théorique et science des mœurs. *Cours fermé.*

…RDI
h. R. de Saussure …… Les passions. *Cours public. 66 West 12th St., salle 22.*
D. de Rougemont …… L'idée de Personne (naissance, évolution, maladies, et conséquences pour la société de demain). *Cours public. 66 West 12th St., salle 25.*
A. Salkin …… Droit Civil. *Cours public.*
H. Dupont …… Relations intellectuelles entre la France et l'Angleterre, de 1650 à 1750. *Cours public. 66 West 12th St., salle 22.*
J. Wahl …… Grands problèmes de la métaphysique. *Cours public. A partir du 15 Décembre.*
A. Spire …… Trois siècles de technique poétique (du vers classique au vers libre). *Cours public.*
…0 A. Spire …… Explication d'auteur: les poésies de Jules Laforgue. *Cours fermé.*

…RCREDI
h. S. Rosenblum …… Quelques bases de la Physique contemporaine. *Cours public.*
A. Morize …… Les arts poétiques aux XIXe et XXe siècles. *Cours public. 66 West 12th St., [salle 25.*
P. Schrecker …… Malebranche. *Cours fermé.*
P. Schrecker …… Initiation à la pensée philosophique. *Cours public.*
P. E. Brodin …… L'histoire des États-Unis de 1783 à 1914. *Cours public.*
…0 Mme G. Weill …… Le culte monarchique en France au XVIIe siècle. *Cours public.*

…DI
h. L. Herrmann …… Exercices de version et de thème en vue de la license. *Cours fermé.*
J. Bonfante …… Etude comparée des langues romanes. *Cours fermé.*
J. Bonfante …… Les peuples indo-européens et leurs langues. *Cours public.*
C. Sterling …… La peinture française de Fouquet à Cézanne. Le Portrait (avec projections). *Cours public. 66 West 12th St., salle 22.*
C. Sterling …… Exercices pratiques — Les Primitifs provençaux au XVe siècle. *Cours fermé. 66 West 12th St., salle 22.*
R. Valeur …… La politique économique des grandes puissances européennes et la guerre. *Cours fermé.*
B. Mirkine-Guetzévitch …… Histoire politique et constitutionnelle de la Révolution Française. *Cours public.*
Nico Gunzburg …… Eléments de criminologie. *Cours public. [66 West 12th St., salle 22.*
C. Lévi-Strauss …… Ethnographie générale. *Cours fermé.*
…0 C. Lévi-Strauss …… Les races et le racisme. *Cours public.*

…NDREDI
…h. G. Cohen …… Le théâtre religieux et profane du Moyen Age. *Cours public. 66 West 12th St., [salle 25.*
A. Koyré …… Pascal. *Cours public. 66 West 12th St., salle 22.*
A. Koyré …… Problèmes de logique et d'épistémologie. *Cours fermé. 66 West 12th St., salle 46.*
G. Cohen …… Explications des textes relatifs au cours public. *Cours fermé.*
Mme G. Weill …… L'histoire de l'Afrique au XIXe et au XXe siècles. *Cours public.*
L. Venturi …… La critique d'art en France au XIXe siècle. *Cours public. 66 West 12th St., salle 22.*
R. P. J. V. Ducatillon …… Philosophie Politique. *Cours public. 66 West 12th St., salle 25.*
R. Jakobson …… Phonologie. *Cours fermé.*
…0 P. Vignaux …… Structures françaises avant et après l'armistice de 1940. *Cours public.*

…MEDI
…h. J. Weiller …… Problèmes de la reconstruction économique internationale. *Cours public.*
M. Magat …… La constitution et les propriétés physiques des caoutchoucs. *Cours public.*

INSTITUT DE PHILOLOGIE ET D'HISTOIRE ORIENTALES ET SLAVES

…RDI
…:30-12:30 W. Leslau …… Abyssin (ancien et moderne). *Cours fermé.*
W. Leslau …… Cours élémentaire d'arabe classique. *Cours fermé.*
…:30 H. Grégoire, A. Segré, P. Charanis, E. Honigman, E. Bikerman, S. Liebermann, A. Berger …… Séminaire Byzantin. Textes relatifs à l'histoire des persécutions. Grec, byzantin et moderne. Géographie de l'Empire Byzantin. *Cours fermé. Union Theological Seminary, Broadway at 122nd St.*
…30-7:30 Mme R. Jakobson …… Proséminaire de langue et littérature tchécoslovaques. *Cours fermé. New York Public Library, Fifth Ave. and 42nd St., room 213.*

…RCREDI
…5 h. M. Szeftel …… Proséminaire de langue polonaise. *Cours fermé.*

…UDI
…-12 h. Mme E. Dvoichenko-Markoff …… Cours pratique de langue et littérature roumaines. Histoire roumaine, exercices de séminaire. *Cours fermé. Archevêché grec orthodoxe, 10 East 79th St., 6th floor.*
…-1 H. Grégoire …… Introduction à la philologie néo-grecque. *Cours fermé. Archevêché grec orthodoxe, 10 East 79th St., 6th floor.*

…UDI 3 DECEMBRE
…30-9:30 Panos Morphopoulos …… Littérature néo-grecque. 1ère conférence publique: Solomos et l'influence italienne. *Archevêché grec orthodoxe, 10 East 79th St.*

…UDI 10 DECEMBRE
…5 Oskar Halecki …… La fin de Byzance: l'empire des Paléologues. *Conférence publique. 66 West 12th St., salle 25.*

…NDREDI
…4 h. W. Leslau …… Cours élémentaire d'arabe classique. *Cours fermé.*

…NDREDI 18 DECEMBRE
…-7 h. Panos Morphopoulos …… Littérature néo-grecque. 2e conférence publique: Romantisme et nationalisme; Tradition populaire: de Valaoritis à Karkavitzas. *Archevêché grec orthodoxe, 10 East 79th Street.*

…MEDI
…5 h. Mme E. Dvoichenko-Markoff …… Langue russe. *Cours fermé. 66 West 12th Street, salle 26.*

COMMEMORATION COMENIUS

Commémoration Comenius — SAMEDI 5 DECEMBRE, aura lieu à 8 p. m., sous les auspices de l'Institut, une séance solennelle en mémoire du grand philosophe et pédagogue tchèque Jean Amos Comenius et des écoliers tchèques victimes de la barbarie hitlérienne, sous le présidence du professeur Henri Grégoire, vice-président de l'Ecole Libre et avec participation de MM. Roman Jakobson, Alexandre Koyré, Paul Schrecker et J. Voskovec. *N. Y. Public Library, Fifth Ave. et 42nd St., salle 213.*

…MEDI 12 DECEMBRE
…-5 h. Georges Vernadsky …… Les Alains comme intermédiaires entre le monde des steppes et le monde méditerranéen (avec projections). *Conférence publique.*

…MEDI 19 DECEMBRE
…9 h. Roman Jakobson …… Les premiers siècles de la poésie tchèque et leur inspiration byzantine. *Conférence publique.*

INSTITUT DE DROIT COMPARÉ

…NDI
…-6 h. Ernst Fraenkel …… Terminologie juridique américaine.
…-7 Mme S. Grinberg-Vinaver …… Terminologie juridique française.

…ERCREDI
…-8 h. Paul Jacob …… Le Maroc: Quelques aspects politiques, juridiques et économiques. *Cours public.*

…UDI 3 DECEMBRE
…:15-10:15 Frédérick Haussmann …… Problèmes internationaux des trusts et des cartels. *Conférence publique. 66. W 12th St., salle 22.*

…UDI 10 DECEMBRE
…:15-10:15 B. Mirkine-Guetzévitch …… La crise de la III République (les transformations des institutions politiques françaises 1900-1940). *Conférence publique. 66 West 12th St., salle 22.*

…ENDREDI 11 DECEMBRE
…-8 h. A. Mendizabal …… Les conceptions contemporaires de l'absolutisme d'Etat. *Conférence publique.*

…EUDI 17 DECEMBRE
…:15-10:15 Henri Rolin …… L'influence de la pensée de Montesquieu aux Etats-Unis. *Conférence publique. 66 West 12th St., salle 22.*

INSTITUT DE SOCIOLOGIE

…AMEDI 5 DECEMBRE
…-8 h. Mme Suzanne Comhaire …… Le Folklore de Haïti. *66 West 12th Street, salle 22.*

…AMEDI 12 DECEMBRE
…-8 h. Jean Weiller …… Economie planifiée et libertés individuelles. *66 West 12th Street, salle 22.*

…AMEDI 19 DECEMBRE
…-8 h. Pierre Cot …… Economie planifiée et démocratie politique. (2e conférence). *66 West 12 St., salle 22.*

Toutes les conférences sont publiques. Discussion après conférences.

CONFÉRENCES D'ART MODERNE

…ENDREDI 11 DECEMBRE
~~…ENDREDI 4 DECEMBRE~~
…-9 h. Théodore Brenson …… Le problème du rythme. *Conférence publique. 66 West 12th Street, salle 22.*

Cours organisés par la "New School for Social Research"

…UNDI et VENDREDI
…6-7 h. Mme Thérèse Marix-Spire …… Langue française, cours élémentaire. *Cours fermé. 66 West 12th St.*
…7-8 Mme Thérèse Marix-Spire …… Langue française, cours supérieur. *Cours fermé. 66 West 12th St.*

ill. 17 Programme des cours de l'École libre des hautes études, décembre 1942

L'École libre des hautes études est créée à New York par des universitaires en exil sur les modèles du Collège de France et de la Sorbonne. Les cours sont donnés par des Français à l'intention d'un public francophone. Durant l'année universitaire 1942-1943, 91 enseignants ou instructeurs donnent 2 200 leçons, avec en moyenne 50 auditeurs par séance. C. L.

en exil. « Notre école n'est pas un asile contre la dureté des temps », déclare, lors de cette même inauguration, l'historien d'art Henri Focillon, son éphémère premier président, mort en mars 1943, « une retraite à l'abri du péril. Elle est née du drame affreux qui déchire le monde. Les hommes qui l'ont fondée et qui la composent savent par expérience que le pur libéralisme intellectuel ne saurait suffire à sauver les libertés menacées ou perdues. Ils ont sous les yeux les horizons de la bataille ; ils en mesurent les obligations jusqu'au plus extrême péril dont ils sont fiers de partager les risques et les devoirs avec leurs frères des États-Unis. »

Dans l'île de Manhattan, à l'angle de la 5e Avenue et de la 12e Rue, les universitaires français réfugiés enseignent donc, mais dans leur langue et auprès d'un auditoire presque uniquement français ou francophile, dont certains jeunes gens venus du Lycée français de New York.

L'organisation académique et les personnalités de l'École libre

Avant l'ouverture de cette université nouvelle, le modèle pédagogique de l'ELHE a fait l'objet d'un débat entre Focillon, qui voulait y voir un institut semblable au Collège de France, et Cohen, qui entendait suivre l'exemple de la Sorbonne. L'organisation interne de l'École libre est finalement conforme aux partitions héritées des universités françaises. La faculté des sciences comprend une bonne partie des professeurs rassemblés par les biologistes Louis Rapkine et Henri Laugier. Elle est fondée par le grand physicien Jean Perrin, qui meurt en 1942, et dirigée ensuite par le célèbre mathématicien Jacques Hadamard, qui est aussi vice-président de l'école avec le byzantiniste belge Henri Grégoire. La faculté des lettres est dirigée par Gustave Cohen, la faculté de droit, par Boris Mirkine-Guetzévitch. À cette organisation traditionnelle sont ajoutés des centres de recherche et de conférences : l'Institut de droit comparé, dirigé par le même Mirkine-Guetzévitch ; un Centre d'étude des relations internationales, dirigé par le jeune diplomate gaulliste Raoul Aglion ; un Institut oriental, dirigé par Henri Grégoire ; un Institut de sociologie, dirigé par Georges Gurvitch ; un Centre d'études latino-américaines, dirigé par l'anthropologue Claude Lévi-Strauss, puis un Centre d'art dramatique dirigé par Jean Benoît-Lévy, et encore un Centre d'études médico-sociales dirigé par le médecin et psychanalyste Raymond de Saussure. Quelle que soit leur activité effective, pas toujours intense, ces centres témoignent du souci de continuité avec l'activité d'avant-guerre qui obsède la plupart des universitaires émigrés.

Pendant son premier semestre d'exercice, avec une soixantaine d'enseignants et deux cents cours offerts, l'École libre attire environ mille étudiants, dont un nombre non négligeable de Latino-Américains désireux d'obtenir un diplôme français ou bien intéressés par certains enseignants républicains d'origine espagnole, comme le juriste Alfredo Mendizabal. Ensuite, durant l'année universitaire 1942-1943, quatre-vingt-onze enseignants ou instructeurs donnent deux mille deux cents leçons, avec en moyenne cinquante auditeurs par séance. Les effectifs baissent l'année suivante, comme dans les universités américaines, du fait de la mobilisation. En définitive, peu de diplômes sont délivrés.

Plusieurs œuvres importantes émanent pourtant de ce foyer intellectuel. Jacques Maritain tente ainsi de moderniser la pensée catholique en la présentant comme la source historique de la démocratie ; Alexandre Koyré essaie de sauver l'héritage de la cité grecque en le nouant à l'héritage cartésien. Chez les linguistes, les économistes, les juristes, les transferts intellectuels avec la pensée américaine sont plus intenses, comme le montrent, entre autres, l'activité de Boris Mirkine-Guetzévitch et de son Institut de droit comparé, ou surtout celle du Cercle linguistique de New York et de la revue *Word*, véritable « laboratoire linguistique du monde » réuni à partir d'octobre 1943 autour de Roman Jakobson, intervenant à l'École libre. Sans cette rencontre avec Jakobson, Claude Lévi-Strauss, ainsi qu'il l'a souvent souligné, n'aurait pas conçu *Les Structures élémentaires de la parenté*, qui firent ensuite sa gloire dans l'anthropologie. Des revues collectives émanent aussi des réseaux d'enseignants de l'École libre, comme *Renaissance* ou *La République française*.

La convention contractée par l'établissement français avec la New School y interdit toute forme de propagande politique. Celle-ci est également rejetée par les universitaires belges et même combattue par la Fondation Rockefeller, principal bailleur de fonds. La plupart des intellectuels qui enseignent à l'École libre sont néanmoins proches du gaullisme, même si certains, plus rares, comme le philosophe et médiéviste Paul Vignaux, sont davantage attirés par le giraudisme, et surtout sceptiques envers la France libre et la personnalité de De Gaulle, ou bien soucieux que l'institution et les exilés français s'ouvrent aux universités et aux étudiants états-uniens ainsi qu'à l'University in Exile toute proche, qui accueille les savants réfugiés allemands.

Plusieurs tensions et conflits animent par conséquent la vie de l'École libre. Ils culminent en février 1944, lorsque le Gouvernement provisoire de la République française, à Alger, décide de mettre sous tutelle l'ELHE avec les autres antennes universitaires françaises à l'étranger. La crise entraîne la démission de Maritain, qui présidait l'institution mais ne parvient pas à la pacifier. Ces controverses, de plus en plus vives à la fin de la guerre, car elles engagent aussi l'avenir de l'établissement et de ses professeurs, ont opposé régulièrement les partisans d'une école engagée, voire politisée, ouvertement favorable à la France libre – la délégation ayant mis en place, au fil des années, un contrôle croissant sur l'école –, aux défenseurs d'une école plus universaliste ou internationale et surtout mieux incorporée au système universitaire américain. Les premiers font le plus souvent partie de l'élite de la « République des professeurs », dont ils sont parmi les représentants les plus consacrés. Les seconds sont plus souvent d'origine étrangère, belges ou déjà exilés auparavant en France, comme Gurvitch ou Mirkine-Guetzévitch. Malgré ces querelles, le général de Gaulle reçoit un doctorat *honoris causa* de l'École libre lors de sa visite à New York en juillet 1944.

L'impact de l'École libre sur les sciences humaines après la guerre

Après la guerre, le modèle d'enseignement sous forme de séminaires, la recherche organisée par instituts, les dialogues et regroupements disciplinaires mis en place dans l'urgence par l'École libre des hautes études inspirent en partie les créateurs de la VIe section de l'École pratique des hautes études (EPHE), fondée en 1947 et consacrée spécifiquement aux sciences sociales. C'est un ancien physicien exilé aux États-Unis, gaulliste, Pierre Auger, qui en est à l'origine, lui qui est alors directeur de l'enseignement supérieur depuis 1945 (et le restera jusqu'en 1948). « Les sciences sociales se développeront d'abord dans les instituts déjà existants », dit-il ainsi en décembre 1945 ; « plus tard, elles seront probablement l'objet d'une faculté spéciale de telle sorte qu'elles puissent surmonter leur dépendance actuelle du droit ou des lettres. » Lors d'une mission qu'il mène à cet effet aux États-Unis en juillet 1946 auprès du conseiller culturel de l'époque, Claude Lévi-Strauss, Auger convainc la Fondation Rockefeller de financer le nouvel établissement à hauteur de plus d'un quart de son budget total. La jeune institution accueille ensuite plusieurs des anciens universitaires exilés, comme le philosophe Alexandre Koyré, l'économiste Jean Weiller ou Lévi-Strauss.

Les conséquences de l'exil universitaire à New York sur les sciences sociales d'après-guerre se manifestent également en sociologie puisque, dans ce domaine, c'est encore la Fondation Rockefeller qui soutient la création d'un centre de recherche important, dirigé par Georges Gurvitch. Plusieurs anciens économistes exilés aux États-Unis, comme Robert Mossé ou Louis Rosenstock-Franck, ont aussi un rôle de poids dans la planification naissante. Institution improbable et marginale, prise en tenaille entre ses objectifs politiques et ses missions d'enseignement, l'École libre des hautes études a donc néanmoins abrité une expérience cardinale pour plusieurs protagonistes importants des sciences humaines et sociales de l'après-guerre en France. Elle a été le tremplin du paradigme structuraliste et aussi d'une nouvelle manière de concevoir les disciplines nouvelles, en dialogue les unes avec les autres et avec les pouvoirs publics.

LA FRANCE LIBRE ET HOLLYWOOD

DE GAULLE, ROOSEVELT, FAULKNER ET JACK WARNER

Olivier-René Veillon

« L'homme est indestructible de par sa simple volonté de liberté. »
William Faulkner, *The Paris Review*, 1956

Hollywood face à la guerre : Jack Warner et la lutte contre Vichy

En juillet 1942, William Faulkner accepte la proposition de la Warner de travailler sur un nouveau projet de film qui, manifestement, est important pour le patron de la production du studio, Jack Warner. Le 27 juillet, l'écrivain américain signe donc avec Warner Bros. Pictures un contrat de sept ans. Le projet l'intéresse vivement car il rejoint certaines de ses préoccupations : pour lui, l'histoire avance avec la fiction ; elle s'en nourrit. Alors quand Jack Warner et Robert Buckner lui présentent cette idée de film sur Charles de Gaulle, afin de soutenir les efforts de la France libre tandis que les États-Unis sont entrés dans la guerre quelques mois plus tôt et que les Américains sont indifférents au général français, il l'accepte. Il faut des héros qui rapprochent la guerre en Europe, des personnages *bigger than life* – plus vrais que nature – qui font du conflit outre-Atlantique un combat héroïque dans lequel se reconnaîtrait le public américain.

Jack Warner considère que son studio est entré en économie de guerre, d'autant que les sursis à incorporation pour les stars et autres employés sont justement liés à l'engagement de la firme dans l'effort de guerre. Le producteur est de ceux qui prennent cette mission très au sérieux et milite depuis longtemps pour l'entrée des États-Unis dans le conflit mondial. Avant l'attaque de Pearl Harbor, le 7 décembre 1941, le studio s'est engagé contre Vichy, interlocuteur officiel des États-Unis. Warner est ainsi dans le collimateur des élus républicains du Congrès, où dominent pacifistes et isolationnistes qui le soupçonnent d'être, depuis la guerre d'Espagne, sous influence communiste. Mais il a la confiance du président Roosevelt et, dès avril 1942, il arbore l'uniforme flambant neuf de lieutenant-colonel de l'armée des États-Unis, en charge de ses relations publiques. Pour les frères Warner, dont le père, cordonnier juif des faubourgs de Varsovie, les a élevés dans la mémoire des pogroms, l'Europe importe et la tyrannie racialiste en Allemagne les concerne directement. Le dépeçage de la Pologne a été le premier acte d'une guerre dont ils se considèrent partie prenante et le sort de la France est, pour Jack Warner, emblématique de l'asservissement des nations et des peuples, dont l'Amérique doit maintenir l'espoir.

Warner achète les droits d'une pièce, *Everybody Comes to Rick's*, et en change le titre en *Casablanca* pour pouvoir situer l'intrigue en territoire géré par Vichy et offrir aux scénaristes, Howard Koch et Julius et Philip Epstein, l'occasion d'un portrait au vitriol d'une administration indigne de représenter la France. L'esprit caustique du réalisateur, Michael Curtiz, Européen très concerné, et la subtile interprétation de Claude Rains, second rôle de premier plan du studio, en fonctionnaire de police corrompu prêt à retourner sa veste font de Vichy un gouvernement inconsistant. Le dernier plan du film sur une bouteille d'eau de Vichy jetée à la poubelle dit clairement ce que l'histoire doit faire d'un régime dont la morale n'est pas la source. *Casablanca* entre en tournage en mai 1942 et la première a lieu en novembre, quelques jours après le débarquement allié au Maroc. D'un divertissement brillant, superbement interprété par Ingrid Bergman et Humphrey Bogart, le producteur fait une arme de guerre qui génère des recettes confortables et deux Oscars pour le studio (meilleur film et meilleure mise en scène).

Dans ce contexte, Jack Warner souhaite aller plus loin et une figure héroïque s'impose alors, celle du général de Gaulle, nouvel allié des États-Unis. L'idée d'un film sur le chef de la France libre apparaît au printemps 1942, alors que se prépare le tournage de *Casablanca*. L'initiative du projet vient-elle de Roosevelt ? Rien n'est moins sûr, car si le dialogue entre le producteur et le président est soutenu, ce dernier éprouve pour de Gaulle des sentiments mitigés : grand homme face à l'histoire ou opportuniste aux ambitions incertaines, son avis n'est pas tranché. Ce que lui en dit Winston Churchill est assez contrasté et évolue au fil des crises nombreuses et paroxystiques qui marquent la relation orageuse entre les deux hommes. L'idée pourrait donc plutôt venir de Jack Warner, en qui Roosevelt a suffisamment confiance pour soutenir son projet et laisser dire que l'idée vient de lui.

William Faulkner et le projet avorté sur de Gaulle

Pour la Warner, un héros est nécessairement hors norme, avec ses contradictions et ses mystères. Transformer la légende gaullienne en cours de création en fiction, mêler le réel et le fantôme d'une histoire en train de se faire... Qui saurait soumettre l'action à une idée et faire de celui qui agit le sujet et l'objet de sa propre histoire ? Robert Buckner, à qui Jack Warner a confié le développement du projet, propose le nom de William Faulkner, qui est approuvé. Les personnages de Faulkner accomplissent le plus souvent un destin qui les dépasse, sa réputation de scénariste est bonne, il travaille vite et il a dix ans d'expérience à la MGM et à la Fox. L'écrivain accepte d'emblée, parce qu'il a, comme toujours, besoin d'argent, mais surtout parce que le sujet l'intéresse.

Faulkner a toujours été fasciné par la chose militaire. Son rêve de jeunesse était de rejoindre le United States Army Air Service, de devenir pilote, d'intégrer la prestigieuse escadrille La Fayette et de se couvrir de gloire. Las, sa petite taille lui vaut de ne pas être accepté dans l'aviation états-unienne et, au moment où il va rejoindre l'aviation canadienne, il voit ses rêves guerriers s'effondrer avec l'armistice franco-allemand, sans même avoir pu passer son brevet de pilote... Nulle surprise, donc, de le voir s'intéresser au personnage de De Gaulle, dont il imagine volontiers qu'il doit être trop grand pour les chars Renault.

Au-delà de cette obsession de la taille, qui revient de manière récurrente dans les ébauches du scénario, comme si de Gaulle était le grand Autre fantasmé du guerrier avorté que Faulkner porte en lui, ce qui fascine l'écrivain, c'est la solitude étrange et ombrageuse du Français. L'idée qu'il se lève seul pour dire « non » à la lâcheté et au renoncement. Le Général est décidément un personnage puissamment romanesque, entré par son nom dans la longue histoire d'un pays avec lequel il fait corps, faisant la guerre sans armes et sans soldats, par la seule force de son verbe. En ce printemps 1942, rares en effet sont les faits d'armes de la France libre, qui essuie des échecs cuisants, comme au Sénégal – mais les discours du Général à la BBC sont ses divisions les mieux armées. Faulkner lit les traductions fournies par le service documentation de la Warner ou citées dans le livre de Philippe Barrès *Charles de Gaulle*, que publie en anglais Garden City, Doubleday, Doran & Co à la fin de 1941. Ces discours deviennent sa documentation principale, la source d'un récit qui doit se nourrir de la division intime d'une France qui renonce et d'une France qui résiste. Que la France soit déchirée, humiliée, occupée concerne d'autant plus l'Amérique que l'esprit des Lumières qui l'a forgée dans ses valeurs républicaines est une part de son héritage.

Faulkner situe son intrigue en Bretagne, extrême Occident, *finis terrae*, qui a l'Océan en commun avec le Nouveau Continent. Son village breton est peuplé de paysans dont l'attitude tient à ce qu'ils sont. Résister, c'est être eux-mêmes, sans calcul ni raison. Ainsi, Faulkner, qui ne sait pas grand-chose de la Bretagne mais qui sait ce que l'on souffre sans subir dans les champs de coton du Mississippi, campe ses personnages en distillant leur parole rare face à deux frères qui portent le dilemme moral sans manichéisme aucun. Jean, qui choisit Vichy, est l'aîné, aviateur ou marin au gré des versions du scénario. Il est officier de carrière, soumis à une discipline qu'il n'interroge plus, ayant appris à l'imposer aux autres autant qu'à la subir. Il a vocation à faire comprendre en quoi l'adhésion sans doute majoritaire de la France à Vichy n'est pas une trahison mais un abandon tragique, dont il finit par s'extraire en prenant la place de son frère en prison. Il est homme de devoir, blessé à Mers el-Kébir sur son bateau canonné par la flotte britannique sans avoir pu sortir de la rade. Il intéresse d'autant plus Faulkner qu'il habite la contradiction et que son évolution porte mieux la grandeur tragique de la situation que le parcours de son frère Georges, qui choisit d'emblée de rejoindre le général de Gaulle.

Au cours du développement de l'histoire, la figure de ce dernier s'éloigne, car son incarnation n'est pas nécessairement à la mesure de l'idée qu'il porte. Le village breton finit par devenir le cœur de l'intrigue et les deux frères les personnages

ill. 18 Français libres devant un cinéma à l'occasion de la sortie du film *Casablanca*, New York, 1943
Nantes, Archives du ministère des Affaires étrangères, ambassade de France à Ottawa, 496PO/1/83

Réalisé par Michael Curtiz, le film *Casablanca* sort le 23 janvier 1943 aux États-Unis. Au même moment se tient la conférence de Casablanca, au Maroc (14-24 janvier), première conférence interalliée à laquelle participe le président Roosevelt. La première du film se déroule en présence des représentants de la France libre à New York. À gauche, le colonel Roger Brunschvig, membre de l'association de vétérans Les Gueules cassées et représentant de la mission militaire française libre aux États-Unis. L. L. B.

principaux. Le scénario s'est éloigné du projet principal. Faulkner, qui a pourtant jusque-là maintenu une grande distance entre ce travail de technicien du récit, au service d'une lourde industrie, et sa propre œuvre, s'est engagé de manière plus intime. Et Robert Buckner ne manque pas de prendre conscience des difficultés à venir.

L'évolution des priorités de Warner Bros. et l'abandon du projet

Mais, concours de circonstances, le studio confie à ce dernier un nouveau projet, politiquement plus urgent : l'heure est au renforcement de l'alliance avec la Russie soviétique, plus importante que la France libre pour Roosevelt. En bon soldat, Warner change son fusil d'épaule et demande à Buckner de rencontrer au plus vite l'ambassadeur Joseph E. Davies, auteur du livre *Mission to Moscow*, publié en 1941, dont le studio souhaite acquérir les droits afin d'en produire dès que possible l'adaptation. Buckner prend l'avion pour New York sans avoir eu le temps de faire le point avec Faulkner, à qui il demande simplement de transmettre la dernière version du scénario – la deuxième après deux traitements développés, soit la quatrième ébauche. Plus de sept cents pages rejoignent ainsi des milliers d'autres au département des scénarios de la Warner. Faulkner reçoit un dernier chèque, retourne à Oxford et n'a plus de nouvelles. Il se consacre alors entièrement à l'écriture de *A Fable* (*Parabole* en français), commencé dans les temps morts de son séjour hollywoodien. Buckner, pour sa part, entame la production de *Mission à Moscou*, dont la sortie est programmée pour avril 1943. Et *Voyage vers l'aube*, *France libre*, *De Gaulle* – selon les trois titres successifs des différentes versions – rejoint les milliers de projets abandonnés qui font l'humus d'un grand studio de cinéma. Faulkner ne garde rien, abandonne les versions intermédiaires chez son ami A. I. Bezzerides, où il réside quand il ne supporte plus les hôtels de Los Angeles. L'ensemble des documents est publié en 1984 sous le titre *A Comprehensive Guide to the Brodsky Collection, volume III : The De Gaulle Story*, et en 1989 chez Gallimard pour la traduction française[1].

Quand Faulkner, de sa voix pâteuse au lourd accent sudiste, définit la tâche de l'écrivain lors de son discours de réception du prix Nobel de littérature en 1950, il y a comme un écho de ce travail englouti : « La voix du poète ne doit pas se contenter de dire l'histoire de l'homme, elle peut être l'un de ces soutiens, de ces piliers qui l'aident à endurer et à surmonter[2] » (« *The poet's voice need not merely be the record of man, it can be one of the props, the pillars to help him endure and prevail* »). « Endurer et surmonter », ce pourrait être la devise de la France libre.

1 William Faulkner, *De Gaulle : scénario*, Paris, Gallimard, « Du monde entier », 1989.

2 William Faulkner, « Discours du prix Nobel », trad. François Pitavy, dans *Œuvres romanesques*, t. IV, Paris, Gallimard, « Bibliothèque de la Pléiade », 2007, p. 1108.

ÉDITION ET ÉCRIVAINS EN AMÉRIQUE DU NORD

Laurent Jeanpierre

L'exil littéraire des écrivains français aux États-Unis durant la Seconde Guerre mondiale

Les écrivains réfugiés en Amérique du Nord pendant la Seconde Guerre mondiale font le plus souvent l'épreuve, commune aux exilés européens de la période, d'un déclassement social et d'une perte de reconnaissance. La chute est plus douloureuse encore chez ceux qui figurent sur les listes de censure promulguées par les Allemands en France, comme, parmi d'autres, André Maurois et Jules Romains, les dramaturges Henry Bernstein et Louis Verneuil, le poète Ivan Goll ainsi que plusieurs publicistes très connus à l'époque, Émile Buré, Geneviève Tabouis, Henri de Kérillis. Aux États-Unis, seuls ceux, rares, qui ont été traduits ou adaptés avant 1940 – c'est le cas de Romains, Maurois, Saint-Exupéry, Bernstein, Verneuil ou Dekobra – bénéficient de quelques appuis initiaux pour maintenir, sans trop de souffrances économiques, leur activité créatrice. Mais même ces écrivains à succès ne connaissent pas, sauf exception, une grande audience américaine, par exemple à Broadway, où les dramaturges français trouvent porte close dans les années 1940. Pour lutter contre les rigueurs de la situation matérielle de l'exilé, et pour s'engager dans la guerre, plusieurs hommes (et femmes) de plume, à partir de 1942, prêtent alors leur voix ou leur talent à la propagande états-unienne sur les ondes en langue française de Voice of America. C'est par exemple le cas d'André Breton, de l'écrivain américain de langue française Julien Green, du Suisse Denis de Rougemont, du poète et éditeur américain Eugène Jolas, du critique universitaire René Étiemble ou bien de la journaliste et traductrice Henriette Nizan.

L'édition française en Amérique du Nord : Québec et New York en première ligne

Dans ce contexte social difficile, l'existence d'un assez vaste lectorat francophone au Québec offre parfois un précieux débouché. En termes de nombre de titres publiés et de tirages, le cœur de la production éditoriale française des Amériques se situe en effet au Canada. La guerre y modifie peu un marché de langue française déjà dynamique, dominé par la pensée catholique et traditionaliste, les manuels scolaires, les classiques de la littérature. Certes, aux éditions Variétés, à Montréal, est étoffée la Collection catholique que dirigeait l'écrivain André David chez Gallimard avant la guerre. Puis les Éditions de l'Arbre sont créées en 1940 pour accueillir certains textes des intellectuels français et francophones exilés et qui se rallient à la France libre. Mais c'est à New York que sont fondées de nouvelles maisons d'édition, qui publient prioritairement les écrivains, les journalistes et les universitaires français en exil : Éditions de la Maison française (formées à l'automne 1940 par les libraires Vitalis Crespin et Isaac Molho, qui ont ouvert une Librairie de France en 1927) ; Éditions françaises Brentano's (excroissance d'un puissant réseau de librairies du même nom, l'une d'entre elles alors déjà située à Paris) ; Pantheon Books (maison plus confidentielle créée par le fondateur de la collection de la Pléiade, Jacques Schiffrin, contraint à l'exil après les lois antisémites de Vichy et son éviction de Gallimard). Didier, l'éditeur d'André Maurois avant-guerre, publie également quelques titres. Hémisphères, créée par Ivan Goll, imprime en tirage très limité des œuvres de poésie française et étrangère.

Tous genres confondus, on estime à deux mille environ le nombre de titres publiés dans les deux Amériques entre 1940 et 1944[1], ce qui pourrait représenter autour d'un dixième de la production éditoriale française de la période[2]. Avec les seuls marchés canadien et états-unien, l'édition française et francophone d'Amérique du Nord représente, à côté de celle de Londres et d'Alger, un pôle fondamental de la vie intellectuelle et littéraire hors du territoire national. Peu de livres de métropole ou des autres grands centres de la Résistance extérieure française circulent dans l'espace nord-américain, hormis chez Pantheon Books, où Jacques Schiffrin parvient entre autres à publier, quoique en tirage très limité de quelques dizaines ou centaines d'exemplaires, Vercors (*Le Silence de la mer*, *La Marche à l'étoile*), André Gide (*Interviews imaginaires*, *Pages de Journal, 1939-1942*), dont il était un intime avant la guerre, ou bien encore Louis Aragon (*Les Yeux d'Elsa*, *Le Crève-cœur*).

La littérature occupe une place de choix dans les publications françaises d'Amérique du Nord et d'Amérique du Sud, à peu près au même niveau que les essais d'actualité – pourtant nombreux à cause des circonstances de la guerre – et que les ouvrages philosophiques, en particulier catholiques, qui circulent notamment au Québec, où le lectorat est plus conservateur et généralement favorable au gouvernement de Vichy. Au total, près de quatre cents ouvrages de littérature auraient été publiés sur les deux continents américains entre 1940 et 1944, dont plus de 270 romans et recueils de nouvelles, une soixantaine d'œuvres de poésie, une quarantaine de romans policiers et d'aventures, une quinzaine d'œuvres de théâtre, auxquels il conviendrait d'ajouter plus de cent cinquante livres pour enfants dont, au premier rang, *Le Petit Prince* d'Antoine de Saint-Exupéry – ouvrage aujourd'hui le plus traduit au monde après la Bible –, publié en 1943 par Reynal & Hitchcock.

1 Antoine Bon, *Documents bibliographiques*, vol. 1, « Livres français parus en Amérique de 1940 à 1944 », Rio de Janeiro, Institut franco-brésilien de haute culture, supplément n° 1, septembre 1944 ; *ibid.*, vol. 3, « Livres français parus en Amérique de 1940 à 1944 », 1945 (complément arrêté au 31 décembre 1944).

2 À partir de la *Bibliographie de France*, Pascal Fouché note qu'il y eut 3 888 titres déposés en 1941 : Pascal Fouché, *L'Édition française sous l'Occupation, 1940-1944*, Paris, Bibliothèque de littérature française contemporaine de l'université Paris 7, 1987, t. I, p. 226. Isabelle de Conihout estime, en moyenne, à 7 900 la production annuelle d'imprimés en France entre 1940 et 1945, dans Roger Chartier, Henri-Jean Martin et Jean-Pierre Vivet (dir.), *Le Livre concurrencé. 1900-1950, histoire de l'édition française*, Paris, Promodis, 1986, p. 80.

L'intensité des débats politiques et littéraires parmi les écrivains exilés

À New York, aux Éditions de la Maison française (EMF), une douzaine de titres paraissent chaque année. Un nombre important de ces ouvrages sont des textes de conjoncture écrits par des publicistes en exil, comme Geneviève Tabouis (*Ils l'ont appelée Cassandre…*, 1943) ou André Géraud, dit Pertinax (*Les Fossoyeurs*, 1943), ainsi que par des acteurs politiques, comme l'ancien ministre de l'Air du Front

ill. 19 Maya Deren (Eleanora Derenkovskaïa, dite, 1917-1961), *Vitrine de la librairie Gotham Book Mart aménagée par Marcel Duchamp (1887-1968) pour la sortie d'« Arcane 17 » d'André Breton*, New York, mars 1945

Paris, Centre Pompidou/Centre de création industrielle - bibliothèque Kandinsky, BK2019 BRET 3.3

Née à Kiev dans un famille juive émigrée aux États-Unis en 1922, Maya Deren devient une pionnière du cinéma expérimental américain. Elle immortalise la vitrine du Gotham Book Mart où Marcel Duchamp a installé, à l'occasion de la sortie du livre *Arcane 17* d'André Breton, un mannequin féminin sans tête lisant. Ce dernier semble être un réemploi ou une réminiscence de celui mis en scène par Fernand Léger dans la séquence « The Girl With The Prefabricated Heart » du film *Dreams That Money Can Buy* (1944) de Hans Richter, œuvre collective associant aussi Max Ernst, Marcel Duchamp, Man Ray, Alexander Calder et Darius Milhaud. S. L. R.-B.

populaire Pierre Cot ou Raoul Aglion, jeune et éphémère délégué de la France libre à New York. À côté de cela, le philosophe catholique Jacques Maritain dirige aux EMF une collection de textes plus théoriques intitulée Civilisation. La collection littéraire Les Œuvres nouvelles est portée par Maurois et Romains, deux des plus grandes figures de la littérature française en exil. *Tragédie de la France*, publié par le premier juste après l'armistice, avait vu son tirage de dix mille exemplaires épuisé en quelques jours, un succès qui avait permis de lancer le projet de la maison d'édition.

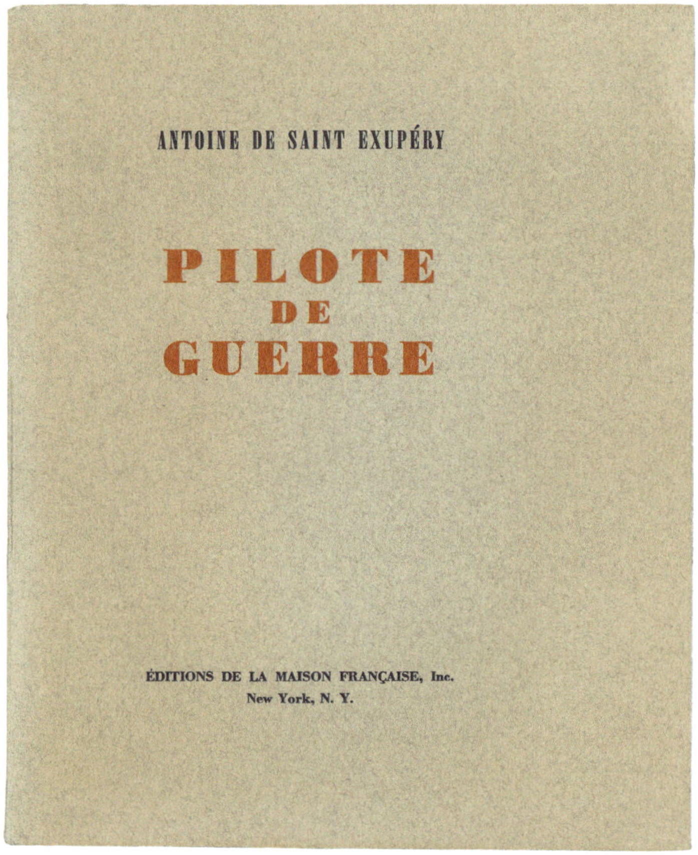

cat. 102 Antoine de Saint Exupéry (1900-1944), *Pilote de guerre*, 1942
Le Bourget, musée de l'Air et de l'Espace, 8°16240
Le livre est publié simultanément aux États-Unis en français, aux Éditions de la Maison française, et en anglais, sous le titre *Flight to Arras*, aux éditions Reynal & Hitchcock. D'abord autorisé par la censure en France et publié aux éditions Gallimard, il est finalement interdit par les autorités allemandes et imprimé et diffusé clandestinement. C. L.

Chez Brentano's, outre des ouvrages universitaires (comme ceux des philosophes Alexandre Koyré et Rachel Bespaloff, du juriste socialiste Roger Picard, des économistes Louis Marlio et Robert Mossé) et des essais d'actualité (dont la première biographie du général de Gaulle, écrite par le journaliste et homme politique Philippe Barrès, fils de Maurice Barrès, ou bien le portrait assassin de Pierre Laval par le célèbre avocat anti-vichyste Henry Torrès), les œuvres littéraires publiées sont éclectiques. S'y côtoient les best-sellers de l'écrivain à succès Maurice Dekobra (*Émigrés de luxe*, *Lune de miel à Shanghai*, *La Perruche bleue*, *Le Roman d'un lâche*), les ouvrages du critique d'art, journaliste et romancier Michel Georges-Michel (*Peintres et sculpteurs que j'ai connus, 1900-1942*), du dramaturge Louis Verneuil

(*Théâtre complet*), d'Antoine de Saint-Exupéry (*Lettre à un otage*) et de son épouse Consuelo de Saint-Exupéry (*Oppède*), ou encore les recueils des poètes André Breton (*Arcane 17*, *Le Surréalisme et la Peinture*) et Saint-John Perse (qui publie une réédition d'*Anabase*, son grand poème épique).

Des revues créées après 1940 offrent aussi des espaces d'expression. Ce sont *Les Œuvres nouvelles*, aux Éditions de la Maison française, *La Nouvelle Relève*, publiée à Montréal, *Renaissance*, qui émane de l'École libre des hautes études de New York, ou bien les mensuels *La République française* et *Monde libre*, mais aussi des journaux hebdomadaires, comme *Pour la Victoire*, *La Voix de France* ou *France-Amérique*. Avec l'aide de mécènes nord-américains souvent collectionneurs de leurs peintures, les surréalistes en exil créent aussi *VVV*, qui connaît quatre livraisons entre juin 1942 et 1944, et publie des poètes, des critiques et des peintres européens et américains, mais aussi l'anthropologue Claude Lévi-Strauss. Arrivés à New York fin 1939, Ivan et Claire Goll ont créé eux aussi une petite revue d'avant-garde franco-américaine, *Hémisphères*, où sont publiés, entre autres, les poèmes d'Alain Bosquet, un jeune Belge d'origine russe d'une vingtaine d'années, aux côtés de textes de Breton, Caillois, Saint-John Perse, Césaire, mais aussi d'écrivains nord-américains comme Henry Miller, William Carlos Williams et de jeunes auteurs locaux proches du surréalisme.

« Une littérature d'"émigration" risque gros, résume le critique Étiemble en 1943. Haines particulières, jalousies d'hommes de lettres, tout ce qui, en temps normaux, tend à corrompre l'écrivain s'aggrave sous l'effet du déracinement[3]. » Et il est impossible d'évoquer la création littéraire en Amérique du Nord pendant la Seconde Guerre mondiale sans tenir compte de sa politisation intense, source de nombreuses querelles parfois violentes. Après la parution en 1942 de *Pilote de guerre*, Maritain s'en prend par exemple à Saint-Exupéry, qu'il juge trop compréhensif envers Vichy. Ancien intellectuel dreyfusard et écrivain juif, Henry Bernstein, l'un des premiers auteurs français célèbres exilés à New York à suivre le général de Gaulle, dénonce lui aussi, à l'automne 1942, Romains, Maurois et Saint-Exupéry, qu'il assimile à des « exilés volontaires » plutôt qu'à des victimes de Vichy et de l'antisémitisme du régime et de l'occupant. Il est vrai que Maurois a dédaigné de Gaulle, au point d'être longtemps considéré comme un représentant intellectuel de Vichy par l'ambassade de France pétainiste ; quant à son œuvre en exil, elle est essentiellement faite de mémoires et d'ouvrages historiques portant sur les États-Unis.

3 René Étiemble, « Revue des revues », *Monde libre*, vol. 1, nº 2, 1943.

Jules Romains, suspecté, dans le milieu littéraire exilé, de pacifisme et de germanophilie – il fut un membre éminent du Comité France-Allemagne entre 1934 et 1939 –, est mal à l'aise à New York et parmi les Américains, si bien qu'en février 1942 il préfère migrer à nouveau, cette fois vers le Mexique, avant de se rallier prudemment à la France libre, ce que n'a pas fait Maurois. Les années d'exil ne l'ont presque pas fait dévier de son projet de compléter sa grande fresque romanesque des *Hommes de bonne volonté*, à laquelle il ajoute cinq volumes. En 1946, le général de Gaulle récompense son ralliement tardif en soutenant sa candidature à l'Académie française en remplacement d'Abel Bonnard, dont la place a été laissée vacante après sa condamnation pour collaboration avec l'ennemi.

Il reste que la grande majorité des écrivains français en exil à New York est restée distante vis-à-vis du gaullisme, au point que Jean-Paul Sartre, lors de son voyage aux États-Unis début 1945 pour le compte du *Figaro*, évoque les polémiques souvent brutales qui y ont eu lieu entre giraudistes et gaullistes en les comparant à celles de l'affaire Dreyfus. Car si une part importante des écrivains les plus jeunes ou les plus progressistes avant-guerre soutiennent la Résistance intérieure et extérieure, c'est souvent aux côtés des Américains et en conservant un certain scepticisme vis-à-vis de la France libre et de De Gaulle. Une partie du déclin du surréalisme après la guerre peut sans doute être interprétée comme la conséquence non seulement de l'exil des figures les plus importantes du mouvement, mais aussi de leur refus de se rallier au gaullisme et de bénéficier ainsi d'une plus grande légitimité politique.

À la tête des antigaullistes qui sont tout aussi hostiles au régime de Vichy et aux Allemands, il y a un écrivain, Saint-John Perse, qui n'est pas seulement un grand poète mais aussi, sous son nom d'état civil, Alexis Leger, l'ancien secrétaire général du ministère des Affaires étrangères dans les années 1930, proche de Franklin et Eleanor Roosevelt et de plusieurs décideurs politiques de Washington. Ses actions et prises de position pendant la guerre contribuent à décrédibiliser de Gaulle auprès des Américains et font l'objet de polémiques constantes avec les milieux gaullistes. Cela ne l'empêche pas d'écrire à nouveau des poèmes, à commencer par *Exil* (1942), l'un des textes phares de la période. D'autres œuvres d'exilés portent aussi, plus ou moins directement, sur l'expérience souvent malheureuse du déracinement.

Hormis les mémoires, les souvenirs et les essais d'actualité, il n'y a pas à proprement parler de genre ni de thème dominant la création littéraire en Amérique du Nord pendant la Seconde Guerre mondiale. Les écrivains exilés se distinguent surtout en fonction de leur rapport plus ou moins fort à leur passé, de leur dépendance à l'aura de la littérature française, à la tradition intellectuelle nationale, les plus jeunes et les plus avant-gardistes ayant souvent noué des liens plus nets et plus égalitaires avec le milieu littéraire de leur pays d'accueil et cherché à réinventer une littérature dégagée des passions et des obsessions politiques et nationalistes.

« À QUAND LA FRANCE[1] ! » COULEURS ET RÉSISTANCE : PLONGÉE DANS L'ENGAGEMENT DE FERNAND LÉGER PENDANT LA SECONDE GUERRE MONDIALE

Élisabeth Magotteaux

Le départ de Fernand Léger pour l'Amérique et son engagement dans la Résistance

Le 1er novembre 1940, après un long périple sur les routes qui l'a conduit de Paris au Portugal en passant par Vimoutiers, Marseille, Vichy et Madrid, le peintre Fernand Léger embarque pour l'Amérique depuis Lisbonne à bord du *SS Exeter* avec seulement « quarante dollars en poche et un petit dessin[2] ». À l'approche de la soixantaine, l'artiste, qui a déjà effectué trois voyages aux États-Unis au cours de la décennie précédente, est profondément imprégné de la culture d'outre-Atlantique et entretient des liens étroits avec de nombreux Américains.

Alors qu'est souvent véhiculée l'image d'un artiste apolitique peu enclin à s'engager, force est de constater que Léger s'est bel et bien impliqué dans les mouvements de résistance durant la Seconde Guerre mondiale. En témoigne d'abord son dessin *Troupes de forteresse*[3], qui illustre de manière saisissante l'état de guerre et l'unité militaire pour la défense nationale. Au premier plan, neuf soldats casqués, dont la disposition frontale les uns à la suite des autres rappelle une bobine de film, assurent la protection d'une forteresse avec laquelle ils semblent fusionner. Au-dessus de cet ensemble, quatre cercles émettant des faisceaux lumineux évoquent des tourelles armées de canons. En arrière-plan, le ciel bleu clair et le dynamisme insufflé par les nuages contrastent avec la dimension dramatique de la composition, travaillée avec une économie de moyens chromatiques, en hachures et grisaille. La présence quasi médiane de la date « 1940 » à l'encre noire évoque la campagne de France et érige donc ce dessin en une puissante œuvre de résistance face à l'oppression nazie. Le titre de l'œuvre – qui figure sous le dessin encadré, ce qui suggère peut-être le souhait de le voir publié dans la presse –, à la police de caractères linéale, géométrique et sans empattement, à mi-chemin entre la Gill Sans et l'Underground, rappelle de manière formelle la devise « On ne passe pas » qui couronnait les insignes portés par les soldats des unités de la ligne Maginot.

1 Paris, bibliothèque de l'Institut de France, MS 8505, lettre de Fernand Léger à André Maurois, Rouses Point, New York, 24 août 1945.

2 Jacqueline Lignot-Roux, « Fernand Léger », *Gants du ciel*, Montréal, nº 6, décembre 1944, p. 84.

3 Jamais publié, ce petit dessin a refait surface récemment grâce à la mise en vente de la collection Aviva et Jacob Baal-Teshuva par la maison de vente Roland NY le 14 mars 2017, puis lors de son exposition au Salon du dessin, à Paris, par la galerie Zlotowski la même année.

Léger choisit de quitter la France car il craint de ne plus pouvoir poursuivre son activité artistique, ayant déjà été mobilisé dans les troupes du génie en août 1914 et soldat en Argonne et à Verdun.

Activités artistiques et intellectuelles aux États-Unis

Durant sa période américaine, il réside principalement à New York et embrasse une myriade de projets : il produit de nouvelles séries d'œuvres telles que *Les Plongeurs* et les *Paysages américains* ; exécute des peintures murales dans les demeures de collectionneurs fortunés, comme l'homme d'affaires Nelson A. Rockefeller et l'architecte Wallace K. Harrison ; collabore au long métrage *Dreams that Money Can Buy* de Hans Richter et au film documentaire *Fernand Léger en Amérique. Son nouveau réalisme* de Thomas Bouchard ; s'initie à la sculpture avec Mary Callery ; dispense son enseignement et ses théories de l'art dans de prestigieuses universités ; expose dans de nombreux musées et galeries, tout en élargissant son cercle de rencontres et en retrouvant d'anciens amis artistes ou intellectuels exilés comme lui. Malgré ces multiples activités, il demeure tenaillé par le mal du pays, ainsi qu'il l'exprime, dès 1941, dans une lettre à son ancienne maîtresse, Simone Herman : « Je deviens un aventurier lâché dans le monde après avoir fait toute mon œuvre 86 rue Notre-Dame-des-Champs. Très franchement, j'aimerais retour France [*sic*]. Je suis un vieux Normand déraciné[4]. »

Conscient de la chance qui lui est octroyée d'avoir échappé au funeste destin que connaît la France, l'artiste ressent le besoin d'aider ses concitoyens, une préoccupation qui se poursuit tout au long de son exil. Il souhaite que ses initiatives artistiques – œuvres, conférences et projections de films – « serve[nt] la cause française[5] ». Alfred H. Barr Jr., directeur du Museum of Modern Art à New York, indique que l'artiste l'a consulté dès son arrivée pour aider aux travaux de camouflage[6], comme il l'avait fait pendant la Première Guerre mondiale, puis en 1939 pour les usines d'aluminium françaises. Léger rejoint ensuite France Forever, le comité de la France libre outre-Atlantique, comme en témoigne une attestation de Jacques de Sieyès, délégué du général de Gaulle aux États-Unis[7], en juillet 1941. À la demande de son ami architecte Paul Nelson, membre du comité exécutif de France Forever, l'artiste se rend au siège général, à Washington, en février 1944 pour inaugurer l'exposition de ses gouaches et dessins ainsi que pour y présenter trois films de l'avant-garde européenne : *Entr'acte* de René Clair, *Un chien andalou* de Luis Buñuel et Salvador Dalí, et celui que Léger a lui-même réalisé avec Dudley Murphy en 1924, *Ballet mécanique*. Les deux événements attirent sept cents visiteurs et les recettes engendrées sont reversées au profit de l'organisation. Depuis Washington, Léger adresse à Bouchard une lettre sur du papier à en-tête de « *France Forever, the Free French Movement in America* » le 17 février[8], corroborant ainsi son affiliation et ses engagements.

En proie au remords d'avoir déserté son pays, Léger mobilise aussi ses propres relations pour prêter secours aux Français, en parallèle à son implication au sein de la France libre. Alors qu'il se trouve dans l'impossibilité de transférer des fonds depuis les États-Unis, il sollicite en mai 1941 l'industriel et collectionneur d'art Solomon R. Guggenheim pour envoyer 1000 dollars à son épouse Jeanne, restée en

4 Lettre de Fernand Léger à Simone Herman, 21 juillet 1941, publiée dans « Fernand Léger, une correspondance poste restante », *Les Cahiers du MNAM*, 1997, p. 200.

5 Montréal, université Concordia, fonds Maurice Gagnon, boîte 32524 (HA), lettre de Fernand Léger à Maurice Gagnon, 12 avril 1945.

6 « Il a d'ailleurs récemment consulté le musée pour savoir si ses talents pourraient être utilisés dans des travaux de camouflage aux États-Unis. » Philadelphie, Philadelphia Museum of Art, John L. Goldstone Papers, box 1, folder 15, lettre d'Alfred H. Barr Jr. à T. B. Shoemaker, 23 juin 1941. Nous traduisons.

7 Philadelphie, Philadelphia Museum of Art, John L. Goldstone Papers, box 1, folder 15, lettre de Jacques de Sieyès à Fernand Léger, 7 juillet 1941.

8 Boston, Houghton Library, fonds Thomas Bouchard, lettre de Fernand Léger à Thomas Bouchard.

9 Guggenheim Museum Archives, box 568, lettre de Fernand Léger à Solomon R. Guggenheim, 5 mai 1941.

10 Guggenheim Museum Archives, box 568, lettre de Solomon R. Guggenheim à Fernand Léger, 8 mai 1941.

11 Montréal, université Concordia, fonds Maurice Gagnon, boîte 32524 (HA), lettre de Fernand Léger à Maurice Gagnon, 12 avril 1945.

12 « Ses sympathies actuelles sont, je crois, catégoriquement opposées à la politique

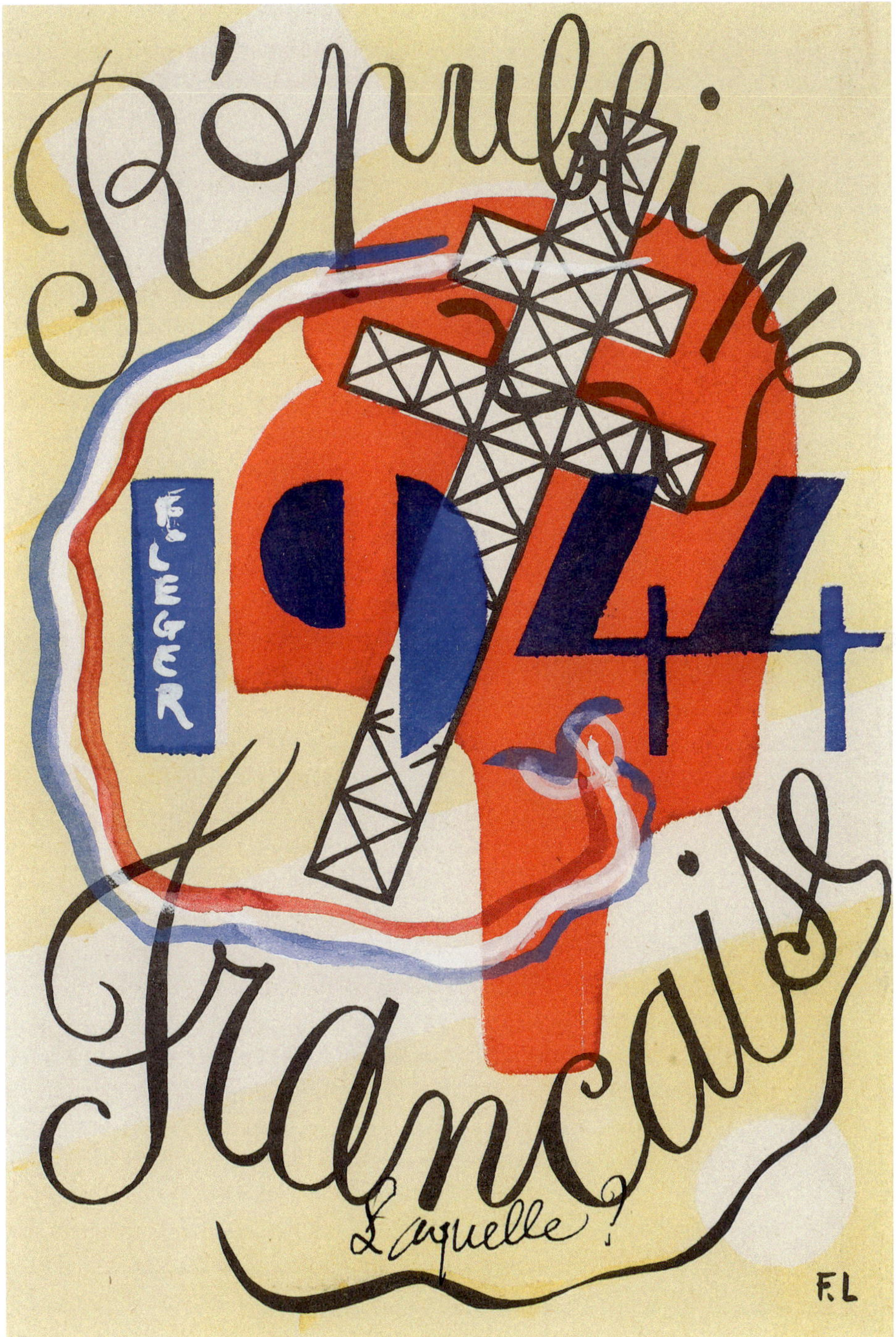

ill. 20 **Fernand Léger (1881-1955), *République française*, carte de vœux éditée par Lucien Vogel, 1944**
Gouache, plume et encre de Chine sur lithographie, H. 21,7 ; L. 15 cm
Don de l'artiste à Mary Callery, vendue en 2009 par Christie's, collection particulière

du gouvernement de Vichy. » Philadelphie, Philadelphia Museum of Art, John L. Goldstone Papers, box 1, folder 15, lettre d'Alfred H. Barr Jr. à T. B. Shoemaker, 23 juin 1941.

13 Archives Darius et Madeleine Milhaud, lettre de Fernand Léger à Darius Milhaud, 25 novembre 1942.

14 Il semblerait que le courrier manuscrit que Georges Bauquier retranscrit dans son ouvrage *Fernand Léger. Vivre dans le vrai* (1re éd. 1987, Paris, Maeght Éditeur, 1998, p. 246) soit bien la lettre que Léger adresse à Marie-Alain Couturier en juillet 1945. Les deux hommes se rencontrent à New York pendant la guerre et entament une correspondance dont les photocopies sont aujourd'hui conservées dans les archives de la Menil Collection, à Houston. Bauquier a apporté quelques modifications au texte original, vraisemblablement pour plus de lisibilité.

15 Cité dans G. Bauquier, *Fernand Léger…*, *op. cit.*, p. 246. Quelques mois plus tard, Léger annonce son adhésion au Parti communiste français dans un télégramme envoyé depuis les États-Unis à Jean-Richard Bloch.

16 Voir par exemple le chapitre 10, « Liquidation des tableaux d'"art dégénéré" », dans Isabelle Le Masne de Chermont *et al.*, *Rose Valland. Le Front de l'art, défense des collections françaises, 1939-1945*, Paris, RMN, 2014, p. 187-194, à propos de l'incendie provoqué volontairement par les nazis le 27 juillet 1943 qui détruit quelque six cents œuvres d'art moderne à côté du Jeu de Paume,

zone libre[9]. Le mécène propose alors de lui acheter l'une de ses œuvres équivalente en valeur marchande, pour sa collection personnelle et son futur « Museum of Non-Objective Painting[10] ». De même, en 1945, alors qu'il cherche à envoyer des vivres en Normandie et en Lorraine, deux régions qui traversent une période de famine, Léger déclare à son ami Maurice Gagnon, historien de l'art canadien : « Il faut continuer l'effort, c'est humain et la vie d'un nombre considérable de Français dépend de nos efforts réunis[11] », tout en suggérant l'idée d'organiser un comité de bienfaisance à Montréal dont les bénéfices seraient envoyés outre-Atlantique.

La profonde aversion de Léger pour Hitler et le régime de Pétain transparaît dans plusieurs courriers manuscrits. Alfred H. Barr Jr. affirme ainsi dans une lettre à T. B. Shoemaker, commissaire suppléant à l'Immigration et à la Naturalisation, que les sympathies de l'artiste français sont catégoriquement opposées à Vichy[12], tandis que Léger qualifie volontiers le chef du nazisme de « fou à lier dans une cage[13] » dans une correspondance au musicien Darius Milhaud. En définitive, l'homme qui affirmait n'avoir « jamais fait de politique » confie dans une lettre au père Marie-Alain Couturier[14] que son exil a exercé une influence profonde sur l'évolution de ses idées et convictions politiques, affirmant être, sur ces entrefaites, « entièrement pour ce que représente l'homme du 18 juin 40 et ses amis[15] ».

Alors que ses œuvres sont considérées comme « dégénérées » par les nazis, spoliées voire détruites[16], Léger rappelle dans cette même lettre qu'il a donné au cours de cette période de nombreuses œuvres « pour la cause » et exécuté en 1944 un panneau abstrait pour orner les murs de la cantine La Marseillaise, foyer militaire gaulliste à New York[17]. Il poursuit : « Quand [Lucien] Vogel est venu me demander de faire une carte de jour de l'An pour "For ever" [*sic*], je l'ai faite, et [Henri] Laugier et [Charles] de Gaulle doivent en avoir reçu un exemplaire[18]. » L'œuvre à laquelle Léger fait référence est *République française (carte de vœux)*[19] (ill. 20). Sur un fond jaune agrémenté d'aplats de couleur blanc cassé est figuré le légendaire bonnet phrygien révolutionnaire rouge vif surmonté de sa cocarde tricolore, qui voit ses couleurs s'échapper. À ces symboles de la République s'ajoute l'illustre croix de Lorraine en oblique, l'emblème de la France libre qui s'oppose à la croix gammée depuis 1940. Comme sur son dessin *Troupes de forteresse*, se détache, au milieu de la composition, le millésime « 1944 », dont les chiffres sont réalisés au pochoir. Pour lier les éléments de façon harmonieuse, Léger calligraphie « République française » à l'encre noire et, dans la partie inférieure de l'œuvre, le pronom interrogatif « Laquelle ? ». Cette question ironique aurait-elle le potentiel de mobiliser un plus grand nombre de partisans au sein de la France libre et de rappeler ce que renie Vichy ? Quoi qu'il en soit, l'œuvre répond aux idées directrices de l'organisation France Forever, à savoir diffuser la croix de Lorraine et montrer les « Français en action […] luttant pour la liberté[20] ».

Retour à la France et la célébration de la libération

Cette liberté, Léger la représente en 1945 avant même que ne soit annoncée la capitulation allemande. *France Reborn* (ill. 21) synthétise un motif privilégié par l'artiste au cours de sa période américaine, celui des *Plongeurs*, qu'il enrichit ici de symboles.

ill. 21 Fernand Léger (1881-1955),
France Reborn, United Nations Series, 1945
Aquarelle, gouache et crayon sur papier monté sur carton, H. 66,2 ; L. 55,5 cm
Washington, Smithsonian American Art Museum, Gift of Container
Corporation of America, 1984.124.173

dont des toiles de Léger. Voir aussi Emmanuelle Polack et Philippe Dagen, *Les Carnets de Rose Valland. Le pillage des collections privées d'œuvres d'art en France durant la Seconde Guerre mondiale,* Lyon, Fage, 2011.

17 G. Bauquier, *Fernand Léger…*, *op. cit.*, p. 246. Voir aussi « Miss Cynthia McAdoo and CPL. Nicolas Vogel at the canteen Marseillaise », *Vogue,* vol. 103, n° 8, 15 avril 1944, cité dans Sylvie Le Ray-Burimi, « Une œuvre d'intérêt patrimonial majeur entre au musée de l'Armée : le mobile *France Forever* (1942) d'Alexander Calder », *La Revue des musées de France*, n° 3, 2020, p. 101-111.

18 G. Bauquier, *Fernand Léger…*, *op. cit.*, p. 246.

19 Tout comme *Troupes de forteresse*, cette carte de vœux, offerte par Léger à son amie sculptrice et grande collectionneuse Mary Callery, est longtemps restée inconnue et n'a jamais été publiée jusqu'à présent.

20 New York, MoMA, The Paul Rosenberg Archives, II.B.16, tapuscrit exposant la stratégie institutionnelle de France Forever.

21 *Modern Art Becomes Advertising : Advertising Designs for the Container Corporation of America*, cat. exp., Chicago, The Art Institute of Chicago, 1945, p. 28. Nous traduisons.

22 Houston, Menil Collection, fonds Marie-Alain Couturier, lettre de Fernand Léger à Marie-Alain Couturier, juillet 1945.

Quatre personnages aux bras levés semblent célébrer « les sentiments de joie et de libération du peuple français lorsque les armées alliées ont balayé les Allemands[21] », ainsi analysé dans le catalogue de l'exposition *Modern Art Becomes Advertising* de l'Art Institute of Chicago publié en 1945. Sur la gauche, deux femmes de profil pourraient évoquer les mères et les épouses observant depuis l'Amérique les GI's partis combattre en France. Sur ces silhouettes à peine modelées, Léger s'adonne à son principe pictural de « couleurs en dehors » mis au point à New York à la vue des lumières de Broadway, apposant des aplats de couleurs pures, rouge, bleu, orange et vert – elles aussi, donc, en totale liberté. L'une des deux fleurs représentées, symbole de renouveau printanier, pourrait faire allusion à la torche brandie par la statue de la Liberté (1886) d'Auguste Bartholdi, que Léger apercevait depuis le transatlantique à chacune de ses arrivées sur le territoire américain. Tous ces éléments distinctifs sont pour l'artiste « le signe plastique de la libération ». Hymne à la liberté, icône de résistance et illustration d'une victoire tant attendue, cette œuvre illustre à merveille sa prescience lorsqu'il déclare la même année : « Cette magnifique Résistance qui s'inscrira […] comme l'époque la plus héroïque peut-être de l'Histoire de France[22]. » Ainsi, Léger reconnut en la figure du général de Gaulle, et *a fortiori* dans tous les mouvements prônant une France libre dont il fit partie, l'unique choix qui mènerait à la Libération, qu'il avait tant espérée durant ses cinq années d'exil américain.

LE MOBILE *FRANCE FOREVER* ET LA BROCHE À LA CROIX DE LORRAINE D'ALEXANDER CALDER

ÉTENDARDS MODERNES DE LA FRANCE LIBRE

Sylvie Le Ray-Burimi

Les tout premiers « mobiles » d'Alexander Calder sont exposés en 1932 à Paris par Marie Cuttoli ; c'est Marcel Duchamp qui forge ce terme pour nommer ces sculptures cinétiques dépourvues de socle. La première exposition personnelle de Calder, de retour à New York, est organisée dès 1934 par Pierre Matisse. En 1937, le sculpteur américain est le seul artiste étranger à exposer dans le pavillon espagnol de l'Exposition universelle de Paris, où sa *Mercury Fountain*, elle aussi exécutée en soutien aux républicains menacés, côtoie le *Guernica* de Picasso.

New Impetus. Reconnaître l'apport des exilés

Reconnaissant à la France et opposé au fascisme, Calder facilite dès 1940, en interaction avec la Fondation Rockefeller, la venue d'artistes et d'intellectuels aux États-Unis. André Breton, Marcel Duchamp, Fernand Léger, Georges Duthuit, Max Ernst[1] bénéficient de cette solidarité, mais aussi André Masson, dont le départ est facilité par le soutien conjugué de Kay Sage et Calder : « Je connais André Masson et sa femme Rose depuis 1937. Ils sont tous deux […] dévoués au mode de vie démocratique. […] M. Masson était l'un des plus grands peintres de France et j'estime que les États-Unis ont vraiment de la chance de l'avoir ici pour donner un nouvel élan aux autres peintres qui l'entourent[2]. »

Calder motive l'accueil des artistes européens non par la philanthropie mais par l'émulation qu'ils créeront sur la scène artistique américaine. Hommage en retour à sa clairvoyance, un portrait de Calder par Masson rapproche du front puissant du

1 Jed Perl, « The war years », dans *Calder, the Conquest of Space. The Later Years : 1940-1976*, New York, Doubleday, 2020, p. 16-17.

2 « *I have known André Masson and his wife Rose since 1937. They are both […] dedicated to the democratic way of life. […] Mr Masson was one of the foremost painters in France and I feel that the United States is indeed fortunate to have him here to give new impetus to other painters around him.* » Lettre d'Alexander Calder à André et Rose Masson, Woodbury, 3 octobre 1941, collection particulière. Nous traduisons.

3 André Masson, « L'Atelier de Calder », poème manuscrit, 1942, New York, Calder Foundation.

4 New York, Whitelaw Reid Mansion, Coordinating Council of French Relief Societies.

5 Bernard Noël, *Une liaison surréaliste, Marseille-New York. 1940-1945*, Marseille, André Dimanche, 1985, p. 106.

6 Portfolio de onze œuvres de Calder, Breton, Carrington, Chagall, Ernst, Hare, Masson, Matta, Motherwell, Seligman et Tanguy, New York, VVV, 1943.

7 Lettre de Francine Le Cœur à Alexander Calder, Silver Spring, 1942, New York, Calder Foundation.

8 Lettre de Francine Le Cœur à Alexander Calder, 13 octobre 1942, New York, Calder Foundation.

9 Sylvie Le Ray-Burimi, « Une œuvre d'intérêt patrimonial majeur entre au musée de l'Armée : le mobile *France Forever* (1942) d'Alexander Calder », *La Revue des musées de France*, n° 3, 2020, p. 101-111 ; « Un étendard moderne du *soft power* de la France libre : le mobile *France Forever* (1942) d'Alexander Calder », *Sculptures*, n° 9, « Sculpture et architecture sens dessus dessous », Thierry Dufrêne et Claire Maingon (dir.), 2022, p. 195-200.

cat. 103 André Masson (1896-1987),
recto : *Portrait d'Alexander Calder* ; verso : esquisse du précédent, vers 1943
Encre sur papier, H. 48,9 ; L. 63,5 cm
Collection particulière

sculpteur une tête d'Hermès coiffée d'un casque ailé, inscrite dans un soleil, combinant les attributs du messager des dieux avec ceux d'Hermès Trismégiste, rassembleur, thaumaturge et alchimiste. Un poème également créé par Masson, « L'Atelier de Calder », met en lumière ce pouvoir de transformer le déracinement en richesse spirituelle : « Arrivé d'Europe, comme ils disent… / Il est vrai que là-bas fer et cuivre ne sont qu'œuvre noire / La mort ajoutée à la mort et la vie calomniée. / Moi je fus, heureux fugitif, / Couché à l'œuvre d'un vivant[3]. »

« L'esprit de France y était… » Au Russian War Relief à Washington

En 1942, le Coordinating Council of French Relief Societies organise à New York l'exposition « First Papers of Surrealism[4] ». L'installation *Sixteen Miles of Strings* conçue par Duchamp évoque les barbelés d'un camp de concentration[5] tout en faisant écho à *The Spider* (1940) de Calder, où la croix gammée est assimilée à une araignée. Calder participe aussi à un portfolio édité par la revue *VVV* – « Pour la Victoire ! Victoire ! Victoire[6] ! » – lancée par Breton et à l'exposition « Art of This Century » organisée par Peggy Guggenheim au profit de la Croix-Rouge américaine. Grâce à Paul Nelson et à son épouse, Francine Le Cœur, Calder se rapproche enfin de France Forever, fer de lance de l'influence de la France libre auprès de l'opinion américaine : « Voilà que je me suis fourrée jusqu'au cou dans le France Forever d'ici – probablement excitée par la proximité de la hideuse ambassade vichyssoise [...]. Masson a dit à Pontabry qu'il allait lui envoyer une maquette de lui, (existante), sur le thème *Liberté, Égalité, Fraternité*. [...] Chareau dit pouvoir nous envoyer une affiche faite par Léger. [...] Aurais-tu des petits objets, bijoux ou autres que tu pourrais donner à la cause[7] ? »

En octobre 1942, Calder remet ainsi au Free France Fighting Committee non seulement des bijoux, mais aussi un mobile[8] identifié comme celui à la croix de Lorraine[9]. Appel à la résistance et au ralliement, ce mobile à la croix de Lorraine, dit *France Forever*, est offert par l'artiste au mouvement éponyme. Il associe au tricolore du drapeau français une croix de Lorraine d'un jaune solaire, dotant ainsi la France libre d'un étendard quasi régalien. La simplicité des matériaux comme la dynamique de l'œuvre siéent à une cause encore fragile, en constante reconfiguration.

Le mobile est présenté à Washington, dans les locaux du Russian War Relief, organisme de soutien à l'effort de guerre sur le front russe, dans le cadre d'une exposition[10] visant à lever des fonds au bénéfice des combattants et dont les concepteurs sont Jean Delattre-Séguy, président du chapitre de Washington de France Forever, Robert Pontabry[11], graphiste, et Pierre Chareau, scénographe[12]. L'accrochage est un moment de grâce : « Nous avons déployé le mobile hier soir [...]. Et il a été cérémonieusement accroché – magnifique – et avec rien [...] sauf votre mobile et un agrandissement des *Coqs* (au combat) de 1929 de Picasso du musée d'Art moderne. Les passants entraient pour nous demander si c'était un Calder ? L'Esprit de France y était [...]. PS : mon idée est que ton mobile flotte au-dessus des cartes [...] où l'on voit les reconquêtes de la France libre[13]. » Soutenue par l'Office of the Coordinator of Inter-American Affairs, l'exposition est inaugurée par l'épouse d'Adrien Tixier, chef de la délégation de la France libre aux États-Unis. Des babioles à l'effigie de la France libre sont proposées à la vente, mais aussi des bijoux offerts par Calder. La navigatrice Hermine de Saussure, épouse d'Henri Seyrig[14], chef du département des affaires culturelles du Comité de libération nationale aux États-Unis en 1943, en acquiert un[15].

« Pervaded by Continental Spirit ». Au plafond de La Marseillaise à New York

Calder est l'unique artiste américain présent aux côtés des artistes français ou apatrides réunis au printemps 1942 par Pierre Matisse lors de l'exposition « Artists in Exile ». L'ouverture en avril 1943 à New York de la cantine La Marseillaise, fondée par Maria McDonald et financée par France Forever, est saluée par la presse, qui signale la contribution de Léger, Calder et Chareau à sa décoration : « La croix de Lorraine, emblème de la France libre, est partout en évidence [...]. Une fresque abstraite de Fernand Léger recouvre le mur, tandis qu'un mobile jaune, rouge et bleu d'Alexander Calder tourne lentement au-dessus de la piste de danse[16]. » Conservé par Georges Duthuit, byzantiniste, historien de l'art et époux de la résistante Marguerite Duthuit Faure, fille aînée d'Henri Matisse, un album de photographies restitue l'atmosphère de La Marseillaise : aviateurs et marins de la France libre s'y retrouvent pour chanter, danser, célébrer le Bastille Day ou rencontrer des exilés et des Américains tenants de la France libre. Don précieux et récent au musée de l'Armée, l'album Duthuit a permis de reconnaître,

10 Du 14 octobre au 1er novembre 1942.

11 Damarice Amao, Florian Ebner et Christian Joschke (dir.), *Photographie, arme de classe. La photographie sociale et documentaire en France, 1928-1936*, cat. exp., Paris, Centre Pompidou/Textuel, 2018, p. 76-77 et 171.

12 Marc Bédarida et Francis Lamond, *Pierre Chareau. Biographie, expositions, mobilier*, Paris, Norma, 2023.

13 Lettre de Paul Nelson à Alexander Calder, 17 octobre 1942, New York, Calder Foundation. Nous traduisons.

14 François-René Martin et Marie Tchernia-Blanchard, « Henri Seyrig et l'art moderne », *Syria*, supplément III, 2016, p. 279-293.

15 Broche aux initiales « MS » [Miette de Saussure], 1943, Paris, musée des Arts décoratifs, inv. 49055.

16 « Canteen for French seamen pervaded by continental spirit », *New York Herald Tribune*, 8 juin 1943.

cat. 104 **Album de photographies sur la cantine La Marseillaise à New York, 1943-1946**
Paris, musée de l'Armée, 2024.60.2

Maria McDonald-Jolas quitte la France pour New York dès l'été 1940. Elle y lance, le 17 avril 1943, la cantine La Marseillaise, soutenue par France Forever, qui devient l'épicentre de la sociabilité Free French à New York. Situé dans une ancienne épicerie sur la Deuxième Avenue, ce foyer militaire est aussi un club politique et artistique de haute volée, aménagé par le designer Pierre Chareau et décoré d'œuvres de Moïse Kisling et de Fernand Léger. Un mobile d'Alexander Calder aux couleurs du drapeau français flotte au-dessus de la salle, transformée le soir en piste de danse. La cantine accueille bals, concerts, causeries et projections, prisés des marins et des aviateurs de la France libre comme des volontaires du bataillon de marche des Antilles. S. L. R.-B.

sur l'une des photographies, un fragment de la croix de Lorraine du mobile offert par Calder à France Forever, flottant devant un planisphère, trace ténue mais décisive de sa rayonnante présence au cœur d'un des foyers les plus courus de la France libre[17].

En 1944, le journaliste franco-américain Jean Davidson – fils du sculpteur Jo Davidson –, admirateur de Calder, sauve de la destruction des mobiles satiriques en carton caricaturant Hitler, Mussolini et Hirohito[18] pendus sous une bannière promettant : « Vos dollars aideront à pendre ces gars[19] » – avant d'acquérir le mobile *France Forever*.

La broche à la croix de Lorraine, emblème discret de la Résistance

Membre du groupe de résistance du musée de l'Homme puis du réseau Défense de la France, déportée à Ravensbrück, Geneviève de Gaulle-Anthonioz reçoit après-guerre des mains de son ami Calder une broche d'argent martelé en forme de croix

17 Album de photographies de la cantine La Marseillaise, vers 1943, Paris, musée de l'Armée, 2024.60.2, don de Barbara Duthuit en souvenir de Marguerite Duthuit.

18 Sandra Calder Davidson, *The Calder Family and Other Critters*, New York, Arcade Publishing, 2013, p. 24.

19 « *Your dollars will help hang these guys.* »

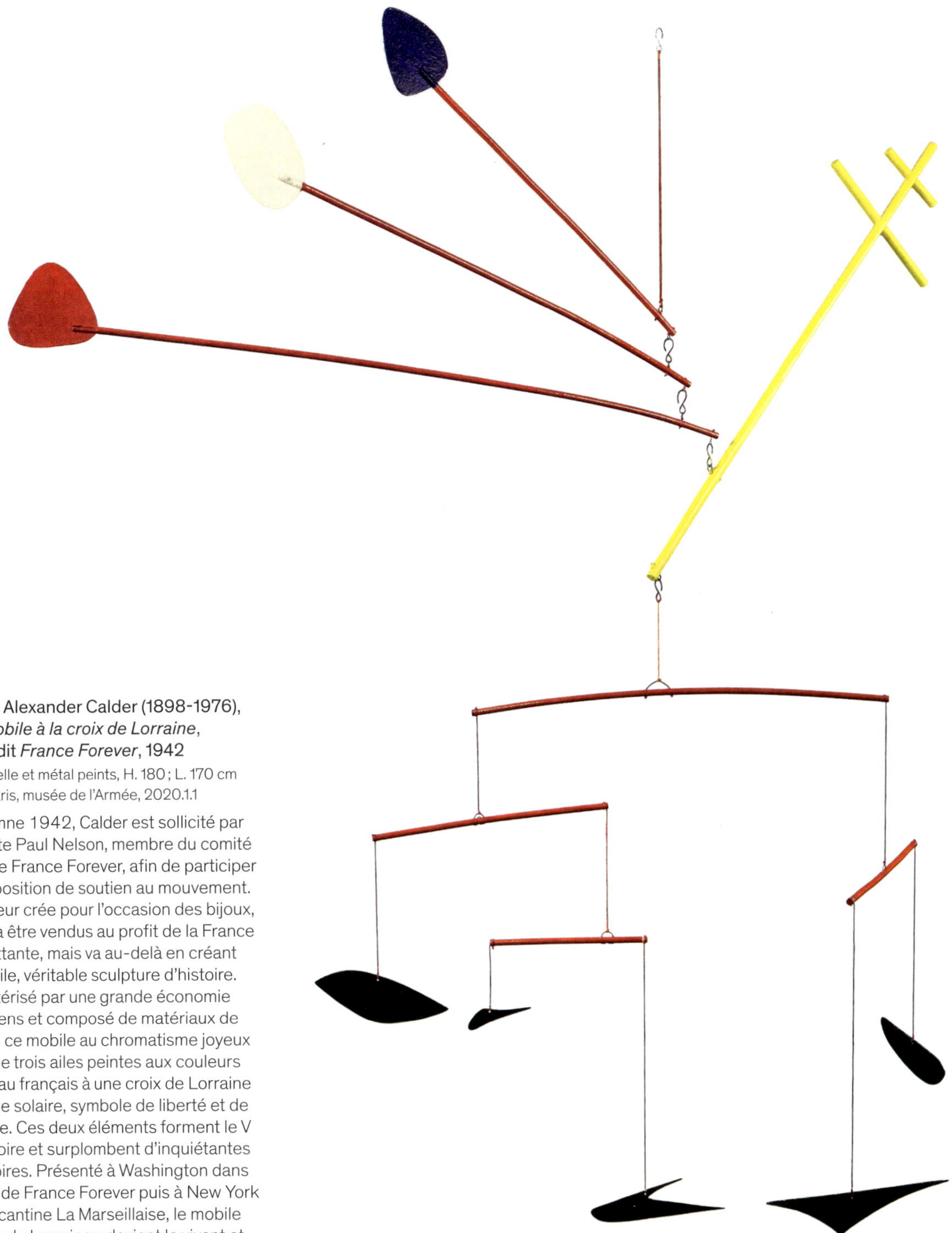

cat. 105 Alexander Calder (1898-1976), *Mobile à la croix de Lorraine*, dit *France Forever*, 1942

Bois, ficelle et métal peints, H. 180 ; L. 170 cm
Paris, musée de l'Armée, 2020.1.1

À l'automne 1942, Calder est sollicité par l'architecte Paul Nelson, membre du comité exécutif de France Forever, afin de participer à une exposition de soutien au mouvement. Le sculpteur crée pour l'occasion des bijoux, destinés à être vendus au profit de la France combattante, mais va au-delà en créant ce mobile, véritable sculpture d'histoire. Caractérisé par une grande économie de moyens et composé de matériaux de réemploi, ce mobile au chromatisme joyeux conjugue trois ailes peintes aux couleurs du drapeau français à une croix de Lorraine d'un jaune solaire, symbole de liberté et de résistance. Ces deux éléments forment le V de la victoire et surplombent d'inquiétantes nuées noires. Présenté à Washington dans les locaux de France Forever puis à New York dans la cantine La Marseillaise, le mobile à la croix de Lorraine y devient le vivant et moderne emblème de l'esprit de la France combattante tout en témoignant de la reconnaissance de Calder envers un pays qui l'a révélé en tant qu'artiste. S. L. R.-B.

20 Germain Viatte, *Bernard Anthonioz ou la liberté de l'art*, Paris, Adam Biro, 1999, p. 47.

21 Catherine Lacour-Astol et Vladimir Trouplin (dir.), *Résistantes ! France, 1940-1944*, cat. exp., Paris, musée de l'Ordre de la Libération, 2024.

22 L'autrice remercie Betsy Jolas et Claire Illouz, fille et petite-fille de Maria McDonald, pour les entretiens à Chérence et à La Roche-Guyon les 29 août 2022 et 1er juillet 2023.

23 Virginia M. Dortch (dir.), *Peggy Guggenheim and Her Friends*, Milan, Berenice, 1994.

24 Alexander Calder, *Broche à la croix de Lorraine*, 1942, argent martelé, Paris, musée de l'Armée, inv. 2024.8.1.

de Lorraine[20]. D'une grande sobriété, ce bijou adopte la forme tréflée, primitiviste, de la croix de Lorraine, se distinguant de la rectitude géométrique de l'ordre de la Libération officiel. L'inventivité de l'artiste s'efface ici devant la portée symbolique de la croix de Lorraine, prise pour emblème par la France libre dans sa croisade pour la liberté et la résistance aux forces de l'Axe. La broche offerte à Geneviève de Gaulle-Anthonioz appartient à un ensemble destiné à un nombre restreint de récipiendaires, femmes d'exception à l'héroïsme discret[21], parmi lesquelles Maria McDonald-Jolas[22], ou encore Mary Reynolds[23], artiste et résistante ayant caché Jean Hélion à Paris à la suite de son évasion. Resté dans l'atelier de l'artiste, un exemplaire de cette broche a été donné en 2024 par la Calder Foundation au musée de l'Armée, où il rejoint le mobile *France Forever*, ready-made emblématique et pas de côté créatif, formant un diptyque éloquent[24].

Par ses engagements auprès de France Forever, Calder a conféré une forme sensible et syncrétique à l'élan de la France libre. Révélant la capacité à fédérer comme à mettre en mouvement, son mobile à la croix de Lorraine témoigne de la réussite d'une constellation d'esprits inventifs dont l'ouverture à l'altérité, cristallisée par la guerre, a su conquérir les cœurs, préparant ainsi la reconnaissance juridique du Gouvernement provisoire de la République française à l'automne 1944.

cat. 106 **Alexander Calder (1898-1976), broche à la croix de Lorraine, vers 1942**
Argent découpé, riveté et martelé, H. 9,6 ; L. 7,5 cm
Paris, musée de l'Armée, inv. 2024.8.1, don de la Fondation Calder au musée de l'Armée en l'honneur de Monsieur Alfred Pacquement à l'occasion des vingt ans de sa présidence de l'Association pour l'animation de l'Atelier Calder, Saché, 2023

cat. 107 **Alexander Calder (1898-1976), broche à la croix de Lorraine donnée, dans les années 1950, par Alexander Calder à Geneviève de Gaulle-Anthonioz (1920-2002), vers 1942**
Argent découpé, riveté et martelé, H. 12,5 cm ; L. 9 cm
Collection Geneviève de Gaulle-Anthonioz – Bernard Anthonioz

LES SAVANTS FRANÇAIS LIBRES EN EXIL, OU L'HISTOIRE D'UNE RÉSISTANCE

Diane Dosso

Parvenus à New York le 26 août 1940, l'ex-directeur du Centre national de la recherche scientifique (CNRS) et physiologiste Henri Laugier et le biochimiste Louis Rapkine sont accueillis par la Fondation Rockefeller. Laugier a sollicité son aide dès le 9 juillet[1]. Le projet des deux hommes est de sauver l'élite des scientifiques français en organisant – en toute légalité – leur exfiltration de la France occupée. L'objectif est de leur permettre au plus vite de maintenir leur activité, de contribuer à l'effort de guerre allié et, ainsi, d'être prêts pour la reconstruction de la science française après la guerre. Laugier et Rapkine soumettent aux Américains leurs propres listes de chercheurs en sciences exactes. Au total, quinze Français bénéficient de l'aide conjointe de la Fondation Rockefeller et de Rapkine ; dix-sept autres viennent en Amérique grâce au seul biochimiste. Le réseau qu'il a constitué depuis la création à Paris, à l'Institut de biologie physico-chimique, du Comité français pour l'accueil et l'organisation du travail des savants étrangers, sous le Front populaire, se révèle crucial dans cette course contre la montre.

En février 1941, Laugier quitte New York pour enseigner la physiologie à Montréal. Devenu secrétaire général de la *Revue canadienne de biologie*, bulletin bilingue, il y publie ses travaux sur la cicatrisation des plaies de guerre. Son engagement gaulliste est total. Au printemps 1942, il reprend en main France Forever, le comité de la France libre outre-Atlantique, et crée une collection du même nom aux Éditions de l'Arbre. Il entend prouver ainsi que la pensée scientifique française est toujours vivante. Paraissent dans cette collection *Problèmes de médecine de guerre* de Daniel Cordier, professeur à Cambridge, en Grande-Bretagne, ainsi que les ouvrages de scientifiques réfugiés aux États-Unis, comme le géographe Jean Gottmann[2] ou le médecin Charles Oberling[3], ou en Colombie, tel l'ex-directeur du musée de l'Homme Paul Rivet[4].

1 Tarrytown, Rockefeller Archive Center, RG 1.1, S 200, B 51, F 604, lettre d'Henri Laugier (en français) à « mes chers amis » [Fondation Rockefeller]. Tandis que Laugier est à la fois directeur général du CNRS et de sa section Recherche pure, Henri Longchambon, normalien minéralogiste, dirige sa section Recherche appliquée. Dans sa lettre, Laugier explique être venu en Angleterre avec son collègue pour assurer le sauvetage des scientifiques français. Finalement, Longchambon rentre en France et c'est en compagnie de Rapkine, qui lui sert d'interprète, que Laugier, révoqué le 23 juillet 1940, quitte Londres pour New York.

2 *Les Relations commerciales de la France*, 1942 ; *La Fédération française* (avec Jean de la Roche), 1945.

3 *Le Problème du cancer*, 1942. Charles Oberling délivre des conférences de pathologie de guerre

NOMS	Sortie de France	Engagement F.F.L.	Activité Universitaire	Caractre du travail	Activité extrauniversité
U.S.A.					
R. ALKAN	Fin 1940	Mars 1942		Travail pour marine et armée Américaine	–
M. ARDITI	Déc, 1942	Dès son arrivé aux U.S.A.		Travail de guerre U.S.A	–
L. BRILLOUIN	Milieu 1941	Novembre 42.	Enseignement universitaire	Travail de guerre U.S.A	France Forever Fondation du chapitre de Providence.
Th. CAHN	Fin 1941	Mars 1942	Recherche et enseignement Armée Américaine		
C. CHEVALLEY	Avant la guerre		Enseignement Armée Etats-Unis.		
N. CHOUCROUN	Fin 1941		Recherches		–
L. GOLDSTEIN	FIN 1942	Dés son arrivé1942	Enseignemant Armée Américaine		
J. GOTHMANN	Fin 1941	Mars 1942	Enseignement	Travail de guerre	Propagande Française
E. GUMBEL	Eté 1940	Mai 1942	Enseignement		–

NOMS	Sortie de France	Engagement F.F.L.	Activité Universitaire	Caractère du travail	Activité extra- univ.
H. HARMOOICI	Fin 1942	Déc. 1942	Enseignement		
C. LEVI-STRAUSS	Milieu 41.	Mars 1942	Enseignement Recherche		Propagande culturelle
W. LIEBERSON	Fin 1940	Mars 1942	Enseignement	Travail de guerre	
A. MAYER	Avril 1942	Juin 1942	Recherche		
P. MERCIER	JUILLET 41	Oct. 1943?		Travail de guerre USA	
CANADA Bertrand GOLDSCHMIDT	Milieu1941	Mars 1942		Travail de guerre	Propagande Française
J. GUERON	Juin 1940	Juin 1940		Travail de guerre	Propagande Française
H. HALBAN	Juin 1940	Janvier 43		Travail de guerre	
L. KOWARSKI	Juin 1940	1943		Travail de guerre	
IRAN Ch. OBERLING	Janvier 1940	Mars 1942	Enseignement Recherche		Comité National Français Section IRAN.

cat. 108 **Liste des scientifiques français engagés dans la France libre**

Paris, Institut Pasteur, RAP 7

Les Américains acceptent la participation de scientifiques venus de France à l'effort de guerre allié, à condition qu'ils soient de nationalité française et qu'ils signent un acte d'engagement dans les Forces françaises libres. Trente-cinq scientifiques sont ainsi intégrés. Aucun n'est admis dans le projet Manhattan, destiné à doter les États-Unis d'une bombe atomique. C. L.

ill. 22 **Les « atomiciens de la France libre » et l'équipe du laboratoire de Montréal, 1943**

Le groupe des « atomiciens de la France libre » est mis en place dès 1941. Parmi eux, on peut distinguer, debout au second rang, Bertrand Goldschmidt, Jules Guéron, Hans Halban et Pierre Auger. Leurs travaux seront par la suite coordonnés par Louis Rapkine. C. L.

à Cooperstown (État de New York) en 1942-1943, interrompant son séjour à Téhéran débuté en 1939 et qui s'achèvera par son retour en France en 1947.

4 *Les Origines de l'homme américain*, 1943.

5 Les mathématiciens Szolem Mandelbrojt, André Weil et Emil Gumbel, les physiologistes Charles-Philippe Leblond et André Mayer (qui bénéficie, comme

Les premiers scientifiques exilés volontaires débarquent à New York en octobre 1940. Au printemps 1941, dix sont parvenus en Amérique[5]. Le mathématicien Jacques Hadamard arrive le 2 septembre suivant avec sa femme et leur fille Jacqueline, elle-même physicienne ; Francis Perrin (le fils de Jean) le 14 octobre, suivi de Pierre Auger le 27, tous deux physiciens, accompagnés de leurs familles ; puis Jean Perrin, la biochimiste Nine Choucroun, le physicien Salomon Rosenblum et sa famille, le 23 décembre. Ces scientifiques sont désormais à l'abri d'une collaboration forcée avec les nazis.

Rapkine a accueilli sa propre famille à New York le 13 juin 1941[6] : il peut désormais s'engager publiquement, en toute sécurité, pour la France libre. Présents à Londres en juin 1940, ni lui ni Laugier n'avaient alors rejoint de Gaulle. Rapkine rencontre finalement René Pleven, qui représente la France libre en cours de formation aux États-Unis, le 7 août 1941 à Washington. Pour permettre aux savants exilés d'apporter leur contribution à l'effort de guerre, Rapkine accepte d'adhérer à sa démarche. De son côté, Pleven saisit l'occasion d'associer à l'action de la France libre l'immense prestige de Jean Perrin et de Jacques Hadamard : parvenus aux États-Unis grâce à la ténacité de Rapkine, ce sont deux recrues dont la parole porte loin.

Le 11 décembre 1941, le Bureau scientifique de la Délégation de la France libre aux États-Unis est créé à New York. Le général de Gaulle nomme Rapkine à sa tête[7], mais souhaite que la candidature de chaque membre lui soit soumise. La nationalité française est requise pour en faire partie, contrairement au désir du biochimiste. Le jour même, suite à l'attaque sur Pearl Harbor, les Américains rejoignent les Britanniques dans leur lutte contre l'oppression nazie. Des postes d'enseignants délaissés par leurs titulaires, partis combattre, se libèrent pour les exilés français.

De janvier 1942 à janvier 1943, le Bureau scientifique recrute trente-cinq membres. Chacun signe un engagement dans les Forces françaises libres (FFL)[8]. Si les sciences exactes sont les plus représentées, les sciences humaines ne sont pas totalement absentes. Le bureau réunit deux ingénieurs de l'aéronautique, un géographe, un anthropologue[9], un psychiatre, un médecin, cinq physiologistes, six biologistes, un généticien, douze physiciens, deux chimistes et trois mathématiciens. Huit membres travaillent à terme au Canada et deux au Brésil[10], tous les autres étant dispersés à travers les États-Unis ; onze d'entre eux poursuivent leurs travaux à New York.

Désormais officiellement rattachés au mouvement gaulliste, ces scientifiques ne sont cependant pas autorisés à travailler pour la Défense nationale américaine. Rapkine poursuit ses efforts dans ce but, mais seuls quinze membres sur trente-cinq sont placés en affectation spéciale, sous le commandement de la France libre, de mai 1942 à juillet 1943[11]. Les Américains persistent dans leur refus d'ouvrir leurs laboratoires aux Français pour qu'ils y mènent des recherches de guerre, refus qui reflète les choix du président Roosevelt en matière de politique internationale ainsi que son hostilité personnelle à l'égard de De Gaulle. Soulignons en retour le patriotisme des scientifiques français, qui, malgré les incitations, refusent d'adopter la nationalité américaine. Aucun Français, en définitive, n'est autorisé à collaborer au projet Manhattan – destiné à doter les États-Unis d'une bombe nucléaire –, mais six membres du Bureau scientifique participent au projet atomique anglo-canadien[12].

Inaugurée à New York le 14 février 1942, une « université française libre[13] » adopte le nom d'« École libre des hautes études » (ELHE). Les Français accueillis au sein des universités américaines doivent veiller à ne pas froisser leurs collègues états-uniens en participant à cette initiative purement nationale et à l'orientation politique marquée. Ils n'échappent pas, en effet, au délicat problème de leur intégration dans un univers professionnel déjà fortement sollicité pour apporter son aide aux universitaires proscrits d'Europe dès 1933.

Présidée par l'historien de l'art Henri Focillon, l'ELHE est constituée de trois facultés (lettres, sciences, droit et sciences politiques), de trois instituts (droit comparé, philologie et histoire orientales et slaves, sociologie) et de quatre centres

René Wurmser, d'une dérogation au premier statut des Juifs), le généticien Boris Ephrussi, les physiciens Constantin Chilowski, Léon Brillouin et Bertrand Goldschmidt, enfin le chimiste polonais Ignace Zlotowski.

6 Sa femme Sarah et leur fille de neuf ans. Pour sa part, Laugier a laissé en France ses parents et sa compagne, Marie Cuttoli. Il ne la revoit qu'en 1941 à New York, où elle s'installe.

7 Archives de l'Institut Pasteur (désormais AIP), fonds Rapkine, RAP 7, câble de Charles de Gaulle à LibFrance.

8 Ces signatures s'étalent du 3 mars 1942 au 4 juin 1943.

9 Claude Lévi-Strauss, qui devient expert-conseil auprès du Coordinator of Information à partir du 1er mai 1942.

10 Les biophysiciens René et Sabine Wurmser, arrivés en juin 1941.

11 En 1942 : Claude Lévi-Strauss, Aniuta Winter, Francis Perrin et Ladislas Goldstein (mai), Michel Magat, Salomon Rosenblum et Bertrand Goldschmidt (23 juillet), Stanislas Winter (14 septembre), Pierre Auger (1er décembre) et Robert Alkan (22 décembre) ; en 1943 : Hans Halban (13 janvier), Haïm Haimovici (2 février), Léonide Goldstein (15 février), Jules Guéron (15 juin) et Szolem Mandelbrojt (12 juillet).

12 Aniuta et Stanislas Winter et, détachés par Rapkine auprès du Department of Scientific and Industrial Research (DSIR), Auger, Goldschmidt, Guéron et Halban.

(Amérique latine, arts dramatique et cinématographique, études des relations internationales, études médico-sociales). L'enseignement débute le 16 février dans une annexe de la New School for Social Research[14]. Les cours à la faculté des sciences commencent en avril sous la direction de Jean Perrin – très vite remplacé, suite à son décès le 17 avril, par Jacques Hadamard –, assisté de Laugier, de Perrin et de Rapkine. Dix-neuf membres du Bureau scientifique de la France libre font aussi partie de l'équipe enseignante. Les professeurs qui officient déjà dans une université américaine sont rattachés à l'ELHE comme titulaires, en congé pour mission extérieure, grâce à Laugier. Les diplômes délivrés par l'école sont reconnus comme « diplômes universitaires de plein droit » par la France libre[15]. Une revue trimestrielle, *Renaissance*, est publiée, dans laquelle Salomon Rosenblum, par exemple, rend hommage au physicien Fernand Holweck, décédé sous la torture à Paris le 24 décembre 1941. Le 5 novembre 1942, Roosevelt remercie Alexandre Koyré, secrétaire général de l'ELHE, de lui avoir envoyé le rapport d'activité de l'école. Cette lettre, trois jours avant le débarquement allié en Afrique du Nord, contribue de manière éclatante à la reconnaissance officielle de la France libre par le gouvernement américain[16].

L'ELHE ferme ses portes en 1946. Aventure collective intellectuelle plutôt que purement scientifique, elle a offert aux membres du Bureau scientifique dispersés à travers la vaste Amérique l'occasion de se retrouver régulièrement à New York, au-delà de son rôle politique décisif de propagande en faveur de la France libre. Ainsi, en avril 1943, tandis que Charles de Gaulle et Henri Giraud se disputent le pouvoir à Alger, un groupe d'intellectuels, dont les savants Laugier, Perrin, Rapkine, Hadamard et Auger, crée le Comité républicain français : dans son mensuel *La République française*, ces scientifiques affirment leur foi dans la tradition républicaine défendue par de Gaulle.

Si Rapkine n'a rempli qu'à moitié la mission d'exfiltration qu'il s'était fixée par pur idéal républicain, il a sauvé une part du « patrimoine scientifique français[17] ». La persistance des Américains à considérer les savants français comme des *enemy aliens* – des ressortissants étrangers de pays ennemis – le contraint à retourner à Londres avec la majorité de ses collègues[18]. Mais son action sera pérennisée par la fondation à New York et à Londres de bureaux du CNRS et du Commissariat à l'énergie atomique (CEA). Ainsi, l'expérience vécue au sein des laboratoires britanniques ajoutée à celle des universités américaines enrichit durablement la pratique des scientifiques français qui ont choisi ou ont été contraints à l'exil durant la Seconde Guerre mondiale.

13 Henri Focillon, *Témoignage pour la France*, New York, Brentano's, 1945, p. 115.

14 Dirigée par l'économiste Alvin Johnson, la NSSR avait émis des invitations officielles à enseigner en Amérique à de nombreux candidats à l'exil français.

15 Décret n° 142 du 9 février 1942.

16 Archives nationales, papiers René Cassin, 382 AP 55.

17 AIP, fonds Rapkine, RAP 7, lettre de Louis Rapkine à René Pleven, 18 août 1941.

18 Seuls Emil Gumbel, Léon Brillouin et André Weil choisissent de rester définitivement aux États-Unis. La paix revenue, Gumbel et Brillouin adoptent la nationalité américaine.

L'EXIL AVANT-GARDISTE

RAYONNEMENT OU HONTE NATIONALE ?

Béatrice Joyeux-Prunel

L'exil des avant-gardes artistiques et leurs tragédies pendant la guerre

L'entrée en guerre de la France précipita l'exil des avant-gardes artistiques qui y résidaient. Elle déstructura les réseaux qui s'étaient greffés sur Paris à la faveur de la migration, dès la fin des années 1920, des artistes persécutés en Europe centrale et en Allemagne[1]. Les Juifs et les figures engagées dans l'antifascisme gagnèrent souvent la zone dite libre. N'y étant pas pour autant en sécurité, ceux qui trouvèrent un billet de bateau franchirent l'Atlantique.

Certains furent aidés par l'Emergency Rescue Committee (ERC) : Max Ernst, Victor Brauner, Marc Chagall ou Hans Bellmer, outre le cas plus connu d'André Breton. Ernst avait d'abord été arrêté par les autorités françaises comme Allemand, libéré grâce à l'appui de Paul Éluard, caché dans l'Ardèche, dénoncé, interné au camp des Milles. D'autres n'eurent pas la même chance. Otto Freundlich, qui avait fédéré en 1938 une protestation contre la politique nazie envers l'art « dégénéré », ne put bénéficier du réseau surréaliste pour s'enfuir. Interné comme ses compatriotes à la déclaration de guerre, il fut transféré d'un camp à l'autre, put finalement se réfugier dans les Pyrénées-Orientales, mais ne parvint pas à fuir vers les États-Unis. Dénoncé, arrêté par la police française, il fut déporté en 1943 à Lublin-Maïdanek, où il fut assassiné dès son arrivée. Le peintre juif d'origine ukrainienne Adolphe Feder, qui avait animé à Montparnasse le réseau des artistes russes de l'École de Paris, embrassa quant à lui la Résistance. Dénoncé et déporté en décembre 1943, il mourut à Auschwitz. Max Jacob, enfin, mourut à Drancy en mars 1944. On aimerait qu'il n'y ait pas d'autres exemples de ces destins tragiques.

À leur égard comme à celui des artistes qui restèrent en France et s'associèrent à la Résistance, le point de vue porté sur les avant-gardes parisiennes exilées pendant la guerre, qui purent fuir puis revenir, oscille entre la fierté et la honte. D'un côté, en continuant à créer depuis l'étranger, elles portaient haut la flamme d'une culture parisienne cosmopolite, résistante aux embrigadements. Les surréalistes, en particulier, incarnaient depuis les années 1930 une avant-garde engagée dans l'antifascisme. Autre motif de fierté, ces artistes venaient transmettre localement leur connaissance des pratiques les plus avancées. Cependant, l'exil d'une partie importante de l'avant-garde parisienne a souvent été interprété, en particulier dans l'historiographie états-unienne, comme la preuve que l'Europe, et *a fortiori* la France, était une terre hostile

1 Béatrice Joyeux-Prunel, *Les Avant-gardes artistiques, 1918-1945. Une histoire transnationale*, Paris, Gallimard, 2017.

2 Romy Golan, *Modernity and Nostalgia : Art and Politics in France between the Wars*, New Haven, Yale University Press, 1995 ; Michèle C. Cone, *French Modernisms : Perspectives on Art before, during, and after Vichy*, Cambridge et New York, Cambridge University Press, 2001 ; Martica Sawin, *Surrealism in Exile and the Beginning of the New York School*, Cambridge, MIT Press, 1995.

cat. 109 **Catalogue d'exposition *First Papers of Surrealism*, New York, Whitelaw Reid Mansion, 7-14 novembre 1942**
Paris, Chancellerie des universités de Paris - bibliothèque littéraire Jacques-Doucet, LC 471 4 BEL

Organisée au bénéfice du Coordinating Council of French Relief Societies et sponsorisée par des mécènes et marchands d'art franco-américains, l'exposition « First Papers of Surrealism » fait référence par son titre aux premiers papiers obtenus lors de l'admission sur le territoire américain par les exilés. André Breton et Marcel Duchamp en sont les commissaires. Un critique du *New York Times* (14 octobre 1942) note la présence de mobiles de Calder : « Le surréalisme s'est servi d'un peu de tout dans sa lutte tous azimuts contre les puissances de l'Axe [...]. Quant aux "mobiles" de Sandy Calder, ils semblent parfaitement en rapport avec le contexte actuel. » S. L. R.-B.

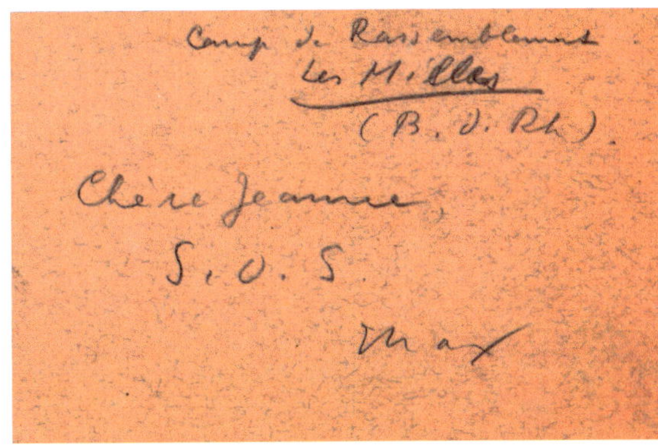

cat. 110 **Max Ernst (1891-1976), carte « SOS » envoyée à Jeanne Bucher (1872-1946) depuis le camp des Milles, 1er novembre 1939**
Paris-Lisbonne, Courtesy Galerie Jeanne Bucher Jaeger

Déclaré ennemi du Reich, Ernst est destitué de sa nationalité allemande en 1933. Interné en octobre 1939, il effectue deux séjours au camp des Milles jusqu'à fin juin 1940. Lors de son premier séjour, il dessine avec Hans Bellmer *Créations, les créatures de l'imagination*, qui les met en scène endormis dans la briqueterie, rêvant à la sollicitude d'êtres féminins. Le laconique « SOS » envoyé par Ernst à Jeanne Bucher témoigne de l'angoisse de l'apatride, mais aussi de sa confiance en sa galeriste, protectrice des proscrits. S. L. R.-B.

aux libertés[2]. Dès les années 1940 se mit ainsi en place l'idée de la défaite symbolique et spirituelle de Paris au profit de New York[3].

S'il est vrai que les artistes exilés de France s'étaient éparpillés un peu partout dans le monde, c'est à New York, en effet, que se retrouva un groupe plus nombreux, et là seulement que les avant-gardes parisiennes (voire européennes) furent actives de manière collective. Ainsi, c'est à l'aune de l'activité artistique de ces avant-gardes réfugiées à New York qu'on fait le bilan du rayonnement des artistes français en exil pendant l'Occupation. Leurs activités firent-elles honneur à la cause française ?

3 Serge Guilbaut, *Comment New York vola l'idée d'art moderne. Expressionnisme abstrait, liberté et guerre froide*, Nîmes, J. Chambon, 1996.

New York, terre d'accueil et nouveau centre de l'avant-garde

À New York, André Breton constitua bientôt un petit réseau francophone lié aux marchands qui avaient commencé à exposer et à vendre l'art surréaliste en Amérique du Nord à partir de 1932. La fondation de la revue *VVV*, l'animation d'émissions radiophoniques sur la station La Voix de l'Amérique à destination de la France donnèrent au chef du surréalisme un certain rayonnement en France. Localement, en revanche, rien n'était gagné d'avance. Car Salvador Dalí avait précédé les exilés parisiens outre-Atlantique : à New York, on assimilait surtout le surréalisme au Catalan. Le surréalisme à la Dalí, c'était l'imagination débridée, la sexualité mise au jour et une peinture ultra figurative. Au contraire, les œuvres surréalistes produites depuis 1937-1938 étaient souvent abstraites ; sombres, elles mimaient l'horreur. Les surréalistes arrivant sur la place new-yorkaise vers 1942 portaient donc mal le label surréaliste.

Breton, en traversant l'Atlantique, perdit ainsi sa centralité et sa légitimité dans l'avant-garde internationale. Les artistes abstraits européens étaient mieux implantés que les surréalistes outre-Atlantique, depuis plus longtemps, et considérés comme l'avant-garde la plus sérieuse. Bon nombre y avaient déjà fait école, comme Hans Hofmann, qui enseignait à l'Art Students League, à New York ; Josef Albers, arrivé en 1933, enseignant au Black Mountain College, en Caroline du Nord ; László Moholy-Nagy, ancien directeur du Bauhaus, parti en 1938 pour Chicago, où il développa le New Bauhaus ; Marcel Breuer, arrivé en 1937, enseignant d'architecture à Harvard, où il s'était associé avec Walter Gropius, venu d'Allemagne la même année ; même Piet Mondrian avait fui l'Europe, débarquant à New York en octobre 1940. L'abstraction était liée à la prestigieuse « Machine-Age Exposition[4] », représentée dans des collections et des musées renommés ; elle était même enseignée, alors qu'à Paris les surréalistes l'avaient considérée comme dépassée.

Lorsque Breton comprit qu'il fallait pousser des cris aussi forts que ceux de Dalí, le surréalisme parvint à se faire une place dans l'actualité artistique états-unienne. L'exposition « Artists in Exile », organisée à la Pierre Matisse Gallery en mars 1942, montra le travail de quatorze artistes : les surréalistes (Breton, André Masson, Roberto Matta, Yves Tanguy, Ernst, Pavel Tchelitchev, Kurt Seligmann et Eugène Berman) mélangés avec le vieux cubiste Fernand Léger, le puriste Amédée Ozenfant et l'inchangeable Mondrian, et même avec des œuvres d'une École de Paris qu'ils avaient piétinée lors de leur belle époque parisienne (Ossip Zadkine, Marc Chagall, Jacques Lipchitz). Pierre Matisse, le fils du peintre, installé à New York depuis 1924, l'avait bien appréhendé : « La plupart ne se parlaient pas lorsqu'ils étaient en France[5] » ; en exil, on acceptait d'avaler quelques couleuvres.

À mesure que leur présence fut mieux connue, les surréalistes nouèrent des contacts avec les milieux artistiques et littéraires locaux. Mais Breton, peu satisfait de ces alliances, et qui n'avait pas compris que la scène new-yorkaise ne fonctionnait pas selon ses excommunications de règle à Paris, tenait à créer une « vraie » revue surréaliste. *VVV* parut dès juin 1942, sur le modèle de *Minotaure*. En octobre, huit artistes qui avaient participé à l'« Exposition internationale du surréalisme » à Paris en 1938 (Leonora Carrington, Ernst, Marcel Duchamp, Masson, Matta, Wolfgang

4 « Machine-Age Exposition », tenue à New York du 16 au 28 mai 1927, organisée par Jane Heap (*The Little Review*), en collaboration avec la Société des urbanistes (Bruxelles), la société soviétique pour les relations culturelles avec l'étranger, la Kunstgewerbeschule de Vienne, le groupe Czlonkowie Praesens (Varsovie), les Architectes DPLG (Paris) et l'Advisory American Section.

5 Lettre de Pierre Matisse à Henri Matisse, 1er mars 1942, citée dans John Russell, *Matisse : Father & Son*, New York, Harry N. Abrams, 1999, p. 201.

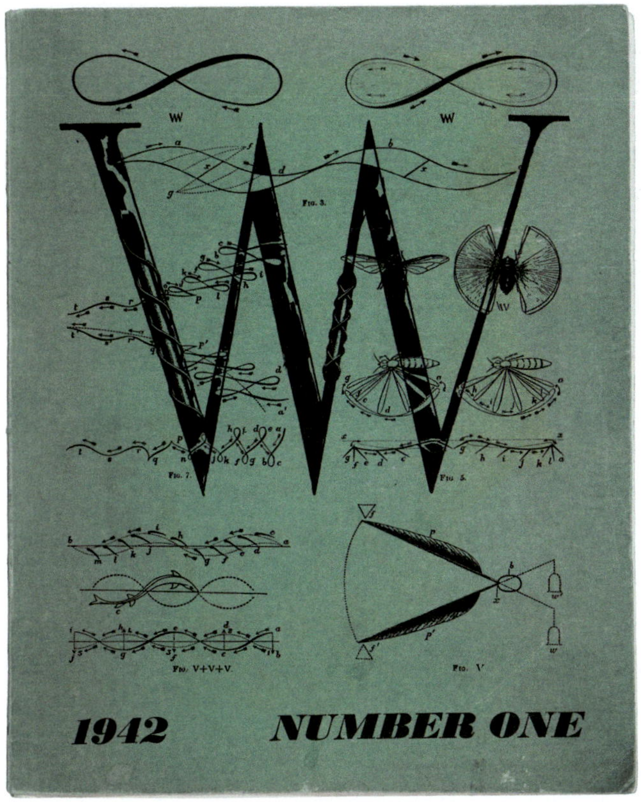

cat. 111 **André Breton, Marcel Duchamp, Max Ernst, David Hare (éditeurs), revue *VVV*, n° 1, New York, juin 1942**

Paris, Chancellerie des universités de Paris - bibliothèque littéraire Jacques-Doucet, LRS 2402

Éditée par David Hare en association avec André Breton, Marcel Duchamp et Max Ernst, la revue *VVV* paraît de 1942 à 1944. Elle est dédiée à la poésie, aux arts plastiques, à l'anthropologie, à la sociologie et à la psychologie. Acte militant, elle donne une visibilité aux artistes et intellectuels en exil. Son manifeste éditorial livre la clé du titre : « *Victory over the forces of regression [...] View around us [...] View inside us [...] the myth in process of formation beneath the VEIL of happenings* » [« La victoire sur les forces de la régression, la vue autour de nous, la vue en nous [...] le mythe dans le processus de formation sous le voile de ce qui se passe »]. S. L. R.-B.

Paalen, Seligmann et Tanguy) ainsi que le peintre britannique Stanley William Hayter poussèrent à nouveau le cri de guerre surréaliste avec l'exposition « First Papers of Surrealism ». Cet événement est souvent présenté comme le transfert outre-Atlantique de la dernière avant-garde européenne[6]. Quelques artistes new-yorkais y furent inclus, souvent d'origine européenne (David Hare, William Baziotes, Robert Motherwell, Hedda Sterne, Jimmy Ernst), ou bien d'Amérique latine et passés par Paris (Wilfredo Lam, Roberto Matta, Frida Kahlo) – mais c'était bien le surréalisme qui adoptait des Américains, pas l'inverse. L'exposition, cependant, fonctionna mal auprès du public local. On voyait mal les œuvres, et encore moins les noms des artistes : Marcel Duchamp, qui l'organisait, avait strié la salle de huit kilomètres de ficelle. Les milieux

6 Notamment par l'ouvrage le plus cité à ce sujet, M. Sawin, *Surrealism in Exile...*, *op. cit.*, p. 8 par exemple. Le catalogue de l'exposition était intitulé *First Papers of Surrealism. Hanging by André Breton, his twine Marcel Duchamp*, Coordinating Council of French Relief Societies, New York, Madison Avenue Gallery, 14 octobre-7 novembre 1942.

artistiques new-yorkais furent impressionnés plutôt par la capacité des Européens à attirer l'attention de la presse.

La divergence des situations sociales ne fut pas résolue pour autant. Les surréalistes affichaient des pratiques artistiques ostentatoires qui passaient mal dans une population à peine sortie de la crise économique. Les têtes de la scène new-yorkaise avaient mal vécu la supériorité écrasante de l'art européen dans les expositions du Museum of Modern Art dans les années 1930. Yves Tanguy aurait dit à cette époque : « Les artistes européens semblent être absolument détestés ici, on ne parle ici que d'art américain[7]. »

7 Gérard Durozoi, *Histoire du mouvement surréaliste*, Paris, Hazan, 2004, p. 393.

Du côté européen, le départ de nombreux abstraits et des têtes du surréalisme suscita une déception profonde parmi ceux qui restèrent en Europe. André Breton, déjà, quittait un groupe divisé à son encontre, lui qui portait aux gémonies toute affiliation communiste et flirtait avec Léon Trotski, l'ennemi du PCF. Mais la déception était surtout morale. Le surréalisme était parvenu à incarner l'idéal d'une avant-garde engagée, souveraine et inébranlable. Désormais, c'était à cette exigence à la fois intérieure et politique que l'on attendait que toute avant-garde répondît en Europe – donc que les surréalistes répondissent aussi. Or, Breton, Dalí, Ernst, Miró, les plus en vue, partirent avec la guerre, incapables de faire preuve d'une intransigeance que tant d'autres attendaient d'eux : rester, témoigner d'une présence, à la hauteur de la résistance à laquelle ils avaient appelé depuis les années 1920.

Retour en France : des retrouvailles difficiles avec la scène artistique

Le retour s'annonçait compliqué[8]. La fin de l'exil promettait un dialogue impossible entre deux scènes. La première, en train de s'ancrer dès la guerre dans les difficultés des Français, tenait pour des enjeux centraux le rapport à la tradition nationale, la représentation des réalités et l'engagement partisan. Pour cette scène, l'abstraction tenait d'une époque révolue, d'un désengagement inconscient, et le surréalisme, d'un esthétisme bourgeois décadent – la plupart des abstraits, à leur retour, se convertiraient en artistes communistes et figuratifs. L'autre scène, celle que les surréalistes croyaient pouvoir reproduire à New York et qu'ils allaient vouloir faire revivre à leur retour en Europe, fonctionnait selon des logiques des années 1930, et une idée trop spirituelle et désengagée de l'engagement. Elle risquait de n'avoir plus comme légitimité que son histoire.

8 Béatrice Joyeux-Prunel, *Naissance de l'art contemporain, 1945-1970. Une histoire mondiale*, Paris, CNRS Éditions, 2021.

HENRI MATISSE, SYMBOLE DE LA FRANCE LIBRE EN AMÉRIQUE

L'ACTION DE LA PIERRE MATISSE GALLERY

Claudine Grammont

Fils de l'artiste Henri Matisse, Pierre Matisse s'installe à New York en 1924 et y ouvre une galerie en 1931[1]. Durant la décennie qui suit, la Pierre Matisse Gallery, sise à Manhattan, dans le Fuller Building, s'impose sur la place de New York comme une des principales galeries d'art moderne, représentant notamment André Derain, Joan Miró ou Balthus. Le jeune marchand élabore déjà durant cette période une stratégie de défense de l'art européen d'avant-garde contre la montée d'un nationalisme culturel qui tente d'imposer un art moderne américain. Parallèlement, il participe à la renommée aux États-Unis de son père, dont l'œuvre connaît un succès grandissant auprès des grandes collections privées ainsi que des institutions muséales. Au terme des années 1930, Henri Matisse rejoint ainsi Pablo Picasso en tant que figure dominante de la scène artistique new-yorkaise, structurant dès lors le débat de l'art moderne autour de ces deux pôles.

Pendant la guerre, Pierre Matisse va intensifier son rôle de « passeur » bien au-delà de sa seule activité de marchand. De Paris, alors qu'il vient d'apprendre sa démobilisation, en novembre 1939, il écrit à son père qu'il va rejoindre l'Amérique et pense « faire quelque chose pour la propagande aux États-Unis, mais une propagande intelligente et non une salade que l'on est habitué à voir là-bas. Je crois qu'avec les nouvelles personnalités, cela sera possible. En tout cas, je veux me mettre à leur disposition et faire tout ce que je pourrai[2] ». Dès son retour à New York en décembre 1940, il poursuit donc son combat pour la défense de l'art moderne, devenu, dans le contexte spécifique de la guerre et de la montée des fascismes, un outil de propagande pour la liberté. La Pierre Matisse Gallery se positionne alors comme un des hauts lieux de l'internationalisme culturel à partir de sa très fameuse exposition de mars 1942, « Artists in Exile ». De nouveaux artistes font leur entrée à la galerie, à l'instar de Marc Chagall, Yves Tanguy et sa femme américaine Kay Sage,

1 Né en 1900, Pierre Matisse se destine d'abord à une carrière d'artiste avant de décider de quitter la France en 1924 et de s'installer comme marchand d'art à New York. Sur l'histoire de la Pierre Matisse Gallery et son rôle dans les échanges culturels franco-américains, voir William M. Griswold et Jennifer Tonkovich, *Pierre Matisse and His Artists*, New York, Pierpont Morgan Library, 2002 et Claudine Grammont (dir.), *Pierre Matisse, un marchand d'art à New York*, cat. exp., Nice, musée Matisse/Paris, Bernard Chauveau, 2021.

2 Issy-les-Moulineaux, Archives Matisse, lettre de Pierre Matisse à Henri Matisse, 9 novembre 1939.

EUROPE

HERE are fourteen artists who have come to America to live and work. They are a disparate group, but all belong to the rare company of those who have brought originality and authority to the art of their period. Their presence can mean much or little. It can mean the beginning of a period during which the American traditions of freedom and generosity may implement a new internationalism in art, centered in this country. Or it can mean the reverse; it can mean that American artists and patrons may form a xenophobic circle and wait for such men to go away, leaving our art as it was before. The choice is of a final gravity, yet no one with vision will hesitate long over it. For it would be disastrous to apply rigid standards of nationalism to the arts, however necessary these standards may be in other applications during time of war. Our enemies themselves have defined the disaster of which I speak. By declaring that art is national or that it does not exist, they have established what may well be their most absolute perversion of truth.

Fortunately, numbers of American artists and interested laymen are aware that a sympathetic relationship with refugee painters and sculptors can have a broadening effect on native tradition, while helping to preserve the cultural impetus of Europe. These Americans reject the isolationist viewpoint which ten years ago sought refuge, and an excuse, in Regionalism and the American Scene movement. They know that art transcends geography. They understand that while remote and solitary

First row from left to right
Matta Echaurr
Ossip Zadkine
Yves Tanguy
Max Ernst
Marc Chagall
Fernand Léger

Second row from left to right
André Breton
Piet Mondrian
André Masson
Amedee Ozenf
Jacques Lipchit
Pavel Tchelitch
Kurt Seligmanr
Eugene Bermar

Photograph by
George Platt L

New York, Feb.

cat. 112 Pierre Matisse (1900-1989), directeur, James Thrall Soby (1906-1979) et Nicolas Calas, pseudonyme de Nikos Kalamaris (1907-1988), rédacteurs, George Platt Lynes (1907-1955), photographe, catalogue d'exposition *Artists in Exile*, New York, Pierre Matisse Gallery, 3-28 mars 1942

Paris, Chancellerie des universités de Paris - bibliothèque littéraire Jacques-Doucet, B IV 8 (5/6)

Le 3 mars 1942, Pierre Matisse, fils d'Henri Matisse et galeriste à New York, inaugure l'exposition « Artists in Exile », présentant quatorze artistes exilés. Berman, Breton, Chagall, Ernst, Léger, Lipchitz, Masson, Matta, Mondrian, Ozenfant, Seligmann, Tanguy, Tchelitchew, Zadkine exposent chacun une œuvre réalisée aux États-Unis. L'exposition met en évidence l'impact de l'avant-garde européenne dans un contexte américain encore marqué par l'isolationnisme culturel des années 1930. Le catalogue est cosigné avec le critique Nicolas Calas, actif au sein des départements français et grec de l'Office of War Information et de la section Balkans de l'Intelligence Service. S. L. R.-B.

ainsi que de nouvelles figures du surréalisme proches d'André Breton, l'artiste d'origine chilienne Roberto Matta et le peintre cubain Wifredo Lam[3].

À sa manière, pendant toute cette période, Pierre Matisse entre donc en résistance, faisant feu de tout bois pour maintenir la présence culturelle française aux États-Unis. Le nom de son père, qui a déjà acquis sur le terrain américain un fort capital symbolique, devient à cet égard une arme de combat efficace : « Nous avons besoin de ton travail ici, lui écrit-il en août 1940, non pour besoin commercial mais pour maintenir le prestige de la peinture française, qui devant la défaite du pays va subir un assaut des organisations américaines[4]. » Alors que les échanges commerciaux avec l'Europe sont suspendus, le galeriste doit redoubler d'inventivité pour maintenir l'actualité autour de son père au-delà des seules expositions, notamment

3 Sur les artistes surréalistes partis en exil aux États-Unis et les conséquences de cet exil sur l'histoire du mouvement, voir Patrick Javault et Paul-Hervé Parsy (dir.), *Les Surréalistes en exil et les débuts de l'École de New York*, cat. exp., Strasbourg, Musées de Strasbourg, 2000, ainsi que l'ouvrage de Fabrice Flahutez, *Nouveau monde et nouveau mythe. Mutations du surréalisme, de l'exil américain à l'« Écart absolu » (1941-1965)*, Dijon, Les Presses du réel, 2007, et son article « Les surréalistes en exil et le rôle de la Pierre Matisse Gallery », dans C. Grammont, *Pierre Matisse, un marchand d'art…*, *op. cit.*, p. 33-38.

4 Issy-les-Moulineaux, Archives Matisse, lettre de Pierre Matisse à Henri Matisse, 19 août 1940.

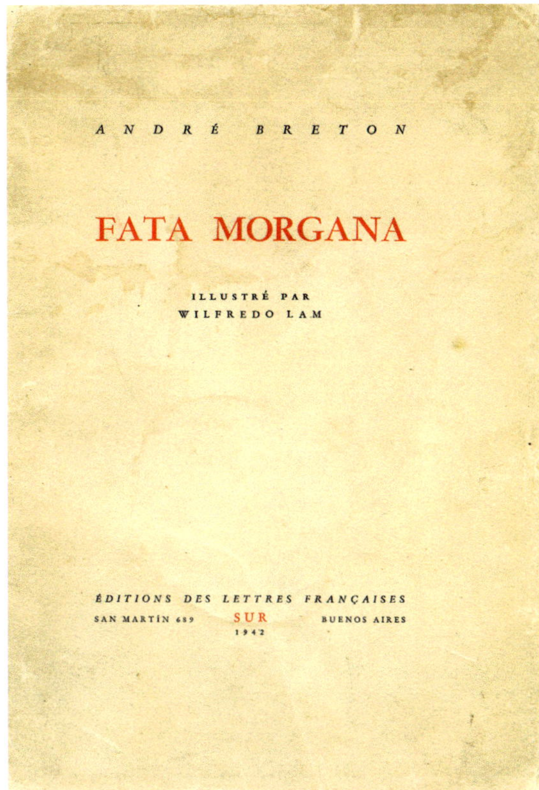

cat. 113 **André Breton (1896-1966) (textes) et Wifredo Lam (1902-1982) (illustrations), *Fata Morgana*, Buenos Aires, Éditions des Lettres française/Sur, 1942**
Livre imprimé rehaussé au crayon de couleur, H. 28,5 ; L. 22,5 cm
Collection particulière

Coédité par la revue *Sur,* dont Victoria Ocampo est fondatrice et mécène, et par les Éditions des Lettres françaises, fondées par Roger Caillois, *Fata Morgana* paraît pour la première fois à Buenos Aires en 1942. Écrit par Breton durant l'attente de visas à Marseille, ce long poème, dédié à sa femme Jacqueline Lamba, est illustré de six dessins de Wifredo Lam. La censure française avait décidé d'en différer la parution jusqu'à la paix. Caillois, qui a rallié la France libre, est en relation avec Raymond Aron à Londres, qui lui propose de l'aider à diffuser les écrivains français parus en Argentine. En dépit de cette République transatlantique des lettres, peu d'exemplaires de *Fata Morgana* parviennent en Europe durant la guerre. S. L. R.-B.

par le biais du discours et des médias. Malgré l'absence d'œuvres récentes de l'artiste sur le territoire, il continue donc à faire vivre Matisse en Amérique, et même à lui donner une dimension nouvelle, plus actuelle.

La présence des surréalistes à New York va contribuer à cette tendance. Informés de la collaboration et des échanges réguliers entre Henri Matisse et Louis Aragon, alors à Nice, ceux-ci montrent un intérêt marqué pour le vieux peintre, sans doute favorisé par Pierre – « Ce sont eux qui sont avides de voir ce que tu fais[5] », écrit-il à son père. La présence parmi eux d'André Masson, qui l'a bien connu dans les

5 Issy-les-Moulineaux, Archives Matisse, lettre de Pierre Matisse à Henri Matisse, 25 mai 1942. À ce moment-là à Nice, Henri Matisse est entré en contact avec Louis Aragon, qui publie son texte « Matisse ou la grandeur » sous le pseudonyme de Blaise d'Ambérieux, avec des dessins de l'artiste, dans le nº 1 de *Poésies 42*. Sur les rapports entre Henri Matisse et le surréalisme, voir Claudine Grammont, « Surréalisme », dans *Tout Matisse*, Paris, Robert Laffont, 2018, p. 823-826.

années 1930, ainsi que celle de son gendre, Georges Duthuit, ne pouvaient que favoriser cet attrait. Sponsor de l'exposition « First Papers of Surrealism », à la Madison Avenue Gallery du 14 octobre au 7 novembre 1942, Pierre Matisse y fait indirectement participer son père par sa présence dans le catalogue. Y sont en effet reproduits une des œuvres majeures réalisées par l'artiste pendant la guerre, *Le Rêve* (1940, collection particulière), alors totalement inédite, ainsi que deux extraits de lettres dans lesquelles il explique sa méthode de travail, qui laisse une large part à l'automatisme. Encore une fois, l'objectif de Pierre est de faire exister la figure de son père, demeuré à Nice : « Ça montrera au public, lui écrit-il, que tout n'est pas arrêté et que l'activité artistique et littéraire continue, surtout du côté de ceux qui ne cherchent pas les honneurs[6]. » À ce moment-là, Henri travaille en effet discrètement à la publication d'un album de dessins dont il confie la préface, au titre évocateur de « Matisse-en-France », à Aragon[7].

La rétrospective que Pierre Matisse organise dans sa galerie en 1943 réunit vingt-trois peintures d'Henri Matisse datées de 1898 à 1939[8]. Elle comprend quelques pièces historiques majeures, dont *Poissons rouges et palette* (1914, Museum of Modern Art), alors dans la collection de la veuve de Jacques Doucet, ainsi que *La Fenêtre bleue* (1913), prêt du MoMA. Deux œuvres admirées par André Breton : c'est sur son intervention que Jacques Doucet a fait l'acquisition en 1923 de *Poissons rouges et palette*, alors que *La Fenêtre bleue* lui a inspiré en 1919 le premier texte des *Champs magnétiques*, « La Glace sans tain ». À ces toiles s'ajoutent deux peintures de la collection Paley, *Femme à la voilette* et *L'Odalisque au tambourin*, ainsi que *Paysage Mont Alban*, de la collection Callery, et *La Musique* (1939), prêt de l'Albright Knox Art Gallery, à Buffalo. Aux côtés de cet ensemble de haut vol, pour la plupart des prêts de collections prestigieuses, sont exposées dix-sept photographies de l'artiste prises par Varian Fry, directeur de la mission de l'Emergency Rescue Committee, lors de son séjour à Nice en 1941. Un certain nombre d'entre elles montrent Matisse au travail dans son atelier. L'effet dans la presse est immédiat. Dans *Newsweek*, on peut ainsi lire « Matisse continue à peindre », tel un cri de victoire : « Parce qu'il est l'un des vieux maîtres de la nouvelle peinture, beaucoup de gens pensent qu'Henri Matisse est mort. Pas du tout[9]. » Pour l'attester, l'une des photographies de Fry montrant l'artiste jovial, palette à la main, illustre l'article avec cette légende : « Matisse peignait alors que les Boches volaient la liberté. » Bien que Fry ait voulu organiser son départ, celui-ci avait refusé, arguant : « Si toutes les personnes talentueuses quittaient la France, le pays serait bien plus pauvre. J'ai commencé ma vie d'artiste très pauvre, et je n'ai pas peur de l'être à nouveau. Je vais m'enfermer à Nice avec mes oiseaux et peindre[10]. »

L'exposition de la Pierre Matisse Gallery, considérée comme une version réduite de la rétrospective du MoMA en 1931, impressionne et confirme l'importance de celui que l'on désignera bientôt comme « le vétéran du modernisme[11] ». Pour Pierre, il ne s'agit manifestement pas d'une opération commerciale – presque rien n'est à vendre – mais bien plus de prestige, comme il l'écrit dans sa lettre d'août 1940, et de propagande, puisque le reportage de Fry atteste la vitalité de ce grand artiste qui continue le travail et constitue ainsi un symbole de liberté. Le contexte de la galerie, en particulier la séquence des expositions, contribue certainement à accentuer cette

6 Issy-les-Moulineaux, Archives Matisse, lettre de Pierre Matisse à Henri Matisse, 13 octobre 1942.

7 L'album sera publié en 1943 chez Martin Fabiani. La préface d'Aragon, qui signe de son nom, se termine ainsi : « Sur la route venaient les cavaliers. Et dans le soleil qui flamboie, ils virent Matisse-en-France. »

8 « Henri Matisse. Retrospective Exhibition of Paintings 1898-1939 », 9-27 février 1943.

9 « Matisse paints on », *Newsweek*, 1er mars 1943.

10 *Ibid.*

11 Eward Alden Jewell, « Matisse, veteran modernist », *The New York Times*, 14 novembre 1945.

aura. Car à peine a-t-il décroché « Matisse » que Pierre ouvre, en mars 1943, « War and the Artists », qui s'attache à démontrer l'impact psychologique de la guerre en réponse à l'opération de propagande militaire de l'exposition « This is Our War » organisée par l'Artists League of America à la Wildenstein Gallery[12].

À l'issue du conflit mondial, Henri Matisse, tout comme Picasso, est traité comme un « trésor national[13] » par l'intelligentsia française. En témoignent diverses expositions, à commencer par le Salon d'automne de 1944 – le « Salon de la Libération » –, qui consacre une rétrospective à Picasso, suivie en 1945 par une exposition des œuvres récentes de Matisse à ce même salon. Outre-Atlantique, il faut encore attendre quelques années avant de découvrir ses peintures récentes, même si elles sont déjà diffusées dans quelques publications, telles qu'un album des Éditions du Chêne en 1943 et surtout un numéro de *Verve* en novembre 1945, « De la couleur ». Quoi qu'il en soit, à la Libération, les correspondants américains peuvent enfin renouer le contact avec la France et ses artistes. Dans son article de mars 1944 « L'art français pendant l'Occupation », Gladys Delmas accorde ainsi à Matisse la première place devant Picasso, avec ce constat prometteur : « Son influence sur les jeunes générations, qui n'a cessé de croître pendant les années, est encore stimulée par sa dernière manière. Plus sûrement encore qu'avant, il est, en France au moins, le maître incontesté de la peinture moderne[14]. »

12 Emily Genauer, « The other side of war pictures », *New York World-Telegram*, 13 mars 1943.

13 Yve-Alain Bois, *Matisse et Picasso*, Paris, Flammarion, 1999, p. 179.

14 Gladys Delmas, « French art during the Occupation », *Magazine of Art*, vol. 38, n° 23, mars 1945, p. 83-88.

THE CHARLES BOYER FRENCH RESEARCH FOUNDATION

HAUT LIEU DE LA FRANCE LIBRE À HOLLYWOOD

Sylvie Le Ray-Burimi

Un fondateur humaniste et patriote

Enfant de Figeac devenu star internationale de l'écran, Charles Boyer (1899-1978) s'implante dès les années 1930 à Hollywood avec son épouse, l'actrice britannique Pat Paterson. Il est alors l'un des Français les plus populaires aux États-Unis, incarnant aux yeux des cinéphiles américains la figure du *French lover*[1]. Au déclenchement de la guerre, Boyer revient en France, se porte volontaire comme artilleur et sert sur la ligne Maginot. Démobilisé, il est envoyé en mission aux États-Unis avec l'ethnologue et peintre Paul Coze, défenseur des cultures amérindiennes[2]. De retour en Californie, il fonde ainsi, en janvier 1940, la French Research Foundation[3]. Ce centre de ressources gracieusement mises à disposition des studios de cinéma américains a pour objectif « de faire mieux connaître le visage de notre pays, de dissiper tout malentendu, toute opinion défavorable non étayée par des documents rigoureux. [...] Voyez-vous, la France n'a pas besoin de "make-up", ni d'angle spécial de prises de vue pour paraître à son avantage. La France... La représenter telle qu'elle est en réalité... C'est aussitôt la faire aimer[4] ». Au-delà de la volonté de battre en brèche des clichés réducteurs, les missions de la fondation prennent rapidement la tournure politique d'un arsenal documentaire.

En mai 1940, Boyer contribue à l'accueil aux États-Unis de blessés rapatriés de Dunkerque tout en aidant Henry Bernstein et Jean Renoir à quitter la France. L'acteur prête aussi sa voix à la version anglaise, diffusée sur les ondes américaines, de l'appel lancé le 18 juin par le général de Gaulle. Rallié à la France libre, Boyer se rapproche de France Forever dès l'automne et développe le *chapter* de Los Angeles. Il est proche d'Anatole Litvak, réalisateur américain d'origine juive ukrainienne, et du producteur Jack Warner, dont les films ouvertement antihitlériens suscitent l'hostilité des diplomates allemands.

De novembre 1941 à mai 1945, Boyer confie la direction de la French Research Foundation à André David, dont il a facilité l'émigration alors que l'homme de lettres

1 John Baxter, *Charles Boyer. The French Lover*, Lexington, University Press of Kentucky, 2021.

2 Patrick Cazals, *Charles Boyer, l'ardeur et l'élégance*, Argenteuil, Les Éditions du Horla, 2021.

3 UCLA Library, Special Collection, Charles Boyer French Research Foundation Collection, 1232.

4 Kira Appel, « "La France, la représenter telle qu'elle est... C'est la faire aimer", nous dit Charles Boyer », *France-Amérique*, 26 décembre 1943, p. 7.

ill. 23 Portrait de Charles Boyer, vers 1940

cat. 114 Revue *France Forever*, vol. 1, n° 2, paru aux États-Unis, diffusé en Australie
Nantes, Archives du ministère des Affaires étrangères, délégation du Comité national français puis du CFLN en Australie, 787PO/1/1

5 Bibliothèque historique de la Ville de Paris, fonds André David, MS-FS-24.

subissait, à Paris, la menace de la Gestapo[5]. Directeur de la Collection catholique chez Gallimard, fondateur en 1933 des grandes Conférences des ambassadeurs, David a ainsi vu ses publications, inscrites sur la première « liste Otto », proscrites ou censurées. Licencié en philosophie, Boyer est lui-même féru de littérature, de musique et de peinture. Il cultive l'amitié d'artistes réfugiés, accueillant Arthur Rubinstein et Darius Milhaud. Accrochée aux murs de la French Research Foundation, sa collection comprend des œuvres de Renoir, Matisse, Toulouse-Lautrec, Pascin, Forain, Kisling, Chagall, Dufy, Vertès et Lamotte.

Boyer croit en l'exemplarité plus qu'en la propagande. Il s'investit au service des combattants et de leurs familles, notamment auprès du Free French Relief Committee. En 1942, il participe à la tournée Hollywood Victory Caravan, sponsorisée par le Hollywood Victory Committee. Il y joue *La Dernière Classe* d'Alphonse Daudet, évocation de la guerre de 1870 vue par un enfant alsacien à qui l'usage du français est interdit.

Une collection documentaire transatlantique valorisant l'aventure de la France libre

La recherche d'une incarnation sensible des combats de la France libre est l'un des ressorts de la collecte de la French Research Foundation, en adéquation avec le public ciblé. Les documents proviennent, *via* la Fighting French Delegation de Beverly Hills, d'agences de presse, de sources officielles (French Press and Information Services de New York, British Official Photographs...), de France Forever. Si Boyer les destine en priorité aux acteurs de l'industrie cinématographique, c'est en espérant que ces derniers restitueront une image plus nuancée des Français que les stéréotypes dont lui-même souffre. La diversité des points de vue représentés tempère le caractère militant de la démarche, conférant à la fondation le statut de source éclectique et mondialisée, à l'interface entre les initiatives civiles spontanées et les services d'information officiels de la France libre et de ses alliés. La parole est donnée à des reporters réputés indépendants, comme Dorothy Thompson, et à des photographes, parmi lesquels Germaine Krull[6], Germaine Kanova, Thérèse Bonney...

6 Voir l'article de Lucie Moriceau-Chastagner, p. 96-97.

La fondation de Charles Boyer a donc pour but premier de « mettre à la disposition des metteurs en scène de cinéma une documentation complète et authentique afin d'éviter la caricature d'une France défigurée. Mais très vite ce centre attira nombre de professeurs et d'étudiants des deux universités de Californie demeurés fidèles à l'esprit de notre pays[7] », raconte son directeur. L'accessibilité de publications éditées par Oxford University Press, telles que *Fighting France*, procure au fonds une onction académique. Soucieux de la dignité des lieux, Boyer installe la fondation dans un bâtiment de style néoclassique à Beverly Hills, ambassade californienne de l'esprit français, et l'orne de deux bustes d'Antoine Coysevox : celui de Richelieu, hommage au rôle de ce ministre dans le développement de la puissance maritime française, et celui du Grand Condé, allusion au repentir mais aussi au courage des ralliés. Lieu d'étude et de sociabilité, la fondation attire la générosité d'artistes réfugiés. Moïse Kisling lui fait ainsi don du dessin illustrant le *Yearbook 1942* de France Forever : deux longues mains de femme croisées tenant, tel un missel, un livre orné d'une croix de Lorraine et intitulé *France libre*. Adossée à une bibliothèque et disposant d'un studio photographique, la French Research Foundation met à disposition des dossiers thématiques actualisés : culture et art de vivre français; résistance, occupation, exactions; activités militaires de la France libre; volontaires féminines et cadets; questions scientifiques, éducatives, économiques et sociales; colonies; racisme et idéologie; rôle diplomatique de la France. Cette centralisation d'articles, photographies, scénarios, scripts d'émissions, rapports officiels produits à New York, Londres, Ottawa, Alger, Brazzaville, Papeete, Tananarive documente les activités de la France libre mais surtout leur narration – mise en récit, sons et images – et les canaux de leur diffusion en Amérique, en Europe, en Afrique et dans le Pacifique.

7 André David, « Charles Boyer », *Revue des Deux Mondes*, octobre 1968, p. 72.

Au cours de son mandat, André David rédige des pamphlets[8] ainsi que les versions françaises d'une série de sept documentaires réalisés par Frank Capra et Anatole Litvak pour le ministère américain de la Guerre, *Pourquoi nous combattons* (*Why We Fight*), dont Boyer enregistre les commentaires. La fondation œuvre aussi, en relais d'Henri Diamant-Berger, directeur des services cinématographiques civils et militaires de la France combattante, à corriger certaines outrances, approximations ou américanismes des scénarios. En 1942, Michèle Morgan a ainsi recours aux ressources de la fondation pour son *Jeanne de Paris* (*Joan of Paris*), réalisé par Robert Stevenson. En 1943, la fondation apporte son expertise au tournage de *Madame Curie*,

8 André David, *Message à de jeunes Anglaises*, Montréal, Éditions de l'Arbre, 1942; *Amour charnel de la patrie*, New York, Éditions de la Maison française, 1944.

réalisé par Mervyn LeRoy et produit par la Metro-Goldwyn-Mayer, adaptation de la biographie éponyme d'Ève Curie.

Une fondation tournée vers la construction du monde d'après

La Fondation Boyer cristallise l'intensité de la vie intellectuelle de la France libre, ses capacités de renouvellement comme de projection, sa faculté à unir dans le combat. Mais aussi les paradoxes de son action dans les colonies, prise entre la continuation d'une ambition « civilisatrice », les impératifs d'une économie de guerre et la conscience d'une inéluctable émancipation. La collection Boyer met en évidence la persistance et la « mixité » d'une vie culturelle en résistance, qui est le fait d'acteurs français et étrangers mais aussi de ceux que l'on appelle « indigènes ».

En 1943 sort le film *Untel père et fils* (*The Heart of a Nation*), réalisé par Julien Duvivier, qui retrace le destin d'une famille française de 1871 à 1939, et dont Boyer est la voix off. La French Research Foundation est récompensée en mars d'un Oscar d'honneur. Utilisée par les metteurs en scène et les scénaristes, elle est devenue un carrefour où se rencontrent soldats, marins et aviateurs en permission à Los Angeles et personnalités exilées. S'il est difficile d'en mesurer l'impact, sa notoriété est indéniable. Depuis Londres, de Gaulle manifeste à Boyer sa reconnaissance : « Vivent les grands talents français quand ils servent, comme le vôtre, la France[9]. »

9 Lettre de Charles de Gaulle à Charles Boyer, Londres, 26 février 1943, bibliothèque historique de la Ville de Paris, fonds André David, MS-FS-24.

En 1944, Boyer tourne, aux côtés de Lauren Bacall, *Agent secret* (*Confidential Agent*), d'après un roman de Graham Greene sorti en 1939, où il joue le rôle d'un républicain espagnol organisant, depuis la Grande-Bretagne, la résistance à l'ennemi. Il s'agit d'une consécration pour l'acteur, fait citoyen américain en février 1942, qui incarne avec intériorité ce personnage de migrant indissolublement fidèle à ses patries d'origine comme d'adoption. Le rêve de Boyer est alors d'ériger, sur le terrain adjacent à la bibliothèque de sa fondation, un auditorium, un théâtre et une galerie d'art – préfiguration d'un centre culturel français en Californie –, mais il demeure inachevé. Données à la ville de Los Angeles, les collections de la fondation échoient à son université, ce qui confirme leur intérêt heuristique. Dans les mois précédant la conférence de San Francisco, qui se tient d'avril à juin 1945 et permettra la création de l'ONU, la French Research Foundation travaille à étayer l'idée que la France n'a jamais été totalement asservie, que les esprits n'ont pas été domptés et que ses valeurs sont sorties renforcées de la guerre.

« Straight to the point »
Jean Carlu et Pierre Chareau, designers et scénographes de la France libre

Auteur d'affiches dénonçant les exactions fascistes durant la guerre d'Espagne, Jean Carlu (1900-1997) devient à la veille de la guerre conseiller artistique au ministère de l'Information auprès de Jean Giraudoux. Pour contrer la propagande allemande, il organise une « journée franco-britannique » à Londres le 11 novembre 1939 et conçoit l'affiche *Stop Hitler Now*. Il est en mission à New York en avril 1940, aux côtés du graphiste Robert Pontabry (1905-1991) et de l'architecte Pierre Chareau (1883-1950), pour y monter « France at War » au sein du pavillon français de l'Exposition universelle. Tous les trois optent pour l'exil aux États-Unis après l'invasion allemande. Outre la conviction d'y être plus utiles que dans la France asservie, ils y sont incités par leur refus de la collaboration et de la proscription raciale ou politique.

Épurant son trait, Carlu remporte en juin 1941 un concours d'affiches organisé par l'Art Director's Club de New York promouvant l'industrie de guerre américaine. Intitulé *America's Answer*, cette affiche, que son auteur qualifie de « *straight to the point, strong and brutal*[1] » (« droite au but, forte et brutale »), est apposée dans toutes les usines aux États-Unis. Elle contribue à éveiller la sympathie des milieux d'affaires et gouvernementaux envers l'idée d'une intervention en Europe tout en attirant l'attention sur Carlu, engagé auprès de France Forever, dont il signe affiches, couvertures des publications et graphisme des expositions, souvent aux

1 Inga Arvad, « Did you happen to see Jean Carlu ? », *Washington Times Herald*, 5 août 1942.

cat. 115 Jean Carlu (1900-1997), affiche « Entre le marteau… et l'enclume ! », 1942
Paris, musée de l'Armée, 999.1184

Le nom de code initialement choisi par les Alliés pour le débarquement en Provence était *Anvil* (« Enclume »). Il devait se dérouler en même temps que celui de Normandie (le 6 juin 1944), intitulé *Hammer* (« Marteau »), afin de prendre les Allemands en étau. Des retards dans les combats pour libérer Rome amenèrent les Alliés à séparer les deux opérations, mais l'idée d'une irrésistible conjonction des forces entre l'enclume de la Résistance française et le marteau des Alliés s'exprime puissamment dans cette affiche. S. L. R.-B.

cat. 116 Jean Carlu (1900-1997), affiche « Liberté, Égalité, Fraternité. La nouvelle Bastille », vers 1942

Paris, musée de l'Ordre de la Libération, N4445

Dessinée par Jean Carlu, publiciste attitré de la France libre après avoir été celui des républicains espagnols, cette affiche est destinée à promouvoir *Pour la Victoire*, journal de la France combattante lancé en 1942. Elle représente Marianne derrière les barreaux, environnée des tronçons rompus de la devise révolutionnaire « Liberté, Égalité, Fraternité », à laquelle s'est substituée dans la France asservie celle de Vichy, « Travail, Famille, Patrie ». S. L. R.-B.

côtés de Chareau, ce dernier concevant la scénographie d'expositions ouvertes à New York et à Washington en 1942[2] ainsi que le décor de la cantine La Marseillaise à New York en 1943[3].

Nommé expert consultant auprès de l'Office of War Information, Carlu souhaite parler à la « France meurtrie et esclave[4] » et conçoit des tracts destinés à être largués par avion. Pour France Forever, il réalise l'affiche *La France emprisonnée*, qui met en scène Marianne derrière les barreaux de même que les tronçons disloqués de la devise « Liberté, Égalité, Fraternité ». Il crée aussi des affiches pour l'Algérie. En 1944, son affiche *Entre le marteau et l'enclume* ponctue la voie de la Liberté.

Carlu est crédité, au sortir de la guerre, de la scénographie de près de cinquante expositions. Peu après la Libération en 1944, il est chargé, avec Chareau, par le service de presse et d'information français aux États-Unis de l'exposition itinérante « France. A Nation Rises Again », rebaptisée « France Comes Back[5] », mettant en valeur la Résistance afin de promouvoir la capacité et la légitimité de la France à jouer un rôle dans la construction du monde de demain.

Sylvie Le Ray-Burimi

2 Nantes, Archives diplomatiques, délégation de la France libre aux États-Unis 1940-1945, dossier 22.
3 *France Forever Yearbook*, 1944, p. 128.
4 Jacques Sarde, « Un artiste français aux États-Unis. Jean Carlu », *Pour la Victoire*, 1er août 1942.
5 Paris, musée des Arts décoratifs, fonds Jean Carlu, carton 6.

Ossip Zadkine à New York : un sculpteur en exil

En juin 1940, le sculpteur Ossip Zadkine quitte son atelier à Paris pour prendre, comme des millions de Français, la route de l'exode. Il rejoint son épouse, la peintre Valentine Prax, déjà réfugiée dans le Lot, où le couple possède une maison de campagne. Un an plus tard, Zadkine se résigne à quitter la France devant la menace des persécutions qui pèsent sur lui en raison de ses origines juives. Grâce à l'aide de Sophie et Steve Greene, des amis américains, l'artiste embarque donc en juin 1941 pour New York. Il y passera un peu plus de quatre ans, quatre années qui, écrira-t-il ensuite, se sont écoulées « dans un brouillard, dans une espèce de tarissement de mon imagination[1] ».

À New York, Zadkine installe son atelier au cœur de Greenwich Village. N'ayant emporté avec lui que quelques gouaches et quelques dessins, il doit tout recommencer, comme s'il était « redevenu jeune », alors qu'il a cinquante-trois ans à son arrivée et une belle carrière derrière lui. Il fait face à des difficultés financières chroniques, qui l'amènent à enseigner la sculpture dans différentes institutions, notamment à l'Art Students League, à New York, et au Black Mountain College, en Caroline du Nord. Zadkine, qui parle parfaitement anglais, s'intègre facilement, d'autant qu'il dispose aux États-Unis d'un solide réseau d'amis et de collectionneurs, comme les Greene ou le marchand Joseph Brummer. S'il parvient difficilement à vendre ses œuvres à New York, il réussit en revanche à les exposer, dès l'automne 1941, à la galerie Wildenstein. En 1942, il participe à l'exposition « Artists in Exile » à la galerie Pierre Matisse, où il montre une sculpture en ébène, *Pomone*, réalisée à New York. Deux autres expositions personnelles suivent, à la galerie Curt Valentin en 1943 et à la galerie Étienne Bignou en 1944, où il présente

cat. 117 Ossip Zadkine (1888-1967), *Phénix*, 1943-1944
Bronze, H. 182 ; L. 127 ; P. 52 cm
Paris, musée Zadkine, MZS 233

1 Ossip Zadkine, *Le Maillet et le Ciseau. Souvenirs de ma vie*, Paris, Albin Michel, 1968, p. 166.

ill. 24 L'atelier d'Ossip Zadkine à New York, vers 1943-1944
On reconnaît au centre, sur une sellette, le plâtre de *La Prisonnière* (1943) et, au fond à droite, le buste d'André Gide (1942). S. L. R.-B.

l'une de ses œuvres d'exil les plus importantes, *La Prisonnière*. Sur le plan de la création, la période de l'exil est plutôt féconde : l'artiste réalise environ quarante-cinq sculptures, ainsi que de nombreux dessins. La plupart portent la marque de l'angoisse et de la culpabilité qui hantent alors le sculpteur, comme la *Tête d'homme anxieux*, sorte d'autoportrait symbolique, ou l'*Arlequin hurlant*, « déguisé à la gueule couverte d'un masque[2] ». *La Prisonnière*, qu'il qualifie par la suite de « sinistre cage à poule », ainsi que le *Phénix* ont un sens allégorique et politique : ces œuvres symbolisent la France occupée qui tente désespérément de se libérer du joug nazi.

En 1945, Zadkine aurait pu opter pour une carrière américaine. Il fait toutefois le choix de rentrer en France, après avoir mis une fin brutale à sa liaison avec la jeune artiste Carol Janeway[3], qu'il avait rencontrée à l'automne 1941. Ce brusque départ s'explique par le sentiment de culpabilité qui l'a habité pendant tout l'exil – culpabilité à l'égard de sa femme et plus largement de tous ses compatriotes restés en France. Ce sentiment lui a dicté des mots très durs, à la fin de sa vie, concernant ses années américaines.

Il est nécessaire aujourd'hui de nuancer ce jugement car l'exil de Zadkine, pour douloureux qu'il ait été sur le plan personnel, a ouvert la voie aux grandes œuvres politiques et monumentales des années 1950, telles *La Ville détruite* ou *La Forêt humaine*.

Cécilie Champy-Vinas

2 *Ibid.*, p. 95, 10 mars 1943.

3 Sur Carol Janeway (1913-1989), voir Victoria Jenssen, *The Art of Carol Janeway*, Altona, FriesenPress, 2022.

Liberté d'André Masson

Le surréalisme a prôné une étanchéité absolue entre l'art et la politique. Si le mouvement a voulu mettre son action « au service de la révolution » – titre de la revue dont il se dote en 1930 –, la poésie échappait toutefois à cette injonction à l'engagement : son assujettissement à une cause, quelle qu'elle soit, conduisait à son propre reniement. Ainsi, quand le poème militant *Front rouge* de Louis Aragon vaut à son auteur, en 1931, d'être menacé de poursuites, les surréalistes prennent certes sa défense, mais allèguent la « misère de la poésie », invoquent l'irresponsabilité du poète. Ce plaidoyer des plus ambigus provoque la rupture définitive entre Aragon et le surréalisme.

Quand l'urgence de la situation historique l'exige, André Masson s'émancipe lui aussi des interdits surréalistes. Présent en Espagne alors qu'éclate la guerre civile en 1936, il prend fait et cause pour les forces républicaines, publie des satires politiques dans les journaux anarchistes, conçoit des projets de drapeaux pour les Brigades internationales. La suite des événements le conduit à quitter l'Espagne, mais un autre conflit le rattrape à Lyons-la-Forêt, en Normandie, où il s'installe. Fuyant l'invasion allemande, il se convainc assez vite que les États-Unis constituent un ultime refuge pour lui-même et sa famille. L'origine juive de son épouse, Rose Maklès, menacée par les autorités vichystes, transforme sa conviction en nécessité vitale. Grâce à l'action de Varian Fry, représentant de l'Emergency Rescue Committee à Marseille, la famille Masson obtient un visa pour les États-Unis et s'embarque pour New York, qu'elle atteint le 29 mai 1941.

Réconcilié avec André Breton depuis son retour d'Espagne, Masson réalise avec lui *Martinique charmeuse de serpents*, un ouvrage inspiré par leur séjour commun en Martinique sur la route de l'exil. « En Amérique, j'ai continué à voir Breton, racontera-t-il. Nous nous sommes très bien entendus jusqu'au moment où survint un désaccord à l'occasion d'une fête organisée par le comité France Forever, auquel nous avions adhéré : Breton pensait en effet qu'il était bon de montrer aux États-Unis notre position vis-à-vis des événements et notre opposition à Vichy. [...] Le drame s'est produit lorsque j'ai accepté de faire un rideau pour une cérémonie qu'organisait France Forever à l'occasion du 14 Juillet. Sur ce rideau, on pouvait voir un drapeau français. Breton ne m'a fait aucun commentaire, mais j'ai su par ses proches qu'il était absolument furieux que je me sois laissé aller à un acte qui ressemblait à du banal patriotisme[1]. »

La discorde tient à l'allégeance de Masson à l'égard de la France libre, qu'incarne le général de Gaulle. Peu après son arrivée à New York, Breton, quant à lui, prête sa voix à la radio Voice of America, qui diffuse ses programmes à destination de l'Europe occupée. Or, à l'instar du gouvernement états-unien, qui en assure le financement, Voice of America affiche à l'égard de la situation politique française au mieux un attentisme prudent, au pire un anti-gaullisme offensif. Depuis sa fondation à New York le 29 juin 1940, le comité France Forever, au contraire, exprime son ralliement inconditionnel au général de Gaulle : André Masson a choisi son camp. Pour la célébration du 14 juillet 1944, il conçoit une vaste peinture dans laquelle il fait apparaître la devise républicaine, « Liberté, Égalité, Fraternité ». Flottant au-dessus d'une chaîne brisée et d'un brin de blé qui pousse dans la main d'une Marianne momentanément terrassée, il brosse un soleil radieux marqué du « V » de la victoire : celle qu'il sait dépendre des forces de la France libre.

Didier Ottinger

1 André Masson, *Vagabond du surréalisme*, Paris, Éditions Saint-Germain-des-Prés, 1975, p. 120.

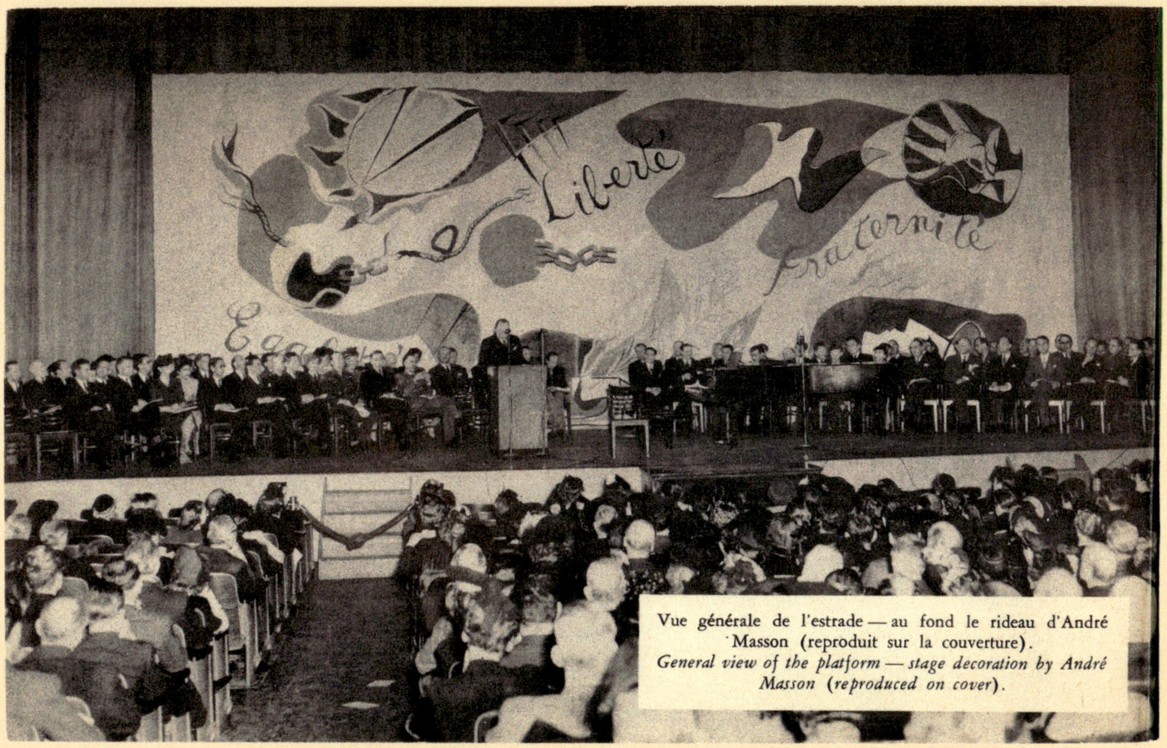

ill. 25 Meeting de France Forever à l'occasion du Bastille Day, le 14 juillet 1942, à la Freedom House de New York

cat. 118 France Forever, *Résistance, Libération,* fascicule commémoratif illustré par le rideau de scène *Liberté, Égalité, Fraternité* d'André Masson (1895-1987), créé pour le 14 juillet 1942, 11 novembre 1944

Archives Anne Sinclair

Créé pour le meeting de France Forever à l'occasion du Bastille Day (le 14 juillet) de 1942, à la Freedom House de New York, le rideau de scène créé par André Masson sur le thème de la devise républicaine « Liberté, Égalité, Fraternité » est réutilisé le 12 novembre 1944, lors d'une commémoration de l'Armistice Day, à New York. Ce *mass meeting* de la Libération est immortalisé par un film tourné par Simon Schiffrin, chef de la French Motion Picture Division, avec l'Office of War Information, de même que par un fascicule illustré de photographies. Ce dernier garde la trace de ce décor éphémère, syncrétique et monumental, qui réunit le drapeau tricolore, Marianne au bonnet phrygien, les chaînes brisées, la palme de la Victoire associés à des motifs propre à la mythologie de l'artiste : mains coupées, planète et cœur enflammés… La création de ce rideau, jugé trop patriotique à l'aune de sa conception d'un art autonome, a été reprochée à Masson par André Breton. S. L. R.-B.

« Une étincelle de foi ardente »

Micheline Nanette Rosenberg au service de la France combattante

Fille du marchand d'art Paul Rosenberg et future épouse du résistant Joseph-Robert Sinclair, Micheline Rosenberg (1917-2006) se replie en Gironde de février à juin 1940, où sa famille loue le Castel de Floirac. Affiliée à la Société de secours aux blessés militaires, la jeune femme sert, dès février, à la cantine militaire de la gare Saint-Jean à Bordeaux, puis au sein de la section sanitaire automobile féminine du Sud-Ouest. Grâce à un visa délivré le 18 juin par le consul du Portugal, Aristides de Sousa Mendes, les Rosenberg rallient Lisbonne puis, en septembre, New York sur le *SS Exeter*.

Dès son arrivée, Micheline Rosenberg s'engage auprès de France Forever, où elle collabore avec Paul Weill, membre du comité exécutif à New York. Elle y devient responsable de l'édition du *Fighting French Yearbook*, diffusé auprès des médias américains et anglophones dans le monde. Parallèlement à ses activités pour France Forever, elle est officiellement rattachée à la délégation de la France libre aux États-Unis, dont elle conduit les officiels à bord de son propre véhicule[1]. Mais son rôle va bien au-delà. Affectée au French Press and Information Service, dirigé par Robert Valeur, Micheline Rosenberg a la tâche de renseigner la presse américaine en structurant et en transmettant la documentation adéquate. Elle est aussi chargée des rendez-vous d'influence, prenant l'attache de lord Halifax, ambassadeur du Royaume-Uni aux États-Unis, ou de sir Harold Butler, chef du service d'information britannique à Washington.

L'intelligence et l'efficacité de la jeune femme sont reconnues. En novembre 1943, Henri Bonnet, commissaire à l'Information du Comité français de la libération nationale, sollicite son affectation à Alger[2], offre que l'intéressée semble avoir refusée.

Micheline Rosenberg travaille avec Émile Buré – déchu de la nationalité française le 6 septembre 1940 par Vichy car jugé « belliciste » – ainsi qu'avec Henry Torrès, vice-directeur de France Forever et codirecteur du journal *France-Amérique*. Jusqu'en février 1945, elle participe au comité de rédaction du *Monde libre*, édition française de *Free World*, dans laquelle un mystérieux « Underground Reporter » livre des nouvelles de la France résistante. En mars, l'ambassadeur de France à Washington lui délivre l'ordre de se rendre en mission en France afin de se mettre à la disposition du service des œuvres. Son départ est vivement regretté : « Vous êtes devenue à vous seule un service d'information vivant. [...] Mais, au côté de tous ces travaux, vous avez apporté à notre grande association de la France combattante aux États-Unis une étincelle de foi ardente dans notre pays et dans celui qui, dès juin 1940, a rallié à l'extérieur comme à l'intérieur toutes les forces vives de la France dans la grande bataille pour les libertés[3] », lui écrit Robert Valeur depuis San Francisco.

Sylvie Le Ray-Burimi

1 Certificat signé de Raoul Aglion, délégué de la France libre, pour Adrien Tixier, chef de la délégation de la France libre, 19 juin 1942, archives Anne Sinclair.

2 French Press and Information Service, lettre de transmission du télégramme d'Henri Bonnet à Paul Weill par Robert Valeur, 19 novembre 1943, archives Anne Sinclair.

3 Lettre de Robert Valeur à Micheline Rosenberg, San Francisco, 30 avril 1945, archives Anne Sinclair.

ill. 26 **Micheline Rosenberg derrière son bureau, New York, vers 1941-1943**
Archives Anne Sinclair

On aperçoit au mur l'exemplaire original de l'affiche *À tous les Français*. **V. G.**

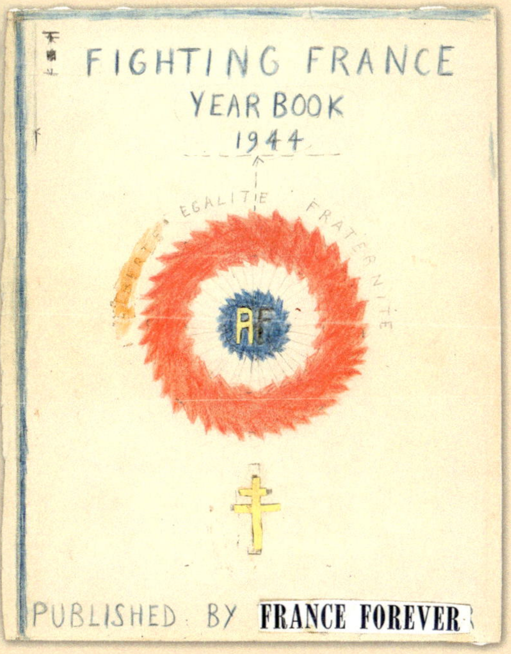

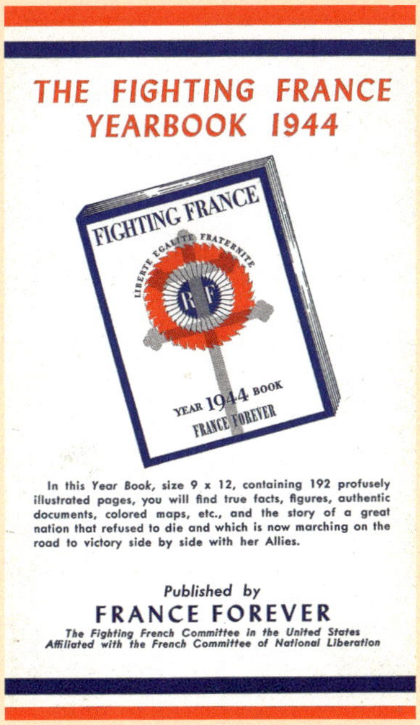

cat. 119-120 **Maquette et feuillet promotionnel du *Fighting France Yearbook* 1944**
Archives Anne Sinclair

Bénévole au sein de la délégation de la France libre aux États-Unis, Micheline Rosenberg réalise de nombreux documents de communication, dont cette chronique de l'année 1944. **V. G.**

John Hasey, un Américain au service de la France libre

Engagé volontaire, grand blessé de guerre devenu ambassadeur de la France libre dans son pays avant de reprendre les armes pour la Libération, John Hasey (1916-2005), premier Américain Compagnon de la Libération, est assurément un cas singulier.

À vingt et un ans, au terme de ses études à l'université de Columbia, ce fils d'industriel du Massachusetts est envoyé en France pour y apprendre la langue. Ce simple voyage linguistique se transforme en séjour permanent car, conquis par la vie parisienne, John Hasey y trouve un emploi de vendeur chez Cartier. En août 1939, par solidarité avec la France et par détestation de Mussolini et d'Hitler[1], il s'engage dans le corps des ambulanciers américains mis à la disposition de l'armée française. Fin 1939, il est détaché auprès de l'armée finlandaise qui affronte l'Union soviétique et est rapidement blessé en Finlande. Il est alors rapatrié aux États-Unis, où, le bras en écharpe, il donne des conférences pour lever des fonds au profit des ambulanciers américains. Rétabli, il rentre en France mais y parvient au moment où la défaite est consommée. Il gagne alors l'Angleterre *via* l'Espagne et le Portugal.

À Londres, John Hasey est immédiatement reçu par Étienne Bellenger, directeur de la succursale britannique de Cartier, qui l'invite à dîner avec le général de Gaulle, ce qui entraîne son engagement dans les Forces françaises libres. Affecté comme sous-lieutenant au service de santé, il prend part à l'opération de Dakar en septembre 1940 puis à la campagne du Gabon en octobre-novembre. À sa demande, il rejoint

ill. 27 John Hasey et Lon Chaney Jr. sur le tournage de *Cobra Woman* (*Le Signe du cobra*) de Robert Siodmak, 1943

1 « Tout ce que je savais, c'est que je détestais Mussolini et Hitler, comme presque tous les Français, d'une haine maladive » (« *All I knew was that I hated Mussolini and Hitler, just as almost all Frenchmen did, with a hatred that made me sick to my stomach* »). John Hasey, *Yankee Fighter. The Story of an American in the Free French Foreign Legion*, Boston, Little, Brown and Company, 1942, p. 69.

la 13e demi-brigade de Légion étrangère début 1941 et est engagé en Érythrée contre les Italiens, puis contre les forces de Vichy en Syrie. Très grièvement blessé au visage devant Damas en juin 1941, il est soigné à Jérusalem puis, à partir de janvier 1942, aux États-Unis. Il y subit plusieurs opérations et met à profit sa convalescence pour multiplier les actions de propagande au profit de la France libre. Il publie ses Mémoires de combattant dans la Légion étrangère de De Gaulle (*Yankee Fighter*) et rencontre de nombreuses personnalités et vedettes de Hollywood, comme Lon Chaney Jr., qu'il visite sur le tournage d'un film de Robert Siodmak, *Le Signe du cobra* (*Cobra Woman*).

Réformé par l'armée américaine, John Hasey reste aux États-Unis comme officier instructeur du bataillon des Antilles de la France combattante d'octobre 1942 à l'été 1943. Capitaine, il rejoint ensuite l'état-major du général Koenig, commandant des Forces françaises en Angleterre, et le suit lorsque ce dernier est nommé gouverneur militaire de Paris en août 1944. Démobilisé en 1945, John Hasey retrouve son emploi chez Cartier. En 1949, il choisit de retourner dans son pays natal et entre à la CIA, où il travaille jusqu'à sa retraite, en 1974.

Vladimir Trouplin

cat. 121 Vareuse du capitaine John Hasey
Paris, musée de l'Ordre de la Libération, 2014.7.2

cat. 122 John Hasey (1916-2005), *Yankee Fighter: The Story of an American in the Free French Foreign Legion* [« Le combattant yankee. Histoire d'un Américain dans la Légion étrangère française libre »], 1942
Paris, musée de l'Ordre de la Libération, B2024

Dans ce livre, John Hasey raconte son engagement volontaire dans le corps des ambulanciers américains mis à la disposition de l'armée française, puis dans les Forces françaises libres. L. L. B.

Cimaises en guerre
« Renoir » et « Cézanne » face aux combats de l'exil

Dans sa préface à l'exposition « Renoir » organisée à New York en 1941 au bénéfice du Free French Relief Committee, l'historien de l'art Alfred Moritz Frankfurter écrit : « Si l'on cherchait dans l'histoire une seule figure pour symboliser la France que les hommes et les femmes réunis sous le nom de France libre consacrent leur vie et leur honneur à restaurer, on ne trouverait pas d'autre protagoniste aussi éloquent et aussi complet que Renoir. S'il est le dernier à pouvoir être transformé en argument idéologique, [...] il n'en reste pas moins que ce qu'il a laissé au monde est une preuve indélébile de la beauté, de la liberté et du génie de la vie de son pays[1]. » Né à Chicago mais diplômé à Berlin, Frankfurter sert, de 1942 à 1945, comme chef du contrôle de la politique de guerre psychologique outre-mer de l'Office of War Information américain.

À l'exposition « Renoir », issue de la coordination entre organes officiels, relais civils, collectionneurs, galeristes et musées sympathisants de la France libre, succède en 1942 une série d'événements engageant artistes modernes et contemporains dans le combat contre l'Axe. Contraint à l'exil, le galeriste Paul Rosenberg prend l'initiative d'organiser une exposition « Cézanne ». Placée sous le haut patronage d'Eleanor Roosevelt, du secrétaire d'État Cordell Hull, du gouverneur de l'État de New York Herbert Lehman, du maire de la ville Fiorello La Guardia et du général de Gaulle, la manifestation est dédiée « aux soldats de la France combattante et à leurs camarades des Nations Unies qui préfèrent "mourir debout que de vivre à genoux[2]" ». Les échanges entre Paul Rosenberg et Henri Laugier attestent le succès de l'exposition, dont les bénéfices sont reversés à parts égales entre le Fighting French Relief Committee et France Forever[3].

Parrainée par le Comité national français de Londres et sa délégation aux États-Unis, le Fighting French Relief Committee, France Forever, l'École libre des hautes études, le French-American Club et la Freedom House, l'exposition est soutenue par des mécènes et bénévoles, dont les historiens de l'art Frankfurter et Lionello Venturi. La contribution de Frankfurter à son catalogue poursuit le parallèle entre Français libres et artistes confrontés « aux forces oppressives de l'ignorance et de l'injustice », tandis que celle de Venturi s'en tient « aux strictes limites de l'art », bien que son éloge de la « beauté morale », préférée à la « beauté physique », puisse se lire comme une critique de l'art totalitaire nazi[4].

Sylvie Le Ray-Burimi

1 Alfred M. Frankfurter, « Prologue », dans *Renoir : Centennial Loan Exhibition, 1841-1941, for the Benefit of the Free French Relief Committee*, cat. exp., New York, E. de Vilmorin, 1941, p. 11. Nous traduisons.

2 *Loan Exhibition of Paintings by Cézanne (1839-1906) for the Benefit of Fighting France*, cat. exp., New York, Paul Rosenberg Gallery & Co, 10 novembre-19 décembre 1942.

3 Lettre de Paul Rosenberg à Henri Laugier, vice-président exécutif de France Forever, New York, 2 décembre 1942, New York, Pierpont Morgan Library, inv. MA 9076.54 .

4 *Loan Exhibition of Paintings by Cézanne..., op. cit.*

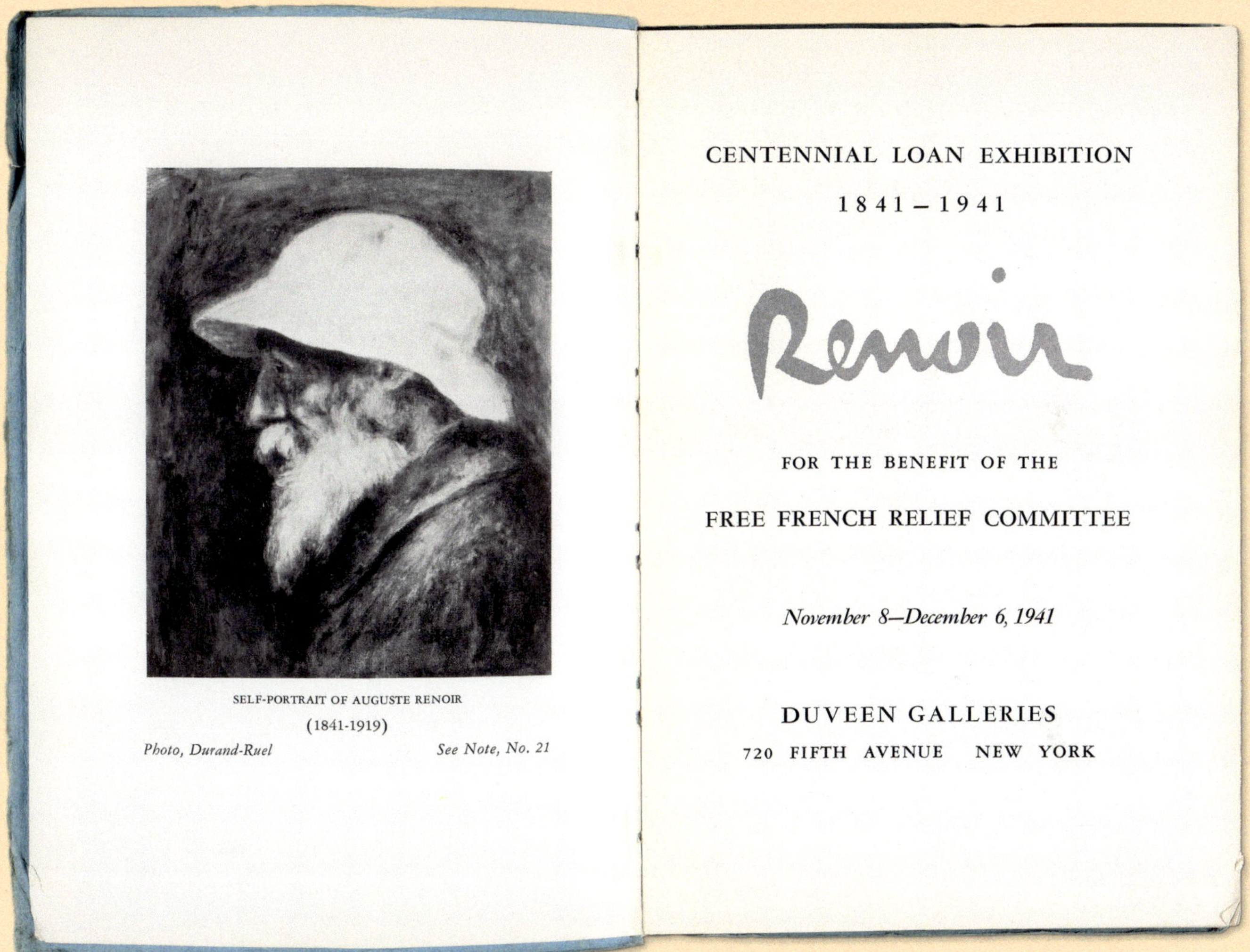

SELF-PORTRAIT OF AUGUSTE RENOIR

(1841-1919)

Photo, Durand-Ruel *See Note, No. 21*

CENTENNIAL LOAN EXHIBITION

1841 – 1941

Renoir

FOR THE BENEFIT OF THE

FREE FRENCH RELIEF COMMITTEE

November 8–December 6, 1941

DUVEEN GALLERIES

720 FIFTH AVENUE NEW YORK

cat. 123 Catalogue d'exposition *Renoir*, New York, Duveen Galleries, 8 novembre-6 décembre 1941, New York, William Bradford Press, 1941

Collection particulière

Marie Cuttoli, l'art de la transmission

Marie Cuttoli (1879-1973), épouse du sénateur de Philippeville (Algérie) Paul Cuttoli puis compagne du physiologiste Henri Laugier, partage avec ce dernier un goût vif et sûr pour la peinture moderne, que tous deux collectionnent. Après avoir découvert et réactivé en Algérie l'art traditionnel des tapis, elle en présente deux à l'Exposition internationale des arts décoratifs et industriels, à Paris, en 1925. Puis elle se tourne vers Aubusson pour faire tisser des tapisseries à partir d'œuvres de peintres contemporains – dont Jean Lurçat, Pablo Picasso, Georges Braque – qui lui donnent des cartons. Elle les expose dans sa galerie, qu'elle baptise Myrbor et ouvre à Paris en 1925, puis entre 1935 et 1941 dans la galerie Jeanne Bucher-Myrbor.

À la fin de 1940, Marie Cuttoli part pour les États-Unis, où se trouve Henri Laugier. Après quelques semaines en Angleterre, ce physiologiste, directeur du CNRS radié par Vichy, est chargé avec le chimiste Louis Rapkine par la Fondation Rockefeller de faire venir les savants en danger en Europe. Puis il obtient un poste à l'université de Montréal, tout en étant secrétaire général de l'association franco-américaine France Forever.

Marie Cuttoli a des relations anciennes aux États-Unis, où ses tapisseries sont déjà connues. En 1936, une exposition s'est tenue à la galerie Bignou, à New York. En janvier 1939, une autre, « Modern French Tapestries », de trente-trois tapisseries sur des cartons de Picasso, Rouault, Derain, Lurçat, Dufy, Léger, Miró notamment, est organisée à San Francisco, au musée de la Légion d'honneur puis au musée d'Art moderne. Du fait de l'impossible retour des œuvres en France, la conservatrice et directrice de ce musée, Grace McCann Morley, vice-présidente de l'American Federation of Arts, et le collectionneur Albert Barnes facilitent la tournée d'une sélection de dix-neuf d'entre elles pendant la durée de la guerre. Des expositions itinérantes sont organisées dans près de vingt villes, de San Francisco à Los Angeles puis à Richmond, Chicago, Dayton, Baltimore, Manchester, Rhode Island, Portland, Boston, Cleveland[1]. Sous l'impulsion d'Albert Barnes, une exposition se tient aussi à Philadelphie en 1941.

Lorsque, à la fin de la guerre, Marie Cuttoli fait rapatrier en France ses tapisseries, Grace McCann Morley lui écrit : « Nous étions très contents d'avoir eu le privilège de montrer les tapisseries et de les prêter à d'autres musées pour d'importantes expositions. Un nombreux public les a vues avec plaisir et intérêt, et cela a contribué à faire une belle publicité à la culture et à l'art français[2]. » Plusieurs de ces œuvres revenues à Paris sont immédiatement montrées à l'exposition qu'organise Jean Cassou, le directeur du musée national d'Art moderne, en 1946. Le souci de Marie Cuttoli et d'Henri Laugier de collectionner, de soutenir et de faire connaître la peinture et la tapisserie ne s'est jamais démenti.

Chantal Morelle

1 Une seule tapisserie est vendue : le conservateur du MoMA achète *Le Jeu du cirque*, d'après Joan Miró.

2 SFMOMA Archives, cité dans Dominique Paulvé, *Marie Cuttoli. Myrbor et l'invention de la tapisserie moderne*, Paris, Norma, 2010, p. 107.

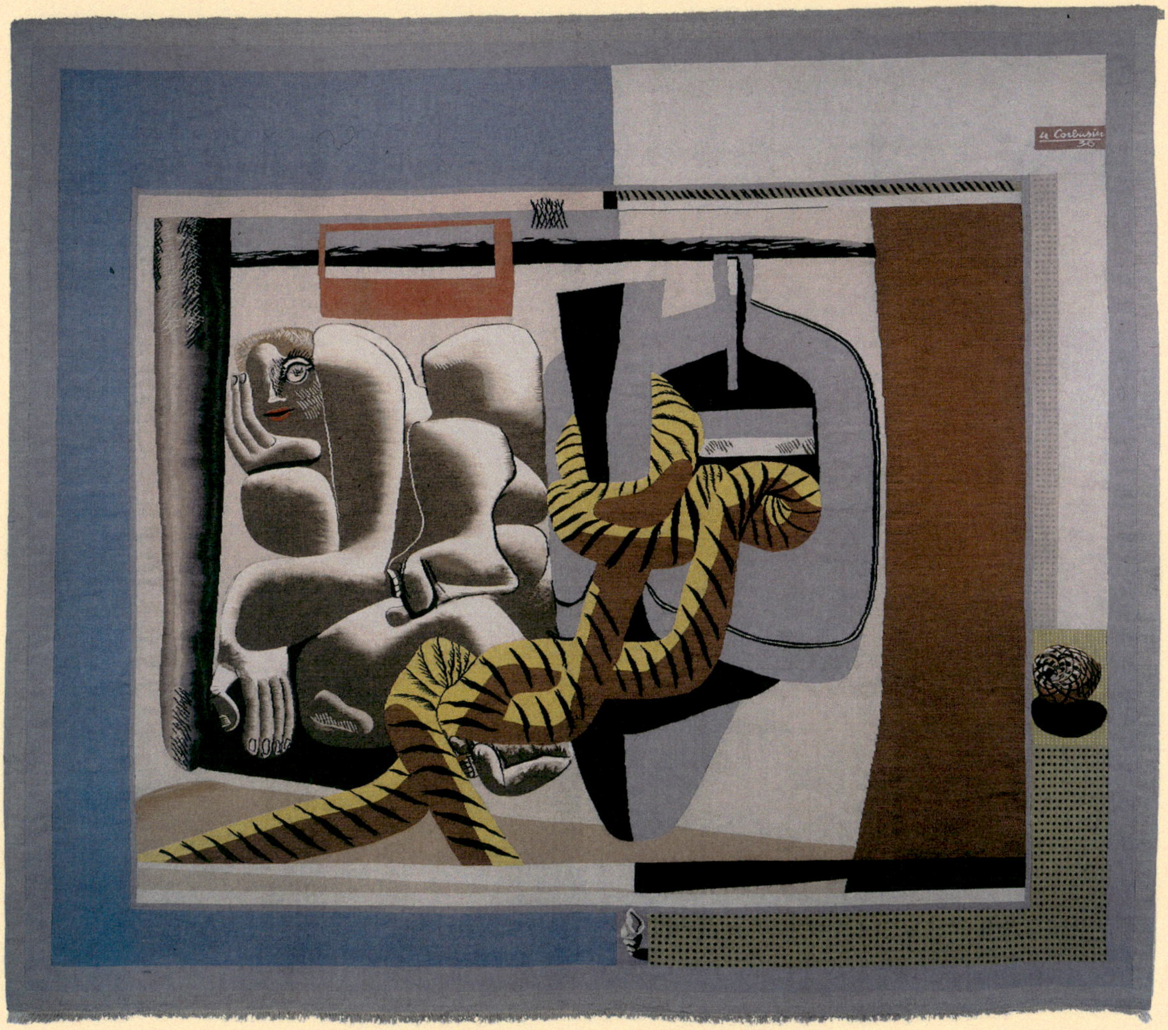

cat. 124 **Le Corbusier (Charles-Édouard Jeanneret, dit, 1887-1965),**
***Marie Cuttoli*, 1936 (carton), 1937 (exécution)**

Tapisserie des ateliers d'Aubusson, laine et soie, H. 147 ; L. 181 cm
Paris, Fondation Le Corbusier

Cette tapisserie vient rejoindre une série commandée par Marie Cuttoli, rénovatrice de cet art traditionnel, à des artistes d'avant-garde tels que Picasso, Léger, Braque, Rouault, Miró, Matisse et qu'elle expose aux États-Unis dès 1936 avec le soutien des Amis du musée franco-américain de Blérancourt. Renommée *Marie Cuttoli* en l'honneur de sa commanditaire, elle est présentée avec vingt-deux autres tentures dites « pictorialistes » dans la section des arts décoratifs de la Golden Gate International Exposition de San Francisco en 1939. Le déclenchement de la guerre entraîne le maintien forcé des tentures en Amérique et marque le début de l'itinérance de l'exposition « French Modern Tapestries ». Les tapisseries incarnent la modernité artistique promue par la France libre, tout comme sa capacité à rayonner à l'étranger. S. L. R.-B.

« Il existe un front français qui fait le tour de la Terre. » Henri Focillon, historien de l'art et Français libre

Historien de l'art, professeur au Collège de France et enseignant à l'université Yale à partir de 1933[1], Henri Focillon (1881-1943), en mission en Amérique lors de la déclaration d'armistice, rejoint la France libre peu après avoir eu connaissance de l'appel du général de Gaulle. Dès l'été 1940, son « Salut à l'Angleterre[2] » et son appel « À nos amis d'Argentine » posent le cadre : « Il existe un front français qui fait le tour de la Terre. Tout homme qui pense y a sa place, qui reste un poste de combat[3]. » Focillon reconnaît dans le chef de la France libre la qualité du militaire comme du moraliste, « celle que nous admirons chez [...] les Vauban, les Catinat [...], mais aussi Vauvenargues, dont le génie méditatif est fier, pur et lumineux comme une épée[4] ». Médiéviste, il emprunte aux images de l'Apocalypse : « La parole est un glaive. » En septembre 1940, de Gaulle lui signifie que sa présence est désormais plus utile aux États-Unis qu'en France[5].

Focillon s'engage résolument aux côtés des relais de la France libre : France Forever, Free French Relief Committee, Fighting France. Il soutient des manifestations telles que les expositions Renoir[6] en 1941, Cézanne[7] en 1942 ou encore des peintres de la Seine[8] en 1943, au profit de la France libre et de l'École libre des hautes études, dont l'historien est le premier président. Au « carrefour de toutes ces routes », les sciences et les arts sont mis au service de la liberté sans être dévoyés ni pervertis dans leur fondement : « Point de propagande, point de long conciliabule, mais la puissance du sentiment intérieur [...]. Si la France cessait d'être une grande nation, c'est l'humanité tout entière qui serait rapetissée[9]. »

Déchu de sa chaire au Collège de France « pour activités antinationales[10] » par décret du 16 juillet 1942, Focillon décède le 3 mars 1943 à New Haven, sans avoir revu la France. Que ce soit dans la presse ou à la radio, il n'a eu de cesse de mettre en exergue la « fonction universelle de la France » et l'indestructible « patrie intellectuelle », dans le temps long d'une « civilisation de la confiance[11] » aux multiples facettes.

Sylvie Le Ray-Burimi

1 Christian Briend et Alice Thomine (dir.), *La Vie des formes. Henri Focillon et les arts*, cat. exp., Paris/Gand, INHA/Snoeck, 2004.
2 « Salut à l'Angleterre », 22 juin 1940, dans Henri Focillon, *Témoignage pour la France*, New York, Brentano's, 1945, p. 33-36.
3 « À nos amis d'Argentine », 18 juillet 1940, *ibid.*, p. 41.
4 « Les deux armistices », 11 novembre 1941, *ibid.*, p. 98.
5 Télégramme du général de Gaulle à Henri Focillon, 19 septembre 1940, archives du ministère des Affaires étrangères, Guerre 1939-1945, Londres-Alger, Londres CNF, juin 1940-juillet 1943, carton 423, Œuvres françaises à l'étranger, dossier général, folio 7.
6 « Centennial Loan Exhibition, 1841-1941, Renoir, for the Benefit of the Free French Relief Committee », New York, Duveen Galleries, 8 novembre-6 décembre 1941.
7 « Loan Exhibition of Paintings by Cezanne (1839-1906), for the Benefit of Fighting France », New York, Paul Rosenberg & Co, 19 novembre-9 décembre 1942.
8 « From Paris to the Sea down the River Seine, an Exhibition for the Benefit of l'École libre des hautes études », New York, Wildestein Gallery, 28 janvier-27 février 1943.
9 « Les deux armistices », *op. cit.*, p. 100-106.
10 Journal officiel de l'État français, 16 août 1942, p. 2650.
11 « Fonction universelle de la France », allocution au Carnegie Hall, New York, 20 décembre 1940, dans H. Focillon, *Témoignage pour la France*, *op. cit.*, p. 43-49.

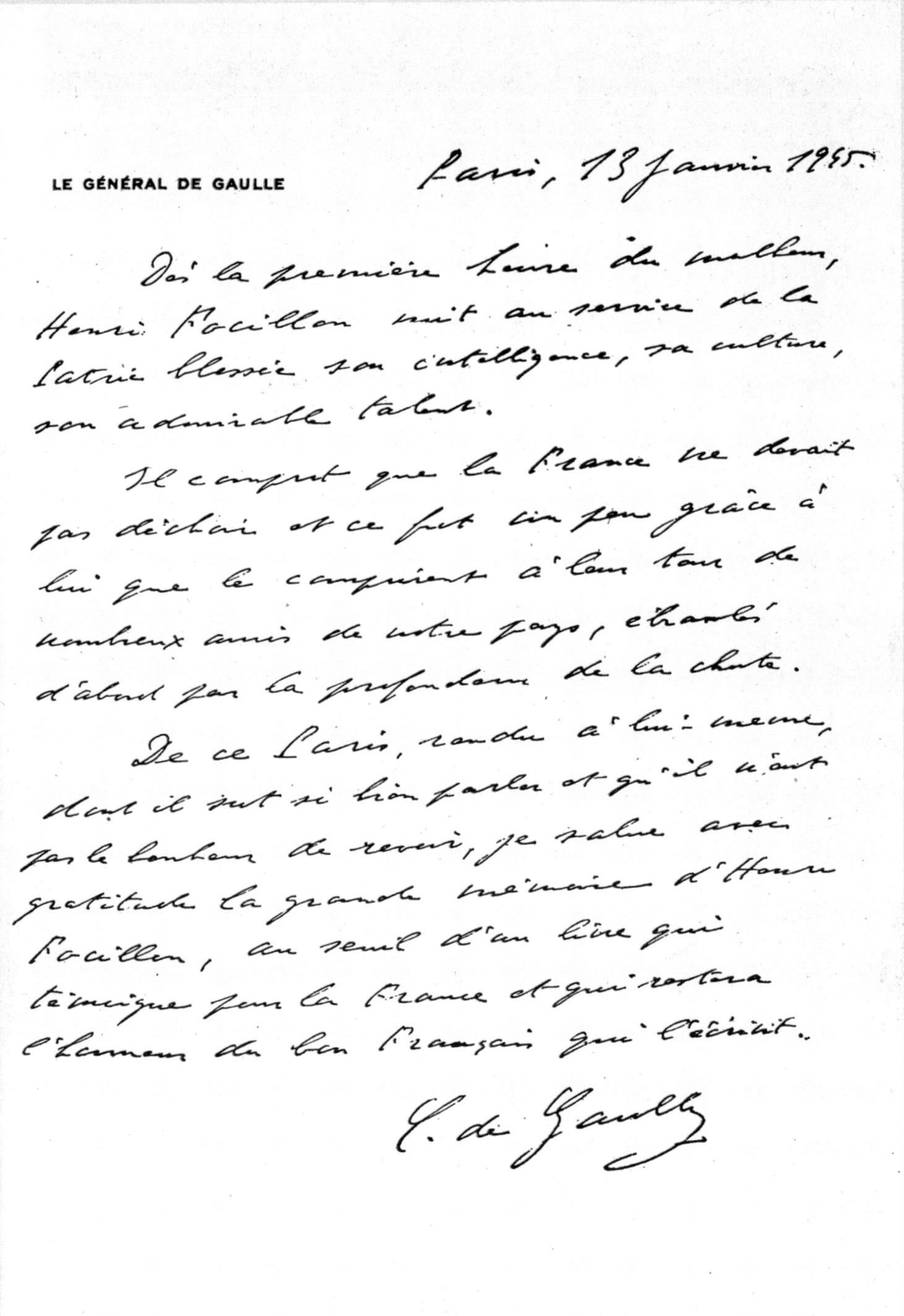

LE GÉNÉRAL DE GAULLE

Paris, 13 janvier 1945.

Dès la première heure du malheur, Henri Focillon mit au service de la Patrie blessée son intelligence, sa culture, son admirable talent.

Il comprit que la France ne devait pas déchoir et ce fut un peu grâce à lui que le comprirent à leur tour de nombreux amis de notre pays, ébranlés d’abord par la profondeur de la chute.

De ce Paris, rendu à lui-même, dont il sut si bien parler et qu’il n’eut pas le bonheur de revoir, je salue avec gratitude la grande mémoire d’Henri Focillon, au seuil d’un livre qui témoigne pour la France et qui restera l’honneur du bon Français qui l’écrivit.

C. de Gaulle

ill. 28 Charles de Gaulle, avant-propos en forme de lettre datée du 13 janvier 1945 pour le livre d’Henri Focillon *Témoignage pour la France*, New York, Brentano’s, 1945

La France libre et l'invention d'un nouvel ordre social

S'il est un aspect méconnu de l'histoire de la France libre, c'est certainement son empreinte sur la construction d'un nouvel ordre social au lendemain de la guerre. Le discours d'Oxford prononcé par le général de Gaulle le 25 novembre 1941 pose pourtant les bases de cette réflexion, le chef des Français libres y évoquant « ce que la collectivité doit à chaque homme et, réciproquement, ce que chaque homme doit à tous », mais aussi « la transformation des conditions de la vie par les machines, l'agrégation croissante des masses et le gigantesque conformisme collectif », périls face auxquels il réclame « un ordre dit nouveau », une « rénovation spirituelle, sociale, morale autant que politique », telle que « la liberté, la sécurité, la dignité de chacun y soient exaltées et garanties ».

Élevé et formé au catholicisme social, nourri par ses rapports avec la gauche parlementaire dans les années 1930, de Gaulle ébauche ainsi une véritable doctrine sociale, à laquelle contribuent Georges Boris, Henri Hauck ou encore Pierre-Olivier Lapie. Loin d'être un épiphénomène de la vie politique de la France libre, cette « question sociale » est en fait au cœur de son projet sociétal pour le pays libéré. La négociation de la « Déclaration aux mouvements de Résistance », à l'été 1942, participe d'ailleurs pleinement à cette inscription dans le dur des réformes sociales et sociétales voulues par le Général, comme il le rappelle à l'occasion de son discours à l'Albert Hall, le 11 novembre 1942. Dans son viseur, « les coalitions de trusts et de gens en place », caste de l'intérêt individuel dans une France qu'il veut de l'intérêt général. Avec André Philip et Jacques Soustelle, il mène alors une réflexion en profondeur sur l'organisation de la société et confie à Jean Moulin, en mars 1943, le soin de créer un Conseil national de la Résistance (CNR) et un Comité général d'études afin de préparer la structure politique de la France libérée. Six hommes y ont la tâche d'imaginer les réformes nécessaires : François de Menthon, Paul Bastid, Robert Lacoste, Alexandre Parodi, Pierre-Henri Teitgen et René Courtin.

À la BBC le 20 avril 1943, de Gaulle enfonce le clou : « [Il faut pour la France] une démocratie réelle, où ni jeux de professionnels, ni marécages d'intrigants ne troublent le fonctionnement de la représentation nationale [...], un régime économique et social tel qu'aucun monopole et aucune coalition ne puisse peser sur l'État ni régir le sort des individus, où, par conséquent,

cat. 125 Henry Valensi (1883-1960), *Décoration de la salle de l'Assemblée nationale à Alger, 19 juin 1944 (fond et tribune)*, 1944
Gouache, plume et encre noire sur papier, H. 21 ; L. 47,8 cm
Paris, musée de l'Armée, 2024.38.10

les principales sources de la richesse commune soient ou bien administrées ou, tout au moins, contrôlées par la nation, où chaque Français ait, à tout moment, la possibilité de travailler suivant ses aptitudes, dans une condition susceptible d'assurer une existence digne à lui-même et à sa famille, où les libres groupements de travailleurs et de techniciens soient associés organiquement à la marche des entreprises. »

Le 18 mars 1944, s'étant vu remettre les conclusions du Comité général d'études et le programme des « Jours heureux » du CNR, le Général monte à la tribune de l'Assemblée consultative provisoire d'Alger : « La démocratie française devra être une démocratie sociale. » Son cap est tracé pour guider l'action du jeune Gouvernement provisoire de la République française : droit au travail et au repos, réajustement des salaires, plan complet de sécurité sociale mais aussi retraite pour les vieux travailleurs, ainsi qu'extension des droits politiques, sociaux et économiques aux populations indigènes et coloniales – en d'autres mots, un nouvel ordre social pour une France libérée.

Pierre Manenti

Les Français en Amérique du Nord

cat. 126 **Affiche « À tous les Français (To All Frenchmen) », éditée par France Forever, vers 1940-1941**

Archives Anne Sinclair

Imprimée par le mouvement France Forever, fondé dès l'été 1940 aux États-Unis, cette affiche bilingue reproduit la proclamation éditée par le général de Gaulle depuis son quartier général à Londres et affichée en août 1940 sur les murs de la capitale et des principales villes britanniques, avec pour attaque : « La France a perdu une bataille ! Mais la France n'a pas perdu la guerre ! » Cette version américaine de l'affiche a appartenu à Micheline Rosenberg, volontaire auprès de France Forever et du service de presse et d'information de la France libre. Elle a pour fonction de faire connaître les objectifs de cette dernière à l'opinion d'outre-Atlantique. S. L. R.-B.

cat. 127 **Affiche « French Guerrillas Fight for The United Nations. Back Them – Join France Forever » éditée par le Fighting French Committee in the United States en coopération avec le French Committee of the National Liberation, vers 1943-1944**

Paris, musée de l'Ordre de la Libération, N4451

Basée sur la photographie d'un résistant juché l'arme au poing au sommet d'une colline où flotte un drapeau français, cette affiche paraît sous couvert de l'Office of War Information américain. Déclinée par les chapitres régionaux de France Forever, elle appelle à adhérer au mouvement afin de soutenir la France combattante. Son efficacité réside dans le recours à un stéréotype préexistant, celui du guérillero se fondant dans la population ou du franc-tireur. Son graphisme pourrait être dû à Jean Carlu ou à un épigone. S. L. R.-B.

cat. 128 **Jean Carlu (1900-1997), affiche « Liberté, Égalité, Fraternité. France Forever. The Free French Movement in America », 1943-1944**

Nanterre, La Contemporaine : bibliothèque, archives, musée des mondes contemporains, AFF30815-7

Représentant en plan rapproché deux mains brisant leurs menottes sur fond de drapeau français portant une croix de Lorraine, l'affiche renvoie aux valeurs républicaines bafouées. L'élision de la figure du prisonnier se libérant de ses chaînes favorise la projection et l'identification de la part du spectateur. La France libre s'approprie par cette affiche la défense des prisonniers, chère à la propagande de Vichy. S. L. R.-B.

ill. 29-32 **Réalisations de Jean Carlu, graphiste et scénographe, aux États-Unis, non datées**

Célèbre pour ses affiches contre le fascisme durant la guerre d'Espagne, Carlu devient conseiller artistique au ministère de l'Information en 1939. En mission à New York en 1940, il s'exile aux États-Unis après l'invasion allemande. En 1941, il remporte un concours d'affiches pour l'industrie de guerre américaine avec « America's Answer ». Consultant pour l'Office of War Information, il crée des tracts aériens et des graphismes pour France Forever, devenant une figure clé de la propagande alliée. Après la Libération, il scénographie plusieurs expositions promouvant la Résistance et légitimant le rôle diplomatique revendiqué par la France libre. S. L. R.-B.

BURNET HERSHEY, LEON HENDERSON, WILLIAM HILLMAN,
WILLMOTT LEWIS, PERTINAX,
RICHARD STROUT,
PAUL RANKINE on
DUMBARTON OAKS
FREE WORLD
OCTOBER, 1944
Albert Einstein
SCIENCE AND GERMANY
Senator
James E. Murray
WORLD TVA'S
R. J. Thomas
MY TRIP TO THE BATTLEFRONTS
Guillermo Korn
ARGENTINA'S UNDERGROUND
Robert R. Nathan
NATIONS' STAKE IN AMERICAN RECONVERSION
Editorial By
LOUIS DOLIVET
The Dying Prussian Eagle
DRAWING BY
JEAN CARLU
40c
OCTOBER, 1944
FREE WORLD
VOL. 8, No. 4

LIBERTE
EGALITE
FRATERNITE
FRANCE FOREVER

cat. 129 **Drapeau du comité France Forever**

Paris, musée de l'Ordre de la Libération, N4499

cat. 130 **Drapeau américain du comité de la France libre France Forever**

Paris, musée de l'Ordre de la Libération, N4500

Créé en septembre 1940 par l'industriel Eugène Houdry, le comité France Forever devient progressivement, à partir de 1942, une représentation du mouvement gaulliste aux États-Unis et organise de nombreuses manifestations en faveur de la France libre à New York, où se situe son siège. V. G.

ill. 33 **Défilé du comité France Forever à New York, 18 juin 1944**

Archives Anne Sinclair

Défilé organisé par le comité France Forever à l'occasion du quatrième anniversaire de l'appel du 18 juin. La photographie est publiée dans le *Herald Tribune* du 19 juin 1944. C. L.

cat. 131 **Premier sceau de la délégation de la France libre aux États-Unis**

Paris, musée de l'Armée, 999.324

Selon la volonté de De Gaulle et grâce au travail du juriste René Cassin, la France libre se dote des attributs d'un État régalien. V. G.

cat. 132 **Insigne à croix de Lorraine vendu au profit de la France libre**
Paris, musée de l'Ordre de la Libération, N484.1

cat. 133 **Sceau de la délégation du Comité national français aux États-Unis**
Paris, musée de l'Ordre de la Libération, 2012.0.217.3

cat. 134 **Cachet de la délégation du Comité national français de New York**
Paris, musée de l'Ordre de la Libération, 2012.0.217.1

cat. 135 **Carte de vœux du comité France Forever pour l'année 1944**
Archives Anne Sinclair

cat. 136 ***Yearbook* 1943 du mouvement France Forever**

Paris, musée de l'Armée, 39750 BIB

Ces chroniques annuelles, vendues au profit de la France libre, connaissent un grand succès parmi les sympathisants américains. **V. G.**

cat. 137 **Maquette d'une revue consacrée à l'Armistice Day (jour anniversaire de l'armistice du 11 novembre 1918) réalisée par Micheline Rosenberg, non datée**

Archives Anne Sinclair

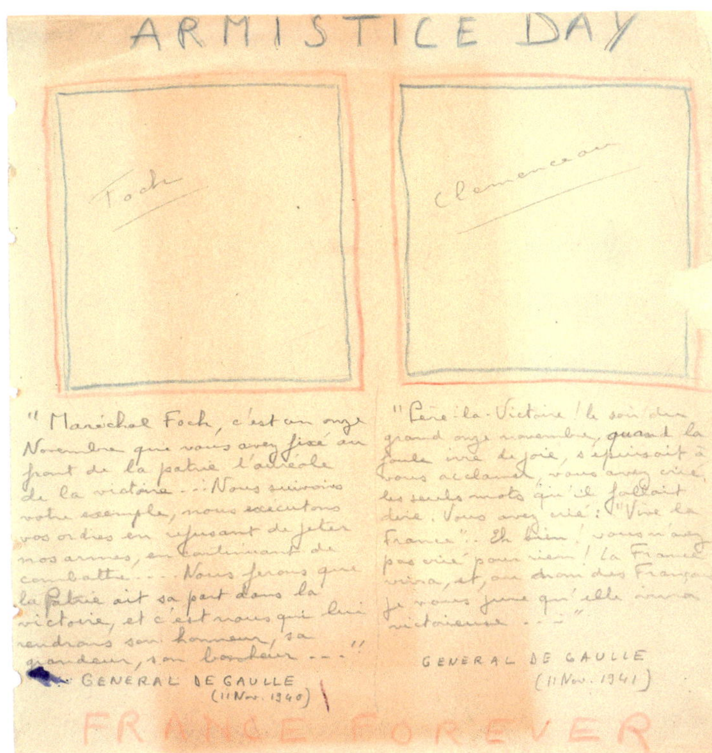

cat. 138 **Magazine *France Forever*, numéro spécial «14 juillet – Bastille Day», juillet 1942**

Archives Anne Sinclair

La couverture de ce numéro du magazine *France Forever* célébrant la fête nationale est constituée d'un photomontage superposant au drapeau français la photographie d'une croix de Lorraine que l'on devine hâtivement et clandestinement peinte sur une porte et ainsi légendée : « *On a door… Somewhere in France* » [« Sur une porte… Quelque part en France »]. Par cette simple ellipse et par sa sobriété, ce photomontage, peut-être dû à Jean Carlu ou à Robert Pontabry, rend d'autant plus poignantes les traces les plus ténues de la Résistance en France. S. L. R.-B.

cat. 139 **Magazine *France Forever*, numéro spécial «11 novembre – Armistice Day», novembre 1942**

Archives Anne Sinclair

Ce numéro du magazine *France Forever* célébrant l'anniversaire du 11 novembre 1918 a valeur de promesse, à l'automne 1942, c'est-à-dire au plus noir de la guerre, d'une possible réitération de la victoire sur l'Allemagne. Sa couverture s'orne du photomontage, sur fond de drapeau français, d'un cliché pris par Varian Fry, responsable du Centre américain de secours, représentant « un mur en France en janvier 1942 ». On y découvre un graffiti formant l'initiale « V » mise en facteur commun des mots « Victoire, Vengeance », dénomination de plusieurs réseaux de résistance. Les dégoulinades de la peinture, semblables à des traînées de sang, témoignent de la furtivité de cet acte provocateur et ajoutent au pouvoir d'émotion de l'image. S. L. R.-B.

cat. 140 Carton d'invitation aux manifestations du 14 juillet 1943 à New York

Nantes, Archives du ministère des Affaires étrangères, délégation du Comité national français puis du CFLN aux États-Unis, 737PO/3/3

Les principales manifestations patriotiques sont organisées par France Forever à la faveur de l'Armistice Day (11 novembre) et du Bastille Day (14 juillet). V. G.

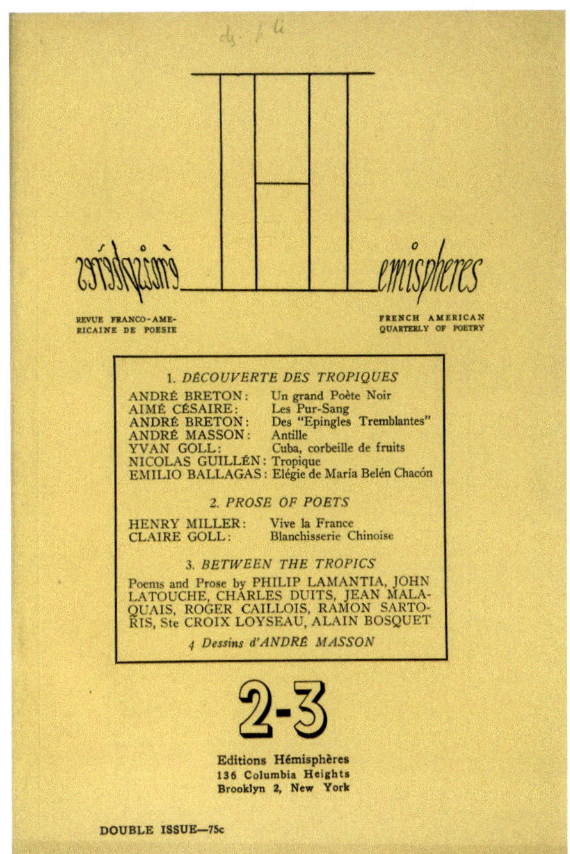

cat. 141 *Hémisphères. Revue franco-américaine de poésie/French-American Quarterly of Poetry*, New York, Éditions Hémisphères, nº 2-3, automne-hiver 1943-1944

Paris, Chancellerie des universités de Paris - bibliothèque littéraire Jacques-Doucet, FG 74

Associant Ivan Goll, Yves Tanguy, Wifredo Lam et André Masson à d'autres artistes et écrivains, la revue *Hémisphères* paraît de 1943 à 1945. Illustré de dessins de Masson et de Lam, le double numéro 2-3 met particulièrement en valeur la rencontre en exil de Césaire, Lam, Breton et Masson, marqués, pour ces deux derniers, par la « découverte des Tropiques ». Il célèbre aussi l'amitié de poètes américains francophiles, tel Henry Miller, qui livre ici un « Vive la France ». Avec la revue *Tropiques*, fondée en 1941, *Hémisphères* est l'un des laboratoires d'une vision du monde dont l'Occident septentrional ne forme plus l'unique centre. S. L. R.-B.

cat. 142 **Revue *France Forever*, vol. 1, n° 1, été 1942**

Paris, musée de l'Ordre de la Libération

La revue, dirigée par Henri Laugier, est créée en 1942 et financée par le comité du même nom. Douze numéros sont publiés jusqu'à sa disparition en 1945. C. L.

cat. 143 **Courriers adressés à Ève Curie**

Paris, musée Curie, FP-EC / D4a

En 1940, les trois journalistes Ève Curie, Philippe Barrès et Raoul de Roussy de Sales entreprennent de publier chez l'éditeur new-yorkais Doubleday les témoignages de Français subissant l'Occupation. *They Speak for a Nation. Letters from France* [« Ils parlent au nom d'une nation. Lettres depuis la France »], publié en 1941, a pour objectif de dissocier, auprès du public américain, le gouvernement de Vichy du peuple français. Les courriers parviennent aussi bien à la BBC de Londres qu'à la NBC de New York, malgré des adresses parfois très sommaires. C. L.

ill. 34 ***Pour la Victoire. Journal français d'Amérique,*** **10 janvier 1942, vol. 1, n° 1**

Paris, Bibliothèque nationale de France, département Droit, Économie, Politique, GR FOL-LC2-6779

L'hebdomadaire gaulliste *Pour la Victoire* est l'une des principales publications créées à New York par l'intelligentsia française en exil. Dirigé par Geneviève Tabouis, le journal compte parmi ses éditorialistes Philippe Barrès et Henri de Kérillis. Il est distribué jusqu'en 1945. C. L.

FRANCE FOREVER

THE FIGHTING FRENCH COMMITTEE IN AMERICA

Associated with the Provisional Government of the French Republic

FRANCE FOREVER

For Information Write to
Executive Offices
587 Fifth Avenue
New York 17, N. Y.
Telephone: Eldorado 5-4051
or Your Local Chapter

JOIN FRANCE FOREVER

☐ BENEFACTOR member $100.00
☐ ACTIVE member 5.00
(French and American citizens)
☐ ASSOCIATE member 1.00

Name: Mr. / Mrs. / Miss .... Print Name Clearly
Address ....
City .... (Zone Number) ....
State ....
Profession: ....
Country of Birth: .... Nationality: ....
Proposed by ....
And/or I Also Donate the sum of $ ....
to France Forever as a voluntary contribution. I enclose herewith (check), (money order), (cash) in the amount of $ ....

IF YOU ARE ALREADY A MEMBER

Become a "Star Member"
by enrolling two or more of your friends
as active or benefactor members

(Have them fill the forms below)

☐ BENEFACTOR member $100.00
☐ ACTIVE member 5.00
(French and American citizens)

Name: Mr. / Mrs. / Miss .... Print Name Clearly
Address ....
City .... (Zone Number) ....
State ....
Profession: ....
Country of Birth: .... Nationality: ....
Proposed by ....
And/or I Also Donate the sum of $ ....
to France Forever as a voluntary contribution. I enclose herewith (check), (money order), (cash) in the amount of $ ....

☐ BENEFACTOR member $100.00
☐ ACTIVE member 5.00
(French and American citizens)

Name: Mr. / Mrs. / Miss .... Print Name Clearly
Address ....
City .... (Zone Number) ....
State ....
Profession: ....
Country of Birth: .... Nationality: ....
Proposed by ....
And/or I Also Donate the sum of $ ....
to France Forever as a voluntary contribution. I enclose herewith (check), (money order), (cash) in the amount of $ ....

Checks should be made payable to FRANCE FOREVER and be mailed to the Executive Offices, 587 Fifth Ave., New York 17, N. Y., or to your nearest chapter. ⟶

FRATERNITE

cat. 144 **Bulletin d'adhésion à France Forever**

Archives Anne Sinclair

L'organisation compte, durant les années de guerre, jusqu'à 50 000 adhérents, répartis en vingt-neuf chapitres et comités, de New York à la Californie. C. L.

cat. 145 **Programme du banquet «France quand même», 4 avril 1942**

Nantes, Archives du ministère des Affaires étrangères, ambassade de France à Ottawa, 496PO/1/79

Dès juin 1940 se forment au Canada des comités de la France libre. Avant la rupture des relations entre Ottawa et Vichy en novembre 1942, l'attitude du gouvernement canadien envers la France libre reste frileuse. Il annonce en octobre 1940 qu'il «ne devra ni assister, ni empêcher les collectes de fonds […] en faveur du mouvement du général de Gaulle». Pour autant, quatre-vingt-cinq comités de la France libre ont été créés par des Canadiens ou des Français au Canada. C. L.

cat. 146 Répertoire d'Ève Curie

Paris, musée Curie, FP-EC / C3

Devenue « la Française la plus connue d'Amérique » en raison du succès mondial de la biographie de sa mère qu'elle a publiée en 1937, Ève Curie est recrutée au début de la guerre par le Commissariat général à l'information, dirigé par le diplomate Jean Giraudoux. Anglophone et très médiatisée, elle réalise plusieurs tournées de conférences à travers les États-Unis pour sensibiliser l'opinion publique au sort de la France et de l'Europe. C. L.

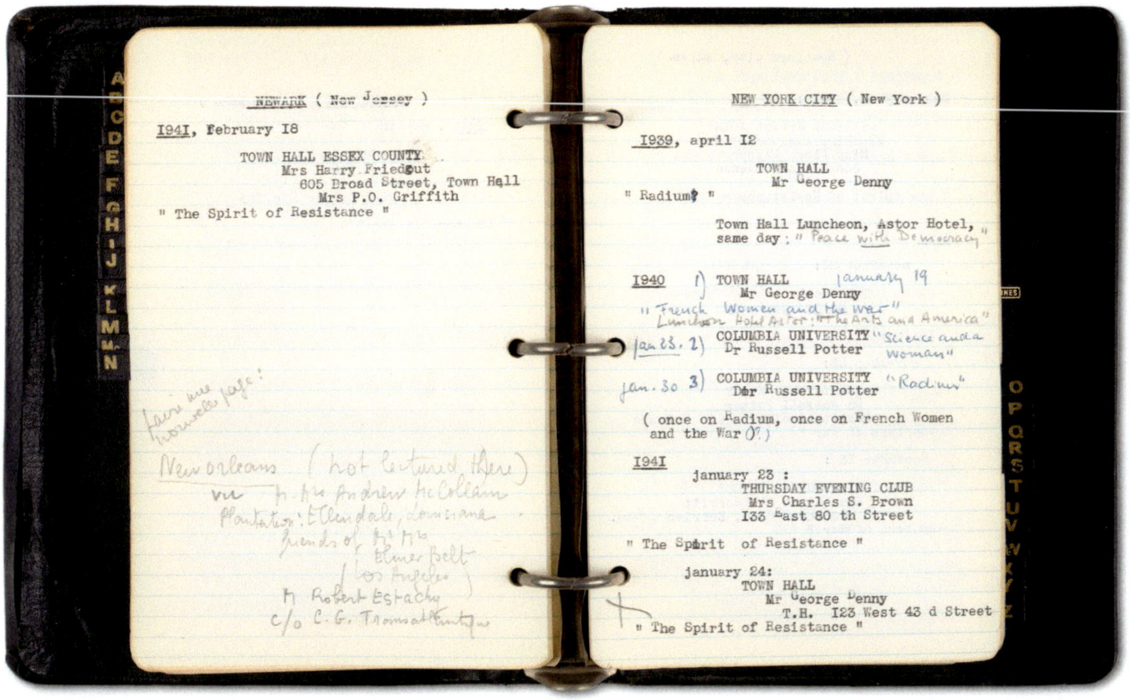

NEWARK (New Jersey)

1941, february 18

TOWN HALL ESSEX COUNTY
Mrs Harry Friedout
605 Broad Street, Town Hall
Mrs P.O. Griffith
" The Spirit of Resistance "

New orleans (not lectured there)

NEW YORK CITY (New York)

1939, april 12

TOWN HALL
Mr George Denny
" Radium "

Town Hall Luncheon, Astor Hotel, same day : " Peace with Democracy "

1940 1) TOWN HALL January 19
Mr George Denny
" French Women and the War "

Jan 23. 2) COLUMBIA UNIVERSITY " Science and a Woman "
Dr Russell Potter

Jan. 30 3) COLUMBIA UNIVERSITY " Radium "
Dr Russell Potter

(once on Radium, once on French Women and the War)

1941

january 23 :
THURSDAY EVENING CLUB
Mrs Charles S. Brown
133 East 80 th Street

" The Spirit of Resistance "

january 24:
TOWN HALL
Mr George Denny
T.H. 123 West 43 d Street
" The Spirit of Resistance "

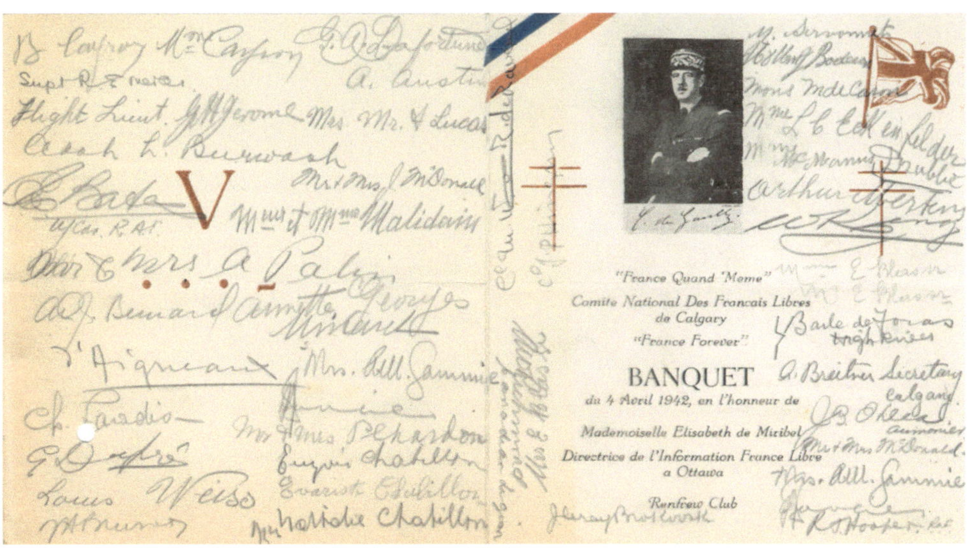

L'atelier de Zadkine

147

148

149

cat. 147 **Ossip Zadkine (1888-1967),**
***Tête d'homme anxieux*, 1941**
Plâtre, H. 37,5 ; L. 19 ; P. 25 cm
Paris, musée Zadkine, 2022.5.1

cat. 148 **Ossip Zadkine (1888-1967),**
***Buste de François Mauriac*, 1942**
Bronze, H. 63 ; L. 51 ; P. 35 cm
Paris, musée Zadkine, MZS 131, legs Valentine Prax

cat. 149 **Ossip Zadkine (1888-1967),**
Étude pour *La Prisonnière*, 1943
Bronze, H. 47 ; L. 20 ; P. 16 cm
Paris, musée Zadkine, MZS 066

150

cat. 150 **Ossip Zadkine (1888-1967),**
***Arlequin hurlant*, 1943-1944**
Bronze, H. 94,5 ; L. 33,5 ; P. 38,5 cm
Paris, musée Zadkine, MZS 134

cat. 151 **Ossip Zadkine (1888-1967),**
***Coq*, 1943**
Bronze, H. 66 ; L. 76 ; P. 27 cm
Paris, musée Zadkine, MZS 389

Ossip Zadkine s'exile à New York en 1941. Il y enseigne la sculpture et recommence à créer. Il expose dès 1941 et participe à l'événement « Artists in Exile » en 1942 à la galerie Pierre Matisse. Sculptant les vides autant que les pleins, il crée quelque quarante-cinq œuvres marquées par l'angoisse, tels l'*Arlequin hurlant* ou la *Tête d'homme anxieux*. *La Prisonnière* fait allusion à son épouse, Valentine Prax, restée en France, mais elle est aussi une allégorie de la France occupée, de même que le *Coq* et le *Phénix*. Le *Buste de François Mauriac* rend hommage à l'écrivain du *Cahier noir*, traduit en anglais dès 1943 et diffusé depuis Londres par la France libre. S. L. R.-B.

151

cat. 152 **Valentine Prax (1897-1981),** ***Arlequin dans la ferme dévastée,*** **1942-1944**
Huile sur toile, H. 130 ; L. 183 cm
Paris, musée Zadkine, MZVP 023

Peintre et épouse d'Ossip Zadkine, Valentine Prax encourage son mari, visé par les mesures de proscription antijuives, à émigrer au plus tôt vers les États-Unis. L'atelier du couple rue d'Assas étant confisqué, Prax décide de se replier, afin de protéger leur œuvre, dans leur maison des Arques, en Quercy, où elle passe la guerre entre angoisse et privation. Vision allégorique de cet exil intérieur, *Arlequin dans la ferme dévastée* témoigne du combat d'une artiste confrontée aux persécutions de la milice locale et à l'isolement mais persistant à créer. *La Prisonnière*, sculptée par Zadkine à New York, évoque la condition de son épouse captive de la prison à ciel ouvert qu'est devenue la France occupée. S. L. R.-B.

Beaux-arts

cat. 153 **André Masson, *Le Retour des déportés*, 1945**
Encre sur papier, H. 35,7 ; L. 27,6 cm
Collection particulière

Calligraphie, ce dessin juxtapose les visages hâves d'un groupe de déportés à un arrière-plan qui semble évoquer les cheminées fumantes des camps de la mort. En avril 1945, les troupes anglo-américaines ouvrent les camps de Buchenwald, Bergen-Belsen, Dachau, Mauthausen. Des photographies et reportages sont publiés aux États-Unis, réalisés par des photographes tels que Margaret Bourke-White, Lee Miller, David Sherman et par des journalistes tels que Meyer Levin, créant une véritable sidération de l'opinion face à l'entreprise concentrationnaire nazie, connue mais non vue jusqu'alors. Si des expositions de photographies et d'œuvres de déportés ont lieu en 1945-1946, en lien avec les procès des crimes nazis, des pans entiers de l'histoire de la déportation seront rapidement et durablement refoulés, voire occultés. S. L. R.-B.

cat. 154 **Jean Hélion (1904-1987), *Défense d'*, 1943**
Huile sur toile, H. 101,8 ; L. 81 cm
Collection particulière, avec le concours de Malingue S.A.

Fait prisonnier en juin 1940, Jean Hélion parvient à s'évader d'un stalag poméranien en février 1942, puis à gagner l'Amérique après avoir traversé plusieurs pays de l'Europe occupée. Son récit de captivité, publié sous le titre *They Shall Not Have Me*, devient un succès aux États-Unis. En 1943, Hélion peint *Défense d'*, réminiscence de sa confrontation avec les affiches parsemant la France dite « libre » parcourue clandestinement : « Le premier objet que j'avais acheté en zone libre était un carnet à dessins et, tout bouffi de liberté retrouvée, j'y inscrivis mes premiers motifs [...]. Dans les rues pleines d'affiches qui défendaient ceci ou cela, tout naturellement un homme se mit devant ce signe de défense », écrit l'artiste. Exposée en 1944 à la galerie Paul Rosenberg & Co à New York, cette œuvre appelle à la résistance tout en célébrant le réel. S. L. R.-B.

156

cat. 155 **André Masson (1896-1987), *Le Coq gaulois*, vers 1942**
Encre sur papier, H. 29,7 ; L. 23,2cm
Collection particulière

Signe de ralliement francophile durant la guerre – on le retrouve notamment sculpté par Zadkine –, le coq symbolise la France depuis l'Ancien Régime, mais il est aussi associé aux armées de la République. La reproduction du dessin d'un coq combattant par Picasso orne les expositions itinérantes de France Forever dès 1942. S. L. R.-B.

157

158

cat. 156 **André Masson (1896-1987), *Arc de triomphe du Carrousel*, 1944**
Encre sur papier, H. 27,9 ; L. 29,4 cm
Collection particulière

cat. 157 **André Masson (1896-1987), *La Main*, 1944**
Encre sur papier, H. 18,6 ; L. 22,4 cm
Collection particulière

cat. 158 **André Masson (1896-1987), *Paris le cœur en flamme*, 1944**
Encre sur papier, H. 31 ; L. 22,6 cm
Collection particulière

159

cat. 159 **André Masson (1896-1987), *La Pieuvre*, 1945**
Encre sur papier, H. 19,6 ; L. 25,2 cm
Dessins préparatoires et études pour *Le Serpent dans la galère*
Collection particulière

Les illustrations du *Serpent dans la galère* mettent en scène les hauts lieux parisiens symboliques de la Révolution et de la résistance à l'ennemi – arc de triomphe de l'Étoile, place de la Concorde, arc de triomphe du Carrousel… –, mais aussi la mainmise nazie sur la capitale française, représentée sous forme de pieuvre ou de main recourbée dans ces dessins préparatoires restés en partie inédits. S. L. R.-B.

155

160

161

cat. 160 **André Masson (1896-1987), *Le Coq à l'épée*, 1942**
Encre sur papier, H. 38 ; L. 28 cm
Collection particulière

Variation sur le thème du coq gaulois, ce volatile, réputé belliqueux et fier, brandit ici un cimeterre, prêt à en découdre. S. L. R.-B.

cat. 161 **Fernand Léger (1881-1955), *La Racine noire*, 1941**
Huile sur toile, H 177 ; L. 122 cm
Saint-Paul-de-Vence, collection Adrien Maeght, 01443/Bac 00496

Fernand Léger réalise une étude à la gouache du motif de la racine noire dès fin 1940 à New York. Ce motif semble lui avoir été inspiré par la vision d'une racine pourrie, gisant sur le sol. Figure du déracinement, de la mort mais aussi de la transformation et de la vie renaissante, la racine noire renvoie à l'exil. Ce motif, devenu signe, migre d'une œuvre à l'autre et se retrouve dans *Éléments sur fond bleu*, mais aussi dans *Les Plongeurs polychromes*. S. L. R.-B.

cat. 162 **Fernand Léger (1881-1955),** ***Les Plongeurs polychromes*****, 1942-1946**
Huile sur toile, H. 250 ; L. 186 cm
Biot, musée national Fernand Léger, MNFL 98004, donation de Nadia Léger et Georges Bauquier en 1969

En octobre 1940, Léger embarque à Marseille pour les États-Unis. Retravaillé sous de multiples formes durant l'exil américain et plébiscité par des commanditaires prestigieux, dont Nelson A. Rockefeller et son architecte Wallace Kirkman Harrison, le motif des *Plongeurs polychromes* renvoie à sa dernière vision de jeunes dockers plongeant dans le port de Marseille, superposée à celle de nageurs des piscines américaines. Commencée en exil en 1942, cette œuvre matricielle n'est achevée qu'après le retour de Léger en France en décembre 1945. Sa fluidité et l'effet de plan rapproché renvoient aussi aux essais antérieurs du projet *Cinematic Mural* pour le Rockefeller Center de New York, ainsi qu'à la collaboration au long cours du peintre avec des cinéastes. S. L. R.-B.

cat. 163 **Fernand Léger (1881-1955), *Les Acrobates en gris*, 1942-1944**

Huile sur toile, H. 183 ; L. 147 cm

Paris, Centre Pompidou, Musée national d'art moderne/Centre de création industrielle, achat en 1981, AM 1981-3

Dès 1941, Léger est chargé de cours à l'université Yale avec Darius Milhaud, Henri Focillon et André Maurois, et enseigne au Mills College d'Oakland, en Californie. Lors d'un séjour ponctué de conférences et d'une exposition à Montréal en 1943, il se lie d'amitié avec le révérend père Couturier, partisan de la France libre et rénovateur de l'art sacré. Par son intermédiaire et celui de ses amis Paul Nelson et Alexander Calder, Léger se rapproche de France Forever. L'interdisciplinarité et la pensée de la longue durée à l'œuvre dans ces universités, lieux de recherche et de sociabilité, sont peut-être à l'origine de cette grisaille, dont l'intrication n'est pas sans rappeler celle des chapiteaux romans, dont ceux donnés par John D. Rockefeller Jr. au Metropolitan Museum of Art et présentés au musée des Cloisters, ouvert en 1938, sont les ambassadeurs aux États-Unis. S. L. R.-B.

cat. 164 **Jacques Lipchitz (1891-1973), *La Fuite*, 1940**

Plâtre patiné, H. 37,2 ; L. 37 ; P. 22,2 cm
Paris, Centre Pompidou, Musée national d'art moderne/Centre de création industrielle, donation de la Jacques et Yulla Lipchitz Foundation en 1976, en dépôt au musée d'art et d'histoire du Judaïsme, inv. AM 1976-845

Issu d'une famille juive lituanienne, le sculpteur Lipchitz est naturalisé français en 1924. Il parvient à rejoindre New York en 1941 grâce à l'action conjointe d'Alfred Barr et de Varian Fry. Sa sculpture *L'Arrivée* fait écho au soulagement des exilés après les angoisses de l'attente et de la traversée. Il réalise en 1944 pour le ministère brésilien de la Santé et de l'Éducation à Rio de Janeiro un *Prométhée étranglant le vautour*, motif déjà exploré pour le pavillon de la Science de l'Exposition internationale de 1937 à Paris. *La Fuite* fait partie des grands thèmes liés à l'histoire tragique du peuple juif explorés durant l'exil. S. L. R.-B.

cat. 165 **Jacques Lipchitz (1891-1973), *L'Enlèvement d'Europe*, 1938**

Bronze, avec socle : H. 40,5 ; L. 62,5 ; P. 32 cm (socle seul : H. 3 ; L. 58 ; P. 32 cm)
Paris, Centre Pompidou, Musée national d'art moderne/Centre de création industrielle, achat de l'État, 1947, attribution, 1947, AM 845 S

Exfiltré de France grâce à l'Emergency Rescue Committee, Jacques Lipchitz arrive aux États-Unis en juin 1941. L'antiquaire Joseph Brummer le présente au galeriste Curt Valentin, lui-même exilé depuis 1937 et directeur de la Buchholz Gallery, qui promeut son œuvre, de même que Pierre Matisse, qui l'intègre à l'exposition « Artists in Exile » en 1942. Lipchitz retravaille durant toute la guerre le thème symbolique de l'enlèvement d'Europe. S. L. R.-B.

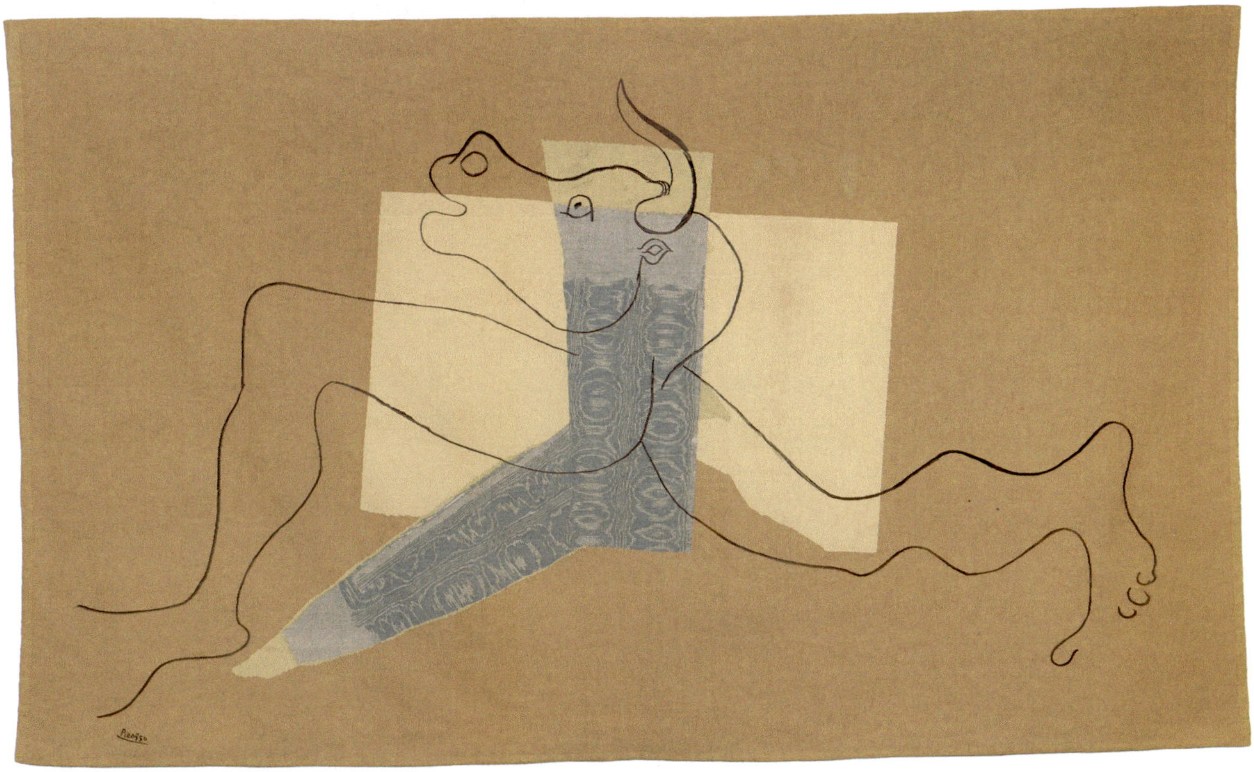

cat. 166 **Pablo Picasso (1881-1973), *Minotaure*, 1935**

Tapisserie des ateliers d'Aubusson, laine et soie, H. 142 ; L. 237 cm
Antibes, musée Picasso, MPA 1950.5.1, don de Marie Cuttoli

Commandée par Marie Cuttoli d'après un papier collé de Picasso daté du 1er janvier 1928, la tapisserie *Minotaure* fait partie des vingt-trois tentures dont l'itinérance à travers les plus grandes institutions culturelles des États-Unis dans le cadre de l'exposition « Modern French Tapestries », de 1939 à 1946, démarre à San Francisco et contribue à proclamer la pugnacité de la création moderne française, en dépit de sa proscription dans la France occupée. Le *Guernica* de Picasso, perçu comme une crucifixion moderne, est lui aussi exposé à San Francisco, avant d'être déplacé durant toute la guerre. Ce *Minotaure*, monstre prisonnier de son labyrinthe et vaincu par la grâce d'un fil tissé, revêt une forte portée symbolique. S. L. R.-B.

cat. 167 **Revue *Verve*, vol. II, n° 8, « La nature de la France », septembre-novembre 1940**

Collection particulière

Reproduisant en parallèle *Les Heures de Charles d'Angoulême* (1459-1496), conservées à la Bibliothèque nationale de France, et un calendrier composé par André Derain, ce numéro de *Verve*, intitulé « La nature de la France », est un défi à la censure par la tonalité des textes en même temps qu'une réfutation de la tentative de confiscation de l'héritage historique de la France par le gouvernement de Vichy. La couverture, illustrée de papiers découpés par Henri Matisse formant les lettres du mot « Verve », fait écho aux jeux visuels contenus dans *Les Heures*, avec leurs lettres anthropomorphes donnant corps aux signes. S. L. R.-B.

cat. 168 **Catalogue d'exposition *Recent Paintings by Jean Hélion*, New York, Paul Rosenberg & Co., 14 mars-8 avril 1944**

Saint-Germain-la-Blanche-Herbe, Imec, archives Jean Hélion

Interrogé en mars 1944 au sujet des effets de la guerre sur la création, Hélion répond : « À moins d'être fait d'acier ou d'éponge, les artistes porteront tous les stigmates de la guerre […]. Mon expérience de la guerre a été sordide mais riche […]. Mon travail s'en est trouvé métamorphosé. » Embrassant le réel, Hélion s'éloigne de l'abstraction, à rebours des tendances dominantes de la scène artistique. En mai 1944, il confie au *Monde libre* : « La guerre se manifestera dans l'art, moins par des images de batailles ou de catastrophes, que par des multiples changements d'attitude, d'esprit, de style, de technique même. » S. L. R.-B.

Recent Paintings

by

JEAN HELION

PAUL ROSENBERG & CO.

10 East 57th St. New York 22, N. Y.

March 14th to April 8th, 1944

Nouvelle figuration

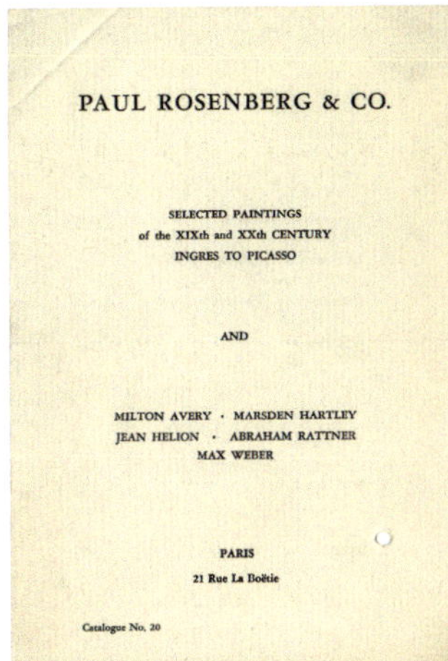

PAUL ROSENBERG & CO.

SELECTED PAINTINGS
of the XIXth and XXth CENTURY
INGRES TO PICASSO

AND

MILTON AVERY · MARSDEN HARTLEY
JEAN HELION · ABRAHAM RATTNER
MAX WEBER

PARIS
21 Rue La Boëtie

Catalogue No. 20

ill. 35 **Skippy Adelman (1924-2004),**
Jean Hélion à côté de «Rouge brillant» (1938) et de «L'Homme à la joue rouge» (1943)

Cette photographie résume l'évolution de la peinture d'Hélion de l'abstraction vers la figuration, résultant de son engagement combattant en janvier 1940, puis de sa captivité : « J'ai rejoint mon régiment en France dans un violent désir de m'unir à cette foule pour laquelle, comme tant d'autres, je travaillais obscurément [...]. Il me semblait que mon art perdrait toute validité si je ne l'exposais pas aux dangers menaçant le pays et la culture dans lesquels il avait pris sa source, et envers lesquels il constituait autant un acte de révolte qu'un acte de foi. » S. L. R.-B.

New York, capitale de la littérature française

cat. 169 **Yvan Goll (1891-1950), *Chansons de France*, illustration de Fernand Léger (1881-1955), New York, Gotham Book Mart, « Poets' Messages », 1940**
Paris, musée Curie, FP-EC/D4j

Cet exemplaire des *Chansons de France* d'Yvan Goll, dont la couverture est illustrée par Fernand Léger, a appartenu à Ève Curie. Ces poèmes élégiaques expriment la nostalgie de la France, dont la carte se détache sur la couverture du livre, recouverte, telle une tombe, d'une gerbe de fleurs. La collection « Poets' Messages » était destinée à soutenir la création poétique et artistique en temps de guerre. S. L. R.-B.

ill. 36 **Affichette promotionnelle pour la sortie de *Journey Among Warriors* d'Ève Curie, 1943**
Paris, musée Curie, FP-EC/H

ill. 37 **Affichette promotionnelle pour la sortie de *Pilote de guerre* d'Antoine de Saint-Exupéry, 1942**
Nantes, Archives du ministère des Affaires étrangères, délégation du Comité national français puis du CFLN en Australie, 787PO/1/1

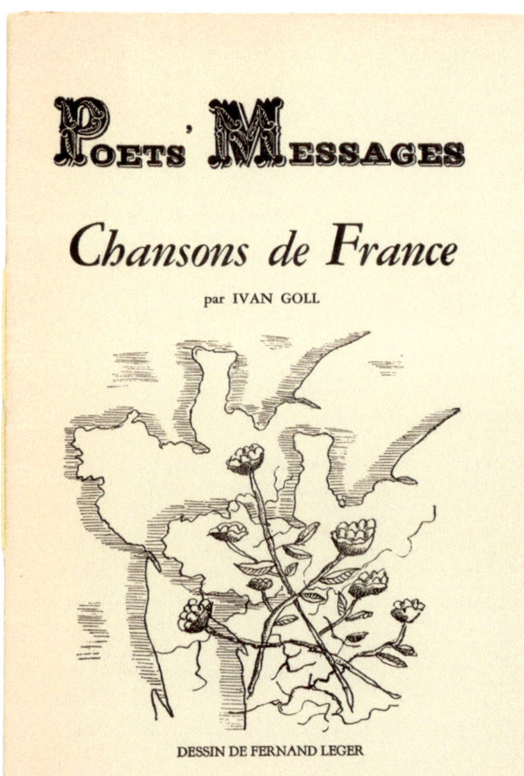

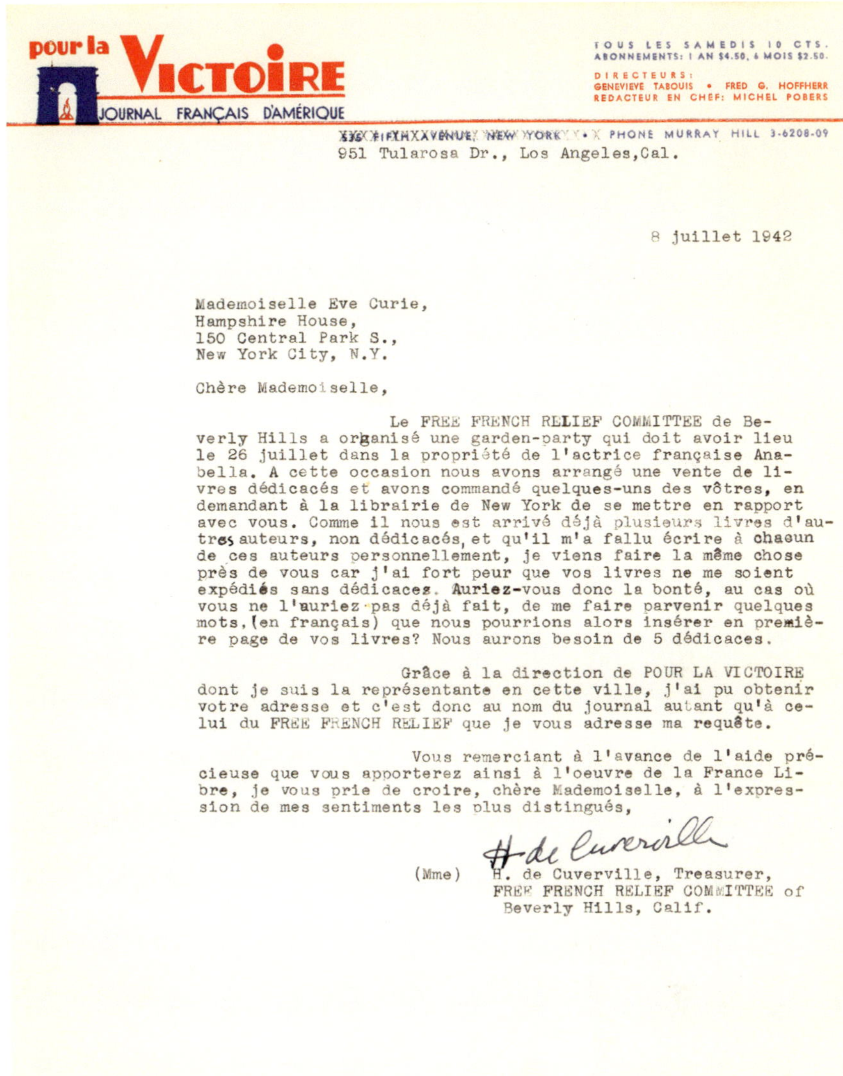

pour la VICTOIRE
JOURNAL FRANÇAIS D'AMÉRIQUE

TOUS LES SAMEDIS 10 CTS.
ABONNEMENTS: 1 AN $4.50, 6 MOIS $2.50.

DIRECTEURS:
GENEVIEVE TABOUIS • FRED G. HOFFHERR
REDACTEUR EN CHEF: MICHEL POBERS

~~536 FIFTH AVENUE, NEW YORK~~ • PHONE MURRAY HILL 3-6208-09
951 Tularosa Dr., Los Angeles, Cal.

8 juillet 1942

Mademoiselle Eve Curie,
Hampshire House,
150 Central Park S.,
New York City, N.Y.

Chère Mademoiselle,

Le FREE FRENCH RELIEF COMMITTEE de Beverly Hills a organisé une garden-party qui doit avoir lieu le 26 juillet dans la propriété de l'actrice française Anabella. A cette occasion nous avons arrangé une vente de livres dédicacés et avons commandé quelques-uns des vôtres, en demandant à la librairie de New York de se mettre en rapport avec vous. Comme il nous est arrivé déjà plusieurs livres d'autres auteurs, non dédicacés, et qu'il m'a fallu écrire à chacun de ces auteurs personnellement, je viens faire la même chose près de vous car j'ai fort peur que vos livres ne me soient expédiés sans dédicaces. Auriez-vous donc la bonté, au cas où vous ne l'auriez pas déjà fait, de me faire parvenir quelques mots, (en français) que nous pourrions alors insérer en première page de vos livres? Nous aurons besoin de 5 dédicaces.

Grâce à la direction de POUR LA VICTOIRE dont je suis la représentante en cette ville, j'ai pu obtenir votre adresse et c'est donc au nom du journal autant qu'à celui du FREE FRENCH RELIEF que je vous adresse ma requête.

Vous remerciant à l'avance de l'aide précieuse que vous apporterez ainsi à l'oeuvre de la France Libre, je vous prie de croire, chère Mademoiselle, à l'expression de mes sentiments les plus distingués,

H. de Cuverville

(Mme) H. de Cuverville, Treasurer,
FREE FRENCH RELIEF COMMITTEE of
Beverly Hills, Calif.

cat. 170 **Lettre du Free French Relief Committee de Beverly Hills à Ève Curie, 8 juillet 1942**

Paris, musée Curie, FP-EC / D4j

Le Free French Relief est créé en février 1941 à New York. Organe important pour la collecte de fonds et pour la propagande pro-France libre auprès des Américains, il possède plusieurs antennes dans le pays et le rôle des femmes y est prépondérant. L'ouvrage d'Ève Curie dont il est question ici est la biographie de sa mère, Marie Curie, publiée en 1937. La comédienne Annabella (1907-1996), rendue célèbre par son rôle dans le *Napoléon* d'Abel Gance (1927), s'est installée aux États-Unis dès la fin des années 1930. C. L.

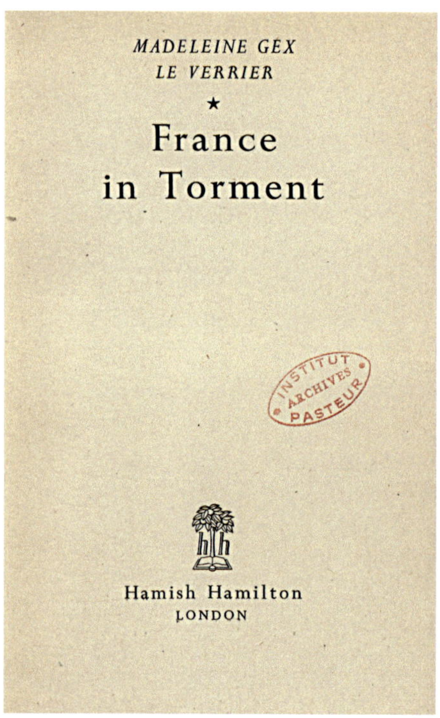

cat. 171 **Saint-John Perse (1887-1975), *Exil*, 1942**

Paris, Chancellerie des universités de Paris - bibliothèque littéraire Jacques-Doucet, FG 310-4 BEL

Rédigé entre 1941 et 1943, ce recueil de poèmes est édité dans plusieurs revues au cours de la guerre. L'ouvrage exposé est la deuxième version du recueil, publiée en français aux Éditions des Lettres françaises, créées par l'Institut français de Buenos Aires, dirigé par Roger Caillois. C. L.

cat. 172 **Madeleine Gex-Le Verrier (1893-1975), *France in Torment*, 1942**

Paris, Institut Pasteur, RAP 15 (bibliothèque)

Publiée pour la première fois aux éditions Hamish Hamilton à Londres. Madeleine Gex-Le Verrier est alors chargée du service « Documentation sur la France » au sein du Commissariat national à l'Intérieur (CNI), dont la mission est de recueillir des informations sur la métropole et de préparer tracts et brochures à destination de la Résistance intérieure. Rédigé de février à avril 1942, paru simultanément en français (*Une Française dans la tourmente*) et en anglais en décembre, l'ouvrage se veut un essai de propagande gaulliste. C. L.

cat. 173 **Marcelle Dorval (dates inconnues) (texte) et Jean Carlu (1900-1997) (illustrations), *Le Cœur sur la main/The Heart on the Sleeve*, introduction de Janet Flanner (1892-1978), New York, Brentano's, 1943**

Collection particulière

Ce recueil d'expressions idiomatiques franco-américaines, illustré de trente dessins de Jean Carlu et rédigé par sa compagne Marcelle Dorval, connaît un grand succès au sein des cercles de la France libre. Préfacé par Janet Flanner, correspondante à Paris du *New Yorker* avant la guerre, il contribue de manière humoristique à l'acculturation linguistique en proposant des équivalents pittoresques aux idiomes français classés par affinités spirituelles, des « bonnes âmes »/« *good fellows* » aux « bonnes pâtes »/« *good eggs* », en passant par les « hurluberlus »/« *crackpots* » ayant une « araignée au plafond »/«*bats in the belfry*». Comparant les dessins de Carlu à des cordes de lasso, Flanner pointe leur capacité à saisir l'instant. S. L. R.-B.

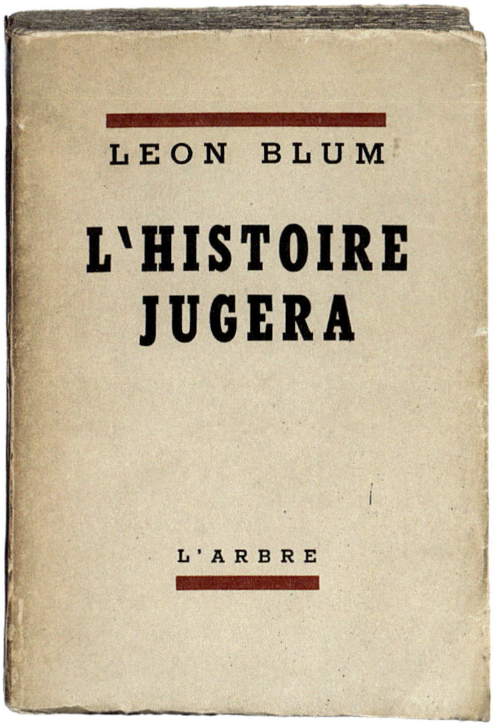

cat. 174 **Léon Blum (1872-1950), *L'histoire jugera*, 1943**
Paris, Institut Pasteur, RAP 16 (bibliothèque)

Paru à Montréal aux Éditions de l'Arbre, *L'histoire jugera* est un recueil d'articles sur les relations internationales vues par Blum, publiés de 1932 à 1942, jusqu'au procès de Riom, intenté par le régime de Vichy aux dirigeants de la IIIe République, les accusant d'être responsables de la défaite militaire de 1940. Blum est incarcéré lorsque l'ouvrage paraît, avec une préface en forme d'hommage par William C. Bullitt, ancien ambassadeur des États-Unis en France. Il ne prendra connaissance de cette publication qu'à sa libération, au printemps 1945. C. L.

VACHES MAIGRES ET VACHES GRASSES...
LEAN DAYS AND DAYS OF PLENTY...

Avoir les yeux plus grands que le ventre.
To have eyes bigger than the stomach.

Avoir l'estomac dans les talons.
To have your stomach in your heels.

Se serrer la ceinture.
To tighten the belt.

Avoir une faim de loup.
To be hungry as a wolf.

Manger de la vache enragée.
To feed on mad cow.

Danser devant le buffet.
To dance before the cupboard.

Diner par cœur.
To dine by heart.

Tuer le ver.
To kill the worm.

Avoir les dents longues.
To have long teeth.

To have eyes bigger than the stomach.
Avoir les yeux plus grands que le ventre.

To have belly wrinkles.
Avoir des rides au ventre.

To tighten the belt another notch.
Se serrer la ceinture d'un cran.

To be hungry as a wolf.
Avoir une faim de loup.

To live on wind pudding.
Vivre de pudding de vent.

To cry before the cupboard.
Pleurer devant le buffet.

To dine with Duke Humphrey.
Diner avec le Duc Humphrey.

To have an eye-opener.
Prendre un ouvre-œil.

To have one's tongue hanging out.
Avoir la langue pendante.

48

To have eyes bigger than one's stomach...

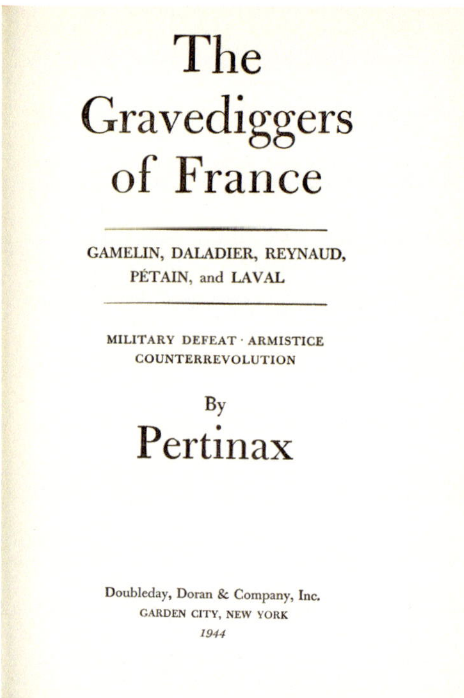

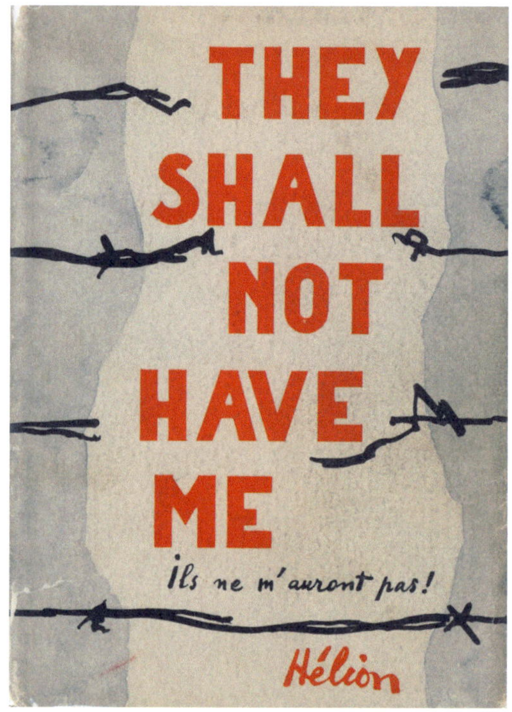

cat. 175 **André Géraud, alias Pertinax (1882-1974),** ***The Gravediggers of France. Military Defeat, Armistice, Counterrevolution*****, 1944**

Archives de la famille de Pierre Mendès France

Paru à New York, d'abord en français aux Éditions de la Maison française en 1943, puis l'année suivante en anglais, *Les Fossoyeurs. Défaite militaire de la France, armistice, contre-révolution* propose une analyse du contexte politique et militaire des années 1930 et du début des années 1940. C. L.

cat. 176 **Jean Hélion (1904-1987),** ***They Shall Not Have Me*** **[« Ils ne m'auront pas ! »], New York, Dutton, 1943**

Orléans, librairie Walden

Rédigé directement en anglais durant l'hiver 1942-1943, le récit d'engagement volontaire, de captivité et d'évasion de Jean Hélion devient rapidement un best-seller. Soutenu par l'Office of War Information afin de justifier l'effort de guerre américain aux yeux de l'opinion, il connaît deux réimpressions et deux adaptations radiophoniques. Sollicité, notamment par France Forever, pour de multiples conférences, souvent données au profit d'œuvres de secours aux artistes et aux prisonniers, Hélion enrichit ce récit alerte de notations sur l'art et la psychologie. Certains noms sont occultés afin de ne pas mettre en danger ceux qui l'ont aidé dans la clandestinité, notamment celui de Mary Reynolds, compagne de Marcel Duchamp. La couverture est illustrée par Jean Hélion lui-même. L'exemplaire présenté ici porte la dédicace suivante : « à Dorothea et Max Ernst, affectueusement Hélion NYC 1945 ». S. L. R.-B.

cat. 177 **Romain Gary (1914-1980), *Forest of Anger*, 1944**

Orléans, librairie Walden

Paru d'abord en anglais aux éditions Cresset Press à Londres, c'est le premier ouvrage que Roman Kacew publie sous le nom de plume de Romain Gary. Entre 1941 et 1943, alors qu'il est engagé dans le groupe Lorraine des Forces aériennes françaises libres, il commence la rédaction d'un ouvrage dédié à la résistance polonaise et à la guerre à l'Est. Publié en anglais en 1944 sous le titre *Forest of Anger*, traduit en 1945 sous le nom d'*Éducation européenne*, avec des changements significatifs apportés au texte, comme la suppression des mentions liées à la libération de la Pologne par exemple, il est le premier roman d'une immense carrière littéraire. L'ouvrage ne sera édité aux États-Unis qu'en 1960. C. L.

cat. 178-180 **Ève Curie (1904-2007), *Voyage parmi les guerriers*, éditions argentine, brésilienne (1943) et française (1944)**

Paris, musée Curie [éditions argentine et brésilienne]
Paris, Institut Pasteur, RAP 15 (bibliothèque) [édition française, t. I et II]

Correspondante de guerre pour le *Herald Tribune Syndicate* de New York, ainsi que pour l'*Allied Newspaper* de Londres, Ève Curie entreprend fin 1941, seule, un voyage de plus de trois mois pour aller à la rencontre des populations alliées en guerre. Elle parcourt la Libye, l'Iran, la Russie, l'Inde, la Birmanie et la Chine, où elle rencontre aussi bien chefs d'État et diplomates que soldats et civils. Succès mondial à sa sortie, l'ouvrage est traduit en plusieurs langues. C. L.

178

179

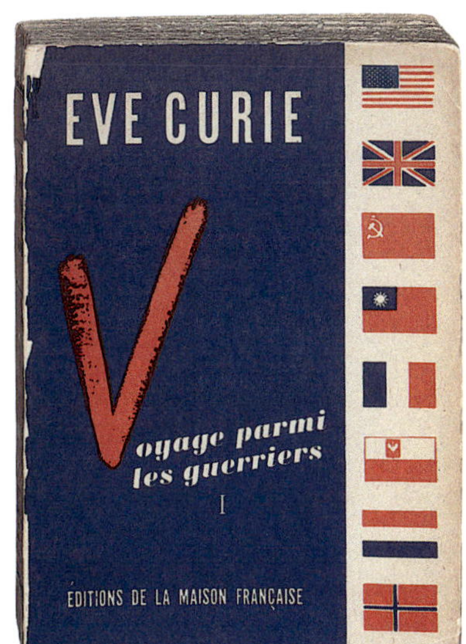

180

cat. 181 **Forez, pseudonyme de François Mauriac (1885-1970), *Le Cahier noir (The Black Note Book)*, Londres, Les Cahiers du silence, 1944**

Collection particulière

Écrit pour l'essentiel de juin 1940 à novembre 1941, publié en 1943 aux Éditions de Minuit puis à Londres en 1944 dans une édition bilingue, *Le Cahier noir* dénonce la politique de collaboration et l'antisémitisme de Vichy : « N'espérez pas que les Juifs crucifiés par votre police vous dispensent de payer le vainqueur jusqu'à la dernière obole. » Mauriac a rejoint les positions de la France libre. Ses écrits sont publiés à l'étranger et contribuent à la notoriété internationale de la Résistance : « Le mépris de l'homme sert de fondement à toutes les doctrines de mort. Elles ont besoin de ce fondement pour se sentir inattaquables », écrit-il dans *La Gazette de Lausanne* le 25 mai 1943. S. L. R.-B.

cat. 182 **Jean Perrin (1870-1942), *Pour la libération*, 1942**

Paris, Archives de l'Institut de biologie physico-chimique

Paru à titre posthume aux éditions Didier à New York, l'ouvrage est un recueil des textes et discours de Jean Perrin, prix Nobel de physique, de son arrivée aux États-Unis le 23 décembre 1941 à sa disparition le 17 avril 1942. C. L.

cat. 183 **Pierre Mendès France (1907-1982), *Liberté, Liberté chérie…*, 1943**

Archives de la famille de Pierre Mendès France

Dans l'ouvrage *Liberté, Liberté chérie…*, rédigé sur le vif en 1942 et paru à New York aux éditions Didier l'année suivante, Pierre Mendès France raconte son refus de la défaite, son évasion et son périple clandestin au sein de la France de Vichy. C. L.

cat. 184 **Aimé Césaire (1913-2008), *Retorno al país natal* [« Cahier d'un retour au pays natal »], illustrations de Wifredo Lam (1902-1982), La Havane, Molina y Cia, « Colección de textos poéticos », 1943**

Paris, bibliothèque de l'Assemblée nationale, V3467

En 1941, Césaire lance la revue *Tropiques*, menacée d'interdiction en mai 1943, dans laquelle se dessine, en dépit de la censure, une identité caribéenne avec la collaboration d'exilés naguère passés à la Martinique, tels André Breton, Wifredo Lam ou André Masson. Publié, dans un état éditorial antérieur, dès 1939 dans la revue *Volontés*, dirigée par Eugène Jolas, son *Cahier d'un retour au pays natal* est édité pour la première fois de manière autonome en espagnol à La Havane, illustré de trois dessins de Lam. Cet exemplaire est le neuvième d'un tirage qui en compte seulement trois cents et a appartenu à Pierre Mabille (1904-1952), Français libre et admirateur de Lam. S. L. R.-B.

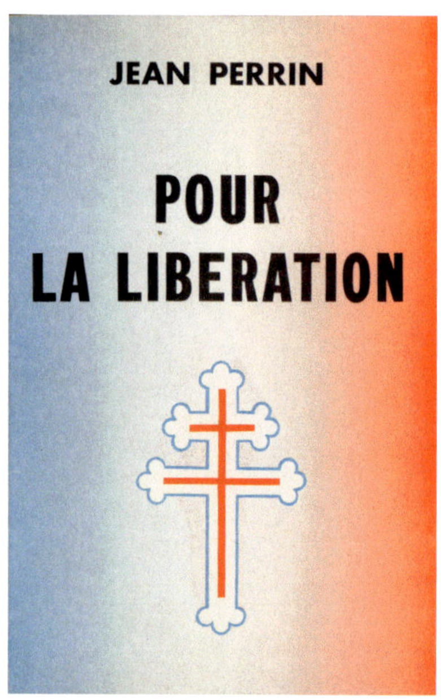

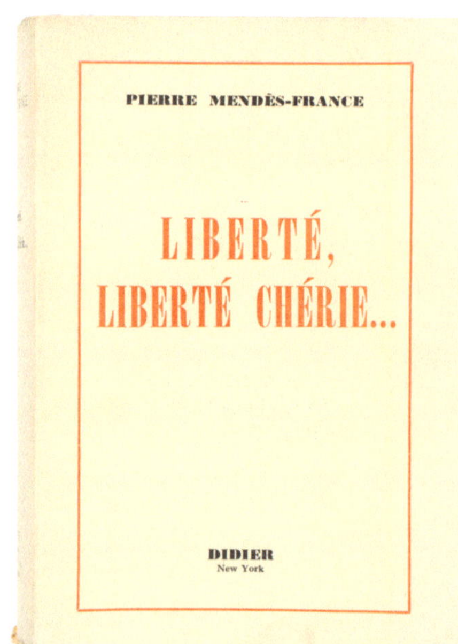

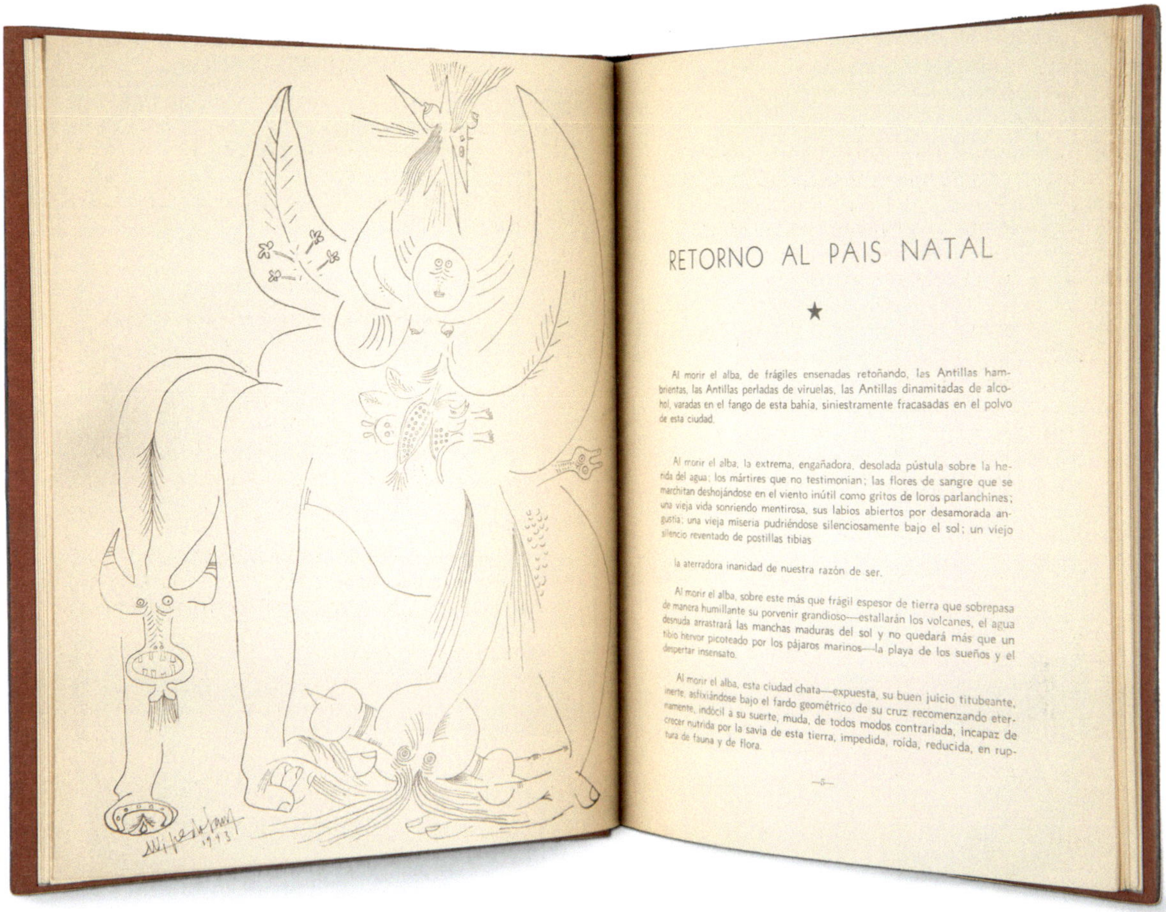

cat. 185 **Morceau de l'épave de l'avion d'Antoine de Saint-Exupéry**

Le Bourget, musée de l'Air et de l'Espace, 37707-1, dépôt DRASSM / ministère de la Culture

Le 31 juillet 1944, le Lockheed F-5 Lightning piloté par Saint-Exupéry s'abîme dans la Méditerranée au cours d'une mission de reconnaissance. Une partie de l'épave est retrouvée et identifiée en 2003. La pièce exposée est le boîtier de jonction de batterie de l'avion, fabriqué par la Lockheed Aircraft Corporation en 1943. C. L.

Cinéma

cat. 186-189 **Uniforme de second maître, équipement et carte d'ancien combattant de la 2e DB de Jean Gabin**

Mériel, Société des amis du musée Jean-Gabin, 548, 76 - ARCH, 237 - ARCH, 547 - ARCH

Jean Gabin s'engage, sous son nom de naissance Jean Moncorgé, dans les Forces navales françaises libres à New York, le 3 avril 1943. Nommé second maître, il quitte les États-Unis à bord de l'escorteur *Elorn*, qui convoie des pétroliers jusqu'en Algérie. À Alger, il devient instructeur au centre Siroco, l'école des fusiliers-marins. De retour en France en septembre 1944 à bord du croiseur *La Gloire*, il est affecté, à sa demande, au 1er régiment blindé de fusiliers-marins, où il est nommé chef de char du *Souffleur II*. Ayant rejoint la 2e division blindée, il participe à la libération de Royan puis à la campagne d'Allemagne jusqu'au « nid d'aigle » de Hitler à Berchtesgaden. Il est démobilisé en juin 1945. L. L. B.

186

187

188

189

ill. 38 **Jean Gabin entouré de l’équipage du *Souffleur II*, 1944**
Mériel, Société des amis du musée Jean-Gabin

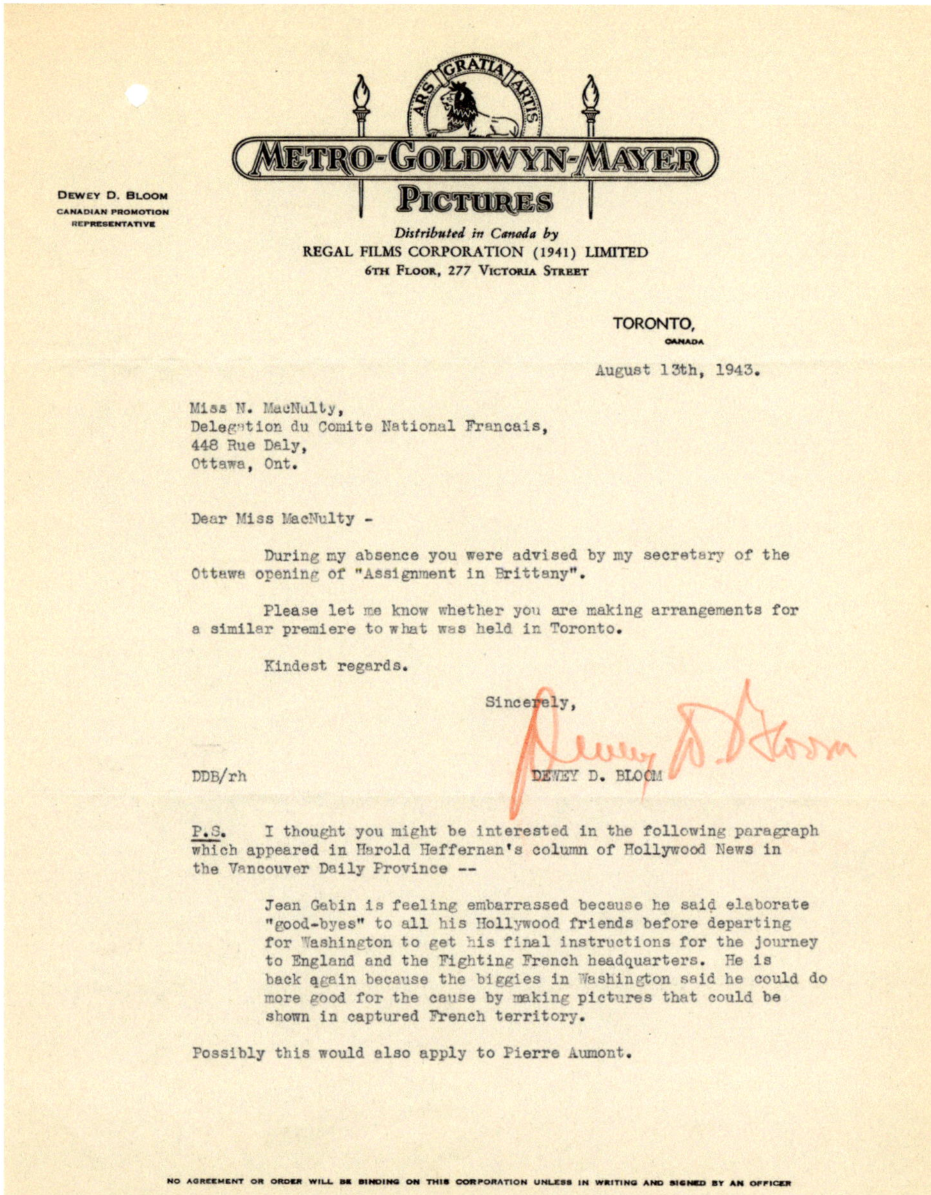

ARS GRATIA ARTIS

METRO-GOLDWYN-MAYER

PICTURES

DEWEY D. BLOOM
CANADIAN PROMOTION
REPRESENTATIVE

Distributed in Canada by
REGAL FILMS CORPORATION (1941) LIMITED
6TH FLOOR, 277 VICTORIA STREET

TORONTO,
CANADA

August 13th, 1943.

Miss N. MacNulty,
Delegation du Comite National Francais,
448 Rue Daly,
Ottawa, Ont.

Dear Miss MacNulty -

During my absence you were advised by my secretary of the Ottawa opening of "Assignment in Brittany".

Please let me know whether you are making arrangements for a similar premiere to what was held in Toronto.

Kindest regards.

Sincerely,

DDB/rh

DEWEY D. BLOOM

P.S. I thought you might be interested in the following paragraph which appeared in Harold Heffernan's column of Hollywood News in the Vancouver Daily Province --

> Jean Gabin is feeling embarrassed because he said elaborate "good-byes" to all his Hollywood friends before departing for Washington to get his final instructions for the journey to England and the Fighting French headquarters. He is back again because the biggies in Washington said he could do more good for the cause by making pictures that could be shown in captured French territory.

Possibly this would also apply to Pierre Aumont.

NO AGREEMENT OR ORDER WILL BE BINDING ON THIS CORPORATION UNLESS IN WRITING AND SIGNED BY AN OFFICER

cat. 190 **Lettre de la Metro Goldwyn Mayer au Comité national français, 1943**

Nantes, Archives du ministère des Affaires étrangères, ambassade de France à Ottawa, 496PO/1/83

Jean-Pierre Aumont arrive en 1941 aux États-Unis, où il joue dans plusieurs films. Il s'engage dans la France libre en 1942. En octobre 1943, il devient l'aide de camp du général Diego Brosset au sein de la 1re division française libre et participe entre autres à la campagne d'Italie. *Assignment in Brittany* (*Un commando en Bretagne*), sorti en 1943, est un film américain de Jack Conway dans lequel Aumont joue le rôle d'un combattant des Forces françaises libres, avant de partir véritablement au combat. L. L. B.

ill. 39 **Affiche du film *I Married a Witch* (1942) de René Clair (1898-1981)**

René Clair quitte la France pour New York en juin 1940, en passant par l'Espagne et le Portugal. Ce départ provoque la déchéance de sa nationalité française par le régime de Vichy. Il réalise quatre films à Hollywood ; *I Married a Witch* (*Ma femme est une sorcière*) est le deuxième. L. L. B.

cat. 191 **Affiche du film *Moontide* (1942) d'Archie Mayo (1891-1968)**

Collection Thierry Billard

Réalisé par Archie Mayo, *Moontide* (*La Péniche de l'amour*) sort aux États-Unis en avril 1942. C'est le premier film américain dans lequel joue Jean Gabin. L. L. B.

cat. 192 **Affiche du film *The Impostor* (1944) de Julien Duvivier (1896-1967)**

Collection Thierry Billard

The Impostor (*L'Imposteur*), réalisé par Julien Duvivier, sort en 1944 aux États-Unis. Jean Gabin est sur le point de s'engager dans les Forces navales françaises libres lorsque le cabinet de De Gaulle à Londres lui demande de rester aux États-Unis pour jouer dans ce film de propagande à la gloire des Forces françaises libres. L. L. B.

Propagande

cat. 193 **Programme de la Fête nationale de Jeanne d'Arc organisée le 10 mai 1942 à Londres**
Nantes, Archives du ministère des Affaires étrangères, délégation du Comité national français puis du CFLN en Australie, 787PO/1/1

Depuis la loi du 14 juillet 1920, Jeanne d'Arc et le patriotisme sont fêtés tous les ans, le deuxième dimanche de mai, jour anniversaire de la délivrance d'Orléans. Le régime de Vichy tout comme de Gaulle célèbrent ce personnage historique, symbole de l'unité nationale. C. L.

ill. 40-41 **Photographies de la cantine La Marseillaise à New York, 1943-1944**
Los Angeles, UCLA, fonds Charles Boyer

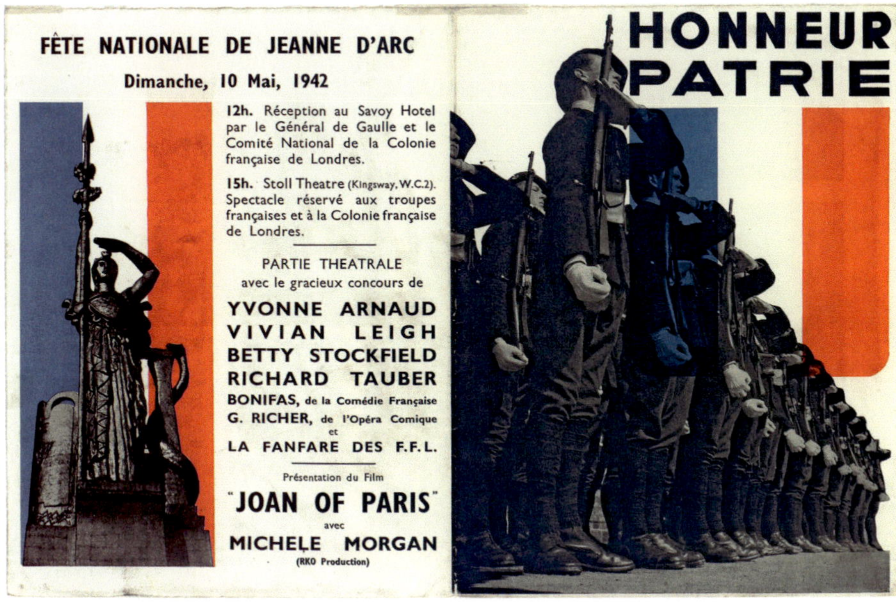
FÊTE NATIONALE DE JEANNE D'ARC

Dimanche, 10 Mai, 1942

12h. Réception au Savoy Hotel par le Général de Gaulle et le Comité National de la Colonie française de Londres.

15h. Stoll Theatre (Kingsway, W.C.2). Spectacle réservé aux troupes françaises et à la Colonie française de Londres.

PARTIE THEATRALE
avec le gracieux concours de

YVONNE ARNAUD
VIVIAN LEIGH
BETTY STOCKFIELD
RICHARD TAUBER
BONIFAS, de la Comédie Française
G. RICHER, de l'Opéra Comique
et
LA FANFARE DES F.F.L.

Présentation du Film
"JOAN OF PARIS"
avec
MICHELE MORGAN
(RKO Production)

HONNEUR
PATRIE

NEW YORK HERALD TRIBUNE - Monday, June 9, 1941

MARSHAL PETAIN

I.

Portrait of a Defeatist

By Henri Bernstein

--

(This is the first of a series of articles by the distinguished French dramatist, Henri Bernstein, exiled by the Vichy Government, now a resident of this country. They will appear on this page on Monday, Wednesday and Friday until completion)

--

If Marshal Petain had not existed the history of the second world war would have been very different. Hitler, who is primarily a diplomatic genius, always finds the necessary man. He found Hindenburg, to give him Germany. He found another marshal, another octogenarian, to give him France.

It is because Marshal Petain took upon himself the responsibilities of capitulation that the French government remained in France and that the most terrible armistice in history was signed.

It is because the nation and the army respected and trusted the great name of Marshal Petain that millions and millions of profoundly patriotic Frenchmen were misled and suddenly find themselves facing the suicidal issue of "collaboration" with Germany.

On the other hand, the name of the old marshal has been a shield and a guaranty to that little group of Frenchmen who were, and who still are motivated by cowardice, defeatism and treason -- the men of Vichy.

What advantage did France receive in exchange for this fatal action? None whatever. The Continent does not contain an occupied and an unoccupied France. There is but one France, betrayed, wholly abandoned to Germany. What value has unoccupied France? Its people are as miserable as those of occupied France; the German law falls on them as inexorably, as completely. Unoccupied France is the basic weakness of France today.

But if France had not had her "strong man" the story would have been different. Without Petain the Reynaud Cabinet would not have resigned on June 16, 1940, but would have been obliged to remain in power and carry out the principles which it had constantly affirmed -- continuing the war at the side of its ally, England.

The French government would have moved to Africa and the French fleet would have joined forces with the British Navy. The Mediterranean would have been our sea, and North Africa would soon have been wholly ours and inviolable.

cat. 194 **Henry Bernstein (1876-1953),** ***Pétain, Portrait of a Defeatist*** **[« Pétain, portrait d'un défaitiste »], 1941**

Saint-Germain-la-Blanche-Herbe, Imec, archives Henry Bernstein

Tapuscrit du premier épisode de ce feuilleton hebdomadaire, paru dans le *New York Herald Tribune* le 9 juin 1941. C. L.

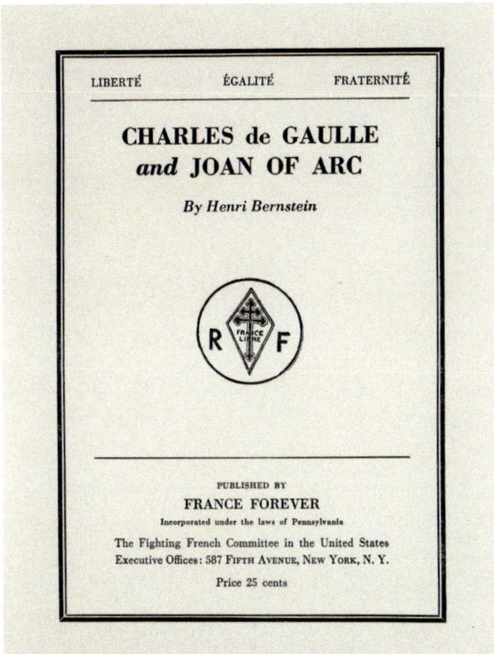

cat. 195 **Henry Bernstein (1876-1953), *Charles de Gaulle and Joan of Arc* [« Charles de Gaulle et Jeanne d'Arc »], 1943**

Archives Anne Sinclair

Le 1er juillet 1940, la croix de Lorraine, symbole de lutte pour l'indépendance depuis Jeanne d'Arc, est adoptée comme emblème de la France libre de De Gaulle. Les deux personnages historiques sont rapidement mis en parallèle dans la propagande gaulliste. C. L.

cat. 196 **Programme du récital *Poetry of the Streets* [« Poésie des rues »] par Marianne Oswald, 1940**

Saint-Germain-la-Blanche-Herbe, Imec, archives Marianne Oswald

Orpheline de parents polonais juifs, Marianne Oswald (1901-1985) fuit pour la France en 1931. À Paris, elle rencontre Jean Cocteau, Jacques Prévert, Darius Milhaud, avec qui elle collabore à plusieurs reprises. Devenue une figure de proue de la chanson réaliste, elle s'exile aux États-Unis en 1940. Le 6 juin se joue au Little Chanin Theater, à New York, une représentation mettant en scène un mobile de Calder. Marianne Oswald y chante des poèmes de Jacques Prévert et Jean Cocteau. C. L.

cat. 197 **Programme des spectacles organisés par France Forever à New York, février-mars 1942**

Saint-Germain-la-Blanche-Herbe, Imec, archives Marianne Oswald

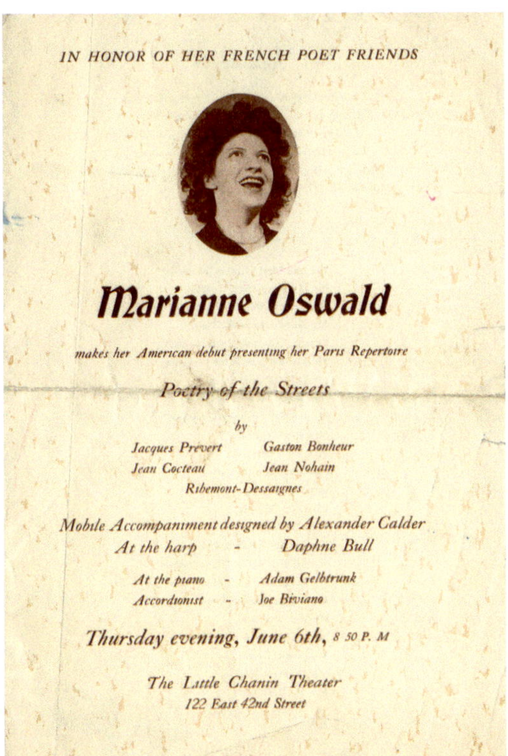

cat. 198 **Foulard patriotique**

Paris, musée de l'Ordre de la Libération, N1816

Réalisé et vendu au profit du comité de la France libre à New York, France Forever. Les symboles des régimes français successifs sont présents. La croix de Lorraine de la France libre incarne ici la République française, en claire opposition à l'État français, dont le symbole, la francisque, est évidemment absent. C. L.

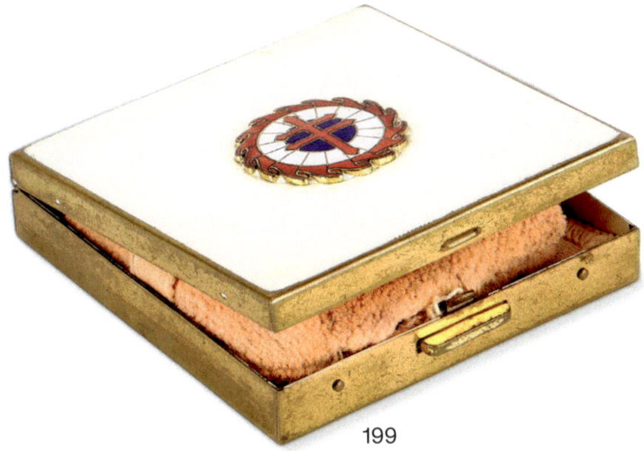

199

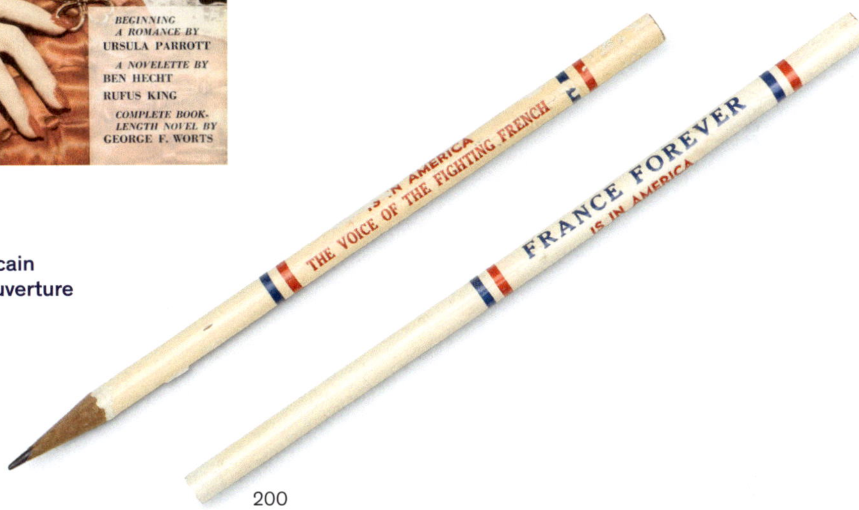

200

ill. 42 **Magazine féminin américain *Redbook*, photographie de couverture de Jean Norton, mars 1943**
Paris, documentation Cartier

cat. 199-200 **Produits dérivés de France Forever, 1941**
Paris, musée de l'Armée, 2020.12.1, 2020.12.2 et 2020.12.3

Poudriers, crayons et autres types d'objets sont vendus au profit du Free French Relief Committee de New York. **C. L.**

cat. 201 **Broche « Croix de Lorraine », 1944**
Or, platine, diamant, rubis, saphir, H. 4,10 ; L. 3,28 cm
Collection Cartier

cat. 202 **Broche avec médaille « Croix de Lorraine », vers 1944**
Or jaune, or rose, H. 2,35 ; L. 3,77 cm
Collection Cartier

Sciences humaines

cat. 203 **Jean Carl, carte des environs de Kaboul, 1940**

Paris, musée national des arts asiatiques – Guimet

En 1936, la Délégation archéologique française en Afghanistan (DAFA), créée en 1922 et seule institution archéologique permanente du pays, décide de recentrer ses activités dans les environs de Kaboul du fait de l'instabilité politique de certaines régions. Des fouilles sont entreprises au monastère de Fondukistan (sous la responsabilité de Jean Carl), au monastère de Shotor ak (avec Jacques Meunié) et sur le site de Begrâm, confié à Marie Hackin, dite Ria. V. G.

cat. 204-209 **Objets issus du trésor de Begrâm**

Paris, musée national des arts asiatiques – Guimet, MG 21417, MG 21313, MG 21715, MA 197, MG 19084, MG 19017

Ancienne capitale des rois bactriens (IIIe-IIe siècles avant notre ère) puis résidence d'été des rois de la dynastie Kouchane (Ier-IIe siècles), le site de Begrâm, situé à soixante kilomètres au nord de Kaboul, est fouillé à partir de 1936 par la Délégation archéologique française en Afghanistan. Lors de la campagne de 1937, Marie Hackin, qui dirige le chantier, met au jour la première chambre du trésor de Begrâm. Ce trésor regroupe un ensemble d'objets particulièrement disparate, rangés par matière et par type, qui constitue encore aujourd'hui un mystère archéologique : laques chinoises de l'époque Han, bronzes et verres gréco-romains, vases de porphyre et d'albâtre égyptiens, ivoires indiens ayant servi de décors ou de mobiliers. Ces ivoires sont aujourd'hui, à l'exception d'un manche de miroir retrouvé à Pompéi, les plus anciens artefacts de ce type conservés au monde. V. G.

204

205

206

207

208

209

cat. 210-211 **Croix de la Libération des époux Hackin**

Paris, musée national des arts asiatiques – Guimet

Les époux Hackin sont faits Compagnons de la Libération à titre posthume, à la suite de leur disparition en mer le 24 février 1941. L'ordre a été créé en novembre 1940 à Brazzaville, et la maquette de son insigne réalisée par la succursale londonienne du joaillier Cartier. C. L.

cat. 212 **Parure frontale de coiffure de cérémonie, Colombie-Britannique (Canada), XIXe siècle**

Bois, haliotide, cuir, H. 22 ; L. 17,5 ; P. 4,3 cm

Paris, musée du quai Branly-Jacques Chirac, 70.2002.31.1

Atteint par le statut des Juifs et bénéficiaire d'une invitation à enseigner de la Fondation Rockefeller au titre de ses travaux sur le monde amérindien, Claude Lévi-Strauss parvient à gagner New York en mai 1941. Enseignant à l'École libre des hautes études, il travaille parallèlement pour l'Office of War Information. Il consacre une partie de son temps libre à parcourir, en compagnie d'André Breton, musées et antiquaires, et constitue une collection d'objets amérindiens dont fait partie cette parure frontale portée lors des rites d'initiation des Tsimshians, peuple autochtone de la côte nord-ouest du Pacifique. L'exil a propulsé la carrière scientifique comme diplomatique de Lévi-Strauss dans de nouvelles directions. Il lui a aussi permis, à travers des échanges accrus avec les artistes et historiens de l'art, de poser un regard nouveau sur les objets ethnographiques. S. L. R.-B.

Claude Lévi-Strauss

Born in Brussels, Belgium, from French parents, in 1908.

Studied at the University of Paris and is a graduate in Law and in Philosophy. He had special training in anthropology. In 1935, he was designated by the French Government to occupy a chair of Sociology, generously offered to a French Scholar by the Government of the State of Sao Paolo, Brazil. From 1935-1939, he occupied that chair and, during that time he led many scientific expeditions to little-known parts of Brazil.

Dr. Lévi-Strauss' field is primarily Anthropology and Sociology and, secondly, human and physical geography and exploration. He has also done work in cartography. During his explorations, he has studied the technical problems of how to organize lines of supply and of transportation in completely wild regions. Dr. Lévi-Strauss, during his Professorship at the University of Sao Paolo, has made himself perfectly well-acquainted with the political, social, economical and cultural problems of modern South America and chiefly of Brazil. He is now Professor of Anthropology at the New School for Social Research and General Secretary of the Latin American Center of the Ecole Libre des Hautes Etudes. He is now contributing several chapters to the "Handbook of South American Indians", to be published by the Bureau of American Ethnology, Smithsonian Institution, Washington.

Present address: 51 West 11th Street, New York City.

Dr. Claude Lévi-Strauss has already done a little bit of work with the War Department, on problems pertaining to Brazil. As a cartographer, explorer and athropologist, and as a Professor in Brazil, he is in a good position of helping various Departments of the American Government. He is most desirous of being utilized by the US authorities.

cat. 213 **Fiche de renseignement sur Claude Lévi-Strauss établie par Louis Rapkine à l'intention de l'administration américaine, 1942**

Paris, Institut Pasteur, RAP 7

Considérés par les États-Unis comme des *enemy aliens* (ressortissants étrangers de pays ennemis), les scientifiques français ne sont pas autorisés à travailler dans les institutions américaines, notamment à la Défense nationale. Rapkine tente de rassurer l'administration alliée en lui adressant mémorandum, liste et biographies des scientifiques présents sur le territoire américain. Il parvient finalement à placer Claude Lévi-Strauss au War Department. C. L.

c/o The Rockefeller Foundation
49 West 49th Street
New York City

le 15 Septembre 1941

Mr. René Pleven
2220 20th Street N.W.
Washington, D.C.

aux bons soins de la Délégation de la France Libre
aux Etats-Unis
626 Fifth Avenue, New York City.

Cher Monsieur Pleven,

Merci mille fois pour votre lettre du 12 Septembre. Je n'ai jamais douté de votre sympathie profonde pour le problème des scientifiques français.

La somme qui m'est immédiatement nécessaire s'élève à :

$3.450 (trois mille quatre cent cinquante dollars)

qui se répartit de la façon suivante (uniquement pour les besoins No.(1), c'est-à-dire les frais de transport, complétant les sommes déjà désignées à cet effet):

Jean Perrin................ $400.-
Michel Magat et famille... $550.-
Anatole Rogozinski et
femme...................... $500.-
Marcel Prettre et famille.. $500.-
Edmond Bauer soit avec
famille, soit avec fils.... $300.-
Jacques Tonnelat et femme.. $500.-
Fessard et enfant.......... $500.-
Helicia Maier.............. $200.-
total $3450.-

En ce qui concerne les questions No. 2 et 3, j'aimerais, en effet, vous en parler. Je suis totalement d'accord que c'est un problème qui devrait incomber aux Universités ou aux institutions qui ont invité ou qui vont inviter nos scientifiques. Mais, je me permets d'attirer déjà votre attention sur le fait que les Universités et les institutions qui ont bien voulu lancer ces invitations, à notre instigation, l'ont fait, en grande partie, pour venir en aide à des collègues en danger. En consé-

cat. 214 **Lettre de Louis Rapkine à René Pleven, 15 septembre 1941**

Paris, Institut Pasteur, RAP 7

De juin à octobre 1941, Pleven représente de Gaulle auprès des Français libres aux États-Unis. Il rencontre Rapkine en août et lui propose de créer un Bureau scientifique au sein de la délégation de la France libre à New York. Rapkine tente de faire venir les scientifiques encore en France. Le Bureau scientifique est créé le 11 décembre. C. L.

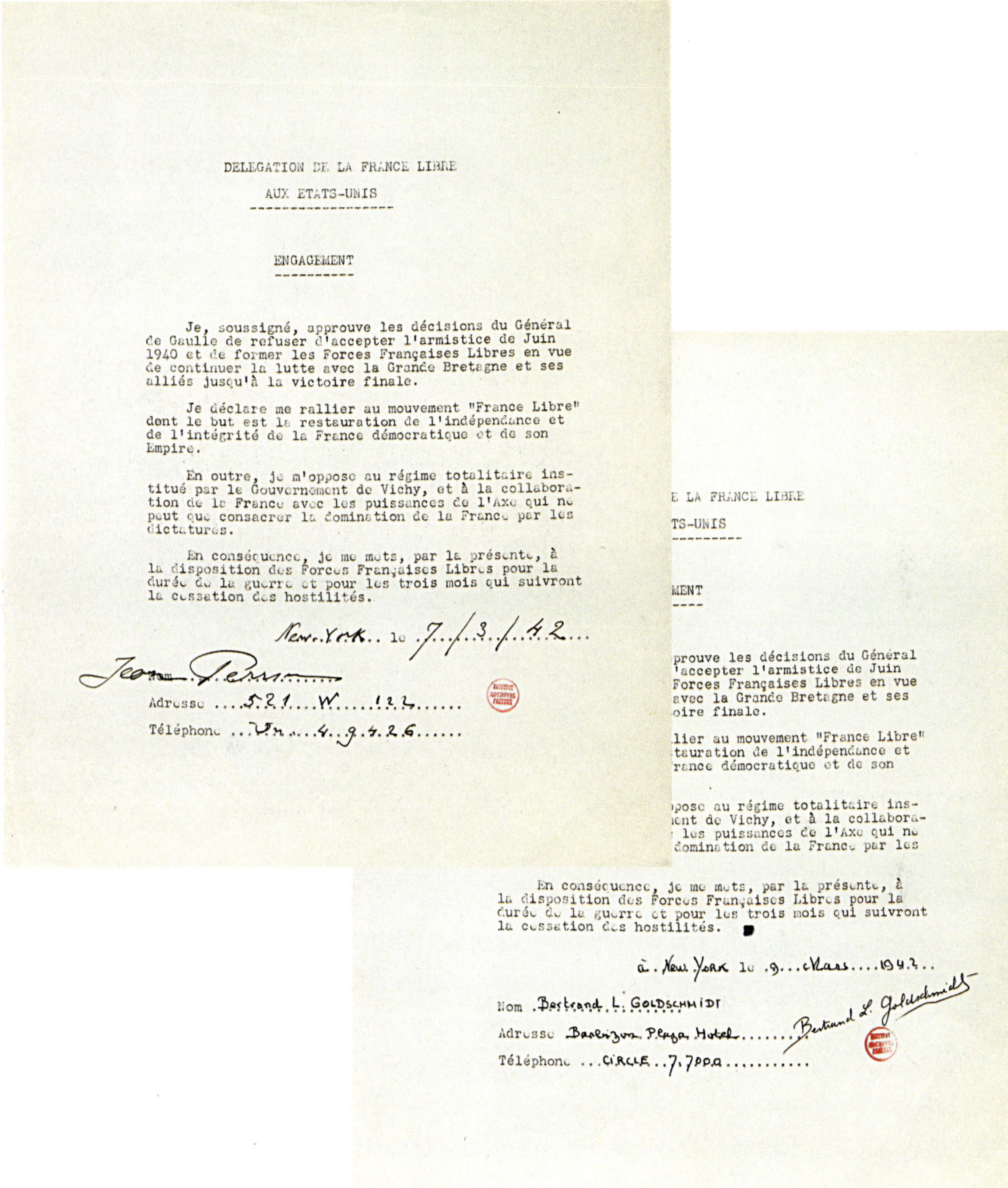

DELEGATION DE LA FRANCE LIBRE

AUX ETATS-UNIS

ENGAGEMENT

Je, soussigné, approuve les décisions du Général de Gaulle de refuser d'accepter l'armistice de Juin 1940 et de former les Forces Françaises Libres en vue de continuer la lutte avec la Grande Bretagne et ses alliés jusqu'à la victoire finale.

Je déclare me rallier au mouvement "France Libre" dont le but est la restauration de l'indépendance et de l'intégrité de la France démocratique et de son Empire.

En outre, je m'oppose au régime totalitaire institué par le Gouvernement de Vichy, et à la collaboration de la France avec les puissances de l'Axe qui ne peut que consacrer la domination de la France par les dictatures.

En conséquence, je me mets, par la présente, à la disposition des Forces Françaises Libres pour la durée de la guerre et pour les trois mois qui suivront la cessation des hostilités.

New York le 7/3/42

Nom Jean Perrin

Adresse 521 W 122

Téléphone Un 4 9426

E LA FRANCE LIBRE

TS-UNIS

MENT

prouve les décisions du Général
'accepter l'armistice de Juin
Forces Françaises Libres en vue
avec la Grande Bretagne et ses
oire finale.

llier au mouvement "France Libre"
tauration de l'indépendance et
rance démocratique et de son

pose au régime totalitaire ins-
ent de Vichy, et à la collabora-
les puissances de l'Axe qui ne
domination de la France par les

En conséquence, je me mets, par la présente, à la disposition des Forces Françaises Libres pour la durée de la guerre et pour les trois mois qui suivront la cessation des hostilités.

à New York le 9 Mars 1942

Nom Bertrand L. Goldschmidt

Adresse Barbizon Plaza Hotel

Téléphone Circle 7 7000

Bertrand L. Goldschmidt

cat. 215-216 **Actes d'engagement de Jean Perrin et de Bertrand Goldschmidt dans les Forces françaises libres, mars 1942**

Paris, Institut Pasteur, RAP 7

ill. 43 **Une délégation de la France libre devant la mairie de New York, 14 juillet 1942**
Archives de la famille de Pierre Mendès France

Parmi les invités du maire de New York, Fiorello La Guardia, figurent trois membres du Bureau scientifique de la délégation de la France libre aux États-Unis. C. L.

cat. 217 **Henri Laugier (1888-1973), *Combat de l'exil*, 1943**
Paris, Office universitaire de recherche socialiste (OURS)

Ouvrage publié à Montréal par les Éditions de l'Arbre, dans la collection « France Forever ». C. L.

ill. 44 **Dîner des ingénieurs français aux États-Unis, hôtel Roosevelt, New York, 4 décembre 1943**

ill. 45 **Les « atomiciens de la France libre » (Bertrand Goldschmidt, Jules Guéron, Hans Halban, Pierre Auger) et l'équipe du laboratoire de Montréal, 1943**

DE L'AMÉRIQUE LATINE À L'ORIENT : UNE AMBITION MONDIALE

Combat
Le Père Duchesne
Haine aux tyrans ! La liberté ou la mort
LE GAULLOIS
LA MARSE
Combat
URSS
IBÉRATION
ANC-TIREUR
Témoignage Chrétien
COURRIER FRANÇAIS DU
LE GAULLO
Combat

LE RÉSEAU DES COMITÉS ET DES DÉLÉGATIONS DE LA FRANCE LIBRE

Bruno Leroux

Environ cinq cents comités ont été formés par des Français et des étrangers dans une cinquantaine de pays pour soutenir la France libre par l'envoi de fonds et de volontaires ainsi que par la propagande. En dehors des deux grands alliés anglo-saxons et du Canada, place forte francophone, deux blocs se dégagent : l'Amérique latine, aux élites culturellement francophiles dans des pays sous influence états-unienne, et l'ensemble Afrique-Asie, aire des empires coloniaux et théâtre d'opérations. Dans ce deuxième bloc, les besoins de l'action en direction de l'Empire français resté vichyste expliquent que la propagande des comités de la France libre ait été plus souvent complétée voire parfois supplantée par celle des services d'information des délégations françaises libres auprès des gouvernements alliés ou neutres.

Les aspects culturels de l'action politique des comités

Presque tous les comités éditent au moins un bulletin régulier, parfois bilingue, diffusent des livres et des brochures, animent des émissions à la radio. Pour incarner une autre France face à Vichy, ils convoquent des figures patrimoniales : des militaires (de Jeanne d'Arc au maréchal Foch), des politiques (Georges Clemenceau), des auteurs engagés (Victor Hugo, Charles Péguy), ainsi que des autorités intellectuelles vivant en exil, écrivains (Georges Bernanos), philosophes (Jacques Maritain) ou savants (Jean Perrin, Henri Focillon). Par-delà la germanophobie héritée de 14-18, ces références peuvent être mises au service soit d'un antinazisme à base chrétienne, soit d'un anti-vichysme à base républicaine, valeurs qu'on retrouve dans les insignes fabriqués localement : la croix de Lorraine y côtoie presque toujours les couleurs du drapeau républicain. Le centre londonien, qui se concentre sur la propagande vers la métropole, n'affiche la référence républicaine qu'à l'automne 1941, après les premiers signes d'échec de la Révolution nationale constatés dans l'opinion. Mais dans le reste du monde, la France libre use immédiatement de ces deux systèmes de valeur, surgis spontanément de la propagande des comités ou des fondateurs de revues et journaux en exil. Elle laisse le soin aux acteurs locaux de privilégier l'un plutôt que l'autre.

Reste le domaine de l'action culturelle au sens strict. Celle-ci est parfois une solution de repli dans certains pays neutres réprimant la propagande politique. Plus généralement, le contrôle des institutions nationales incarnant traditionnellement le rayonnement de la pensée française (établissements scolaires, Alliances françaises) est l'objet d'une lutte d'influence avec Vichy. En général, les comités et délégations de la France libre ne revendiquent ce contrôle qu'en fonction de leur capacité à prendre le relais financier de l'État français. En compensation, sauf exception, ils doivent se contenter de conférences, bien plus rarement de spectacles (des films surtout), mais font souvent preuve d'imagination pour associer à leurs collectes de fonds et aux commémorations nationales une évocation du rôle culturel particulier de la France.

En Amérique latine : renouveler l'adhésion au rayonnement culturel d'une France républicaine

Dans ce sous-continent, la guerre revivifie l'influence ancienne sur les élites de la révolution de 1789, des philosophes des Lumières et des écrivains français. C'est là que se créent le plus grand nombre de comités, lesquels échangent entre eux avant même de recevoir du matériel de propagande de Londres. De son côté, la France libre considère d'emblée cette aire culturelle comme un appui potentiel majeur pour asseoir sa légitimité. D'où le fait qu'elle s'empresse de faire du premier diplomate rallié sur place, Albert Ledoux, son représentant pour toute l'Amérique du Sud. En Amérique centrale, c'est un ethnologue en relation avec le comité mexicain, Jacques Soustelle, qu'elle nomme délégué pour la région, Antilles incluses. Au printemps 1941, tous deux font un premier tour de leurs zones d'attribution.

La pression différenciée des régimes autoritaires en place explique que le principal centre de diffusion de la propagande française libre destinée au public hispanophone passe de l'Argentine au Mexique à partir de 1942. Au Brésil lusophone, les comités sont longtemps en butte à une forte censure politique, mais leur action est complétée par des éditeurs sympathisants en exil, producteurs d'ouvrages pro-France libre (Atlantica) ou simplement mainteneurs de la présence littéraire française (Max Fischer).

En 1941, Vichy tente de s'approprier le succès des tournées sud-américaines de la troupe de Louis Jouvet et des Petits Chanteurs à la Croix de Bois. Le régime réemploie aussi une exposition d'art français empêchée de revenir en France depuis 1939. Après quoi, il ne peut qu'essayer de garder le contrôle des Alliances et des lycées. Face à lui, on peut repérer différentes stratégies. L'orientation de la propagande du comité du Chili, plus antinazie qu'anti-vichyste, facilite sa prise de contrôle de l'Alliance dès 1942. Surtout, elle permet au comité de bénéficier d'un soutien exceptionnel des élites locales pour promouvoir lui-même l'enseignement du français, notamment par la création de nouveaux établissements scolaires en province. En Argentine, l'anti-pétainisme radical du comité l'empêche de peser sur ce type d'institution ; mais il l'assume dès l'origine et choisit d'appuyer la création d'un établissement élitiste de prestige : l'Institut français d'études supérieures.

La lutte culturelle pour incarner la « vraie France » passe aussi par les commémorations, en particulier celle du 14 Juillet, puisque Vichy, de son côté, la réduit à un hommage funèbre. Beaucoup de comités en profitent pour amplifier, au contraire, son caractère de fête nationale et pour y associer les pays alliés en organisant kermesses ou bals, discours de personnalités françaises et étrangères, projections de films, voire en l'insérant, à Cuba, dans une « semaine de la France libre ».

Les sympathisants étrangers jouent un rôle de premier plan dans ces initiatives. Ils sont souvent majoritaires dans les comités ou bien créent le leur. Ce sont les professeurs uruguayens qui, en 1942, rallient à la France libre le lycée français de Montevideo, le plus important établissement de ce type du sous-continent. En Argentine, les *Lettres françaises* de Roger Caillois doivent beaucoup au mécénat et aux relations de Victoria Ocampo, éditrice de la revue hispanophone *Sur*. Cela dit, hors des élites francophones, le soutien à la France libre est avant tout un mouvement pro-démocratie. Et chez les jeunes générations, il se cumule avec une montée de l'influence des États-Unis : le club de baseball « Général Charles de Gaulle » fondé par de jeunes Nicaraguayens en est un indice à sa façon.

C'est aussi en Amérique latine qu'on discerne le mieux des formes d'engagement des femmes dans les comités dépassant leur rôle attendu dans les ouvroirs. Collectivement, la création de « comités féminins » s'accompagne souvent de l'expérimentation d'un activisme politique inédit. Et individuellement, des enseignantes se mettent à rédiger des bulletins politiques et à animer des radios culturelles (ainsi Julie Petit au Guatemala), voire s'assument en néo-universitaires à Buenos Aires.

En Afrique et en Asie : maintenir l'influence culturelle française dans son aire coloniale

Sur ces théâtres d'opérations, la vie des comités est longtemps liée aux initiatives militaires à l'égard de l'Empire français. Ainsi, en 1941, la conquête du Levant délocalise vers Beyrouth une partie de la propagande du Caire. Lorsque la plupart des comités asiatiques sont neutralisés par les victoires japonaises au début de l'année 1942, la propagande radio des Indes vers l'Indochine prend une importance nouvelle. Les comités créés en Afrique de l'Est britannique servent d'abord de couverture à la préparation d'une opération éventuelle sur Madagascar. Leurs homologues sur la côte ouest ont à la même époque pour vocation l'accueil des Forces françaises libres (FFL) en transit ainsi qu'une action de renseignement et de propagande vers l'Afrique-Occidentale française (A-OF). Compte tenu des difficultés de communication entre comités, la propagande politique et culturelle de masse émane de deux centres principaux : Le Caire et New Delhi.

Indépendante, l'Égypte est néanmoins sous contrôle militaire britannique, vu l'importance stratégique du canal de Suez. Les comités locaux de la France libre y ont une tâche supplémentaire : organiser l'accueil des premiers militaires ralliés et, bientôt, des unités FFL destinées à opérer dans la région. La propagande y est facilitée par une présence française multiforme et ancienne : compagnie concessionnaire du canal, institut d'archéologie, enseignants à l'université du Caire. Plus largement, une cinquantaine de journaux et de revues attestent que le français reste la langue de communication des élites. La forte présence d'enseignants et de journalistes au sein des comités conduit ceux-ci à cumuler souvent une propagande pro-France libre et la réaffirmation du rôle civilisationnel de la culture française à l'égard des élites locales, d'autant que leurs membres usent parfois des mêmes organes de diffusion qu'avant la guerre : ainsi l'orientaliste Gaston Wiet avec la *Revue du Caire*. On retrouve ce cumul à partir de septembre 1942 dans *La Marseillaise*, extension de l'hebdomadaire londonien du même nom, étroitement contrôlé par la France libre. De grands noms de la littérature, en France ou en exil, ainsi que quelques écrivains égyptiens francophones comme Edmond Jabès servent de caution à l'affirmation d'un gaullisme républicain restaurateur de la liberté et de la grandeur de la France.

L'élimination de l'influence vichyste au Proche-Orient après la guerre de Syrie oblige à prendre localement le relais en matière d'édition scolaire : manuels, classiques français. La diffusion des éditions Les Lettres françaises, créées conjointement à Beyrouth et au Caire, dépasse même cette région, vu les besoins. Les enseignants français des comités d'Égypte sont largement mis à contribution et alimentent parfois avec leurs écrits la petite collection d'auteurs contemporains engagés.

Le second centre de propagande de la France libre, aux Indes, est lié à une politique volontariste : l'action pionnière du comité de Bombay est rapidement démultipliée par le service de presse et d'information de la délégation créée à New Delhi en 1941. Des responsables venus du Caire, tel Robert Victor, ou d'Asie vont y travailler avec l'appui – et sous le contrôle – des Britanniques. Ses principales publications sont destinées à couvrir toute la zone comprise du Moyen-Orient à l'Asie et à l'Océanie. Elles consistent d'abord en une sorte d'encyclopédie sur la guerre mondiale et sur la situation de la France sous forme de brochures ; leurs textes, qui émanent d'auteurs français et britanniques, recyclent des conférences, articles de presse, extraits de livres provenant de Londres, des États-Unis et du Caire. Cela permet à l'autre initiative, la revue *France-Orient*, de reprendre en l'adaptant la formule de *La France libre* d'André Labarthe, éditée à Londres : des textes littéraires côtoient des nouvelles de France, mais le caractère encyclopédique est diminué au profit de textes de dirigeants du mouvement – de Gaulle au premier chef – et de quelques contributions de comités isolés, comme celui d'Australie.

La reconnaissance du rôle politique et culturel des comités

En 1943, les comités obtiennent cinq délégués à l'Assemblée consultative provisoire. Leur action a donc permis l'entrée dans une assemblée parlementaire des Français de l'étranger – une nouveauté entérinée après la guerre au Sénat –, mais aussi, pour la première fois, celle d'une femme, en la personne de Marthe Simard pour le Canada. Par ailleurs, les comités d'Amérique latine se constituent en un groupe de pression afin d'obliger le commissariat aux Affaires étrangères du Comité français de libération nationale (CFLN) à ne pas confondre restauration de l'État républicain et restauration d'un corps diplomatique qui resterait inchangé malgré son allégeance très majoritaire à Vichy jusqu'en novembre 1942. Les mêmes militent également pour la création d'un corps d'attachés culturels ; ils sont en effet bien placés pour mesurer le caractère circonstanciel du renouveau de l'influence française dans leur aire culturelle, face à la montée de celle des États-Unis.

PROPAGANDE POLITIQUE ET ACTION CULTURELLE
L'EXEMPLE DU « COMITÉ DE GAULLE » D'ARGENTINE

Bruno Leroux

Dès la fin juin 1940, un « comité de Gaulle » est créé à Buenos Aires par un groupe d'industriels et de commerçants français, pour la plupart anciens combattants de la Grande Guerre. Malgré les pressions croissantes du pouvoir autoritaire argentin, sa propagande politique et culturelle va jouer un rôle remarquable dans la France libre et auprès des hispanophones.

1940-1941 : un dynamisme exceptionnel, au service d'un anti-vichysme catholique et républicain

Durant cette période initiale, le comité argentin se distingue des autres comités par la précocité et la diffusion de ses publications : le bulletin gratuit *Pour la France libre*, mensuel de juillet à octobre 1940 puis trimestriel en 1941, passe de 20 000 à 150 000 exemplaires (dont près des trois quarts en version espagnole). En 1941 s'y ajoutent les 20 000 exemplaires d'un *Bulletin radio-presse* hebdomadaire réservé à des abonnés.

Cette diffusion se déploie à trois niveaux. En Argentine, au-delà des 50 000 membres de la communauté française, le comité touche les 400 000 membres d'Acción Argentina, mouvement local pro-allié et pro-démocratie avec lequel il organise nombre d'activités communes. Par ailleurs, dès l'automne 1940, le comité établit des relations avec ses *alter ego* dans les Amériques. Il leur proposera bientôt également *Vers l'armée de métier*, ouvrage de stratégie militaire de De Gaulle paru en 1934, en édition locale française et en traduction espagnole, des insignes avec la croix de Lorraine et autres produits dérivés, une photographie et une médaille à l'effigie du Général, le disque de la *Marche de la légion de Gaulle* écrit et enregistré par ses jeunes engagés volontaires pour les Forces françaises libres (FFL). Troisième élargissement : en mai 1941, la France libre à Londres invite le comité argentin à diffuser ses bulletins à tous les gouverneurs des territoires ralliés ainsi qu'aux comités africains, parce que certains argumentaires pourraient être repris pour diffusion en Afrique-Occidentale française (A-OF), sous obédience vichyste.

cat. 218 **Chevalière vendue par le comité de la France libre en Argentine**
Paris, musée de l'Armée, 999.151
Cette bague vendue au profit de la France libre associe la croix de Lorraine et la phrase apparue à l'empereur romain Constantin lors de sa vision de la croix du Christ : « Par ce signe, tu vaincras. » V. G.

Cet encouragement du centre londonien tient au fait que la propagande de la BBC vers la France métropolitaine, prioritairement patriotique parce que destinée à ménager une opinion jugée alors défavorable à la IIIe République, ne suffit pas, en revanche, à l'égard du reste du monde : la France libre doit avoir un autre fer au feu, anti-vichyste par républicanisme autant que par dénonciation de la collaboration, ne serait-ce que pour mieux justifier ses interventions militaires extérieures dans l'Empire français (Dakar, Gabon, guerre de Syrie). Or, cet autre fer au feu lui est fourni spontanément par le comité d'Argentine, et notamment par son président, Albert Guérin, principal rédacteur du bulletin *Pour la France libre*.

Guérin adopte dès l'été 1940 une ligne politique qui ne variera pas. Il voit prophétiquement en Pierre Laval l'homme des Allemands ; c'est le bulletin argentin qui invente le graphisme intégrant le nom « Laval » dans une croix gammée. De Pétain, Guérin dénonce sans relâche le prestige usurpé, avec des citations des Mémoires de Foch, Poincaré, Clemenceau sur son défaitisme en 1914-1918 qu'a démontré à nouveau sa demande d'armistice de juin 1940. Son régime autoritaire est présenté comme une « contre-révolution » antirépublicaine et sa collaboration avec l'Allemagne qualifiée de trahison. Cet anti-pétainisme sans nuance est alors loin d'être unanime parmi les Français de l'étranger. Mais Guérin a un atout de taille : l'approbation publique depuis le Brésil de Georges Bernanos, qui lui transmet de surcroît des articles aussi virulents que les siens.

La caution du grand écrivain catholique sert le double système de valeurs que promeut Guérin dans son bulletin : un catholicisme hostile aux dictatures et la référence à la République de 1789. Cette dualité va de soi pour de nombreux chrétiens sud-américains, élevés depuis le XIXe siècle dans le culte de la Révolution française. Mais Guérin la défend aussi vis-à-vis du public français, en s'appuyant sur une autorité : le cardinal Verdier, promoteur avant son décès, en avril 1940, d'un rapprochement avec la République dans la lutte contre les dictatures. Guérin republiera l'un de ses livres et, surtout, fait figurer sur la couverture de son bulletin, sous un dessin représentant la tête de *La Marseillaise*, haut-relief de François Rude, la devise de l'empereur chrétien Constantin réactualisée par le cardinal : « *In hoc signo vinces* », « Par ce signe, tu vaincras ».

Cette devise latine est associée à la croix de Lorraine sur les insignes du comité de Gaulle, ce qui a pu inspirer le dessin de la croix de l'ordre de la Libération, avec sa propre devise patriotique en latin, donc à connotation chrétienne : « *Patriam servando,*

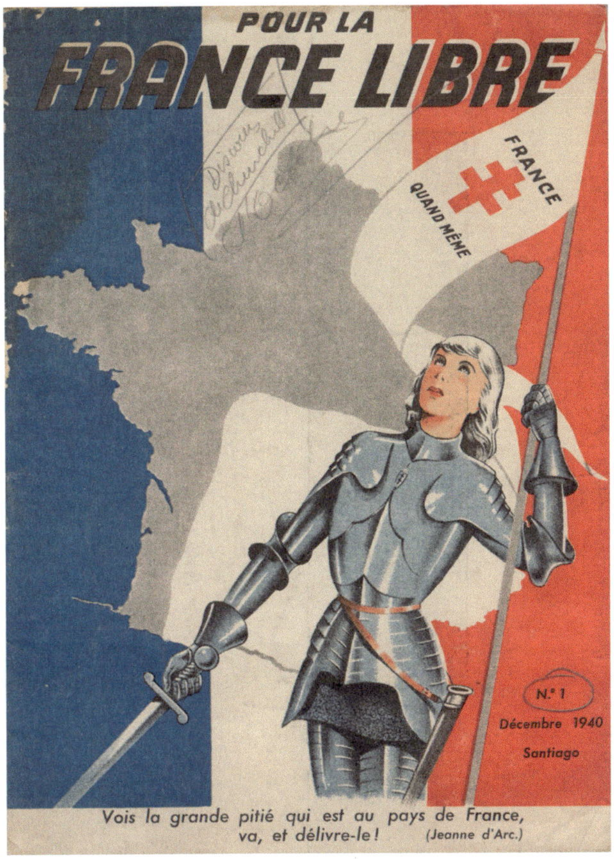

cat. 219 Revue *Pour la France libre*, n° 1, Santiago, décembre 1940
Nantes, Archives du ministère des Affaires étrangères, délégation du Comité national français puis du CFLN en Australie, 787PO/1/1

cat. 220 Marcita Bloch (1903-1965), *Desde el 18 Junio 1940 Francia sufre, lucha y espera* [« Depuis le 18 juin 1940, la France souffre, se bat et attend »], non daté
Paris, musée de l'Ordre de la Libération, N257

Marcita Bloch est une peintre française juive. Après ses études à l'École des beaux-arts de Paris, elle voyage en Amérique centrale, où elle vit toujours quand la guerre éclate. Cette affiche, réalisée au Mexique, fait référence au fameux appel du 18 juin dont la France libre, à l'initiative de René Cassin, célèbre l'anniversaire tous les ans dès 1941. V. G.

victoriam tulit », « En servant la patrie, il a remporté la victoire ». Quant à la référence républicaine, que Guérin renforce dès décembre 1940 avec la devise « Liberté, Égalité, Fraternité », il faut rappeler que la France libre l'assume déjà indirectement en promouvant auprès de ses comités et des FFL deux publications londoniennes indépendantes d'elle, dotées de cette même devise : la revue *La France libre* et le journal *France*.

Face à cette propagande offensive du comité, les vichystes d'Argentine sont amenés, en 1941, à défendre la figure même de Pétain avec une collection de « témoignages » passés et présents d'intellectuels, en France ou en exil. Le comité de Gaulle réplique en éditant sous une maquette identique d'autres « témoignages », cette

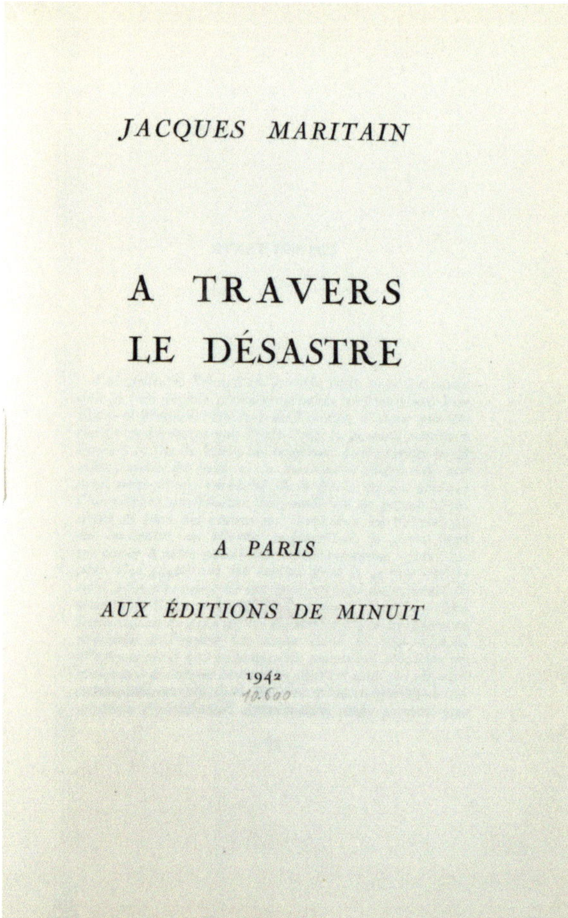

JACQUES MARITAIN

A TRAVERS
LE DÉSASTRE

A PARIS

AUX ÉDITIONS DE MINUIT

1942

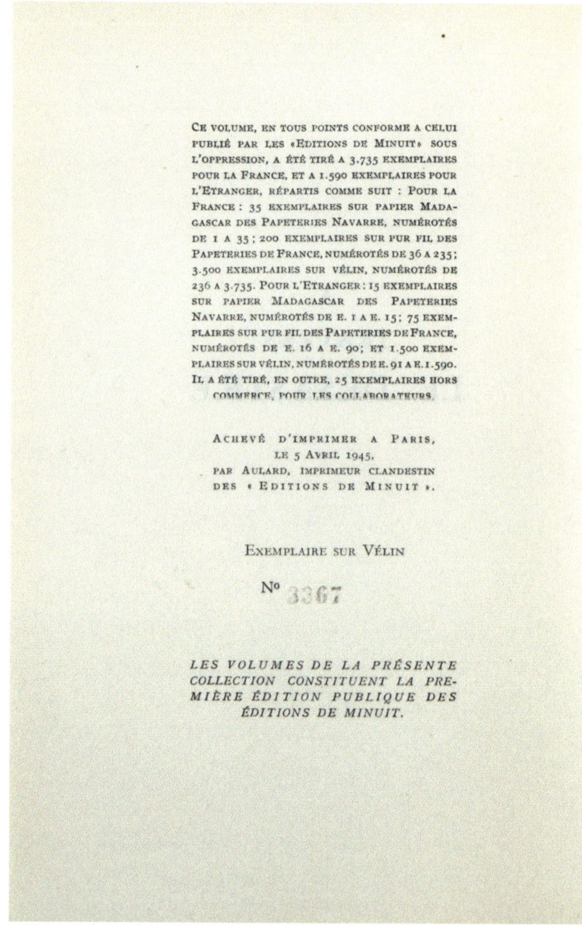

Ce volume, en tous points conforme a celui publié par les «Editions de Minuit» sous l'oppression, a été tiré a 3.735 exemplaires pour la France, et a 1.590 exemplaires pour l'Etranger, répartis comme suit : Pour la France : 35 exemplaires sur papier Madagascar des Papeteries Navarre, numérotés de 1 a 35; 200 exemplaires sur pur fil des Papeteries de France, numérotés de 36 a 235; 3.500 exemplaires sur vélin, numérotés de 236 a 3.735. Pour l'Etranger : 15 exemplaires sur papier Madagascar des Papeteries Navarre, numérotés de E. 1 a E. 15; 75 exemplaires sur pur fil des Papeteries de France, numérotés de E. 16 a E. 90; et 1.500 exemplaires sur vélin, numérotés de E. 91 a E. 1.590. Il a été tiré, en outre, 25 exemplaires hors commerce, pour les collaborateurs.

Achevé d'imprimer a Paris,
le 5 Avril 1945,
par Aulard, imprimeur clandestin
des « Editions de Minuit ».

Exemplaire sur Vélin

N° 3367

Les volumes de la présente collection constituent la première édition publique des Éditions de Minuit.

cat. 221 Jacques Maritain (1882-1973), *À travers le désastre*, 1942
Paris, Chancellerie des universités de Paris - bibliothèque littéraire Jacques-Doucet, 10600 CTLES
L'auteur analyse les causes de la défaite française de 1940. Paru en 1941 à New York aux Éditions de la Maison française, le texte circule parallèlement sous forme dactylographiée dans les milieux francophiles et francophones américains. En 1942, il paraît clandestinement aux Éditions de Minuit. Cette édition de 1945 entre dans le cadre de la première collection publique des Éditions de Minuit et reste conforme à l'original. C. L.

fois-ci à charge. Chaque camp puise dans les écrits des Français exilés aux États-Unis : les vichystes publient une brochure d'André Maurois, Guérin reproduit l'ultime article du prix Nobel de physique Jean Perrin, en plus d'assurer la diffusion d'*À travers le désastre* de Jacques Maritain. L'influence déjà ancienne de ce dernier sur les chrétiens progressistes en Amérique du Sud renforce l'atout qu'il représente.

1942 : sous l'état de siège, le comité adopte l'action culturelle comme stratégie complémentaire

Après Pearl Harbor, l'état de siège est promulgué. Cependant, l'Argentine est le pays d'Amérique du Sud le plus hostile à l'influence des États-Unis et son gouvernement entend résister aux pressions américaines pour qu'il déclare la guerre à l'Axe. La censure de la presse oblige alors le comité de Gaulle à user de subterfuges pour continuer sa propagande politique. Interdit, son bulletin hebdomadaire est remplacé par un autre, diffusé depuis l'Uruguay et à en-tête du comité français libre local. En juin, une « parade du silence » pour protester contre des mesures gouvernementales pro-Axe n'étant pas autorisée, le comité demande à ses membres d'arborer en public les insignes de la France libre. La kermesse du 14 Juillet, elle, prend des allures de manifestation pro-alliée grâce à des décors foisonnants : la salle de jeux abrite un Arc de triomphe peint, le restaurant est alsacien et décoré à la manière de Hansi, des kiosques sont dédiés chacun à un pays allié, aux armées de la France libre et à la bataille de Bir Hakeim.

Le comité de Gaulle se rabat désormais sur un terrain plus purement culturel, où l'affrontement avec Vichy est moins direct. Déjà, à l'automne 1941, il a recommandé à ses adhérents d'être présents à deux initiatives patronnées par l'ambassade vichyste à Buenos Aires : les débuts de la tournée de la troupe de Louis Jouvet en Amérique du Sud et une exposition d'art français importée des États-Unis. Cette politique de présence entendait affirmer que la création et le patrimoine artistique français sont supérieurs à toute récupération politique et indispensables au monde, malgré l'abaissement de la France depuis juin 1940.

C'est aussi pour sa contribution à « la continuité du rayonnement de la culture française » que le bulletin de Guérin recommande la lecture de la revue *Les Lettres françaises*. Car quoique Roger Caillois, son directeur, soit un adhérent du comité, sa revue, créée à l'été 1941, se veut purement littéraire (poésie, fiction, essais théoriques) et concentre ses attaques politiques sur les écrivains de la collaboration. Bernanos, avec ses pamphlets anti-vichystes, n'y écrira pas. Caillois réussira à réunir de grands noms parmi les écrivains restés en France, résistants ou non (Aragon, Malraux, Valéry, Gide, Michaux), et, parmi les écrivains en exil, surtout ceux vivant aux États-Unis, français (Breton, Saint-John Perse, Étiemble, Yourcenar) ou francophones (Rougemont). Que ces auteurs réfugiés ne puissent se côtoyer dans une « *NRF*[1] de l'exil » qu'en Argentine révèle en creux le piège de leur séjour états-unien, facteur d'opportunités individuelles mais aussi de divisions politiques et esthétiques récurrentes.

1 La *Nouvelle Revue française*, éditée par Gallimard.

Le comité de Gaulle soutient plus activement la création en 1942 de l'Institut français d'études supérieures (IFES), dirigé par Caillois et l'universitaire Robert Weill-Richard. L'IFES se veut un contrepoids à l'Alliance française d'Argentine, dont la direction est restée fidèle à Vichy. Le comité français libre n'a pas cherché à prendre le contrôle de l'Alliance parce qu'il ne pouvait remplacer les subventions de l'État français et que les cours étaient peu politisés. Son appui à l'IFES est financier et surtout moral face à diverses intimidations : menace de censure de la part d'un ministre argentin, manifestation pro-fasciste devant ses locaux, protestations de l'Alliance. En dehors de cours menant à la licence (huit cents étudiants en 1944), centrés pour l'essentiel sur les humanités, l'IFES organise conférences, expositions, concerts, spectacles musicaux, et suscite une troupe universitaire de théâtre franco-argentine. Son équipe de professeurs, avec une forte présence féminine, dont la cantatrice Jane Bathori, est renforcée en 1943 par l'universitaire Paul Bénichou.

1943 : le comité lance une campagne anti-giraudiste à travers un grand hebdomadaire

En 1943, le comité de Gaulle renoue avec une stratégie politique offensive en lançant l'hebdomadaire *La France nouvelle*, qui entend être l'équivalent sur le sous-continent de *La Marseillaise* de François Quilici à Londres : l'incarnation d'une ligne gaulliste « dure » face au soutien américain à l'amiral Darlan puis au général Giraud en Afrique du Nord, et au recyclage dans le giraudisme d'ex-gouverneurs vichystes et de nombreux diplomates. Le coup d'État militaire argentin de l'été 1943 ne freine pas l'essor du journal, sans doute parce que son antiaméricanisme ne déplaît pas à un pouvoir qui ne déclarera la guerre à l'Axe qu'en mars 1945. Les pressions viennent plutôt des alliés anglo-saxons, mais Guérin n'en a cure, porté par une double légitimité : à la caution toujours aussi ferme de Bernanos s'ajoute sa désignation comme délégué des comités d'Amérique latine à l'Assemblée consultative provisoire.

Le comité de Gaulle aura ainsi joué son rôle dans le renouvellement du corps diplomatique français, ouvert après la guerre à d'anciens résistants et Français libres. Mais le résultat le plus éclatant de son action transnationale survient lors de la libération de Paris : les plus imposantes manifestations d'Amérique du Sud ont lieu à Buenos Aires, avec plus de 100 000 Argentins confondant, comme durant les années précédentes, amour de la France et envie de démocratie dans leur propre pays, aux cris de « Argentine oui, nazis non », « démocratie », « liberté », « élections ».

PAUL RIVET ET CLAUDE LÉVI-STRAUSS : UNE CERTAINE IDÉE DU GÉNIE HUMAIN

Christine Laurière

Lorsqu'il rédige sa lettre du 17 août 1942 à Paul Rivet, Claude Lévi-Strauss, jeune et obscur ethnologue de trente-quatre ans en exil, est alors secrétaire général du Latin American Center de l'École libre des hautes études (ELHE), un établissement universitaire créé par la France libre en février de la même année, sis dans les bâtiments de la New School for Social Research, à New York. Paul Rivet, son « cher Maître », fondateur et directeur à Paris du musée de l'Homme, a été invité par le président de la République colombienne, Eduardo Santos, à créer un institut d'ethnologie à Bogotá, après qu'il a échappé *in extremis*, en février 1941, au démantèlement par la Gestapo du réseau de résistance du musée de l'Homme – l'un des tout premiers à s'être constitués dans la zone occupée. Les membres masculins arrêtés puis jugés ont été exécutés au Mont-Valérien le 23 février 1942 ; parmi eux, les ethnologues Boris Vildé, le chef du réseau, et Anatole Lewitsky. Dévasté par ces exécutions, Paul Rivet se mure plusieurs mois dans le silence. À la reprise de leur correspondance, abondante pendant la guerre, Claude Lévi-Strauss tente de le réconforter : « Parmi ceux qui ont vu juste, vous êtes l'un des seuls, et je suis tenté de dire le seul, que nous ayons conservé. [...] Vous ne vous appartenez pas, vous nous appartenez, vous appartenez à la France de demain. » Fortes paroles s'il en est, qui dénotent le pessimisme de Lévi-Strauss sur la relève politique nationale (de Gaulle n'est pas cité), mais qui révèlent aussi la stature de Rivet dans le milieu intellectuel français en exil aux Amériques, du Nord comme du Sud – stature bâtie au fil d'engagements militants et politiques résolus contre les fascismes, l'antisémitisme, pour le Front populaire, contre l'idéologie raciale nazie.

Paul Rivet et Claude Lévi-Strauss incarnent deux figures de savants exilés sur le continent américain, au destin contrasté par-delà leur commune appartenance à une jeune science marginale à l'université, l'ethnologie, tôt investie dans la vie culturelle de la cité grâce au musée de l'Homme. Une relation singulière entre les deux hommes se noue fortement pendant l'exil, fondée sur une solidarité tout à la fois politique (le socialisme) et disciplinaire (ils sont tous deux américanistes). Leur appartenance générationnelle (trente-deux ans les séparent), leurs dispositions personnelles, ce qu'ils sont et ce qu'ils représentent pour leur discipline (un père fondateur, une jeune pousse autodidacte) sont autant de facteurs déterminants pour rendre compte de leur trajectoire d'ethnologues au service de la France libre. En mai 1941, date à laquelle ils arrivent tous les deux dans le Nouveau Monde, l'un – Paul Rivet – est un savant accompli et reconnu, un homme public, très engagé depuis la fin des années 1930 dans la diplomatie culturelle et scientifique en Amérique latine, ami de nombreux chefs d'État, artistes et intellectuels latino-américains, et dont l'action au service de la France libre grandira encore le prestige et la respectabilité dans l'après-guerre ; l'autre – Claude Lévi-Strauss – est un jeune agrégé de philosophie d'origine juive, qui vient de passer quatre ans à l'université de São Paulo, au Brésil, comme professeur de sociologie et qui a effectué deux enquêtes de terrain ethnographiques. Il est l'un des plus jeunes savants exilés à New York et n'a encore rien écrit de notable.

Rivet fait partie dès le 21 juin 1940 de la petite liste des vingt-sept « First-Class Men » établie par la fondation philanthropique Rockefeller susceptibles de courir un grand danger s'ils restent en France[1]. Peu avant l'armistice de juin, l'ethnologue a pourtant refusé la proposition de son ami Henri Laugier, alors directeur du Centre de recherche scientifique, d'être inscrit sur les ordres d'évacuation qui lui auraient permis de gagner l'Angleterre. Il compte parmi ces rares Français qui entendent le discours du 18 juin du général de Gaulle sur la BBC : « Je me rappelle encore [...] mon envie d'entendre quelque chose qui ne soit pas les mensonges du gouvernement français ou des Allemands, et j'écoutais pour la première fois la voix du général de Gaulle. Il faut avoir vécu ces minutes pour comprendre le rôle que cet homme a joué et continuera de jouer dans la libération de la France[2]. » Il rejoint la Colombie en avril 1941, directeur d'un institut d'ethnologie fondé pour lui, où il forme la première génération d'ethnologues professionnels. Lors de la halte colombienne du périple continental de son dauphin, Jacques Soustelle, pour créer des bureaux représentant la France libre en Amérique latine, Rivet lui fait ouvrir les portes de la présidence de la République, qui facilite ses démarches. Il devient le président d'honneur du comité de la France libre en Colombie (une trentaine de membres), financé par un homme d'affaires, Jacques Prévosteau, et dirigé par un diplomate rallié, Lionel Vasse. Le comité contribue au financement de plusieurs expéditions ethnographiques de Rivet et de ses élèves, ainsi qu'à la publication de la *Revista del Instituto Etnológico* et du *Boletín de Arqueología*. Il facilite également l'accueil de la troupe de l'Athénée de Louis Jouvet quand elle se produit à Bogotá pour une représentation que Rivet n'oubliera jamais :

> Jouvet avait choisi comme texte le discours prononcé à l'Institut par Paul Valéry, lors de la mort de Bergson en pleine occupation. Il le récita sans éclat de voix, gravement. Un délire d'enthousiasme s'empara de la salle dressée dans un mouvement unanime d'admiration et d'amour et tout à coup, ces hommes et ces femmes, obéissant, comme à un mot d'ordre, entonnèrent *La Marseillaise*. Voilà le miracle de Jouvet[3].

1 Emmanuelle Loyer, *Paris à New York. Intellectuels et artistes français en exil, 1940-1947*, Paris, Hachette littératures, 2007, p. 48.

2 Paul Rivet, « La Resistencia en Europa », *Adelante*, 15 septembre 1943.

3 Paris, Muséum national d'Histoire naturelle, fonds Rivet, 2 AP 1 B9b, introduction à une émission radiophonique sur Louis Jouvet, sans date.

(18)

ÉCOLE LIBRE DES HAUTES ÉTUDES — NEW SCHOOL FOR SOCIAL RESEARCH

LATIN AMERICAN CENTER

66 West 12th Street, New York City — Telephone, ALgonquin 4-1239

CENTRE D'ÉTUDES ET D'INFORMATIONS
POUR LES RELATIONS AVEC
L'AMÉRIQUE CENTRALE ET L'AMÉRIQUE DU SUD

OFFICE DIRECTEUR
Gilbert Chinard — Henri Focillon
Jacques Maritain — Alfred Métraux
Boris Mirkine-Guetzévitch — Francis Perrin
Claude Lévi-Strauss, *Secrétaire Général*

Ms 1/4865

le I7 Aout 1942

Mon Cher Maître,

J'ai été tout à fait bouleversé par votre lettre du IO Juillet, et je voudrais ardemment savoir que vous avez retrouvé un peu de calme et de serénité -s'il est possible d'employer ce mot-, après la cruelle épreuve des événements du Musée. Je comprends votre tourment, je le partage moi-même, mais je voudrais vous dire quel réconfort c'est pour vos collaborateurs qui restent, pour vos élèves, pour vos amis, de savoir que vous au moins vous avez échappé, que vous êtes là, et que dans les années troubles qui suivront la victoire, nous vous retrouverons pour nous guider. La France souffrait suffisamment du manque d'hommes avant la guerre, et le moins qu'on puisse dire, c'est qu'on n'aperçoit, ni à l'étranger ni au dedans, les nouveaux leaders. Parmi ceux qui ont toujours vu juste, vous êtes l'un des seuls, et je suis tenté de dire le seul, que nous ayons conservé. Car ceux qui sont en prison, ou dans les camps de concentration, dans quel état les retrouverons-nous? Il y a donc une raison primordiale qui doit vous interdire, Mon Cher Maître, de vous torturer avec cet affreux cas de conscience que vous évoquez: vous ne vous appartenez pas, vous nous appartenez, vous appartenez à la France de demain. Et même s'il n'en était pas ainsi, ne savez vous pas combien on serait dejà tenté de vous reprocher votre attitude si héroïque, qui vous a exposée aux plus grands périls, les mêmes que ceux sous le coup desquels ont succombé nos camarades, et qui ne pouvait en rien ajouter à leurs chances de salut? Car vous avez partagé leur existence, vous vous êtes exposé aux mêmes dangers, vous avez été traqué comme eux. Votre sacrifice n'aurait ajouté à ce désastre qu'un autre, tellement immense et irréparable. Que jusqu'au bout vous vous soyez vous-même désigné comme la première victime,c'est celà qui nous fait frémir. Et loin que vous en tiriez un sujet de remords - car comment cela pourrait-il être possible?- il me semble, au contraire, que cette pensée devrait vous apporter, dans votre immense douleur, cette calme résignation avec laquelle on accueille ces grands cataclysmes contre quoi on ne peut irréductiblement rien. Mais j'ai tort de parler de résignation, qui ne peut s'appliquer qu'à soi-même. Car nos amis seront, vous le savez bien, vengés. Il y a un mois environ, une Exposition de la Résistance Française s'est tenue à New York ~~s'est ouverte à New York~~ et on m'a demandé de rédiger le texte d'une notice commémorative cansacrée au Musée et à nos camarades. J'ai pensé que vous aimeriez en connaître le texte. Le voici:

" Il y avait à Paris une grande Institution Scientifique vouée, par sa nature même, à la lutte contre le Racisme et ses mensonges:

Le Musée de l'Homme.

Son Directeur, le Professeur Paul Rivet, Conseiller Municipal de Paris, est le premier Intellectuel Français qui se soit voué, corps et âme, au combat antifasciste. Son Sous-Directeur, Jacque Soustelle, a rejoint, depuis le premier jour, les Forces Françaises Libres.

Leurs collaborateurs se consacraient à une seule tâche: divulguer, dans leur inépuisable diversité, les innombrables créations du Génie Humain.

ill. 46 Lettre de Claude Lévi-Strauss à Paul Rivet, 17 août 1942

Ms 1/4865

Les Allemands se sont vengés.
Après les avoir tenus au secret pendant des mois, ils ont finalement massacrés les collaborateurs du Docteur Rivet qui, suivant son exemple, maintenaient dans Paris occupé le Musée ouvert, comme un défi.

(suivaient les noms et les titres de nos camarades)

Les millions d'humbles hommes que leurs travaux ont contribué à faire connaître et à aimer châtieront les vrais Brabares".

Ce que vous me dites de la situation de Lehmann est grave. Je lui avais conseillé, il y a quelque temps, de s'adresser aux Quakers, avec lesquels j'étais en relation pour l'établissement d'un plan d'aide aux intellectuels réfugiés en Amérique Latine. Je lui donnais aussi l'adresse de la personne qui s'occupait plus spécialement de ce projet. Vous avez certainement su, depuis lors, que le projet a pris forme définitive sous le nom de Latin America Refugee Fund, 8 West 40th Street, New York. C'est le biologiste Walter Cannon qui est le Chairman de la nouvelle organisation. Leur plan est très exactement de trouver des fonds pour permettre aux réfugiés européens actuellement en Amerique Latine de se rendre utile sur le plan scientifique. C'est de ce côté qu'il y a, ce me semble, le plus de chance de trouver un appui. Car les grandes fondations suivent maintenant, très strictement, des directives gouvernementales et, autant que je puisse les comprendre, celles-ci ne recommandent pas d'encourager les non-américains en Amérique du Sud.

Je suis heureux de savoir que vous envisagez de vous rendre au Mexique l'année prochaine. Cela diminuera considérablement la distance qui nous sépare et j'espère, je suis même convaincu, que nous vous verrons souvent ici pour des tournées de conférences. L'Ecole Libre aurait grand besoin de votre sage hardiesse organisatrice.

Je continue à préparer lentement ma thèse. Comme je vous l'avais écrit, les fragments deja prêts devaient être publiés par la Smithsonian, mais je crois qu'avec les nouvelles préoccupations de la guerre, ce projet ne verra pas le jour d'ici longtemps. L'activité du Latin American Center me prend beaucoup de temps. L'Ecole Libre a dejà sa filiale à Buenos Aires, avec l'Institut Français d'Etudes Supérieures, ditigé par Roger Caillois et Weibel Richard. Sans argent, naturellement! Et déjà aussi, ce n'est plus au Service des Oeuvres, mais à nous, que les Universités Brésiliennes s'adressent pour avoir de nouveaux professeurs (en l'occurrence ceux qui doivent remplacer les Italiens Fascistes rappelés à la suite de la rupture des relations diplomatiques). Par contre, je ne suis pas sans inquiétude sur le visage néo-boulangiste que prennent de plus en plus nos amis de Londres (je ne parle pas de Comert), et j'aimerais bien savoir quel est votre sentiment à ce sujet.

Je vous prie de présenter mes hommages respectueux à Madame Rivet, et de recevoir, Mon Cher Maître, l'assurance de ma profonde et fidèle affection.

Claude Lévi-Strauss

P.S. Jean Wahl vient d'arriver ici.

À la fin du contrat de Rivet à Bogotá, en avril 1943, de Gaulle le nomme conseiller culturel de la France combattante pour l'Amérique latine, en poste à Mexico. Il est le premier à occuper cette fonction nouvelle dans le dispositif de la diplomatie culturelle du Comité français de la libération nationale (CFLN) – le second sera l'archéologue Henri Seyrig, à Washington : il s'agit de placer à ces postes des hommes qui incarnent l'excellence de la pensée nationale et de montrer son importance pour l'esprit de résistance qui doit animer la France[4]. Rivet coédite une *Anthologie de la littérature française* et rassemble dans une brochure plusieurs de ses tribunes, dont ses trois lettres écrites au maréchal Pétain (la première, courageuse, dès juillet 1940)[5]. Il confie à Lévi-Strauss la correction de l'ultime jeu d'épreuves de son *opus magnum*, *Les Origines de l'homme américain*, qui paraît en 1943 au Canada, dans la collection dirigée par Henri Laugier « France Forever », en même temps qu'une édition espagnole au Mexique. Dans l'élogieuse recension qu'il rédige pour la revue de l'ELHE, *Renaissance*, Lévi-Strauss écrit que son exemple l'a convaincu « de cette vérité qu'il n'est de science que militante[6] ». Libéré de toute charge d'enseignement, Rivet rapportera qu'il put « se consacrer totalement à une œuvre de rayonnement culturel » au service de la France libre :

> Création d'un Institut de relations culturelles mexico-européen, d'un Institut franco-américain, d'une librairie française à Mexico, réimpression de 100 000 livres scolaires pour les enfants de nos écoles, création d'un Institut franco-brésilien, de chaires de littérature française à Mexico, Bogotá et Caracas, surveillance et réorganisation des lycées franco-mexicain et franco-colombien de Bogotá, etc. J'ai publié pendant tout mon séjour de multiples articles dans les périodiques sud-américains sur la France résistante, fait de nombreuses émissions radiophoniques ; en bref, j'ai essayé par tous les moyens en mon pouvoir d'être le porte-parole de la vraie France[7].

Rivet fait partie des savants cités par le général de Gaulle dans son discours en hommage à la résistance intellectuelle prononcé le 30 octobre 1943. À un journaliste mexicain venu l'interroger sur son voyage à Alger en février-mars 1944, l'ethnologue confie : « Je crois que, si de Gaulle n'existait pas, il faudrait l'inventer. [...] C'est si rare le cas d'un général qui soit aussi un grand démocrate qu'il nous faut considérer comme une chance de l'avoir[8]. » En mai 1944, le Général lui décerne la médaille de la Résistance, à la fois pour son action à Paris au sein du réseau du musée de l'Homme et pour son activité en Amérique latine.

Affecté depuis février 1942 à la mission scientifique française aux États-Unis, Claude Lévi-Strauss a signé un engagement auprès des Forces françaises libres (FFL) et enseigne à l'ELHE la sociologie et l'ethnologie à une poignée d'étudiants : cinq en 1942-1943. Il est gaulliste, mais « son gaullisme n'est guère orthodoxe » du point de vue du diagnostic de la situation de la France et des remèdes à y apporter quand la guerre sera terminée[9]. D'un point de vue plus personnel, l'exil new-yorkais est déterminant pour Lévi-Strauss, qui vit ces années dans un « climat d'exaltation intellectuelle[10] » exceptionnel : habitant à Greenwich Village, il mène une vie de bohème, fréquente un cercle d'artistes européens et français, dont les surréalistes André Breton, Max Ernst, André Masson, Marcel Duchamp, Yves Tanguy, rencontre Alexander Calder, « curieux artiste » dont les mobiles le fascinent.

4 Laurent Jeanpierre, « La politique culturelle française aux États-Unis de 1940 à 1947 », dans Alain Dubosclard, Laurent Grison, Laurent Jeanpierre, Pierre Journoud, Christine Okret et Dominique Trimbur (dir.), *Entre rayonnement et réciprocité. Contributions à l'histoire de la diplomatie culturelle*, Paris, Publications de la Sorbonne, 2002, p. 100.

5 Voir les annexes 7 à 11 dans Christine Laurière, *Paul Rivet, le savant et le politique*, Paris, Publications scientifiques du Muséum national d'Histoire naturelle, 2008, p. 665-673.

6 Claude Lévi-Strauss, « Compte rendu de Paul Rivet, *Les Origines de l'homme américain* », *Renaissance*, vol. 1, nº 4, octobre-décembre 1943, p. 666-668, reproduit dans Christine Laurière, « Paul Rivet, vie et œuvre », *Gradhiva*, nº 26, 1999, p. 127.

7 Fonds Rivet, 2AP 1 B1e, « Activités du professeur Paul Rivet durant la guerre ».

8 Fonds Rivet, « La Francia derrotada no ha sido vencida », interview de Paul Rivet par Alardo Prats, coupure de presse non identifiée.

9 Emmanuelle Loyer, *Claude Lévi-Strauss*, Paris, Flammarion, 2015, p. 296-299.

10 Didier Éribon et Claude Lévi-Strauss, *De près et de loin*, Paris, Odile Jacob, 1990, p. 54.

Lévi-Strauss fait une rencontre décisive en la personne du penseur soviétique Roman Jakobson, qui l'introduit dans les arcanes de la linguistique structurale. Cette découverte agit tel un sésame lui permettant d'ordonner « les systèmes de parenté comme des structures » et l'encourage à se lancer dans un ambitieux « traité de logique appliquée à certaines institutions primitives[11] » qui accouchera des *Structures élémentaires de la parenté*, sa thèse, rédigée pendant son exil new-yorkais et soutenue et publiée en 1948. C'est pendant ces années que la conversion à l'anthropologie s'opère définitivement et qu'il se projette dans le métier d'anthropologue – et non d'ethnologue, comme le voudrait la tradition française –, sous l'influence de la définition et de la pratique de la discipline aux États-Unis. Introduit par Alfred Métraux, il a en effet rencontré la génération des disciples du père fondateur de l'anthropologie américaine, Franz Boas. Il fréquente chaque jour assidûment la salle Americana de la Public Library, se constituant un bagage encyclopédique en anthropologie, et rédige plusieurs chapitres du fameux *Handbook of South American Indians*, dirigé par Julian Steward et Alfred Métraux (1940-1947), qui constituera la bible des ethnologues américanistes pour des décennies.

11 Fonds Rivet, 2 AP 1 C11f, lettre de Claude Lévi-Strauss à Paul Rivet, 6 décembre 1943.

En décembre 1943, Lévi-Strauss, pourtant « follement tenté », décline la proposition de Rivet de le rejoindre au Mexique pour un an afin d'y mener des recherches de terrain ethnographiques, financées sur des subsides de la France libre que Rivet a obtenus lors de son récent passage à Alger. Le jeune anthropologue renonce à l'offre car il se projette dans les lendemains du pays libéré et veut contribuer à répondre « aux besoins intellectuels de la France au lendemain de la victoire[12] » :

12 *Ibid.*

> J'ai le sentiment, sans doute illusoire, [...] d'être en train de bâtir un « grand livre ». Si je peux le rapporter à la France libérée, les jeunes anthropologues et sociologues y trouveront une base qui les placera sur un pied d'égalité avec leurs collègues étrangers. Ils sauront non seulement tout ce qui s'est fait durant ces dernières années dans les autres pays, mais peut-être davantage. [...] Et si je peux contribuer, dans ma spécialité, à faire qu'il y ait au lendemain de la guerre une science française hardie, jeune, novatrice, qui aura assimilé toutes les contributions récentes, et les aura parfois dépassées, je pense que j'aurai bien occupé mes années d'exil[13].

13 Fonds Rivet, 2 AP 1 C11f, lettre de Claude Lévi-Strauss à Paul Rivet, 16 décembre 1943.

Le doute n'est pas permis : les années d'exil de Claude Lévi-Strauss furent bien occupées.

LA DÉLÉGATION ARCHÉOLOGIQUE FRANÇAISE EN AFGHANISTAN ET LA FRANCE LIBRE

Nicolas Engel

Les fouilles archéologiques interrompues et l'engagement des Hackin et de Jean Carl dans la France libre

« Il n'est pas nécessaire, je pense, de vous dire que nous ne faisons plus aucun projet concernant l'archéologie, comment le pourrait-on ? Il y a des problèmes d'une plus grave portée à résoudre, je pense que vous me comprenez[1] », écrit Ria Hackin à Ella Maillart le 6 juillet 1940 depuis Kaboul. Les prestigieuses fouilles du site de Begrâm sont en effet interrompues depuis juin, car l'adhésion des archéologues de la Délégation archéologique française en Afghanistan (DAFA) à la France libre est totale. Ria Hackin, son époux Joseph Hackin, qui assure depuis 1925 la direction de la DAFA sur le terrain, et Jean Carl, l'architecte de la mission, affirment ainsi ce même 6 juillet 1940 leur engagement sans faille au général de Gaulle, dans un courrier adressé à Londres *via* la légation britannique à Kaboul[2].

Né au Luxembourg et naturalisé français en 1912, Joseph Hackin est conservateur du musée Guimet depuis 1923. Ses études supérieures à Paris, à l'École libre des sciences politiques, l'ont amené à fréquenter ce musée dont il a rencontré le fondateur, Émile Guimet, devenant en 1907 son secrétaire.

Rejoignant en 1924 l'indianiste Alfred Foucher sur ses fouilles de Bactres, dans le nord de l'Afghanistan, Joseph Hackin prend rapidement – dès le départ de Foucher en 1925 – les rênes de la jeune DAFA, fondée trois ans plus tôt. Régie par une convention franco-afghane, la délégation archéologique répond à une demande faite à la France par le souverain Amanullah, soucieux de faire évoluer son État, indépendant de toute tutelle étrangère depuis 1919, vers une modernité à l'européenne. Les articles 6 et 7 de la convention prévoient que la moitié des objets découverts par les archéologues français, à l'exclusion des pièces exceptionnelles et en métal précieux, reviendra en pleine propriété à la France. C'est le musée Guimet qui en est

1 Berne, Archives littéraires suisses, fonds Annemarie Schwarzenbach, E-6-B-3 HAC-MAIE.

2 Sur Ria Hackin (1905-1941), Joseph Hackin (1886-1941) et Jean Carl (1900-1941) ainsi que sur l'histoire de la DAFA de 1922 à 1982, voir Françoise Olivier-Utard, *Politique et archéologie. Histoire de la Délégation archéologique française en Afghanistan (1922-1982)*, Paris, ministère des Affaires étrangères/Éditions Recherche sur les civilisations, 1997. Sur Joseph Hackin, voir Pierre Cambon, *Paris-Tokyo-Begram : hommage à Joseph Hackin, 1886-1941*, cat. exp., Paris, musée Guimet, 1986, et *De l'Asie à la France libre. Joseph et Marie Hackin archéologues et Compagnons de la Libération*, Paris, Lienart, 2018.

le bénéficiaire : une première salle afghane y est inaugurée par son conservateur en février 1929. Joseph Hackin revient en Afghanistan en juin, dans un contexte politique troublé où il est amené à défendre la légation de France dans une capitale prise au milieu des combats, ce qui lui vaut le grade d'officier de la Légion d'honneur. Il est désormais accompagné de sa jeune épouse, Ria Hackin, ainsi que d'un architecte, Jean Carl. Tous trois passent leur temps entre Paris et leurs missions archéologiques sur le terrain[3], Carl y restant davantage quand Hackin, accompagné de sa femme, doit rejoindre le musée Guimet pour en assurer la direction et promouvoir, par des expositions, des conférences ou la diffusion de courts films réalisés par Ria Hackin, l'action de la DAFA sur le terrain. En 1937, la découverte du trésor de Begrâm, dont les fouilles sont menées par la jeune archéologue, est un événement retentissant. Les fameux ivoires et verres qui constituent la part française après le partage avec le musée de Kaboul sont exposés dès 1938 au musée Guimet.

Repartant de France en avril 1939 afin de poursuivre les fouilles à Begrâm – et y mettre au jour la seconde partie du trésor –, Joseph Hackin emporte dans ses bagages son uniforme militaire. Mais quand sonne la mobilisation générale, il reçoit l'ordre de rester en Afghanistan, sur affectation spéciale[4]. Le pays est en effet le théâtre de nombreuses intrigues, il convient donc que la France continue d'y exercer la plus grande influence possible – or Hackin a la confiance du roi Zaher Shah, sur le trône depuis 1933. Si l'Afghanistan choisit de rester neutre, ne voulant indisposer ni les Soviétiques

3 Le couple Hackin et Jean Carl sont également à Tokyo de 1930 à 1933, Joseph Hackin étant alors, outre ses fonctions à Paris et à Kaboul, directeur de la Maison franco-japonaise.

4 Le maintien de Joseph Hackin à son poste à Kaboul se fait à la demande de Georges Salles, directeur des Musées nationaux, mais aussi de Jean Marx, chef du Service des œuvres françaises à l'étranger, et d'Yvon Delbos, ministre de l'Éducation nationale et des Beaux-Arts dès septembre 1939. Voir P. Cambon, *Paris-Tokyo-Begram…*, *op. cit.*

cat. 222 **Malle aux ivoires des époux Hackin**

Paris, musée national des arts asiatiques – Guimet

Cette malle, spécialement adaptée pour permettre le transport sécurisé des ivoires indiens du trésor de Begrâm, a suivi Joseph et Marie Hackin dans leur voyage pour rallier la France libre, de l'Afghanistan à l'Angleterre. V. G.

ni les Britanniques, on y observe cependant un penchant pour l'Allemagne, alimenté par l'arrivée massive de crédits allemands, la diffusion d'émissions de Radio Berlin en persan et la présence de spécialistes allemands et italiens aux postes de commande des services de transmissions et des routes. Le directeur de la DAFA fait donc du renseignement sur ces divers ressortissants étrangers.

Les Hackin, de Kaboul à Londres : un périple vers la Résistance

En juin 1940, la nouvelle de l'armistice lui parvient alors qu'il est en mission à la frontière de l'Inde comme officier de liaison attaché à l'état-major en Syrie du général Weygand. L'appel du 18 juin est un déclencheur. Joseph Hackin, Ria Hackin et Jean Carl rallient dès le 6 juillet la France libre, faisant part de leur volonté irrévocable de rejoindre Londres. Par un courrier daté du 19 août, le directeur de la DAFA démissionne de ses fonctions. Il a entre-temps remis ses documents et ses archives, y compris les notes relatives aux fouilles de Begrâm, à la légation britannique, puis quitté Kaboul le 18 août en compagnie de sa femme et de Jean Carl. Quant aux objets issus des fouilles interrompues de Begrâm et attribués à la France, ce n'est qu'en janvier 1947 qu'ils parviendront au musée Guimet. Arrivés à Bombay le 23 août, où un premier comité de la France libre s'organise, les deux archéologues et l'architecte embarquent pour l'Afrique du Sud puis pour la Grande-Bretagne, dans un périple de vingt mille kilomètres.

223

224

cat. 223-224 **Vestiges issus du trésor de Begrâm**
Paris, musée national des arts asiatiques – Guimet, MG 21317 et MG 21313

Parvenus à Londres, Joseph Hackin et probablement Jean Carl signent leur engagement dans les Forces françaises libres (FFL) le 19 octobre 1940 ; Ria Hackin, le 26 décembre. Affecté avec le grade de commandant au quartier général des FFL, adjoint puis chef du service des Affaires étrangères, Joseph Hackin tente de coordonner les divers comités de la France libre qui émergent à travers le monde. Le 14 décembre, dans un discours à la radio de Londres prononcé sous sa propre identité, il énonce les objectifs de la France libre : la libération du territoire et la reconstruction nationale. En janvier 1941, il est nommé aux affaires politiques de la Conférence administrative, instance de délibération regroupant les services civils de la France libre. De son côté, Ria Hackin fait partie des premières engagées du corps des volontaires françaises (CVF), créé le 7 novembre 1940 pour remplacer les hommes aux postes non combattants. Après une instruction militaire à l'Officer Cadet Training Unit, promue sous-lieutenante, Ria Hackin participe à la formation du CVF, qui ne compte alors qu'une dizaine de volontaires.

En janvier 1941, cherchant à rallier à sa cause l'Empire colonial français, le général de Gaulle confie à Joseph Hackin une mission au Moyen-Orient et en Asie, avec pas moins de trente étapes en cinq mois. Son épouse l'accompagnera dans son périple. Selon le programme, débarqué de Londres à Lagos, au Nigeria, le couple doit rejoindre au Caire, par avion, le général Catroux, commandant en chef et délégué général de la France libre au Moyen-Orient, pour discuter des « questions d'intérêt politique, culturel et de contacts avec les comités de la France libre en Grèce, Turquie, Palestine, Inde et Extrême-Orient ». Puis il est prévu d'entrer en contact avec le vice-roi des Indes, Victor Hope, d'inspecter les établissements français en Inde, ralliés à la France libre depuis septembre 1940, et de créer un comité de la France libre à Calcutta. De Gaulle souhaite également que Joseph Hackin joigne les gouvernements de l'Australie et de la Nouvelle-Zélande.

Joseph et Ria Hackin embarquent le 20 février 1941 à Liverpool sur le steamer *Jonathan-Holt*. Le 24 février, le navire est torpillé au large des îles Féroé : le couple disparaît dans le naufrage. Jean Carl, qui n'avait pu obtenir l'autorisation de suivre ses amis dans leur mission, est terrassé par l'annonce de leur mort : le 2 avril, il se suicide.

Roman Ghirshman et l'arrivée d'acteurs de la France libre à la DAFA

Joseph Hackin avait officiellement clos les travaux de la DAFA le 3 juillet 1940. En mars 1941, le nom de l'archéologue Roman Ghirshman est proposé pour lui succéder à la tête d'une mission temporaire. Depuis 1931, ce dernier est directeur de la Délégation archéologique française en Iran, où il effectue des fouilles sur le site de Nishapur[5]. Ghirshman, Juif russe d'origine et naturalisé français, formé à l'archéologie orientale à la Sorbonne, à l'École pratique des hautes études et à l'École du Louvre, avait été invité par Hackin à participer aux travaux de la DAFA en 1936. Rallié à la France libre en août 1940, il accepte le poste, sur les conseils du général Catroux. Mais arrivé à Kaboul en août 1941 avec son épouse Tania, il se heurte à un secrétaire de la légation française acquis au gouvernement de Vichy et à un ministre de France qui lui est personnellement hostile. Victime des lois antijuives du maréchal Pétain en novembre 1942,

5 Sur Roman Ghirshman (1895-1979), voir Jacques Heurgon, « Allocution à l'occasion de la mort de M. Roman Ghirshman, membre de l'Académie », *Comptes rendus des séances de l'Académie des inscriptions et belles-lettres*, 1979, 123-3, p. 430-435.

Ghirshman est finalement révoqué en janvier 1943. S'il se retire de la légation française, qui abrite la DAFA, il reste à Kaboul sur ordre de Londres. En novembre 1943, le couple quitte finalement l'Afghanistan, pour Alger d'abord, où se trouve en mission le général de Gaulle, puis pour Le Caire. Après la guerre, Roman Ghirshman consacrera sa carrière à l'Iran ancien.

Deux autres hommes fortement engagés dans la France libre rejoignent après-guerre l'Afghanistan et la DAFA : Daniel Schlumberger et Raoul Curiel[6]. Issu de la grande bourgeoise industrielle protestante de Mulhouse, Schlumberger entame une carrière d'archéologue au Levant dans le sillage d'Henri Seyrig, qu'il connaît depuis sa jeunesse. De 1938 à 1941, il est pensionnaire puis secrétaire général de l'Institut français de Damas. Mobilisé en 1939, il reste en effet volontairement au Levant lors de la campagne de Syrie, où s'opposent forces alliées et l'armée vichyste du Levant, puis il rallie la France libre en juillet 1941. En 1942, le général de Gaulle l'envoie à Brazzaville. Il y est pendant dix-huit mois commentateur politique sur Radio Brazzaville et y rencontre Raoul Curiel. Ce dernier, issu d'une riche famille juive d'origine italienne installée au Caire, a choisi d'enseigner l'histoire plutôt que de reprendre la banque familiale. Il rallie la France libre à Brazzaville. En 1944, le Gouvernement provisoire de la République française (GRPF) nomme Schlumberger directeur de la DAFA. Les deux hommes prennent donc la route en direction de Kaboul, mais font étape un an durant à Beyrouth, où Schlumberger assure les fonctions de directeur de la presse et de la radiodiffusion de la France libre au Levant, Curiel à ses côtés. Ce n'est qu'à la fin de la guerre, en 1945, qu'ils rejoignent Kaboul, renouant une relation culturelle franco-afghane sous de nouvelles modalités[7]. Schlumberger restera à la tête de la DAFA jusqu'en 1964, renouvelant considérablement l'institution et la recherche française en Afghanistan, avant de succéder à Henri Seyrig à la tête de l'Institut français de Beyrouth. Curiel poursuivra sa carrière comme directeur de l'Archaeological Survey of Pakistan, puis au Service des musées de France et à la Bibliothèque nationale.

6 Sur Daniel Schlumberger (1904-1972), voir Ernest Will, « Daniel Schlumberger (19 décembre 1904-21 octobre 1972) », *Syria. Archéologie, art et histoire*, 1973, 50-3-4, p. 266-276 ; Pierre Amandry, « Notice sur la vie et les travaux de M. Daniel Schlumberger, membre de l'Académie », *Comptes rendus des séances de l'Académie des inscriptions et belles-lettres*, 1978, 122-2, p. 482-497 ; F. Olivier-Utard, *Politique et archéologie…*, *op. cit.* ; Mathilde Gelin (dir.), *Daniel Schlumberger. L'Occident à la rencontre de l'Orient*, Beyrouth, Presses de l'Ifpo, 2010. Sur Raoul Curiel (1913-2000), voir Frédéric Edelmann, « Raoul Curiel », *Le Monde*, 25 février 2000.

7 Le partage systématique des découvertes entre la France et l'Afghanistan est ainsi abandonné d'un commun accord, tandis que l'Afghanistan s'ouvre à d'autres missions archéologiques étrangères.

France libre, Australie et Nouvelle-Zélande

L'effondrement militaire de la France en juin 1940 laisse les Australiens et les Néo-Zélandais d'autant plus surpris que la mémoire des combats partagés de la Première Guerre mondiale – et donc de la puissance des armées françaises – demeure vivace. Plutôt francophiles, les populations s'émeuvent de cette défaite, tandis que leurs gouvernements respectifs se préoccupent immédiatement du futur des territoires français du Pacifique sud.

En effet, les frontières de ce qu'il est convenu d'appeler encore à cette époque « la plus grande France » sont communes avec l'Australie et proches de celles de la Nouvelle-Zélande. Ces deux nations, qui se sont progressivement affirmées à la fin du XIXe et au début du XXe siècle, n'ont jamais caché leurs propres ambitions coloniales au sein de l'Empire britannique. En 1919, sous l'égide de la Grande-Bretagne, le traité de Versailles leur a même conféré autorité sur quelques protectorats pris aux Allemands. Toutefois, historiquement, la présence française dans la région a souvent contrecarré les ambitions expansionnistes de l'Australie et de la Nouvelle-Zélande, si bien qu'en 1940 on observe prudemment ce qui se déroule dans les territoires ultramarins français. Cependant, quand Londres reconnaît la France libre, le 28 juin 1940, tout en maintenant ses relations diplomatiques avec Vichy, les deux nations du Pacifique lui emboîtent le pas en l'imitant, bon gré mal gré.

Dès lors, les gouvernements australien et néo-zélandais voient d'un bon œil la constitution de comités locaux de la France libre, bien que le nombre de ressortissants français qui résident en Australie et en Nouvelle-Zélande soit très modeste et ne dépasse pas les quelques milliers. Bénéficiant d'une aura culturelle magnifiée par la distance, la France, incarnée par la France libre, est visible et publiquement reconnue pendant toute la guerre, tant en Australie qu'en Nouvelle-Zélande, en particulier après la contribution victorieuse des Forces françaises libres à Bir Hakeim fin mai-début juin 1942. Cette année marque également un tournant pour le mouvement des Français libres en terres australes.

Ainsi, en août 1942, le comité de la France libre en Australie compte près de 1 600 membres. Les industriels de la laine y occupent une place de choix. Localement, les comités de la France libre tentent de soutenir les gaullistes. Des collectes de fonds sont organisées, bien plus fructueuses que les tentatives de recrutement de soldats, et une campagne de propagande est mise en œuvre en faveur de De Gaulle. Il faut noter cependant qu'initialement, les communautés françaises d'Australie et de Nouvelle-Zélande sont assez divisées, reflétant les lignes de faille de métropole entre Français libres, vichystes ou simples attentistes. De la Miss Free France, candidate présentée à l'occasion d'une compétition nationale australienne pour élire une reine de beauté des pays alliés afin de lever des fonds pour l'effort de guerre, à la publication du *Courrier australien*, le journal hebdomadaire de la France libre dans le Pacifique, ou encore aux appels pour la Free French Art Union, qui organise des collectes, le Free French Movement d'Australie recueille près de 50 000 livres sterling, soit l'équivalent de plus de 2 millions d'euros.

Du point de vue des gouvernements australien et néo-zélandais, ce ne sont cependant pas tant les communautés de la France libre qui retiennent l'attention que la présence militaire française dans le Pacifique : qu'elle soit vichyste ou gaulliste, celle-ci demeure la marque d'une puissance étrangère. L'Australie aurait préféré une Nouvelle-Calédonie placée dans son giron plutôt que maintenue dans celui de la France, ces tensions culminant en 1944, avant l'établissement de relations plus apaisées avec le Gouvernement provisoire de la République française (GPRF), partisan intraitable de la souveraineté française dans le Pacifique.

JUBILEE ISSUE

VENDREDI, 3 SEPT. 1943.

Prix du Numéro 4D

Le COURRIER AUSTRALIEN

ORGANE HEBDOMADAIRE DE LA FRANCE COMBATTANTE DANS LE PACIFIQUE

WEEKLY NEWS OF FIGHTING FRANCE IN THE PACIFIC

HEAD OFFICE: 16 BOND STREET, SYDNEY, N.S.W.

Telephone No.: B 3786.

Melbourne Office: 528 COLLINS ST. 'Phone: MU 4588.

LA RECONNAISSANCE DU COMITE FRANCAIS DE LA LIBERATION NATIONALE

The Kingdom of a Thousand Years

By A. R. Chisholm.

SPECIAL FEATURES IN THIS ISSUE

	Page
French Culture in Australia, by Professor Taylor	2
Alliance Française Exams	3
Le Secret Professionnel Médical, par Dr. Jean Steinberger	4
Youth Page	6
Book Review	8
French Humanism, by Professor Triebel	11
Toulon, by Fernand-Laurent	12
Anniversary Messages	16-17
Truth About the Indo-China Crisis	20
Courteline, by L. D. Woodward	22
La Laine et les Français d'Australie	28

CORPS EXPEDITIONNAIRE FRANCAIS

FOR VICTORY.

cat. 225 *Le Courrier australien*, « organe hebdomadaire de la France combattante dans le Pacifique », 3 septembre 1943

Nantes, Archives du ministère des Affaires étrangères, délégation du Comité national français puis du CFLN en Australie, 787PO/1/1

cat. 226 Photographie de la Miss Free France Ludovia Ozoux, 1942

Nantes, Archives du ministère des Affaires étrangères, délégation du Comité national français puis du CFLN en Australie, 787PO/1/4

Dans l'ensemble, le rôle des comités de la France libre en Océanie demeura plus important en termes symboliques qu'il ne le fut en termes politiques ou militaires. Mais, en temps de guerre, les symboles sont puissants et permirent ici d'asseoir progressivement à la fois l'autorité et la légitimité de la France libre, puis celle de la France combattante, tant vis-à-vis des Australiens et des Néo-Zélandais que des autres acteurs de l'immense océan Pacifique.

Romain Fathi

France-Orient

Agir et se faire entendre depuis les Établissements français de l'Inde

L'action culturelle de la France libre dans les Établissements français de l'Inde se déploie dans le contexte difficile d'un territoire morcelé et marginalisé, reliquat des comptoirs et loges de l'Ancien Régime – Pondichéry, Karikal et Yanaon, Mahé, Chandernagor, Machilipatnam, Kozhikode et Surate – au sein d'un sous-continent sous contrôle britannique. Le gouverneur Louis Bonvin (1886-1946) rejoint la France libre dès l'été 1940, après une entrevue avec le consul de Grande-Bretagne à Pondichéry, faisant de ce territoire l'un des premiers à rejoindre la Résistance. Déchu de sa nationalité en 1941 et condamné à mort par contumace en janvier 1942, il soutient, avec des moyens et marges de manœuvre limités, les couleurs de la France libre auprès des colons britanniques comme des expatriés et missionnaires européens ainsi que des Indiens ralliés, à travers collectes de fonds, publications et enrôlement. La situation est compliquée par le fait que les Établissements français de l'Inde sont considérés, dans l'entre-deux-guerres, comme le refuge de nationalistes indiens, hostiles à la domination britannique, ombre qui se répercute sur la France libre : « Le mouvement [...] n'a pas encore rencontré auprès du public britannique toute la sympathie qu'il mérite[1]. » Les comités français de Calcutta, de Bombay et de New Delhi, plus importants sur le plan démographique et économique que les établissements français, deviennent ainsi le siège d'initiatives majeures.

Officier de marine, Robert Victor (1904-1977) est placé sous les ordres des autorités navales britanniques après juin 1940 avant de rejoindre les Forces navales françaises libres (FNFL). Il est nommé directeur de la section française de l'Information Office aux Indes britanniques et du bureau d'information de la France libre, puis de la France combattante, à New Delhi d'avril 1941 à février 1944, double position qui garantit la cohérence de la communication alliée.

Fondateur de la revue *France-Orient*[2], Victor en est aussi le directeur éditorial. Cette publication savante, littéraire et politique de haute tenue est publiée sous l'égide de la section française de l'Information Office britannique et couvre, par ses sujets comme par sa diffusion, une vaste aire géographique incluant Inde, Moyen-Orient, Levant, Asie centrale (notamment Afghanistan) et occidentale. *France-Orient* publie ainsi l'un des derniers articles de l'archéologue Joseph Hackin[3], ainsi que les écrits de François Mauriac[4], signe de ralliement à la Résistance depuis la France occupée. En 1943, la revue *L'Inde française dans la guerre*, éditée depuis Pondichéry, met en lumière l'action résolue de la France libre depuis ses territoires orientaux oubliés[5].

Sylvie Le Ray-Burimi

1 « Note du comité français libre des Indes », Calcutta Branch, 29 octobre 1941, Nantes, Centre des archives diplomatiques, consulat de Calcutta.

2 *France-Orient*, de mai 1941 à mars-avril 1944, New Delhi, trente-six fascicules.

3 Joseph Hackin, « Fouilles en Afghanistan », *France-Orient*, n° 5, septembre 1941, p. 52-58.

4 François Mauriac, « La Mère humiliée », *ibid.*, p. 6-7.

5 *L'Inde française dans la guerre*, Pondichéry, pagode de Villenour, 1943.

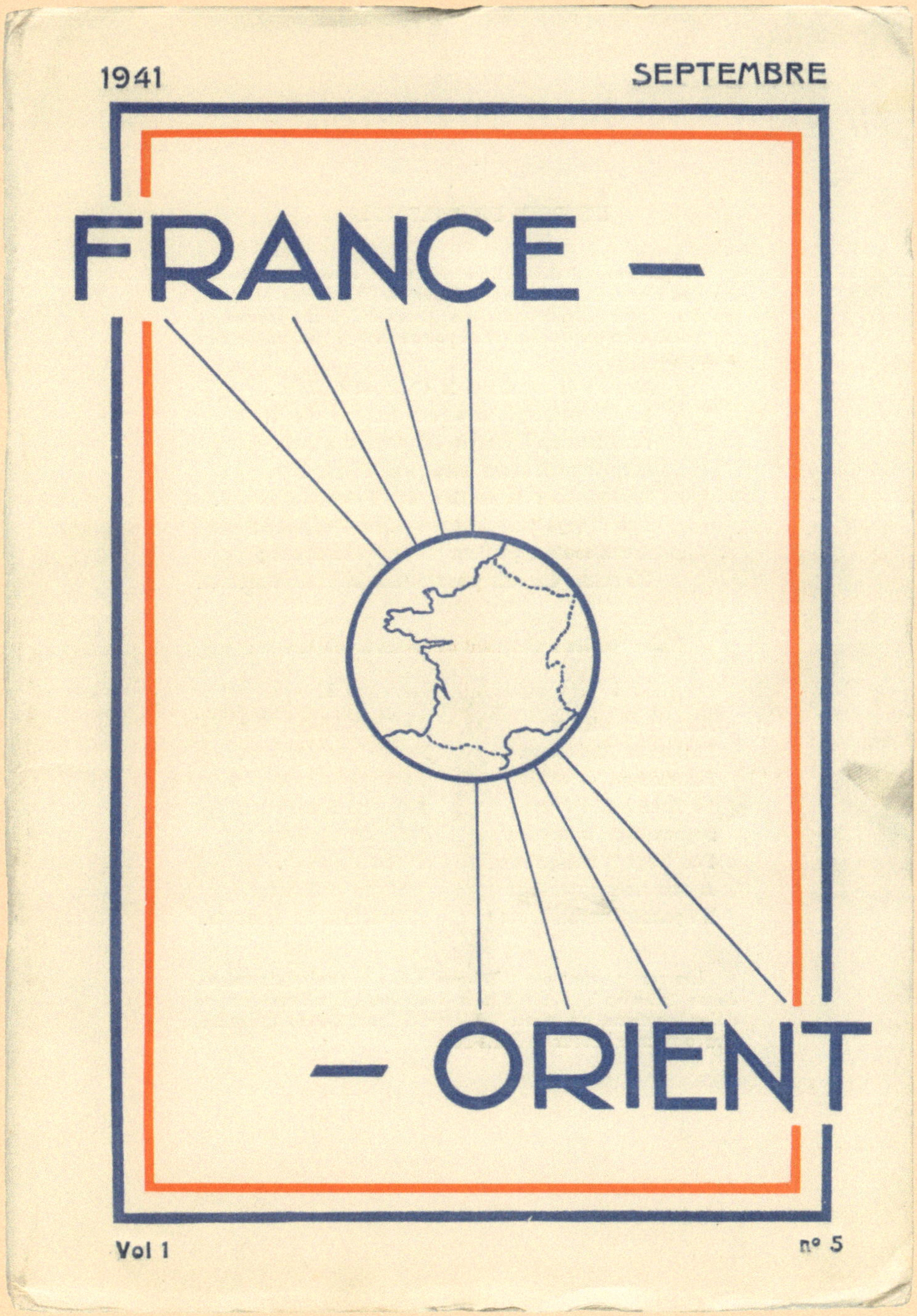

cat. 227 **Revue *France-Orient*, vol. 1, n° 5, septembre 1941**
Nantes, Archives du ministère des Affaires étrangères, délégation du Comité national français puis du CFLN en Australie, 787PO/1/1

Du « dialogue des morts » (1940) au « génie de la Liberté » (1944)
Georges Bernanos face aux totalitarismes

Catholique fervent et ancien combattant, Georges Bernanos (1888-1948) rompt définitivement avec l'Action française lors de la guerre d'Espagne. Replié à Majorque depuis 1934, il assiste avec effroi aux exactions phalangistes commises au nom de la religion et apporte son soutien aux républicains. Dans *Les Grands Cimetières sous la lune* (1938), il fustige le « patriotisme niais » de Paul Claudel, alors défenseur de Franco. Faute de pouvoir lutter par les armes, Bernanos part pour le Brésil, où il se rapproche dès juin 1940 de la France libre tandis que ses fils, Yves et Michel, ainsi que son neveu, Guy Hattu, s'engagent dans les Forces navales françaises libres (FNFL).

De juin 1940 à mai 1945, Bernanos multiplie les écrits de combat, qui paraissent à Rio, à Buenos Aires ou à Alger avant d'être regroupés sous le titre *Le Chemin de la Croix-des-Âmes*[1], nom de la colline où l'écrivain réside depuis août 1940. Se défiant de tout embrigadement, le polémiste multiplie les interventions dans la presse internationale, celle de la France libre, la BBC, Radio Brazzaville, ainsi que dans les journaux brésiliens et argentins[2]. Pourfendant l'attentisme, il contribue à contrecarrer l'influence pro-allemande. Ses formules font mouche lorsqu'il compare l'entrevue entre Hitler et Pétain à Montoire le 24 octobre 1940 à un « dialogue des morts[3] », écho à Lucien de Samosate. Il n'hésite pas à s'attaquer aux racines du mal : « Nous avons pris jadis le nationalisme pour une renaissance du patriotisme, et il n'était que le signe visible de la décadence. [...] La jeunesse française [...] a compris trop tard [...] que le nationalisme [...] n'était qu'un système défensif, comme celui de la ligne Maginot. Les lignes Maginot ne nous ont pas porté bonheur[4]. » D'un lyrisme tempéré de lucidité, ses chroniques sont autant d'exhortations à redresser la tête – « La culture française est un monument, [...] une demeure et non une forteresse, un des hauts lieux d'asile ouverts aux hommes de bonne volonté, quelle que soit leur race ou leur couleur, une amitié, un foyer[5] » – tout comme à se projeter au-delà de la victoire : « Non, chers lecteurs, ni la France ni le monde ne sont à l'abri des terribles revanches de l'esprit du mal. La résistance française [...] réunit toutes ses forces pour tenir ouvertes les colossales portes de bronze par où va s'élancer bientôt, casque en tête et torche en main, le génie de la Liberté[6]. »

Sylvie Le Ray-Burimi

1 Paris, Gallimard, 1947.
2 Regroupées dans *La Révolte de l'esprit. Écrits de combat, 1938-1945*, Paris, Les Belles Lettres, 2017.
3 « Dialogo dos mortos », *O Jornal*, Rio de Janeiro, 30 octobre 1940.
4 « A geração da inflação », *O Jornal*, Rio de Janeiro, 4 septembre 1940.
5 « Voltar ao humano », *O Jornal*, Rio de Janeiro, 5 février 1941
6 « A resistência francesa e o gênio da liberdade », *O Jornal*, Rio de Janeiro, 6 juillet 1944 ; « Hay que volver a ser humano », *La Prensa*, Buenos Aires, 9 mars 1941.

Faire connaître la France libre

cat. 228 **Affiche « Liberté, Liberté chérie… »**

Paris, musée de l'Ordre de la Libération, N2648

Réalisée au Brésil par le comité local de la France libre, cette affiche reprend les paroles du sixième couplet de *La Marseillaise* : « Liberté, Liberté chérie, Combats avec tes défenseurs ! » En toile de fond apparaît *La Marseillaise* sculptée par François Rude sur l'Arc de triomphe de la place de l'Étoile, à Paris. V. G.

cat. 229 **Cartes postales éditées par la France libre, non datées**

Nantes, Archives du ministère des Affaires étrangères, délégation du Comité national français puis du CFLN en Australie, 787PO/1/2

Ces cartes postales présentent les principaux chefs militaires de la France libre ainsi que les commissaires du Comité national français, premier embryon de gouvernement créé par la France libre en septembre 1941. Sont représentés (de gauche à droite, de haut en bas) : René Pleven, Félix Eboué, l'amiral Thierry d'Argenlieu, le général Charles de Gaulle, le général Martial Valin, l'amiral Émile Muselier, le commandant Edgard de Larminat, le général Georges Catroux, le général Paul Legentilhomme, René Cassin, André Diethelm et Maurice Dejean. V. G.

cat. 230-232 **Pochette de billet d'avion de la Panam et deux photographies de Jacques Soustelle en Argentine**

Nantes, Archives du ministère des Affaires étrangères, légation de France à Mexico, 432PO/C/198

Ethnologue, sous-directeur du musée de l'Homme, Jacques Soustelle rallie la France libre en juin 1940. Du fait de sa parfaite connaissance de l'Amérique du Sud, il est envoyé en mission dans ce continent en tant que représentant du général de Gaulle en janvier 1941. Cette mission est le pendant de celle alors confiée à l'archéologue Joseph Hackin en Asie et en Océanie. V. G.

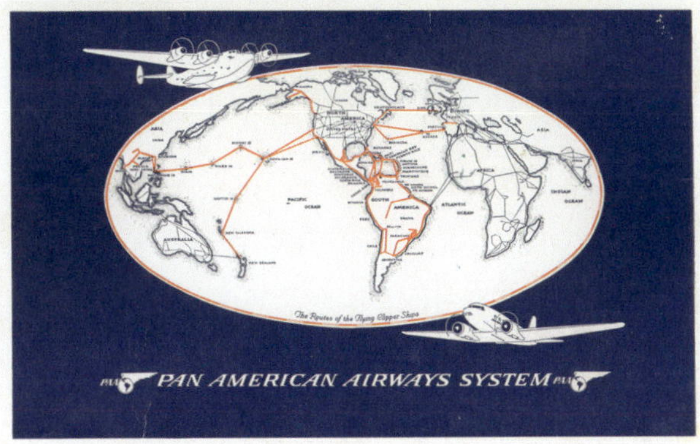

STRIKE NOW!

Every Time You Strike a De Gaulle Match, it Means Help to the Free French Movement

YOU CREATE LIGHT — De Gaulle matches never fail.
YOU AROUSE INTEREST — Such a neat-looking booklet.
YOU MAKE PROPAGANDA — Portrait and message on each side of the cover carry the story better than any explanation; besides, the list of addresses of Free French Movement offices in Australia is a useful reminder. Your friends will thank you for that!

20 De Gaulle matches per booklet—Cost, One Penny.
100 De Gaulle booklets per box—Cost, 8 Shillings.

ON SALE IN SYDNEY AND IN MELBOURNE NOW!
Will also be available from stock in other capital cities SOON

made by BRYANT & MAY.

Le "Courrier Australien" will not lag behind. On the contrary, this is too good an occasion and we want to offer you a lead. Here is our proposition:

To any new, direct, yearly subscriber to this journal, and or
To any already registered subscriber directly sending us his or her renewal instructions, these to take effect in due course.

WE SHALL MAKE A FREE GIFT OF ONE HUNDRED BOOKLETS OF DE GAULLE MATCHES.

Thus you will be presented with 2,000 lights at no cost, while ensuring that your favourite journal reaches you at home every week for 12 months, post free, with all occasional supplements included.
Visualise the value and advantage from a reader's standpoint
Plan right-away the excellent propaganda for the Cause . . . the many good-will gestures you will be able to extend around you with one hundred booklets of first quality De Gaulle matches

All those in favour say "Aye" (Chorus). But the wise will make sure; so. please call or, having filled and detached the Coupon below, post it to-day to The Courrier Australien Pty., Ltd., 16 Bond Street, Sydney (Melbourne office: 528 Collins Street).

Please note that this offer is limited to subscriptions or renewals reaching us no later than the 31st July, 1941; also that, owing to Postal regulations preventing the sending of matches by post, gifts of de Gaulle matches must be retrieved from either the Sydney or the Melbourne office of the "Courrier Australien."

ORDER.
Please send me "LE COURRIER AUSTRALIEN" weekly for one year as from..........
Enclosed, my remittance for 15/-.
The present order entitles me to One Hundred Booklets of De Gaulle matches free.
Name..........
Address..........
Box 432 G.P.O. Perth W.A.
Signature [illegible]
Date 20/10/41 II.

Support THE FREE FRENCH

"Tanks & Planes" for de Gaulle

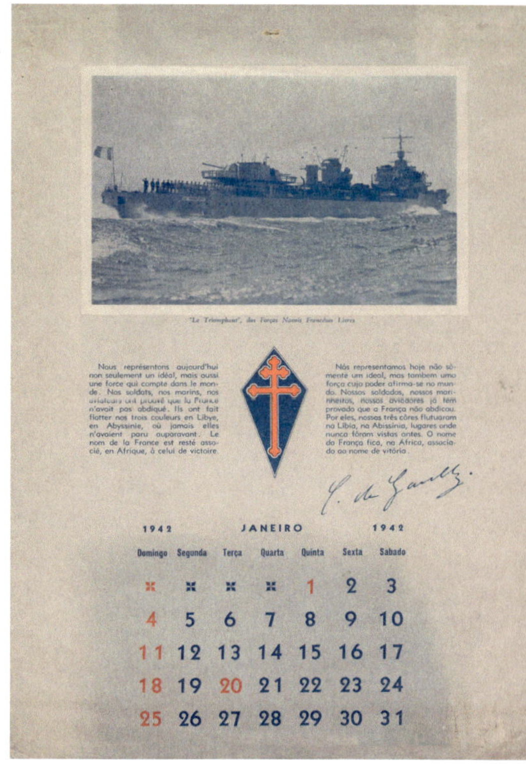

236

234

cat. 233 Publicité «Strike Now!», 1941

Nantes, Archives du ministère des Affaires étrangères, délégation du Comité national français puis du CFLN en Australie, 787PO/1/2

Publicité incluant un bon de commande pour l'achat de paquets d'allumettes au profit de la France libre en Australie. V. G.

cat. 234-235 Planches de timbres et de vignettes vendus au profit de la France libre en Australie, non datés

Nantes, Archives du ministère des Affaires étrangères, délégation du Comité national français puis du CFLN en Australie, 787PO/1/2

cat. 236 **Calendrier des Forces navales françaises libres, 1942**
Paris, musée de l'Ordre de la Libération, N476

cat. 237 **Carton d'invitation à un dîner de gala, 1942**
Nantes, Archives du ministère des Affaires étrangères, délégation du Comité national français puis du CFLN en Australie, 787PO/1/4

Les comités de la France libre dans le monde rivalisent d'idées pour faire connaître et reconnaître leurs actions. Le comité d'Australie, organisateur de l'élection de Miss Free France, dont Ludovia Ozoux est la lauréate, organise en l'honneur de celle-ci un dîner de gala. Ce dîner a pour objectif de la soutenir en amont de l'élection organisée au niveau national, l'*Allies Day*, qui se tient le 31 juillet 1942 au Town Hall de Sydney, et où une seule « reine des Alliés » sera couronnée.

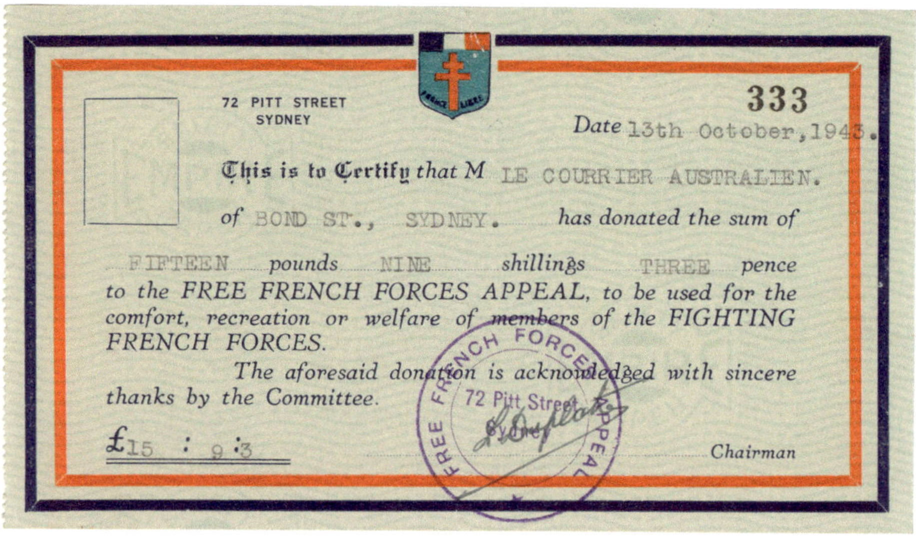

72 PITT STREET
SYDNEY

333

Date 13th October, 1943.

This is to Certify that M LE COURRIER AUSTRALIEN.

of BOND ST., SYDNEY. has donated the sum of

FIFTEEN pounds NINE shillings THREE pence to the FREE FRENCH FORCES APPEAL, to be used for the comfort, recreation or welfare of members of the FIGHTING FRENCH FORCES.

The aforesaid donation is acknowledged with sincere thanks by the Committee.

£15 : 9 : 3

Chairman

FREE FRENCH FORCES APPEAL 72 Pitt Street Sydney

238

FRANCE LIBRE.

Le Général de Gaulle au nom des Forces Françaises Libres, remercie très vivement le Comité de la France Libre en Australie à Sydney de la somme de Deux mille livres stg £2000.– reçue le 19 Octobre 1942, produit de la Journée des Alliés qui a été versée à l'Association des Amis des Volontaires Français selon vos instructions. le 19 Octobre 1942

C. de Gaulle

2567

239

cat. 238-239 Reçus de donations perçues en Australie en faveur de la France libre, 1942-1943

Nantes, Archives du ministère des Affaires étrangères, délégation du Comité national français puis du CFLN en Australie, 787PO/1/2

Le Free French Forces Appeal de Sydney recueille 50 000 livres sterling en Australie entre 1941 et 1944. V. G.

cat. 240 Bulletin radio-presse du comité de Gaulle d'Argentine, n° 31, 20 septembre 1941

Paris, musée de la Libération de Paris – musée du général Leclerc – musée Jean Moulin / Paris Musées, 2014.11.28

Installé à Buenos Aires, Albert Guérin fonde et préside le premier comité de la France libre en Amérique du Sud. Particulièrement dynamique, le comité diffuse ce bulletin d'information dans l'ensemble de la région. V. G.

Nº 31 — 20 septembre 1941

BULLETIN RADIO - PRESSE DU COMITE DE GAULLE

Diffusion des discours du Général de Gaulle et de toutes informations du Quartier Général des Forces Françaises Libres.

Adresser le montant des abonnements au Comité de Gaulle — Libertad 192 — Buenos Aires. U. T. 35 - 1384

1 an .... $ 10.- 6 mois ...... $ 6.-

FRANÇAIS LIBRES

Allez au Palais Errazuriz. Dans ce cadre aux lignes pures qui fait honneur à l'architecture française et au goût argentin, allez admirer les magnifiques oeuvres d'art qui y sont rassemblées.

C'est une exposition française, éloquent et émouvant témoignage de l'apport séculaire de la France à l'effort humain vers l'Art et la Beauté.

De chacun des tableaux, des meubles, des bibelots exposés se dégage une telle aspiration au beau, un tel souci de perfection et l'ensemble révèle une telle continuité dans le labeur à travers les siècles, une telle unité dans l'art, dans le génie, qu'un sentiment de profonde admiration et de respect s'élève des oeuvres d'art aux artistes et des artistes au milieu dans lequel ils ont vécu, se sont inspirés, ont produit et qui a su apprécier, conserver, transmettre et accroître, de siècle en siècle, ce fabuleux héritage artistique.

Cette exposition est une invocation à l'amour de la France.

Notre reconnaissance va aux mains pieuses qui, à la veille de la guerre et malgré sa menace, rassemblèrent ces oeuvres d'art pour représenter la France aux Etats-Unis. Quelques chefs-d'oeuvre de l'art contemporain complétaient cette exposition. Ils font malheureusement défaut ici mais nos amis argentins qui ont pu admirer, il y a quelques années, l'exposition de peinture moderne et la merveille d'art qu'était l'ATLANTIQUE savent, mieux que personne, que Paris est restée la capitale artistique de l'univers, que la France est restée la France.

Français et amis, allez visiter cette exposition. Vous n'y oublierez point l'ennemi qui souille notre sol, notre patrie. Vous n'y oublierez point l'auteur de Mein Kampf, leur chef: "Il faut anéantir la France", ceux qui, chez nous, collaborent avec lui, Darlan magnifiant *"la générosité"* d'Hitler, Pétain exaltant la *"grande courtoisie"* du *"défenseur de la civilisation!"*...

Mais, avec vous, contre eux, vous sentirez palpiter l'âme de la France.

Français Libres, allez à l'Exposition. Vous y puiserez une profonde raison de fierté et de confiance, une plus ferme résolution de combattre et de vaincre. Allez respirer cet air vivifiant, chargé de grandeur française. Seuls, les coeurs faibles, tourmentés, ayant douté de la France, accepté la défaite, peuvent s'y sentir déprimés, mal à l'aise...

Français Libres, cette exposition est vôtre.

Albert GUERIN.

AVIS IMPORTANT

POSTES A POURVOIR A L'ADMINISTRATION CENTRALE DE LA FRANCE LIBRE A LONDRES ET DANS LES TERRITOIRES LIBERES

Pour couvrir les besoins urgents des Services Civils de la France Libre à Londres ou dans les colonies françaises libres en comptables, spécialistes des questions bancaires, techniciens des questions financières et économiques, ingénieurs ou autres, nous recueillerons les candidatures de toutes les personnes susceptibles de remplir les conditions requises.

Nous prions les candidats munis de références de premier ordre de se présenter d'urgence au Comité l'après-midi, à partir de 16 heures.

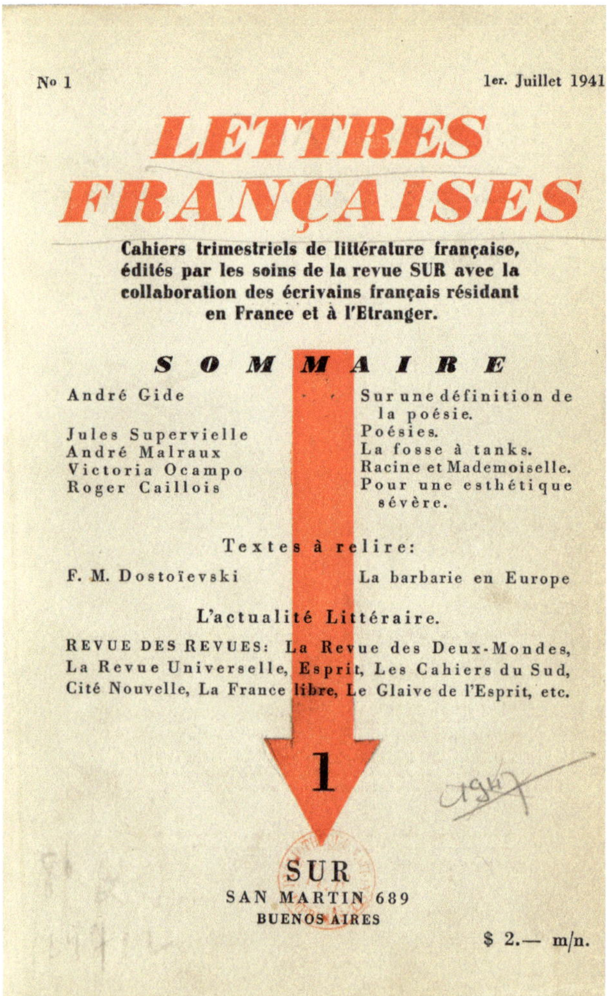

No 1 — 1er. Juillet 1941

LETTRES FRANÇAISES

Cahiers trimestriels de littérature française, édités par les soins de la revue SUR avec la collaboration des écrivains français résidant en France et à l'Etranger.

SOMMAIRE

André Gide	Sur une définition de la poésie.
Jules Supervielle	Poésies.
André Malraux	La fosse à tanks.
Victoria Ocampo	Racine et Mademoiselle.
Roger Caillois	Pour une esthétique sévère.

Textes à relire:

F. M. Dostoïevski	La barbarie en Europe

L'actualité Littéraire.

REVUE DES REVUES: La Revue des Deux-Mondes, La Revue Universelle, Esprit, Les Cahiers du Sud, Cité Nouvelle, La France libre, Le Glaive de l'Esprit, etc.

1

SUR
SAN MARTIN 689
BUENOS AIRES

$ 2.— m/n.

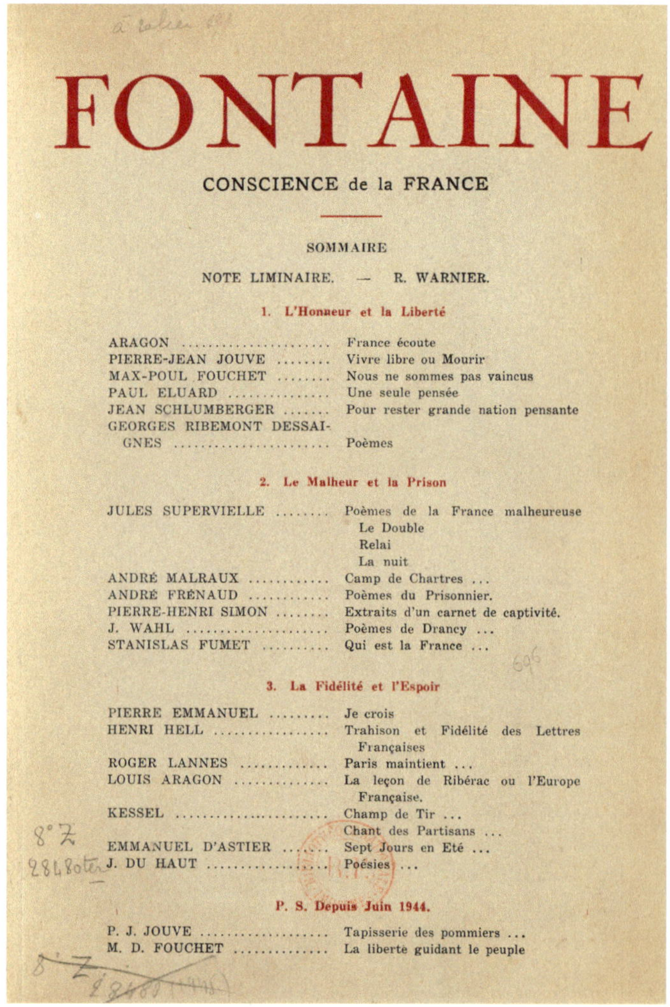

FONTAINE

CONSCIENCE de la FRANCE

SOMMAIRE

NOTE LIMINAIRE. — R. WARNIER.

1. L'Honneur et la Liberté

ARAGON	France écoute
PIERRE-JEAN JOUVE	Vivre libre ou Mourir
MAX-POUL FOUCHET	Nous ne sommes pas vaincus
PAUL ELUARD	Une seule pensée
JEAN SCHLUMBERGER	Pour rester grande nation pensante
GEORGES RIBEMONT DESSAIGNES	Poèmes

2. Le Malheur et la Prison

JULES SUPERVIELLE	Poèmes de la France malheureuse Le Double Relai La nuit
ANDRÉ MALRAUX	Camp de Chartres ...
ANDRÉ FRÉNAUD	Poèmes du Prisonnier.
PIERRE-HENRI SIMON	Extraits d'un carnet de captivité.
J. WAHL	Poèmes de Drancy ...
STANISLAS FUMET	Qui est la France ...

3. La Fidélité et l'Espoir

PIERRE EMMANUEL	Je crois
HENRI HELL	Trahison et Fidélité des Lettres Françaises
ROGER LANNES	Paris maintient ...
LOUIS ARAGON	La leçon de Ribérac ou l'Europe Française.
KESSEL	Champ de Tir ... Chant des Partisans ...
EMMANUEL D'ASTIER	Sept Jours en Eté ...
J. DU HAUT	Poésies ...

P. S. Depuis Juin 1944.

P. J. JOUVE	Tapisserie des pommiers ...
M. D. FOUCHET	La liberté guidant le peuple

cat. 241 **Premier numéro des *Lettres françaises*, 1er juillet 1941**

Paris, Bibliothèque nationale de France, département Littérature et Art, 8-Z-29762

Dirigées par Roger Caillois, les *Lettres françaises* sont des cahiers trimestriels de littérature française édités de 1941 à 1945 par la revue argentine *Sur* avec la collaboration d'écrivains français exilés ou restés en France. V. G.

cat. 242 **Revue *Fontaine*, numéro « Conscience de la France », 1944**

Paris, Bibliothèque nationale de France, département Littérature et Art, 8-Z-28480 (TER)

Créée à Alger en 1939 par Max-Pol Fouchet, devenue mensuelle à partir de 1941, la revue *Fontaine* devient, malgré la censure vichyste, une des principales parutions de la résistance intellectuelle. C'est dans *Fontaine* qu'est publié pour la première fois, en 1942, le poème *Liberté* de Paul Éluard. Le numéro ici présenté paraît à Rio de Janeiro et est destiné au continent américain. Il contient deux textes de Max-Pol Fouchet, dont le prénom est mal orthographié. Le premier, « Nous ne sommes pas vaincus », avait paru dans le no 10 de la revue à l'été 1940. Fouchet le rédigea avant d'avoir écho de l'appel du 18 juin. V. G.

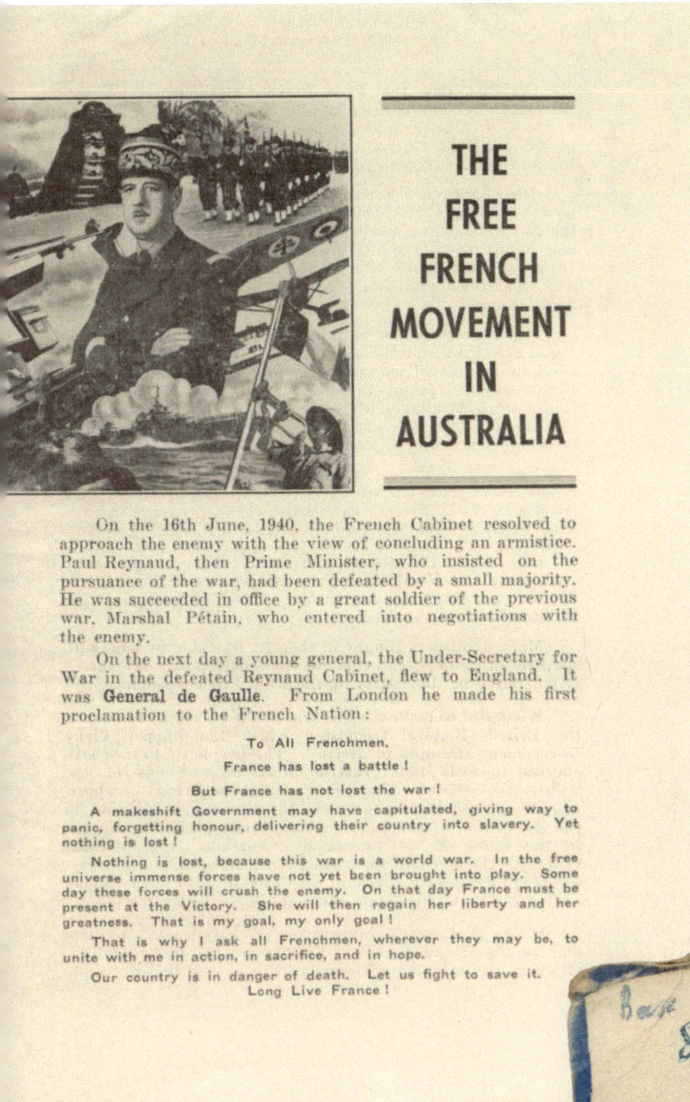

THE FREE FRENCH MOVEMENT IN AUSTRALIA

On the 16th June, 1940, the French Cabinet resolved to approach the enemy with the view of concluding an armistice. Paul Reynaud, then Prime Minister, who insisted on the pursuance of the war, had been defeated by a small majority. He was succeeded in office by a great soldier of the previous war, Marshal Pétain, who entered into negotiations with the enemy.

On the next day a young general, the Under-Secretary for War in the defeated Reynaud Cabinet, flew to England. It was **General de Gaulle**. From London he made his first proclamation to the French Nation:

To All Frenchmen.

France has lost a battle!

But France has not lost the war!

A makeshift Government may have capitulated, giving way to panic, forgetting honour, delivering their country into slavery. Yet nothing is lost!

Nothing is lost, because this war is a world war. In the free universe immense forces have not yet been brought into play. Some day these forces will crush the enemy. On that day France must be present at the Victory. She will then regain her liberty and her greatness. That is my goal, my only goal!

That is why I ask all Frenchmen, wherever they may be, to unite with me in action, in sacrifice, and in hope.

Our country is in danger of death. Let us fight to save it.

Long Live France!

cat. 243 **Tract « The Free French Movement in Australia »**
Nantes, Archives du ministère des Affaires étrangères, comité France libre d'Adélaïde, 814PO/1/1

cat. 244 **Agenda du Comité national français d'Égypte, 1944**
Paris, musée de la Libération de Paris – musée du général Leclerc – musée Jean Moulin / Paris Musées, 2018.8.1.1348

L'Égypte compte une importante communauté francophone et sert de lieu de permission aux Français libres durant la guerre du désert entre 1940 et 1943. Le comité local est donc très dynamique. V. G.

cat. 245 **Revues émises par les comités de la France libre dans le monde**

Nantes, Archives du ministère des Affaires étrangères, délégation du Comité national français puis du CFLN en Australie, 787PO/1/1

Présents sur l'ensemble des continents, les comités locaux de la France libre ont différents objectifs : rallier des volontaires pour les forces armées gaullistes et collecter des fonds pour financer le mouvement. Ils mènent aussi un véritable combat culturel en relayant la parole de la France libre auprès de l'opinion publique des États où ils sont installés. Les comités s'expriment à travers des moyens et supports variés, et les publications y trouvent toujours une place importante. V. G.

GENERAL de GAULLE
LEADER OF ALL FREE FRENCHMEN

SOUVENIR
Programme
ALLIES DAY
GRAND CONCERT
Sydney Town Hall
July 31, 1942

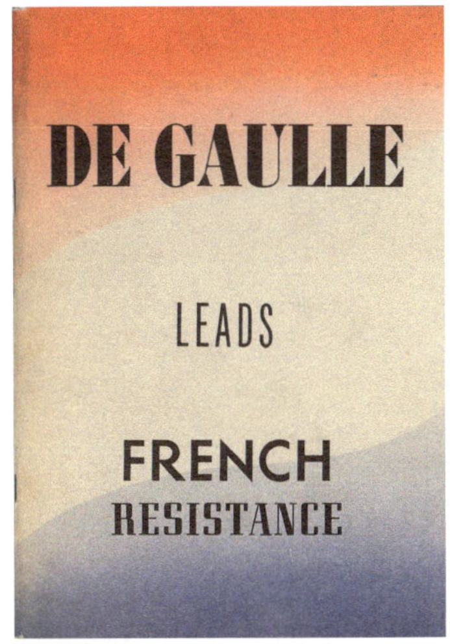
DE GAULLE
LEADS
FRENCH
RESISTANCE

Free France
Special Issue No. 3
Liberté, Egalité, Fraternité.
FRENCH RELATIONS WITH
SYRIA AND THE LEBANON
FRENCH PRESS & INFORMATION SERVICE, 501 MADISON AVE., NEW YORK 22, N. Y.

La Lettre
de la France Libre
NEWS OF THE FREE FRENCH MOVEMENT
14th July, 1942
SPECIAL NUMBER

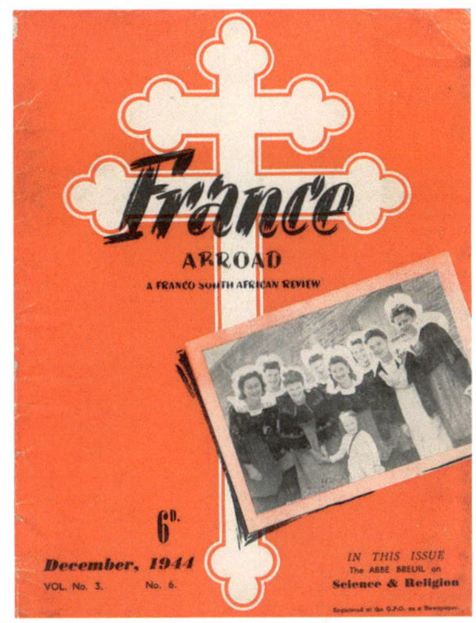
France
ABROAD
A FRANCO SOUTH AFRICAN REVIEW
6D.
December, 1944
VOL. No. 3.
No. 6.
IN THIS ISSUE
The ABBE BREUIL on
Science & Religion

PUBLICATION MENSUELLE
1RE ANNÉE Nº 7
SPÉCIAL
REVUE
DES
FRANÇAIS LIBRES DES INDES
SECTION
BOMBAY
DÉCEMBRE 1941

18 Juin 1940 -
18 Juin 1941
La France Libre par l'Image

Les arts et les sciences

cat. 246 **Maria Helena Vieira da Silva (1908-1992), *Le Désastre*, 1942**

Gouache sur carton, H. 79,5 ; L. 48,5 cm (avec cadre)
Paris, collection privée, courtesy Applicat-Prazan

Originaire du Portugal, Vieira da Silva étudie la peinture à Paris. En septembre 1939, elle se réfugie à Lisbonne afin de fuir les persécutions, puis gagne le Brésil en juin 1940. Après une acclimatation difficile, en dépit de l'aide d'amis écrivains sud-américains, elle bénéficie, en 1942, d'une exposition individuelle au musée national des Beaux-Arts de Rio de Janeiro. Réflexions magistrales sur l'exil et le conflit en cours, *L'Atelier de Lisbonne* (1939) et *Le Désastre ou la Guerre* (1942), dont cette gouache constitue une étude, sont particulièrement salués par la critique et notamment, *via* la revue *Alfar*, par Joaquín Torres García, proche du mouvement panaméricain et de la France libre en Uruguay. S. L. R.-B.

cat. 247 **Vassily Kandinsky (1866-1944), *Communauté*, 1942**
Huile sur carton, H. 50 ; L. 50 cm
Paris-Lisbonne, courtesy Galerie Jeanne Bucher Jaeger

Membre du Bauhaus et fondateur du Blaue Reiter, Kandinsky, peintre d'origine russe naturalisé allemand, est contraint de fuir l'Allemagne en 1933 en raison des persécutions nazies. Installé à Paris, il est naturalisé français en 1939, ce qui lui permet d'échapper aux mesures visant les ressortissants étrangers, mais sa situation devient précaire. Il parvient à cacher une partie de ses œuvres en zone sud lors de l'avancée allemande en 1940. En février 1942, Kandinsky offre *Communauté* à sa galeriste Jeanne Bucher, qui le soutient dans cette période de crise. Compartimentée en cinq espaces, cette œuvre, qui semble s'inspirer des arts premiers, met en abyme des créatures étranges évoquant des poissons, insectes exotiques, voile et mât. Témoignage de reconnaissance, cette œuvre manifeste aussi une communauté de pensée et la solidarité de l'artiste comme de sa galeriste envers les exilés. S. L. R.-B.

cat. 248 **Catalogue d'exposition *A Fighting French Exhibition. The Spirit of France*, Londres, Fighting French Forces Exhibition Department, 1941**

Nantes, Archives du ministère des Affaires étrangères, délégation du Comité national français puis du CFLN en Australie, 787PO/1/1

Afin de donner une cohérence aux expositions organisées dans les différents pays d'implantation des comités de la France libre, le service des expositions de la France combattante à Londres met en place des contenus susceptibles d'être déclinés à partir des collections et ressources disponibles localement. Sous l'égide de *L'Ange au sourire* de la cathédrale de Reims et de *La Marseillaise* de Rude, qui ornent la couverture de son catalogue, l'exposition « The Spirit of France » propose ainsi un socle référentiel commun ancré dans l'histoire culturelle et politique française au long cours, incluant son empire colonial et pouvant être adapté par les comités. S. L. R.-B.

cat. 249 **Revue *Lettres françaises*, n° 2, Buenos Aires, Sur, octobre 1941**

Paris, Chancellerie des universités de Paris - bibliothèque littéraire Jacques-Doucet, Ai I 8

Fondée à Buenos Aires par Roger Caillois et paraissant à compter de juillet 1941, la revue *Lettres françaises* propose des cahiers trimestriels de littérature française, édités par les soins de la revue *Sur* de Virginia Ocampo, avec la collaboration d'écrivains français résidant en France et à l'étranger. Une édition anthologique de textes parus dans les numéros 1 à 7/8 est publiée à Londres pour diffusion clandestine en France, sous forme d'un fascicule in-16. L'exemplaire reproduit ici est l'édition miniature offerte par la *Revue du monde libre*. S. L. R.-B.

LOUIS JOUVET y MADELEINE OZERAY
en Arnolphe y Agnès (ECOLE des FEMMES)

REPERTORIO DE LA TEMPORADA

TESSA
Comédie en 3 actes de Margaret Kennedy et
Basil Dean
Adaptation française de Jean GIRAUDOUX

L'ANNONCE FAITE A MARIE
Piece en 4 actes de Paul CLAUDEL

LE MÉDECIN MALGRÉ LUI
Comédie en 3 actes de MOLIERE

L'OCCASION
Comédie en 1 acte de MERIMEE

ON NE BADINE PAS AVEC L'AMOUR
Comédie en 3 actes de Alfred de MUSSET

JUDITH
Comédie en 3 actes de Jean GIRAUDOUX

LA BELLE AU BOIS
Comédie en 3 actes de Jules SUPERVIELLE

LEOPOLD LE BIEN-AIMÉ
Comédie en 3 actes de Jean SARMENT

ONDINE
Comédie en 3 actes de Jean GIRAUDOUX

L'APOLLON DE MARSAC
Comédie inédite en 1 acte de Jean GIRAUDOUX

cat. 250 **Programme du Teatro Ateneo, Buenos Aires, 1942**

Nantes, Archives du ministère des Affaires étrangères, ambassade de France à Buenos Aires, 132PO/3/52

Directeur du théâtre de l'Athénée, Louis Jouvet s'installe en zone non occupée puis emmène sa troupe en Amérique du Sud en 1941 dans le cadre d'une tournée officiellement avalisée par le gouvernement de Vichy. La troupe se produit à Buenos Aires (Argentine), mais aussi à Montevideo (Uruguay), à São Paulo et à Rio de Janeiro (Brésil). Sous la pression des comités de la France libre et d'une partie de l'opinion emmenée par l'alignement sud-américain derrière les États-Unis, la tournée se poursuit sous la bannière de la France libre à partir de l'automne 1942 à travers le Chili, le Pérou, l'Équateur, la Colombie, le Venezuela, Cuba et Haïti avant d'atteindre le Mexique en 1944. S. L. R.-B.

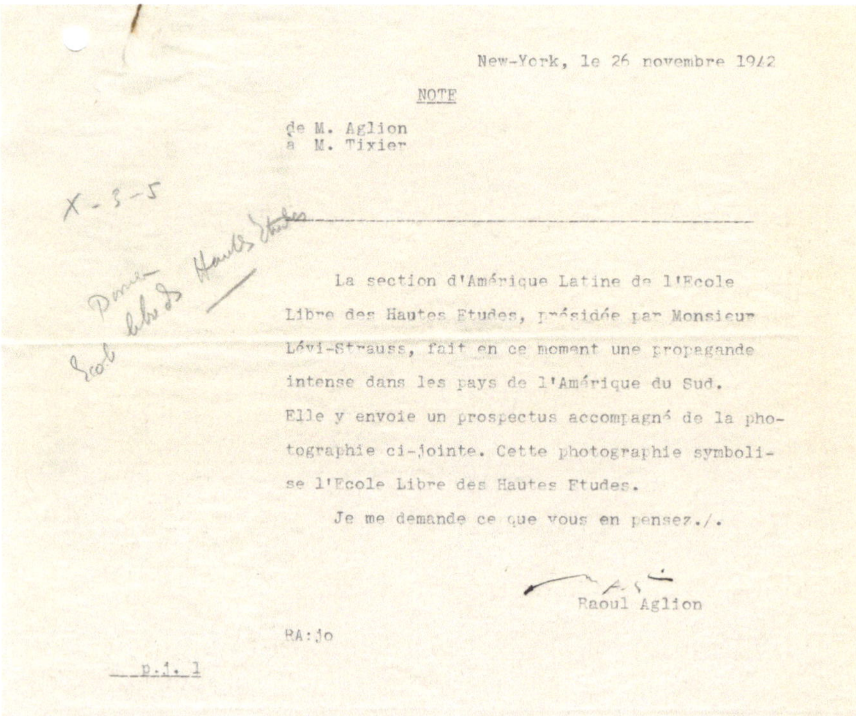

New-York, le 26 novembre 1942

NOTE

de M. Aglion
à M. Tixier

La section d'Amérique Latine de l'Ecole Libre des Hautes Etudes, présidée par Monsieur Lévi-Strauss, fait en ce moment une propagande intense dans les pays de l'Amérique du Sud. Elle y envoie un prospectus accompagné de la photographie ci-jointe. Cette photographie symbolise l'Ecole Libre des Hautes Etudes.

Je me demande ce que vous en pensez./.

Raoul Aglion

RA:jo

p.j. 1

251

cat. 251-252 **Raoul Aglion (1904-2004), note sur la diffusion en Amérique du Sud d'une affiche sur l'École libre des hautes études, New York, 29 septembre 1942**

Nantes, Archives du ministère des Affaires étrangères, délégation du Comité national français puis du CFLN aux Etats-Unis, 737PO/3/34

En août 1942, Henri Focillon vient inaugurer à Buenos Aires ce qui est présenté comme une branche de l'École libre des hautes études de New York. Dans le cadre de la création de cette antenne argentine puis d'une autre, restée à l'état de projet, en Uruguay, un prospectus circule accompagné de la photographie des auditeurs de l'école ainsi que de ses principaux fondateurs, le juriste Boris Mirkine-Guetzévitch (1892-1955), le byzantiniste belge Henri Grégoire (1881-1964), l'ethnologue Claude Lévi-Strauss (1908-2009) et l'historien des sciences Alexandre Koyré (1892-1964), incarnant la pluridisciplinarité de l'école.
S. L. R.-B.

252

Conclusion

cat. 253 **André Masson (1896-1987), *Oradour (La douleur)*, 1944**
Huile sur toile, H. 82 ; L. 97 cm (avec cadre)
Collection particulière

Gros plan sur un visage androgyne figé dans un rictus de souffrance, ponctué de touches rouges dans les narines et aux angles, *Oradour (La douleur)* est sans doute l'un des œuvres les plus poignantes inspirées à Masson par les échos tragiques de la guerre. Le 10 juin 1944, le village d'Oradour-sur-Glane est le théâtre du massacre de sa population par un détachement issu de la division SS « Das Reich ». La nouvelle de cette exaction se répand en France et à l'étranger *via* des photographies envoyées à Londres par la France libre. S. L. R.-B.

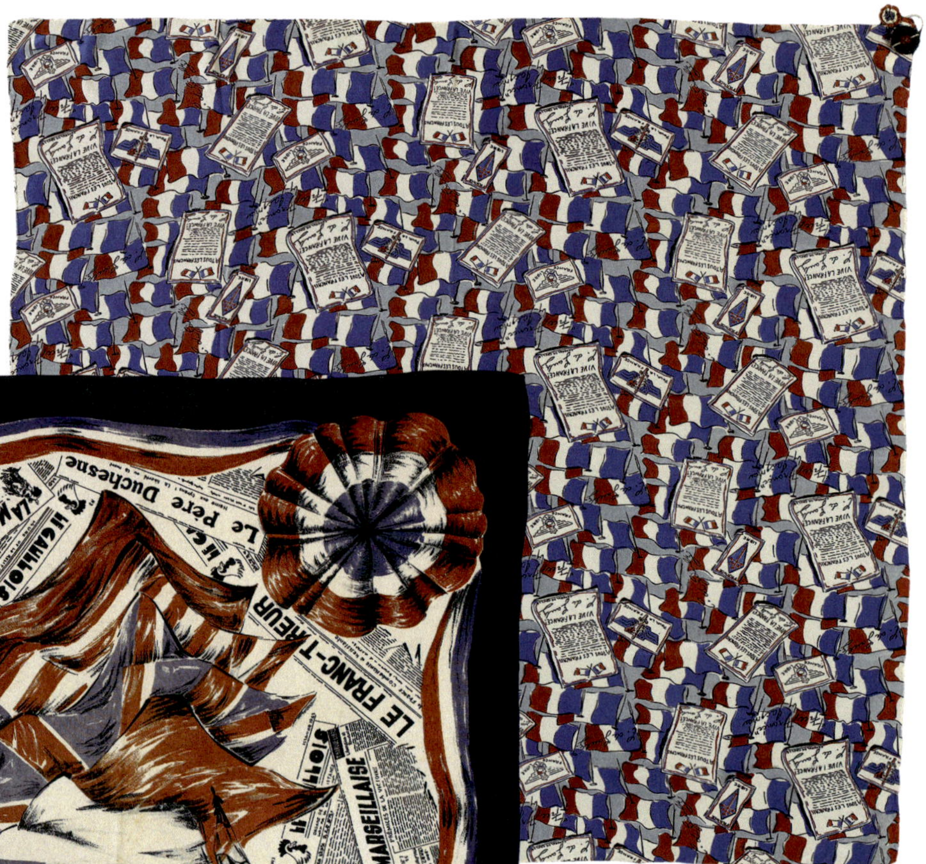

255

254

cat. 254-255 **Foulards « La Résistance » et « Appel à tous les Français »**

Crêpe de rayonne, H. 79 ; L. 81 cm et taffetas de soie crêpé, H. 90 ; L. 95 cm
Paris, Palais Galliera – musée de la Mode de la Ville de Paris, GAL2003.1.6 et GAL 2001.83.X.ABC

La maison Jacqmar est créée à Londres en 1932 par Jack et Mary Lyons. Ces derniers vendent leur production aux grands couturiers parisiens dans l'entre-deux-guerres et deviennent les fournisseurs de la famille royale comme de la haute société. Jacqmar produit des foulards de propagande tout au long du conflit, célébrant hommes et femmes servant sur le front domestique et combattants. Il met par ailleurs en avant l'unité entre Alliés. Le foulard « Appel à tous les Français » rend hommage à la Résistance extérieure. Contrepoint à cette production de luxe, sont produits sur des tissus moins onéreux que la soie, notamment la rayonne, des foulards patriotiques célébrant la diversité de la Résistance intérieure, tel le foulard « La Résistance ». S. L. R.-B.

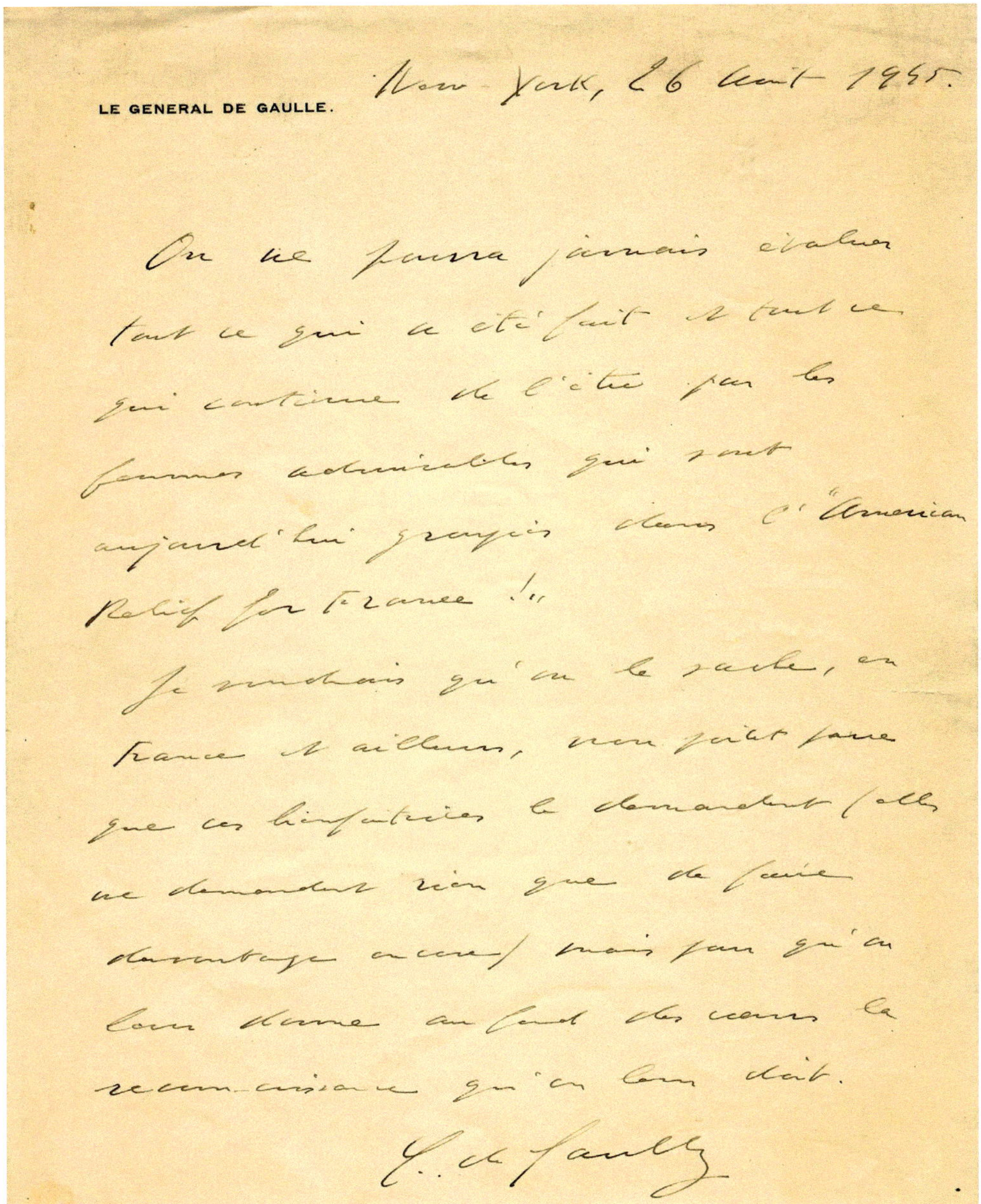

LE GENERAL DE GAULLE.

New-York, 26 août 1945.

On ne pourra jamais évaluer tout ce qui a été fait et tout ce qui continue de l'être par les femmes admirables qui sont aujourd'hui groupées dans l'"American Relief for France".

Je voudrais qu'on le sache, en France et ailleurs, non point parce que ces bienfaitrices le demandent (elles ne demandent rien que de faire davantage encore) mais pour qu'on leur donne au fond des cœurs la reconnaissance qu'on leur doit.

C. de Gaulle

cat. 256 **Lettre autographe du général de Gaulle sur le rôle des femmes de l'American Relief for France, 26 août 1945**

Paris, musée de l'Ordre de la Libération, N483

Agence privée du National War Fund, l'American Relief for France (ARF) apporte son aide à la reconstruction de la France. Charles de Gaulle n'ayant pas autorisé l'Administration des Nations unies pour le secours et la reconstruction à organiser un programme en France, l'ARF, devenue American Aid to France (AAF) en 1944, devient le principal organisme d'aide volontaire étranger jusqu'en 1956. Ratifié par le Congrès des États-Unis le 4 juin 1919, le droit de vote des femmes entre en vigueur en France le 21 avril 1944, dans un contexte similaire de sortie de guerre et de reconnaissance accrue de leur rôle, manifeste de cette lettre du général de Gaulle. S. L. R.-B.

cat. 257 **Varian Fry, *Surrender on Demand* [« Livrer sur demande »], 1945**

Paris, musée de l'Armée, BIB. 40857

La couverture ci-dessus est celle de la première édition du récit de Varian Fry *Surrender on Demand*, publiée aux États-Unis chez Random House en 1945. Dès la fin de la guerre, Varian Fry livre le récit de son action à Marseille dans le cadre de l'Emergency Rescue Committee (ERC). La question des restrictions américaines en matière de visas, dénoncée par Fry, est alors censurée. Il faudra attendre plusieurs décennies pour qu'une traduction française soit publiée en France (*La Liste noire*, Plon, 1999). C'est cette édition qui est présentée dans l'exposition « Un exil combattant ». C. L.

cat. 258 **Premier numéro du périodique *Elle*, 21 novembre 1945**

Paris, Palais Galliera – musée de la Mode de la Ville de Paris, GALPER-ELLE1945-11-21

Forte de ses expériences dans la presse américaine durant son exil aux États-Unis, Hélène Lazareff fonde à son retour le premier magazine féminin en France, *Elle*. À l'écoute des centres d'intérêt des femmes de son époque, elle développe aussi bien des sujets de mode et de cuisine – ou comment vivre en femme libre et moderne malgré le rationnement – que de société et d'actualité. C. L.

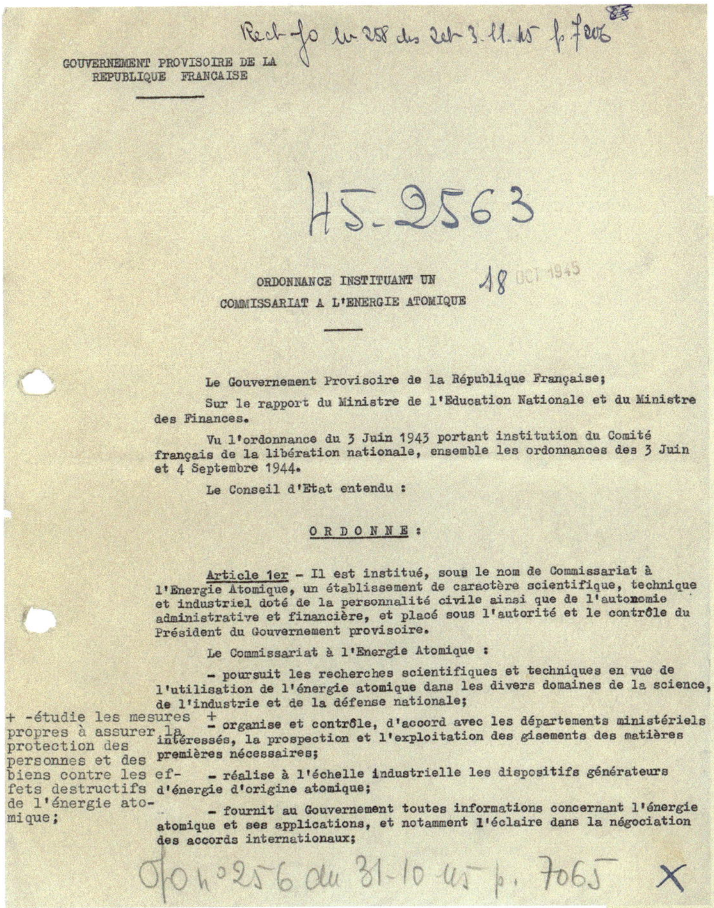

GOUVERNEMENT PROVISOIRE DE LA
REPUBLIQUE FRANCAISE

45-2563

ORDONNANCE INSTITUANT UN
COMMISSARIAT A L'ENERGIE ATOMIQUE

18 OCT 1945

Le Gouvernement Provisoire de la République Française;

Sur le rapport du Ministre de l'Education Nationale et du Ministre des Finances.

Vu l'ordonnance du 3 Juin 1943 portant institution du Comité français de la libération nationale, ensemble les ordonnances des 3 Juin et 4 Septembre 1944.

Le Conseil d'Etat entendu :

O R D O N N E :

Article 1er – Il est institué, sous le nom de Commissariat à l'Energie Atomique, un établissement de caractère scientifique, technique et industriel doté de la personnalité civile ainsi que de l'autonomie administrative et financière, et placé sous l'autorité et le contrôle du Président du Gouvernement provisoire.

Le Commissariat à l'Energie Atomique :

– poursuit les recherches scientifiques et techniques en vue de l'utilisation de l'énergie atomique dans les divers domaines de la science, de l'industrie et de la défense nationale;

+ -étudie les mesures propres à assurer la protection des personnes et des biens contre les effets destructifs de l'énergie atomique;

– organise et contrôle, d'accord avec les départements ministériels intéressés, la prospection et l'exploitation des gisements des matières premières nécessaires;

– réalise à l'échelle industrielle les dispositifs générateurs d'énergie d'origine atomique;

– fournit au Gouvernement toutes informations concernant l'énergie atomique et ses applications, et notamment l'éclaire dans la négociation des accords internationaux;

JO n°256 du 31-10-45 p. 7065 X

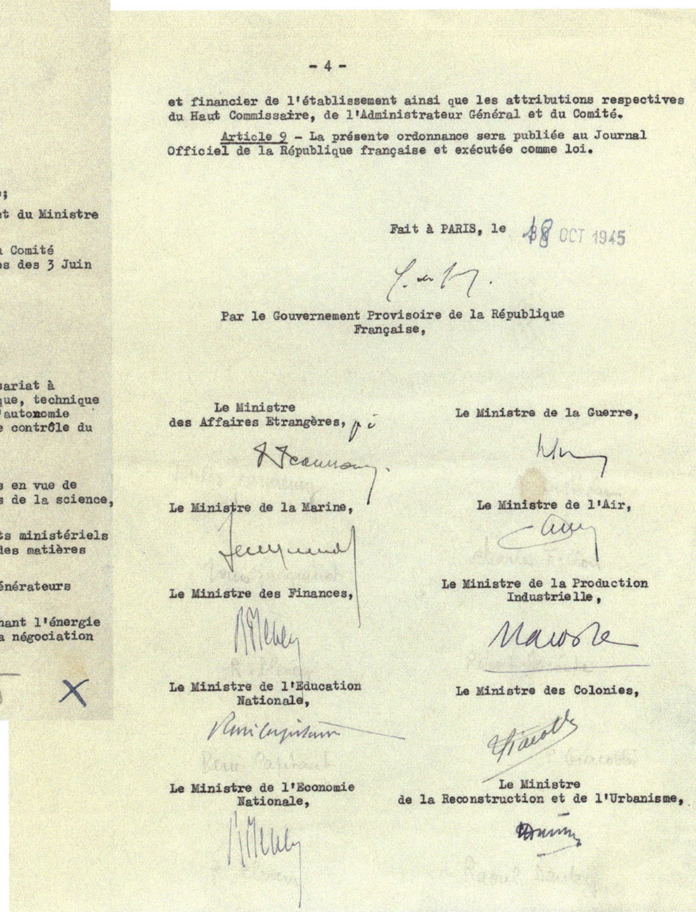

– 4 –

et financier de l'établissement ainsi que les attributions respectives du Haut Commissaire, de l'Administrateur Général et du Comité.

Article 9 – La présente ordonnance sera publiée au Journal Officiel de la République française et exécutée comme loi.

Fait à PARIS, le 18 OCT 1945

Par le Gouvernement Provisoire de la République Française,

Le Ministre des Affaires Etrangères, p.i

Le Ministre de la Guerre,

Le Ministre de la Marine,

Le Ministre de l'Air,

Le Ministre des Finances,

Le Ministre de la Production Industrielle,

Le Ministre de l'Education Nationale,

Le Ministre des Colonies,

Le Ministre de l'Economie Nationale,

Le Ministre de la Reconstruction et de l'Urbanisme,

cat. 259 **Ordonnance instituant un Commissariat à l'énergie atomique, 18 octobre 1945**

Pierrefitte-sur-Seine, Archives nationales, 19780549/4

À la demande de Charles de Gaulle, le Commissariat à l'énergie atomique (CEA) est créé le 18 octobre 1945. Destiné à poursuivre la recherche sur l'énergie nucléaire entamée avant la guerre, le CEA compte parmi ses membres des scientifiques français exilés pendant la guerre qui ont ainsi pu poursuivre leurs travaux, notamment sur la fission de l'atome. C. L.

260

cat. 260-261 **Lucien Hervé (1910-2007), *La construction du siège de l'Unesco* (façade sud-ouest, bâtiment du secrétariat et détail de la *Spirale* d'Alexander Calder à l'extérieur du bâtiment des conférences), 1958**

Tirages modernes au gélatino-bromure d'argent, H. 23,6 ; L. 16,5 cm et H. 17,5 ; L. 20,5 cm
Paris, Unesco, collection des œuvres d'art, inv. 2022.1.683.12 et 2022.1.683.18

L'Organisation des Nations unies pour l'éducation, la science et la culture (Unesco) est créée à Londres, sous l'égide de l'ONU, le 16 novembre 1945. Sur proposition de Léon Blum, son siège est installé à Paris, ce qui confirme le rôle culturel de la France dans le monde. Il s'établit d'abord à l'hôtel Majestic, le bâtiment actuel n'étant inauguré qu'en 1958. Le photographe hongrois László Elkán, naturalisé français en 1937, est fait prisonnier durant la campagne de France. Évadé, il s'engage dans le maquis du Vercors sous le nom de Lucien Hervé. C. L.

261

ill. 47 **Eleanor Roosevelt et la Déclaration universelle des droits de l'homme, 1949**

En 1945 est mise en place une commission préparatoire présidée par Eleanor Roosevelt, veuve du président américain, avec pour membres les anciens Français libres Henri Laugier et René Cassin, ainsi que le juriste canadien John Peters Humphrey. Cette commission préparatoire propose la création d'une Commission permanente des droits de l'homme qui voit le jour le 23 juin 1946 et qui est à l'origine de la rédaction et de l'approbation de la Déclaration universelle des droits de l'homme. Le 10 décembre 1948, l'Assemblée générale de l'ONU adopte au palais de Chaillot, à Paris, la Déclaration universelle des droits de l'homme. V. G.

cat. 262 **Henri Matisse (1869-1954), *Marguerite V*, 1944-1945**
Lithographie sur papier BFK Rives, H. 46 ; L. 29,1 cm (image) ; H. 50 ; L. 32,5 cm (feuille)
Nice, musée Matisse, 63.4.121, don des héritiers de l'artiste, 1963

cat. 263 **Henri Matisse (1869-1954), *Visage du retour*, 1944-1945**
Lithographie, H. 54 ; L. 41 cm (feuille)
Paris, musée de l'Armée, 2024.60.1, don de Barbara Duthuit en mémoire de Marguerite Duthuit, 2024

Après le départ de son mari Georges Duthuit et de leur fils Claude (né en 1931) pour New York, Marguerite Matisse (1894-1982), fille aînée du peintre, intègre le Front national clandestin et les Francs-tireurs et partisans, où elle sert comme agent de liaison. Arrêtée par la Gestapo en avril 1944, elle est emprisonnée et torturée à Rennes puis embarquée en août 1944 dans l'un des derniers convois de déportation, dit « train de Langeais ». Elle s'en échappe à la faveur d'un bombardement. Après plusieurs semaines de clandestinité dans les Vosges, Marguerite rejoint Paris en octobre 1944 et retrouve son père à Vence en janvier 1945. Une série de dessins au fusain, plus tard lithographiés, immortalise les retrouvailles de l'artiste, anéanti par la découverte des épreuves subies par sa fille, avec cette dernière, dont le « visage de retour », tuméfié, garde les stigmates des tortures, tout en semblant rajeuni. S. L. R.-B.

cat. 264 **Wifredo Lam, *L'Indésirable*, 1962**
Huile sur toile, H. 146 ; L. 215 cm
Paris Musées / Musée d'Art moderne, AMVP 1767

Le terme d'« indésirable » apparaît dans les textes juridiques français dans l'exposé des motifs des décrets-lois de mai et novembre 1938 traitant de la naturalisation et des étrangers en situation irrégulière. Le contrôle des « indésirables » passe par l'assignation à résidence dans des camps d'internement. En 1939-1940, cette notion infamante connaît de nouvelles extensions. Non seulement les ressortissants des nations ennemies, réfugiés juifs allemands ou autrichiens ayant souvent fui le nazisme, mais aussi les communistes, puis les Tziganes et enfin les Juifs visés par la « loi sur les ressortissants étrangers de race juive » d'octobre 1940 sont désormais subsumés sous ce terme. Les intentions de Wifredo Lam lorsqu'il peint, en 1962, *L'Indésirable* ne sont pas connues. Ce titre a pu être attribué à l'œuvre par ses proches. Possible réminiscence des poussées xénophobes liées à la montée des totalitarismes, à la guerre d'Espagne et à la Seconde Guerre mondiale, il pourrait faire écho à la résurgence, officieuse, de ce terme durant la guerre d'Algérie. S. L. R.-B.

cat. 265 **Wifredo Lam (1902-1982), *Sans titre*, 1967 (impression) et 1971 (publication)**

Lithographie en quatre couleurs issue du portfolio *Flight*, publié par l'International Rescue Committee, New York, en hommage à Varian Fry, et imprimé par Mathieu, à Zurich, H. 73,5 ; L. 55,5 cm
Paris, collection particulière

Conçue par Lam à partir de 1966, cette lithographie s'inscrit dans un portfolio de onze lithographies et d'une sérigraphie associant Eugène Berman, Alexander Calder, Marc Chagall, Maria Helena Vieira da Silva, Adolph Gottlieb, Wifredo Lam, Jacques Lipchitz, André Masson, Joan Miró, Robert Motherwell, Édouard Pignon et Fritz Wotruba.
Le portofolio *Flight* a été publié pour le trentième anniversaire de la création de l'Emergency Rescue Committee en 1940, dont le journaliste Varian Fry (1907-1967) a été l'envoyé à Marseille d'août 1940 jusqu'à son expulsion par le régime de Vichy en septembre 1941, après que les autorités consulaires américaines lui eurent confisqué son passeport, le gouvernement des États-Unis se tenant alors dans une position de neutralité. Fry parvint à aider plus de 2 200 personnes, dont un grand nombre d'intellectuels, artistes et écrivains antinazis, à fuir l'Europe. En décembre 1942, il publia dans *The New Republic* un article intitulé « Le massacre des Juifs en Europe », tentant de sensibiliser l'opinion américaine sur le génocide en cours. Son action n'a été pleinement reconnue en France qu'à partir de 1999, date de la parution de la traduction française de son livre *Surrender on Demand* (1945). S. L. R.-B.

cat. 266 **André Masson (1896-1987), *Niobé*, 1947**

Huile sur toile, H. 178,2 ; L. 140,8 cm
Lyon, musée des Beaux-Arts, dépôt du Centre Pompidou, Musée national d'art moderne/
Centre de création industrielle, 1967-249

Niobé, reine de Thèbes, perd tragiquement ses quatorze enfants, tués par Apollon et Artémis pour venger leur mère. Submergée par la douleur, elle se transforme en rocher, d'où ne cessent de couler ses larmes. Le corps déjà minéralisé de Niobé, tenant un enfant mort sur ses genoux, forme l'axe de ce tableau présentant une pietà laïque sublimée par le mythe.
Pour cette œuvre pivot dans un processus de détachement de la guerre, Masson réélabore une illustration initialement créée en dialogue avec *Le Serpent dans la galère* de Georges Duthuit en 1945. Évoquant la Libération, son cortège de joies mais aussi de douleurs irréparables, de vengeances et d'exactions, ce dernier décrivait : « Il y avait, pour le divertissement du guerrier, des Niobé à genoux sur le bord du talus, hurlant de désespoir. » S. L. R.-B.

Orientations bibliographiques

Ouvrages

ALBERTELLI Sébastien, *Elles ont suivi de Gaulle. Histoire du corps des volontaires françaises*, Paris, Perrin/Ministère des Armées, 2020.

AMANDRY Pierre, « Notice sur la vie et les travaux de M. Daniel Schlumberger, membre de l'Académie », *Comptes rendus des séances de l'Académie des inscriptions et belles-lettres*, 122e année, n° 2, 1978, p. 482-497.

ASSAYAS Olivier et BOSC Adrien, *Un voyage. Marseille-Rio 1941*, Paris, Stock, 2019.

AYERZA DE CASTILHO Laura et FELGINE Odile, *Victoria Ocampo*, Paris, Critérion, 1991.

CAMBON Pierre, *Paris-Tokyo-Begrâm. Hommage à Joseph Hackin (1886-1941)*, Paris, ERC, 1986.

CAMBON Pierre, GIRAUDIER Vincent et TROUPLIN Vladimir (dir.), *De l'Asie à la France libre. Joseph et Marie Hackin, archéologues et Compagnons de la Libération*, Paris, Lienart, 2018.

CAWS Mary Ann (dir.), *Maria Jolas, Woman of Action : A Memoir and Other Writings*, Columbia, University of South Carolina Press, 2004.

CHAUBET François et LOYER Emmanuelle, « L'École libre des hautes études de New York : exil et résistance intellectuelle (1942-1946) », *Revue historique*, n° 616, décembre 2000, p. 939-972.

CORNIL-FRERROT Sylvain et OULMONT Philippe (dir.), *Les Français libres et le monde*, actes du colloque international des 22 et 23 novembre 2013 au musée de l'Armée, Paris, Nouveau Monde éditions, 2015.

COURTEAUX Olivier, *Le Canada entre Vichy et la France libre, 1940-1945*, Québec, Presses de l'université Laval, 2015.

CRÉMIEUX-BRILHAC Jean-Louis, *De Gaulle, la République et la France libre, 1940-1945*, Paris, Perrin, 2014.

DOSSO Diane, « La France libre et la politique de recherche – New York, 1941-1944 », dans Alain CHATRIOT et Vincent DUCLERT (dir.), *Le Gouvernement de la recherche. Histoire d'un engagement politique, de Pierre Mendès France au général de Gaulle (1953-1969)*, Paris, La Découverte, 2006, p. 115-131.

DOSSO Diane, « Louis Rapkine (1904-1948) et la mobilisation scientifique de la France libre », thèse de doctorat de l'université Paris-Diderot, sous la direction de Dominique Pestre, 1998.

DOSSO Diane, « Louis Rapkine et les savants de la France libre à l'aube de l'ère atomique », dans Céline JURGENSEN et Dominique MONGIN (dir.), *Résistance et dissuasion. Des origines du programme nucléaire à nos jours*, Paris, Odile Jacob, 2018, p. 116-140.

DURANTON-CRABOL Anne-Marie, *Alvin Johnson et Varian Fry. Au secours des savants et artistes européens, 1933-1945*, Paris, Michel Houdiard, 2002.

EDELMANN Frédéric, « Un exceptionnel érudit », *Le Monde*, 25 février 2000.

ELENGA Armand, *Camp Colonna d'Ornano. Le Saint-Cyr de la France libre à Brazzaville*, Paris, L'Harmattan, 2020.

FRIEDLANDER Judith, *A Light in Dark Times. The New School for Social Research and Its University in Exile*, New York, Columbia University Press, 2023.

GELIN Mathilde, « L'Institut français d'archéologie de Beyrouth, 1946-1977 », *Syria*, vol. 82, 2005, p. 279-329.

GLÂTRE Patrick et MONCORGÉ Mathias, *Jean Gabin*, Paris, Éditions de La Martinière, 2022.

GRAMMONT Claudine (dir.), *Pierre Matisse. Un marchand d'art à New York*, Paris, Bernard Chauveau, 2021.

GUILLOUX Tristan, *Modernités sous l'Équateur. Architectures coloniales à Brazzaville*, mémoire de fin d'études de l'école d'architecture de Lyon, 1997.

HASEY John F. (en collaboration avec Joseph F. DINNEEN), *Yankee Fighter. The Story of an American in the Free French Foreign Legion*, Boston, Little, Brown and Co., 1942.

HEURGON Jacques, « Allocution à l'occasion de la mort de M. Roman Ghirshman, membre de l'Académie », *Comptes rendus des séances de l'Académie des inscriptions et belles-lettres*, 123e année, n° 3, 1979, p. 430-435.

ISOART Paul, « Le mythe gaullien de Brazzaville », *Espoir*, n° 64, sept. 1968, p. 11-23.

JACKSON Julian, *De Gaulle. Une certaine idée de la France*, Paris, Seuil, 2019.

JEANPIERRE Laurent, *Des hommes entre plusieurs mondes. Étude sur une situation d'exil. Intellectuels français réfugiés aux États-Unis pendant la Deuxième Guerre mondiale*, Paris, EHESS, 2004.

JENNINGS Éric, *La France libre fut africaine*, Paris, Perrin, 2014.

JENNINGS Éric, *Les Bateaux de l'espoir. Vichy, les réfugiés et la filière martiniquaise*, Paris, CNRS Éditions, 2020.

LAURIÈRE Christine, *Paul Rivet. Le savant et le politique*, Paris, Muséum national d'Histoire naturelle, 2008.

LAWREY John, « The Cross of Lorraine in the South Pacific. Australia and the Free French Movement 1940-1942 », *The Journal of Pacific History*, Canberra, 1982.

LECOMBRE Sylvain, *Ossip Zadkine. L'œuvre sculpté*, Paris, Paris Musées, 1994.

LEFÈBVRE Bernard, dit ELLEBÉ, *Avec de Gaulle en Afrique*, Luneray, Bertout, 1990.

LOYER Emmanuelle, *Paris à New York. Intellectuels et artistes français en exil, 1940-1947*, Paris, Grasset, 2005.

LUNEAU Aurélie, *Radio Londres. 1940-1944, les voix de la liberté*, Paris, Perrin, 2005.

MARCHAL Gaston-Louis, *Ossip Zadkine. La sculpture, toute une vie*, Rodez, Éditions du Rouergue, 1992.

MEHLMAN Jeffrey, *Émigrés à New York. Les intellectuels français à Manhattan, 1940-1944*, Paris, Albin Michel, « Bibliothèque Albin Michel Idées », 2005.

MONTEIL Claudine, *Ève Curie. L'autre fille de Pierre et Marie Curie*, Paris, Odile Jacob, 2016.

MORELLE Chantal et JAKOB Pierre, *Henri Laugier. Un esprit sans frontières*, Bruxelles, Bruylant, 1997.

MUNHOLLAND Kim, « The Trials of the Free French in New Caledonia, 1940-1942 », *French Historical Studies*, vol. 14, n° 4, 1986, p. 547-579.

NETTELBECK Colin, *Forever French : Exile in the United States, 1939-1945*, Oxford, Berg, 1991.

NORA Pierre (dir.), *Les Lieux de mémoire*, t. I : *La République*, Paris, Gallimard, « Bibliothèque illustrée des histoires », 1984.
OLIVIER-UTARD Françoise, *Politique et archéologie. Histoire de la Délégation archéologique française en Afghanistan (1922-1982)*, Paris, Éditions Recherche sur les civilisations, 1997.
PAULVÉ Dominique, *Marie Cuttoli. Myrbor et l'invention de la tapisserie moderne*, Paris, Éditions Norma, 2010.
PERRAULT Gilles, « Henri Curiel, citoyen du tiers-monde », *Le Monde diplomatique*, avril 1998.
REGNAULT Jean-Marc, « La France libre, Vichy et les Américains : des relations difficiles dans le Pacifique en guerre. L'exemple des îles Wallis et Futuna (1940-1942) », *Outre-mers*, vol. 91, n° 344-345, 2004, p. 181-200.
ROE Teiva, « Les Français d'Australie et la France libre (1940-1944) », *Outre-mers*, vol. 95, n° 360-361, 2008, p. 209-222.
ROLLAND Denis, « Politique, culture et propagandes françaises en Argentine, l'univers de Roger Caillois entre 1939 et 1944 », dans Jean-Clarence LAMBERT (dir.), *Roger Caillois*, Paris, Éditions de La Différence, « Les Cahiers de Chronos », 1991, p. 404-422.
RUTKOFF Peter et SCOTT William, « The French in New York : Resistance and Structure », *Social Research*, vol. 50, n° 1, 1983, p. 185-214.
TOULIER Bernard, *Brazzaville-la-Verte, Congo*, Nantes, Association pour le développement de l'Inventaire général, « Images du patrimoine », 1996.
TOULIER Bernard, « Les lieux de mémoire de "l'homme de Brazzaville" », dans *De Gaulle, l'homme de Brazzaville*, Paris, Mazarin/Michel Aveline, 1996, p. 15-66.
TROUPLIN Vladimir, *Dictionnaire des compagnons de la Libération*, Bordeaux, Elytis, 2022.
VAÏSSE Maurice (dir.), *De Gaulle et l'Amérique latine*, Rennes, Presses universitaires de Rennes, 2014.
WILL Ernest, « Daniel Schlumberger (19 décembre 1904-21 octobre 1972) », *Syria*, vol. 50, fascicule 3-4, 1973, p. 266-276.
ZOLBERG Aristide R., en collaboration avec Agnès CALLAMARD, « The École Libre at the New School, 1941-1946 », *Social Research*, vol. 65, n° 4, 1998, p. 921-951.

Sources

*Les ouvrages suivis de * appartiennent aux collections de la médiathèque du musée de l'Armée et sont présentés dans l'exposition. Les ouvrages suivis de ** font partie d'une collection particulière.*

AGLION Raoul, *L'Épopée de la France combattante*, New York, Éditions de la Maison Française, 1943*.
BARRÈS Philippe, *Charles de Gaulle*, New York, Hachette (The Continental Publishers and Distributors Ltd), 1941**.
BÉNÉDITE Daniel, *Un chemin vers la liberté sous l'occupation*, Paris, Éditions du Félin/Résistance, 2017.
BERNANOS Georges, *Lettre aux Anglais*, Rio de Janeiro, Atlantica Editora, 1942.
CUNARD Nancy (dir.), *Poems for France*, Londres, La France libre, 1944.
CURIE Ève, *They Speak for a Nation. Letters from France*, New York, Doubleday, 1941*.
DE KÉRILLIS Henri, *De Gaulle dictateur*, Montréal, Beauchemin, 1945.
DEKOBRA Maurice, *Émigrés de luxe*, New York, Brentano's, 1941.
DE MIRIBEL Élisabeth, *La liberté souffre violence*, Paris, Cerf, 2010.
ÉBOUÉ Félix, *La Nouvelle Politique indigène pour l'Afrique-Équatoriale française*, Paris, Office français d'édition, 1945.
FERNAND-LAURENT, *Un peuple ressuscité*, New York, Brentano's, 1943*.
French Drawings and Water Colors, cat. exp., San Francisco, M. H. de Young Memorial Museum, 1941**.
GOLD Mary Jane, *Marseille année 1940*, Paris, Phébus, 2001.
GOLDSCHMIDT Bertrand, *Pionniers de l'atome*, Paris, Stock, 1987.
KRULL Germaine, *La vie mène la danse*, Paris, Textuel, 2015.
LAZAREFF Pierre, *De Munich à Vichy*, New York, Brentano's, 1944.
LÉVI-STRAUSS Claude, *Tristes tropiques*, Paris, Plon, 1955.
MALAQUAIS Jean, *Planète sans visa*, Paris, Pré aux Clercs, 1947.
MAROSELLI André, *Des prisons de la Gestapo à l'exil*, Montréal, L'Arbre, « France Forever », 1943.
MAUROIS André, *Les Silences du colonel Bramble*, New York, Brentano's, 1943*.
MAUROIS André, *Tragédie en France*, New York, Éditions de la Maison française, « Voix de France », 1940*.
MAUROIS André, *Tragedy in France*, New York, Harper & Brothers, 1940*.
MILHAUD Darius, *My Happy Life*, Londres, Marion Boyars Publishers, 1995.
PERRIN Jean, *Une voix d'outre-tombe, avril 1942*, Buenos Aires, « Témoignages », 1942.
PRAX Valentine, *Avec Zadkine. Souvenirs de notre vie*, Lausanne/Paris, La Bibliothèque des arts, 1973.
Renoir. Centennial Loan Exhibition 1841-1941, cat. exp., New York, Duveen Galleries, 1941**.
RIVET Paul, *Les Origines de l'homme américain*, Montréal, L'Arbre, 1943*.
ROMAINS Jules, *Sept mystères du destin de l'Europe*, New York, Éditions de la Maison française, « Voix de France », 1940.
SOUSTELLE Jacques, *Envers et contre tout. Souvenirs et documents sur la France libre*, Paris, Robert Laffont, 1947.
TABOUIS Geneviève, *Grandeurs et servitudes américaines. Souvenirs des U.S.A. 1940-1945*, Paris, Éditions Nuit et Jour, 1945.
TORRÈS Henry, *La France trahie. Pierre Laval*, New York, Brentano's, 1941.
TORRÈS Tereska, *Une Française libre. Journal 1939-1945*, Paris, Phébus, 2000.
TORRÈS Tereska, *Women's Barracks*, New York, Gold Medal Books, 1950.
ZADKINE Ossip, Lettres à Valentine Prax, 1940-1945 (non publiées), Paris, archives du musée Zadkine.
ZADKINE Ossip, *Le Maillet et le Ciseau. Souvenirs de ma vie*, Paris, Albin Michel, 1968, nouv. éd. Paris, Musée Zadkine/Paris Musées, 2022.

Index des noms de personnes

Les numéros de page composés en *italique* renvoient aux notices des œuvres et documents exposés.

A

Abbas, Ferhat 87
Adelman, Skippy *229*
Aglion, Raoul *300*
Albers, Josef 174
Allen, J.G.C. 71
Amanullah, khan 275
Amrouche, Jean El Mouhoub 85, 108
Annabella, Suzanne Georgette Charpentier, dite *231*
Apollinaire, Guillaume 110
Aragon, Louis 113, 150, 179, 180, 190, 267
Aranda-Fouché, Pauline de 89
Argenlieu, Thierry d' 89, 126, 130, 132, 133, *286*
Aron, Raymond 109, 179
Aron, Robert 85
Astier de la Vigerie, Emmanuel d' 48, *49*, 117
Auger, Pierre 143, 169, *169*, 171, *255*
Aumont, Jean-Pierre *240*

B

Bacall, Lauren 185
Baïf, Jacques *Voir Victor, Jacques*
Baker, Joséphine 84
Balthus, Balthasar Kłossowski, dit 177
Baranger Pierre 46
Bardon de Segonzac, Adalbert de *52*
Barnes, Albert 198
Barnett, William 80
Barr, Alfred Jr. 110, 116, 156, 158, *226*
Barrès, Maurice 152
Barrès, Philippe 111, 146, 152, *214*, *215*
Bartholdi, Auguste 109, 135, *136*, 160
Bastid, Paul 202
Bathori, Jane 267
Baziotes, William 175
Beckett, Samuel 115
Beethoven, Ludwig van 48
Bellenger, Étienne 50, *50*, *51*, *67*, 194
Bellmer, Hans *19*, 172, *173*
Belmondo, Paul 84
Bénichou, Paul 108, 267
Benoît-Lévy, Jean 142
Bergman, Ingrid 145
Bergson, Henri 270
Berlioz, Hector 48
Berman, Eugène 174, *178*, *310*
Bernanos, Georges 85, 111, 114, 259, 264, 267, 268, 284
Bernanos, Michel 284
Bernanos, Yves 284
Bernstein, Henry *32*, *33*, 111, 149,153, 182, *244*, *245*
Bespaloff, Rachel 152
Bezzerides, Albert Isaac, dit A.I. 148
Bignou, galerie Étienne 188, 198
Bizet, Georges 48, *59*
Bloch, Marcita *265*
Blum, Léon *233*, *306*
Boas, Franz 274
Boegner, Étienne 127
Bogart, Humphrey 145
Bohec, Jeanne 46
Boislambert, Claude *Voir Hettier de Boislambert, Claude*
Bonifas, Paul *60*
Bonnard, Abel 120, 153
Bonnet, Henri 93, *131*, 192
Bonney, Thérèse 184
Bonvin, Louis 282
Boris, Georges 202
Bosquet, Alain 153
Bouchard, Thomas 156
Bourdelle, Antoine 84, 135
Bourgeois, Louise 112
Bourke-White, Margaret *221*
Bouscat, René *102*
Bove, Emmanuel 85
Boyer, Charles 182-185
Braque, Georges 198, *199*
Brauner, Victor *20*, 172
Breton, André *20*, *86*, 108, 109, 110, 112, 116, 136, 149, *151*, 153, 161, 162, 172, *173*, 174, *175*, 176, 178, *178*, *179*, 180, 190, *191*, *213*, *236*, *251*, 267, 273
Breton, Aube 109
Breuer, Marcel 174
Briand, Aristide 120
Brisset, Charles, 89
Brosset, Diego *102*, *240*
Brummer, Joseph 188, *226*
Brunschvig, Roger *147*
Bucher-Myrbor, Jeanne *173*, 198, *297*
Buckner, Robert 144, 145, 147, 148
Buel, Hubert 90, *90*, 91
Bullitt, C. William *233*
Buñuel, Luis 156
Buré, Émile 38, 149, 192
Butler, Harold 192

C

Caillois, Roger 108, 109, 153, *179*, *232*, 260, 267, *292*, *298*
Calas, Nikos Kalamaris, dit Nicolas *178*
Calder, Alexander 5, *30*, 109, 115, 118, 121, 138, *151*, 161-166, *173*, *225*, *245*, 273, *306*, *310*
Callery, Mary 156, 180
Camus, Albert 85, *92*, 108, 110
Capra, Frank 184
Carl, Jean *249*, 275-278
Carlu, Jacques 109
Carlu, Jean 109, 135, 186-187, *205*, *206*, *212*, *232*
Carlu, Natacha 109, 135, *136*
Carrington, Leonora 174
Cartier, maison 50-51, *67*, 194, 195, *247*, *251*
Cartier, Pierre 51
Cassin, René 5, 38, 41-46, *59*, 140, *209*, *265*, *286*, *307*
Cassou, Jean 198
Cathala, Joseph 46
Catinat, Nicolas de 200
Catroux, Georges 278, *286*
Cendrars, Blaise 110
Césaire, Aimé 109, 116, 153, *213*, *236*
Césaire, Suzanne Roussi, dite Suzanne 109
Cézanne, Paul 196, 200
Chagall, Marc 109, 110, 111, 113, 172, 174, 177, *178*, 183, *310*
Chaney Jr., Lon *194*, 195
Char, René 100
Chareau, Pierre 115, 135, 163, *164*, 186-187
Charlot, Edmond 85, 87, 110
Chausson, Ernest 48
Chautemps, Camille 125
Chevigné, Pierre de 127, 134
Choucroun, Nine 169
Churchill, Winston 15, 37, 38, 40, 41, 97, 128, 145
Clair, René 156, *241*
Claudel, Paul 111, 284
Clemenceau, Georges 259, 264
Cloarec, Marie-Louise *98*
Cocteau, Jean 96, 113, *245*
Cohen, Gustave 140, 141
Constantin, empereur 138, 264, *264*
Conway Jack *240*
Corbin, Charles 38
Cordier, Daniel 46, 137, 167
Cot, Pierre 151
Courcel, Geoffroy de 37
Courteline, Georges *60*
Courtin, René 202
Couturier, père Marie-Alain 111, 132, 158, *225*

Coysevox, Antoine 184
Coze, Paul 182
Crémieux-Brilhac, Jean-Louis 125
Crespin, Vitalis 150
Curie, Ève *24*, *53*, *102*, 111, 185, *214*, *217*, *230*, *231*, *235*
Curie, Marie *24*, *53*, 111, *231*
Curie, Pierre *53*, 111
Curiel, Raoul 279
Curtiz, Michael 145, *147*
Cuttoli, Marie 109, 161, 198-199, *227*
Cuttoli, Paul 198

D

Dac, André Isaac, dit Pierre 112, 118
Dalí, Salvador 156, 174, 176
Damas, Léon-Gontran 110
Daniel, Laurent *Voir Triolet, Elsa*
Darlan, François 128, 132, 268
Darmois, Georges 46
Daudet, Alphonse 183
Dautry, Raoul 118
David, André 149, 182-184
Davidson, Jean 164
Davidson, Jo 164
Davies, Joseph E. 148
Davis, Hassoldt 73
Debussy, Claude 48
Defroyenne, Henri 76
Dejean, Maurice *61*, *286*
Dekobra, Maurice 149, 152
Delange, Raymond 71
Delattre-Séguy, Jean 163
Delmas, Gladys 181
Derain, André 177, 198, *228*
Deren, Eleanora Derenkovskaïa, dite Maya *151*
Desjardins, frères 76
Diamant-Berger, Colette 73, 74
Diamant-Berger, Henri 184
Dib, Mohammed 87
Diethelm, André *286*
Dietrich, Marlene 48, 115
Dominguez, Óscar *20*
Dorval, Marcelle *232*
Doucet, Jacques 180
Draper, William J. 91
Druon, Maurice 48, *49*, 84, 116, 117, 119
Ducattillon, père Joseph-Vincent 117
Duchamp, Marcel 93, 112, *151*, 161, 162, *173*, 174, 175, *175*, 234, 273
Dufy, Raoul 183, 198
Dupérier, Bernard *51*
Dupuy, Pierre 130
Duthuit, Claude *308*
Duthuit, Georges *137*, 138, 161, 163, 180, *308*, *310*
Duthuit Faure, Marguerite 138, 163 *Voir aussi Matisse, Marguerite*
Duvivier, Julien 185, *241*

E

Éboué, Félix 40, 75, 77, 79, 80, 112, *286*
Eisenhower, Dwight D. 84
Ellebé, Bernard Lefebvre, *alias 77*
Elkán, Lázló *306*
El-Okbi, cheikh Tayeb 87
Éluard, Paul *100-101*, 113, 172, *292*
Epstein, Julius 145
Epstein, Philip 145
Erell, Roger Jules Lelièvre, dit Roger 75, 77, 78, *78*, *79*, 80, 82, 112
Ernst, Dorothy *234*
Ernst, Jimmy 175
Ernst, Max *19*, 113, *151*, 161, 172, *173*, 174, *175*, 176, 178, *234*, 273
Étiemble, René 109, 149, 153, 267

F

Faulkner, William 144-148
Fauré, Gabriel *59*
Faure, Lucie 85
Feder, Aizik Feder, dit Adolphe 172
Feraoun, Mouloud 87
Feuchtwanger, Lion *19*
Fischer, Max 260
Flanner, Janet *232*
Foch, Ferdinand 259, 264
Focillon, Henri 109, 111, 141, 170, 200-201, *225*, 259, *300*
Fouchet, Max-Pol *54*, *62*, 85, *86*, 87, *100*, *101*, 113, *292*
Foucher, Alfred 275
Fournier, Georges 46
Forain, Jean-Louis 183
Franco, Francisco 284
Frankfurter, Alfred Moritz 196
Frémiet, Emmanuel 135
Freundlich, Otto 172
Fry, Varian *19*, *20*, 110, 113, 116, 126, 180, 190, *210*, *226*, *304*, *310*

G

Gabin, Jean Moncorgé, dit Jean *29*, 48, 113, 115, *238*, *239*, *241*
Gagnon, Maurice 158
Gance, Abel *231*
Garreau-Dombasle, Maurice 126
Gary, Roman Kacew, dit Romain 73, 114, *235*
Gaulle, Charles de 4, 15, *27*, *28*, 37-39, 41, 45, 50, *50*, *53*, *54*, *62*, *65*, *66*, *67*, 71, 74, 75-82, 83-85, 89, 91, 93, 96, 97, *98*, *99*, *102*, *106*, 108, 111, 112, 114, 117-121, 125-133, 134, 140, 142, 143, 144-148, 152-154, 156, 158, 160, 169-171, 182, 185, 190, 194-196, 200-202, *204*, *209*, *216*, *241*, *242*, *245*, *252*, 260, 262, 263-268, 269, 270, 273, 275, 278, 279, 280, *286*, *287*, *290*, *303*, *305*
Gaulle-Anthonioz, Geneviève de 164, 166, *166*
Gaulmier, Jean 114
Georges-Michel, Michel 152
Géraud, André *Voir Pertinax*
Gex-Le Verrier, Madeleine *232*
Ghirshman, Roman 278-279
Ghirshman, Tania 278
Gide, André 83, 85, 108, 110, 150, *189*, 267
Giraud, Henri *54*, 83, 93, 128, 171, 268
Giraudoux Jean 85, 186, *217*
Goldeberger, Louis *Voir Gros, Louis*
Goldet, Antoine 46
Goldschmidt, Bertrand *169*, *253*, *255*
Goll, Claire 153
Goll, Yvan 116, 149, 150, 153, *213*, *230*
Gottlieb, Adolph *310*
Gottmann, Jean 167
Green, Julien 149
Greene, Graham 185
Greene, Sophie 188
Greene, Steve 188
Grégoire, Henri 141, 142, *300*
Gropius, Walter 174
Gros, Louis Goldeberger, *alias* Louis 42
Guérin, Albert 114, 135, 264-268, *290*
Guéron, Jules 46, *169*, *255*
Guggenheim, Peggy *19*, 112, 115, 162
Guggenheim, Solomon R. 156
Gurvitch, Georges 142, 143

H

Hackin, Marie (ou Ria) 15, 39, 45, *249*, *251*, 275-278
Hackin, Joseph 15, 39, 42, 45, *251*, 275-278, 282, *287*
Hadamard, Jacqueline 169
Hadamard, Jacques 141, 169-171
Halban, Hans 46, *169*, *255*
Halifax, lord 192
Hare, David 109, 175, *175*
Harmon, Dudley 73, 74
Harrison, Wallace Kirkman 156, *224*
Hasey, John 194-195
Hattu, Guy 284
Hauck, Henri 202
Hayter, Stanley William 175
Hélion, Jean Bichier, dit Jean *22*, 118, 135, 136, 166, *221*, *228*, *229*, *234*
Henriot, Philippe 112
Herman, Simone 156
Hermès Trismégiste 162
Hérold, Jacques *20*
Hervé, Lucien *306*
Hessel, Franz *19*
Hettier de Boislambert, Claude 40, *99*
Heurgon, Jacques 85
Hirohito, empereur 164
Hirsch, Étienne 46

Hitler, Adolf 38, 158, 164, 186, 194, *238*, 284
Hoffmann, Hans 174
Holweck, Fernand 171
Hope, Victor 278
Hopkins, Harry 127
Hoppenot, Hélène 115
Hoppenot, Henri 115
Houdry, Eugène *208*
Hugo, Victor 259
Hull, Cordell 127, 196
Humphrey, John Peters *307*
Husson, Louis 71

J

Jabès, Edmond 261
Jacob, Max 85, 172
Jacqmar, maison *302*
Jakobson, Roman 142, 274
Janeway, Carol 189
Jeanne d'Arc 138, *242*, *245*, 259
Jeannin, Paul 90
Jolas, Eugène 46, 110, 115, 149, *236*
Jolas, Maria *Voir McDonald-Jolas, Maria*
Joliot-Curie, Irène 111
Johnson, Alvin 139
Jouvet, Louis 260, 267, 270, *299*
Joyce, James 115

K

Kagan, Sioma 76
Kahlo, Frida 175
Kalamaris, Nikos *Voir Calas, Nicolas*
Kandinsky, Vassily *297*
Kanova, Germaine 184
Kérillis, Henri de 149, *215*
Kersaint, Georges 46
Kessel, Joseph 48, *49*, 84, 85, 110, 116, 117, 119
Kisling, Moïse *164*, 183, 184
Knopf *67*
Koch, Howard 145
Koenig, Pierre *98*, 195
Kopp, Anatole 118
Kowarski, Lew 46
Koyré, Alexandre 142, 143, 152, 171, *300*
Kromka, Federico *19*
Krull, Germaine *23*, 96-97, 184

L

Labarthe, André 46, 262
Lacan, Jacques 108
Lacoste, Robert 202
Laforgue, Jules 115
La Guardia, Fiorello 196, *254*
Lainé, Hélène 89
Lam, Wifredo *20*, 110, 116, 175, 178, *179*, *213*, *236*, *309*, *310*
Lamba, Jacqueline *20*, 109, *179*
Lamotte, Bernard 183
Landowski, Paul 84
Lapie, Pierre-Olivier 202
Lapointe, Ernest 132
Larminat, Edgard de 40, 71, 72, 76, 77, *286*
Lartigue-Deloyers, Andrée 46
Lassaigne, Jacques 39, 108, 114
Lattre de Tassigny, Jean-Marie de *53*, 97, *102*,
Laubreaux, Alain 89
Laubreaux, Auguste 89
Laughton, Charles *59*
Laugier, Henri *28*, 46, *54*, 85, 115, 117, 120, 128, 141, 158, 167, 169, 171, 196, 198, *214*, *254*, 270, 273, *307*
Lauraint, André 80
Laurent-Champrosay, Jean-Claude 39
Lautréamont, Isidore Lucien Ducasse dit comte de 115
Laval, Pierre *25*, 152, 264
Lazard, André 46
Lazareff, Hélène 116, *304*
Lazareff, Pierre 116
Leahy, William 125
Lebeau, Jacques 46
Lecache, Bernard 85
Leclerc, Philippe Leclerc de Hauteclocque, dit 39, 40, 76, *99*, 119
Leclercq, Françoise 51
Le Cœur, Francine 118, 162
Leconte, Mme 91
Le Corbusier, Charles-Édouard Jeanneret, dit *199*
Ledoux, Albert 109, 117, 260
Lefebvre, Bernard *Voir Ellebé*
Legentilhomme, Paul *286*
Léger, Alexis *Voir Saint-John Perse*
Léger, Fernand 111, 118, 135, *151*, 155-160, 161, 163, *164*, 174, *178*, 198, *199*, *223-225*, *230*
Léger, Jeanne 156
Lehman, Herbert H. 196
LeRoy, Mervyn 185
Lévin, Meyer *221*
Lévi-Strauss, Claude 109, 142, 143, 153, *251*, *252*, 269-274, *300*
Lévy, Jean-Pierre 48
Lévy, Robert *28*
Lewitsky, Anatole 269
Libessart, Paul 46
Lipchitz, Chaim Jacob Lipchitz, dit Jacques 111, 135, 174, *178*, *226*, *310*
Litvak, Anatole 182, 184
Loeb, Pierre 116
Longchambon, Henri 46
Lurçat, Jean 198
Lyons, Jack *302*
Lyons, Mary *302*

M

Mabille, Pierre 116, *236*
Mackenzie King, William Lyon 129, 132
Magrin-Vernerey, Raoul Charles 39 *Voir aussi Monclar, Ralph*
Maillart, Ella 275
Maillol, Aristide 84
Maklès, Rose 190
Malamud, Sarah *28*
Malraux, André 96, 267
Mammeri, Mouloud 87
Mandel, Georges 37
Mann, Golo *19*
Mann, Heinrich 113
Man Ray, Emmanuel Radnitsky, dit *151*
Marchal, Léon *25*
Maridor, Jean *53*
Mariotti, Jean 89
Maritain, Jacques 85, 109, 111, 117, 142, 151, 153, 259, 266, *266*,
Maritain, Raïssa 111
Marlio, Louis 152
Marly, Anna Betoulinsky, dite Anna 48, *49*, *61*, 84, 116, 117
Marteau, Paul 89
Martinat *Voir Rocard, Yves*
Masson, André *30*, 108, 110, 115, 135, *137*, 138, 161, 162, *162*, 163, 174, *178*, 179, 190-191, *213*, *221*, *222*, *223*, *236*, 273, *301*, *310*
Matisse, Henri 163, 177-181, 183, *199*, *228*, *308*
Matisse, Marguerite *137*, *308* *Voir aussi Duthuit Faure, Marguerite*
Matisse, Pierre 110, 116, 161, 163, 174, 177-181, 188, *219*, *226*
Matswa, André 74
Matta, Roberto 174, 175, 178, *178*
Mauriac, François 111, 113, *218*, *219*, *236*, 282
Maurois, André 149, 150, 151, 153, *225*, 266
Mayet, Charles 89
Mayo, Archie *241*
McCann Morley, Grace 198
McDonald-Jolas, Maria 48, 115, 163, *164*, 166
Mella, Tony 50
Mendès France, Pierre *236*
Mendizabal, Alfredo 142
Menthon, François de 202
Menuhin, Yehudi 48
Métraux, Alfred 274
Meunié, Jacques *249*
Michaux, Henri 267
Milhaud, Darius *59*, *151*, 158, 183, *225*, *245*
Miller, Henry 153, *213*
Miller, Lee *221*
Millet, Nicole *53*
Miribel, Élisabeth de 38, 111, 117, 130, *131*, 132, 133

Mirkine-Guetzévitch, Boris 141, 142, 143, *300*
Mistral, Gabriela 109
Mirles, Albert 46
Miró, Joan 118, 176, 177, 198, *199*, *310*
Mitride, Maurice 91
Moholy-Nagy, László 174
Molho, Isaac 150
Molière, Jean-Baptiste Poquelin, dit *60*
Monclar, Raoul Charles Magrin-Vernerey, dit Ralph 4 *Voir aussi Magrin-Vernerey, Raoul-Charles*
Mondrian, Piet 174, *178*
Monnet, Jean 37, 38, 127
Monod, Olga 118
Monod, Théodore 118
Morgan, Michèle 184
Mossé, Robert 143, 152
Motherwell, Robert 175, *310*
Moulin, Jean 202
Murphy, Dudley 156
Muselier, Émile *65*, *286*
Mussolini, Benito 164, 194

N

Nardal, Paulette 110
Nelson, Paul 118, 156, 162, *165*, *225*
Nicholls, Adolphus 91
Nizan, Henriette 149
Norton, Jean 247

O

Oberlé, Jean *65*, 118
Oberling, Charles 167
Ocampo, Victoria 109, *179*, 260, *298*
Onana, Raphaël 72
Oswald, Marianne *245*
Ozenfant, Amédée 174, *178*
Ozoux, Ludovia *281*, *289*

P

Paalen, Wolfgang 175
Pascin, Jules 183
Pariot, Jacques L. 82
Parodi, Alexandre 202
Passy, André Dewavrin, dit 42
Paterson, Pat 182
Péguy, Charles 109, 114, 252
Perrin, Francis 119, 169
Perrin, Jean *47*, 119, 141, 169, 170, 171, *236*, *253*, 259, 266
Pertinax, André Géraud, dit 38, 150, *234*
Pétain, Philippe 37, 89, 111, 118, 127, 129, 132, 158, *244*, 264, 265, 263, 278, 284
Petit, Julie 261
Philip, André *131*, 202
Picabia, Francis 93
Picard, Roger 152
Picasso, Pablo 93, 109, 116, 161, 163, 177, 181, 198, *199*, *222*, *227*
Pierrené, Philippe 132, 133
Pignon, Édouard *310*
Platt Lynes, George *178*
Pleven, Anne 127
Pleven, René *24*, 40, *99*, 126, 127, 140, 170, *252*, *286*
Podevigne, Jean-Baptiste 89
Poincaré, Raymond 264
Pons, Alice Pons, dite Lily 48, 119
Pontabry, Robert 163, 186, *212*
Ponton, Georges-Louis 110
Pouchkine, Alexandre 110
Poulenc, Francis *59*
Prax, Valentine *188*, *219*, *220*
Prével, Martin 132
Prévert, Jacques *245*
Prévosteau, Jacques 270
Prokosch, Frédéric 87
Puget, Claude-André 89
Puvis de Chavanne, Pierre 109, *136*

Q

Quilici, François 268

R

Rains, Claude 145
Rapkine, Louis *26*, *27*, *28*, 44, 46, *54*, 119, 120, 126, 141, 167, *169*, 170, 171, 198, *252*
Ravel, Maurice 48, *59*
Renoir, Auguste *59*, 183, 196-197, 200
Renoir, Jean *59*, 182
Reynaud, Paul 37, 120, 125
Reynolds, Marie 112, 166, *234*
Richter, Hans *151*, 156
Rius, Robert *20*
Rivet, Paul 44, 167, 269-274
Rocard, Yves 84
Robert, Georges 110
Robert, Joseph 90
Roblès, Emmanuel 85
Rockefeller, Fondation 28, 120, 126, 140, 142, 143, 161, 167, 198, *251*, 270
Rockefeller Jr., John D. *225*
Rockefeller, Nelson A. 116, 156, *224*
Rodin, Auguste 135
Romains, Jules 121, 149, 151, 153
Roosevelt, Eleanor 154, 196, *307*
Roosevelt, Franklin D. 51, 120, 125, 126, 127, 140, 144-148, 154, 170, 171
Rosenberg, Micheline 192-193, *204*, *211*
Rosenberg, Paul 192, 196, *221*, *228*
Rosenblum, Salomon 169, 171
Rosenstock-Franck, Louis 143
Rouault, Georges 198, *199*
Rougemont, Denis de 109, 149, 267
Rouget de Lisle, Claude Joseph 135, *136*
Roussy de Sales, Raoul de 127, *214*
Roux-Spitz, Michel 78
Roy, Jules 85
Rubincam, Barclay Lawrence 90, *91*
Rubinstein, Arthur 183
Rude, François 109, 135, *136*, 264, *285*, *298*

S

Sablon, Germaine 84, 119
Sacquet, commandant 71
Sage, Katherine Linn Sage, dite Kay 161, 177
Saint-Exupéry, Antoine de 85, 120, 149, 150, *152*, 153, *230*, *237*
Saint-Exupéry, Consuelo de 153
Saint-John Perse, Alexis Léger, dit 38, *86*, 109, 115, 120, 125, 153, 154, *232*, 267
Saint-Quentin, Emilio de 88, 89, 90
Saint-Quentin, Huguette de 89
Saint-Quentin, Marcelle de 89
Saint-Saëns, Camille *59*
Santos, Eduardo 269
Sartre, Jean-Paul 154
Saussure, Hermine de 163
Saussure, Miette de 121
Saussure, Raymond de 142
Sautot, Henri 88-90
Savorgnan de Brazza, Pierre 78
Schaeffer, Claude *59*
Schiaparelli, Elsa 112
Schiffrin, Jacques 150
Schiffrin, Simon *191*
Schlumberger, Daniel 279
Schumann, Maurice 107
Schwartz, rabbin Isaïe 111
Seghers, Anna *30*
Seligmann, Kurt 174, 175, *178*
Senghor, Léopold Sédar 110
Seyrig, Henri 44, 110, 121, 163, 273, 279
Sherman, David *221*
Shoemaker, T. B. 158
Sicé, Adolphe 73
Sieyès, Jacque de 126, 127, 156
Simard, Marthe 262
Simonin, Gabriel 88
Sinclair, Robert Schwartz, dit Robert 114, *192*
Siodmak, Robert *194*, 195
Soewahpoe 90, *91*
Soupault, Philippe *30*, 85
Sousa Mendes, Aristides de 192
Soustelle, Jacques *28*, 39, 135, 202, 260, 270, *287*
Starcky, Jean 121
Stein, Gertrude 110, 115
Sterne, Hedda 175
Stevenson, Robert 184
Steward, Julian 274
Supervielle, Jules 109, 115
Surdin, Maurice 46
Surleau, Frédéric 88

T

Tabouis, Geneviève 38, 149, 150, *215*
Tanguy, Yves 174, 175, 176, 177, *178*, *213*, 273
Tchelitchev, Pavel 174
Teitgen, Pierre-Henri 202
Teyssier, Claude 46
Théodore, Gérard *98*
Thompson, Dorothy 184
Thrall Soby, James *178*
Tixier, Adrien 127, 163
Tixier, Henri 140
Toussaint, Jeanne 50, *50*
Torrès, Henry 152, 192
Torrès, Tereska *52-53*, *56-57*, *64*, *66*
Torres García, Joaquín 296
Triolet, Elsa, Ella Yourievna Kagan dit 85, 113
Trotski, Léon 176

U

Ungar, Alberte 46
Ungar, Georges 46

V

Valensi, Henry 90-95, *104-106*, 137, *203*
Valentin, galerie Curt 137, 188, *226*
Valéry, Paul 267, 270
Valette, Jules 46
Valeur, Robert 192
Valin, Martial *53*, *286*
Vanier, Georges 130
Van Moppès, Maurice 48
Van Zeeland, Paul 140
Vasse, Lionel 270
Vauban, marquis de 200
Vauvenargues, Luc de Clapiers, marquis de 200
Venturi, Lionello 196
Vercors, Jean Bruller, dit 85, *100*, 110, 150
Verdier, cardinal Jean 264
Verneuil, Louis 149,152
Vertès, Marcel 183
Victor, Robert 108, 262, 282
Vieira da Silva, Maria Helena *296*, *310*
Vierny, Dina *20*
Vignal, William 132
Vignaux, Paul 142
Vildé, Boris 269
Villiers, François 96
Vogel, Lucien *157*, 158
Volsant, Isaac 89

W

Wahl, Jean 87
Wallace, Henry 127
Warburg, Aby, *137*
Warner, Jack 144-148, 182
Weil, Simone 108
Weill, Adrienne 46, *47*
Weill, Paul 192
Weiller, Jean 143
Weiller, Paul-Louis 111
Weill-Richard, Robert 267
Weygand, Maxime
Wiet, Gaston 261
Wildenstein, galerie 181, 188
Williams, William Carlos 153
Winter, Jacques 46
Wotruba, Fritz *310*

Y

Youlou, Fulbert 80, 82
Yourcenar, Marguerite 267

Z

Zadkine, Ossip 135, 174, *178*, 188-189, *218-220*, *222*
Zaher Shah, Mohammad 276

Crédits

Droits patrimoniaux

© 2025 Calder Foundation, New York / Adagp, Paris : cat. 22, 104-107
© Adagp, Paris, 2025 pour les œuvres de Victor Brauner, André Breton, Jean Carlu, Leonora Carrington, Oscar Dominguez, Max Ernst, Jean Hélion, Jacques Hérold, Fernand Léger, Jacqueline Lamba, André Masson, Valentine Prax, Henry Valensi, Helena Vieira da Silva et Ossip Zadkine
© Aimé Césaire : cat. 184
© Albert Harlingue / Roger-Viollet : portrait de Romain Gary
© Amis de Max Pol Fouchet : cat. 60
© Archivo Manuel Álvarez Bravo SC : portrait d'André Breton
© Association Marcel Duchamp / Adagp, Paris 2024 : cat. 111, ill. 19
© Boris Lipnitzki / Roger-Viollet : portrait de Jean El Mouhoub Amrouche
© Carl Van Vechten : portrait de Marc Chagall
© Droit État : portrait de Pierre Dac
© Jean MORAL / ELLE France – avec l'aimable autorisation de HFP et CMI France : cat. 258
© Estate Germaine Krull, Museum Folkwang Essen : ill. 2, 3, 13, 14
© Estate of Jacques Lipchitz, New York : cat. 164, 165
© Ève Curie : cat. 9, 146, 178-180
© F.L.C. / Adagp, Paris, 2025 : cat. 124
© Henri Martinie / Roger-Viollet : portraits d'Aimé Césaire et de Jean Gaulmier
© Hubert Buel : ill. 11
© Jacques Maritain : cat. 221
© Les Lettres françaises : cat. 171, 241, 249
© Lucien Hervé, Paris : cat. 260, 261
© Micheline Rosenberg : cat. 119, 120, 137
© René Pléven : cat. 10
© Skippy Adelman : ill. 35
© Studio Lipnitzki / Roger-Viollet : portrait de Roger Caillois
© Succession Picasso 2025 : cat. 166
© Succession Wifredo Lam, Adagp, Paris, 2025 : cat. 3-6, 184, 264, 265
© Tereska Torres : cat. 47-49, 62
© Universal : cat. 192

Droits photographiques

© 2009 Christie's Images Limited : ill. 20
© AFP : portraits d'Anna Marly et Jules Romains
© AGIP / Bridgeman Images : portraits de Pierre Lazareff, Jean Oberlé et Germaine Sablon
© Albert Harlingue / Roger-Viollet : portrait de Romain Gary
© Amélie de Dianous : cat. 147
© Applicat-Prazan, Paris : cat. 246
© ARCHIVE / AFP : portrait de Max-Pol Fouchet
© Archives Carlu : portrait de Natacha Carlu
© Archives de l'Académie des sciences : ill. 5
© Archives du Conseil national de recherches Canada | National Research Council Canada Archives : ill. 22, 45
© Archives du ministère des Affaires étrangères, France : cat. 11-13, 18, 24, 26, 29, 54, 55, 58, 99, 114, 140, 145, 190, 193, 219, 225-227, 229-235, 237-239, 243, 245, 248, 250-252, ill. 15, 18, 37, portrait d'Albert Guérin
© Imec, archives Henry Bernstein : cat. 27, 28, 194 ; archives Jean Hélion : cat. 7, 168 ; archives Marianne Oswald : cat. 196, cat. 197 ; Fonds Max-Pol Fouchet déposé à l'IMEC : cat. 44, 60, 84
© Archives nationales (France) : cat. 30, 50-53, 259, ill. 4, 17
© Archives Seyrig : portrait d'Henri Seyrig
© Archives Wifredo Lam, Paris : cat. 113, 265, portrait de Wifredo Lam
© ARS, NY. Calder Foundation / New York, NY / USA : cat. 106
© Assemblée nationale : cat. 184
© Bibliothèque nationale de France : cat. 241, 242, ill. 7, 34, portrait de Saint-John Perse
© Boris Lipnitzki / Roger-Viollet : portrait de Jean El Mouhoub Amrouche
© BU - UniVegE, Université Clermont Auvergne, Collections de Lettres, Langues, Sciences humaines et sociales, Le Kap : cat. 257
© Carl Van Vechten Papers. Yale Collection of American Literature, Beinecke Rare Book and Manuscript Library : portrait de Marc Chagall
© Centre Pompidou, MNAM-CCI Bibliothèque Kandinsky, Dist. GrandPalaisRmn / Fonds Breton : ill. 19 ; Hélène Mauri : cat. 163 ; Philippe Migeat : cat. 164, cat. 165
© Chancellerie des universités de Paris - Bibliothèque littéraire Jacques Doucet. Photo Suzanne Nagy : cat. 73, 109, 111, 112, 141, 171, 221, 249
© Charles Boyer French Research Foundation collection (Collection 1132). UCLA Library Special Collections : ill. 40, 41
© Coll. Archives / Institut Pasteur, Paris : cat. 14-17, 42, 108, 172, 174, 180, 213-216
© Collection Cartier, Marian Gérard : cat. 34, 201, 202 ; Nils Herrmann : cat. 35, 36
© Collection Claire Illouz : portrait de Maria Jolas
© Collection David Liaudet : ill. 9
© Collection du musée Jean Gabin à Mériel : ill. 38, portrait de Jean Gabin
© Collection La Contemporaine : cat. 128
© Collection OURS (Office universitaire de recherche socialiste), Paris : cat. 217
© Collection Toque : ill. 35
© Courtesy Galerie Jeanne Bucher Jaeger, Paris-Lisbonne : cat. 110, 247
© Dominicains de la province de France : portrait de Marie-Alain Couturier
© DR Archives Charlot : portrait d'Edmond Charlot
© École Libre des Hautes Etudes 1942-1943 promotional pamphlet, New School Archives & Special Collections, The New School, New York, NY : ill. 16
© ECPAD / Collections La Documentation française – Photo Safara : portrait de Jean Perrin
© Everett Collection / Bridgeman Images : ill. 39
© FDR Presidential Library & Museum : ill. 47
© FLC : cat. 124
© Fonds Nelson, Paul (1895-1979). SIAF / Cité de l'architecture et du patrimoine / Archives d'architecture contemporaine : portrait de Paul Nelson
© Fonds Paul Rivet, Muséum national d'Histoire naturelle : ill. 46
© FR ANOM. Aix-en-Provence – Tous droits réservés : ill. 6, 14
© François Fernandez : cat. 166, 167, 262
© Galerie 1900-2000, Paris : cat. 1
© Galerie Maeght, Paris : cat. 161
© Galerie Malingue : cat. 154
© George Grantham / Library of Congress : portrait de Marcel Duchamp
© Germaine Krull / Musée Folkwang Essen : ill. 2
© GrandPalaisRmn (MNAAG, Paris) / Michel Urtado : cat. 203, 205-207, 209-211 ; Richard Lambert : cat. 224 ; Thierry Ollivier : cat. 204, 208, 222, 223
© GrandPalaisRmn (musée Fernand Léger) / Stéphane Maréchalle : cat. 162 ;
© GrandPalaisRmn / René-Gabriel Ojeda : cat. 266
© Roger-Viollet, Hélène Roger-Viollet & Jean Fischer : ill. 8 ; Henri Martinie : portraits d'Aimé Césaire et Jean Gaulmier ; Studio Lipnitzki : portrait de Roger Caillois
© Institut Pasteur / Musée Pasteur : portrait de Louis Rapkine
© Keystone Press / Alamy Stock Photo : portraits d'Henri Hoppenot et Lily Pons
© Les Arts Décoratifs : ill. 29-32
© Librairie Walden, Orléans : cat. 83, 176, 177
© Ministère de la Culture - Médiathèque du patrimoine et de la photographie, Dist. GrandPalaisRmn / Studio Harcourt : portrait de Pierre Dac
© Musée de l'Air et de l'Espace-Le Bourget : cat. 102 ; Frédéric Cabeza : cat. 185
© Musée de l'Ordre de la Libération : cat. 57, 59, 66, 69, 71, 80-82, 100, 116, 121, 122, 127, 129, 130, 132, 142, 198, 220, 228, 236, 256, portraits d'Élisabeth de Miribel et Jean Starcky
© Musée de la Légion d'honneur, Paris : cat. 32
© Musée du quai Branly - Jacques Chirac, Dist. GrandPalaisRmn / Patrick Gries / Valérie Torre : cat. 212
© Musées de la ville de Nouméa : ill. 11
© National Archives and Records Administration : ill. 12
© National Museum of American History, Smithsonian Institution : ill. 27
© ONB / Wien : portrait de Paul Claudel
© Palais Galliera, Musée de la Mode de Paris : cat. 258
© Paris - Musée de l'Armée, Dist. GrandPalaisRmn / Anne-Sylvaine Marre-Noël : cat. 8, 22, 70, 75, 76, 85-87, 90, 91, 93-96, 98, 101, 104, 115, 118-120, 123, 125, 134, 136-139, 144, 160, 170, 195, 199, 263, ill. 25, 26, 28, 33, 36, 43, p. 69, p. 123 ; Christophe Chavan : cat. 37 ; Émile Béchard : cat. 88 ; Émilie Cambier : couverture, cat. 9, 10, 31, 38, 39, 43, 56, 74, 78, 89, 92, 105, 107, 126, 131, 143, 146, 169, 173, 178, 179, 181, 182, 200, portrait d'Ève Curie ; image musée de l'Armée : cat. 61 ;

Laurent Sully-Jaulmes : cat. 79, 97, 218 ; Manon Gallois : cat. 65, 103, 133, 135, 153, 155-159, 175, 183, 253 ; Marie Bour : cat. 72 ; Thierry Ollivier : cat. 38 bis, 77
Paris Musées / Musée de la Libération de Paris – musée du général Leclerc – musée Jean Moulin : p. 35, cat. 40, 41, 45-47, 63, 64, 67, 244 ; Palais Galliera, musée de la Mode de la Ville de Paris : cat. 68, 254, 255, p. 257
© Paris Musées / musée d'Art moderne, Dist. GrandPalaisRmn / image ville de Paris : cat. 2, 264, portrait d'André Breton ; musée de la Libération, Dist. GrandPalaisRmn / image ville de Paris : cat. 48, 49, 62, 240 ; musée Zadkine, Dist. GrandPalaisRmn / image ville de Paris : cat. 117, 148-152, ill. 24
© Pascal Saussereau / Keystone Suisse / Roger-Viollet : portrait d'Eugène Jolas
© Photo12 / Ullstein Bild : portrait d'Antoine de Saint-Exupéry
© Photographe inconnu / ECPAD : portrait de Joseph Kessel
© Redbook, a publication of Hearst Communications, Inc. : ill. 42
© Robert Victor (Collection Fondation de la France Libre) : portrait de Jacques Baïf
© S.M. : cat. 191, 192
© Smithsonian American Art Museum, Washington, DC, Dist. GrandPalaisRmn / image SAAM : ill. 21
© Staatsbibliothek zu Berlin - Preußischer Kulturbesitz : cat. 23
© Standard Flashlight Company : ill. 44
© STF / AFP : portrait de Théodore Monod
© STRINGER / AFP : portrait de Albert Ledoux
© The New York Public Library : ill. 23
© Thierry Ollivier : cat. 20, 21, 186-189
© Unesco / Collection des œuvres d'art : cat. 260, 261
© USHMM : ill. 1, 3, portrait de Varian Fry
© Ville de Marseille, Dist. GrandPalaisRmn / David Giancatarina : cat. 3, 4, 6 ; Jean Bernard : cat. 5
© Vincent Wulveryck, private collection © Cartier : cat. 33

Nous remercions les ayants droit de nous avoir accordé les autorisations de reproduction.
Si, malgré nos recherches diligentes, l'autorisation d'auteurs ou d'ayants droit n'a pu être sollicitée, nous engageons ceux-ci à se manifester auprès des éditeurs du présent ouvrage.

Éditions Gallimard

Direction éditoriale des livres illustrés
Nathalie Bailleux

Édition
Jean-François Colau
Adèle Ehlinger

Relecture des textes
Sandra Pizzo

Index
Francys Gramet

Directrice artistique
Anne Lagarrigue

Coordinateur beaux livres
Pascal Guédin

Graphiste (conception et mise en pages)
Virginie Greuzat

Cheffe de fabrication
Amélie Airiau

Fabrication
Cécile Lebreton

Presse
Béatrice Foti, assistée de Laetitia Copin

Directeur du partenariat
Franck Fertille

Cheffe de projet
Manuele Destors

Coéditions
Mathilde Barrois

Couverture :
Henry Valensi (1883-1960), *La Marche des Alliés*, 1942
[détail du cat. 74]
Paris, musée de l'Armée, 2021.26.1, œuvre restaurée grâce au soutien de KNDS France
Photo © Paris - Musée de l'Armée, Dist. GrandPalaisRmn / Émilie Cambier

Le papier de cet ouvrage est composé de fibres naturelles, renouvelables, recyclables et fabriquées à partir de bois provenant de forêts gérées durablement.

© Éditions Gallimard / Musée de l'Armée, Paris, 2025

Ouvrage composé en OPTI Radiant, Prestige Elite (Howard Kettler) et Theinhardt (Optimo)
Papiers : Magno Volume 150 g / m² (intérieur) ;
Freelife Merida 320 g / m² (couverture)
Photogravure : Les Caméléons, Paris
ISBN : 978-2-07-309825-2
Cet ouvrage a été achevé d'imprimer en février 2025 sur les presses de L.E.G.O., à Vicence (Italie).
Dépôt légal : février 2025
Numéro d'édition : 646663

www.gallimard.fr
www.musee-armee.fr